Breithaupt/Höfling/Petzold/Philipp/Schmitz/Sülzer
Kommerzialisierung und Privatisierung von Public Utilities

Manfred Breithaupt/Horst Höfling/
Lars Petzold/Christine Philipp/
Norbert Schmitz/Rolf Sülzer

Kommerzialisierung und Privatisierung von Public Utilities

Internationale Erfahrungen und Konzepte für Transformationsländer

GABLER

Manfred Breithaupt ist Senior Planning Officer der Energie- und Transportabteilung der Deutschen Gesellschaft für Technische Zusammenarbeit (GTZ) GmbH in Eschborn.

Horst Höfling führt seit über 20 Jahren als Diplom-Ingenieur der Elektrotechnik Energieprojekte für die GTZ.

Lars Petzold ist Seniorberater der Kienbaum Development Services GmbH in Düsseldorf.

Christine Philipp ist Diplom-Volkswirtin und Mitarbeiterin der Kienbaum Development Services GmbH in Düsseldorf.

Dr. Norbert Schmitz ist Geschäftsleiter der Kienbaum Development Services GmbH in Düsseldorf.

Dr. Rolf Sülzer ist Direktor des GTZ-Landesbüros Thailand in Bangkok.

Die Deutsche Bibliothek - CIP-Einheitsaufnahme

Kommerzialisierung und Privatisierung von public utilities : internationale Erfahrungen und Konzepte für Transformationsländer / Manfred Breithaupt ... - Wiesbaden : Gabler, 1998
    ISBN 3-409-12252-4

© Betriebswirtschaftlicher Verlag Dr. Th. Gabler GmbH, Wiesbaden, 1998
Lektorat: Barbara Roscher / Annegret Heckmann

Der Gabler Verlag ist ein Unternehmen der Bertelsmann Fachinformation GmbH.

Höchste inhaltliche und technische Qualität unserer Produkte ist unser Ziel. Bei der Produktion und Auslieferung unserer Bücher wollen wir die Umwelt schonen: Dieses Buch ist auf säurefreiem und chlorfrei gebleichtem Papier gedruckt.

Die Wiedergabe von Gebrauchsnamen, Handelsnamen, Warenbezeichnungen usw. in diesem Werk berechtigt auch ohne besondere Kennzeichnung nicht zu der Annahme, daß solche Namen im Sinne der Warenzeichen- und Markenschutz-Gesetzgebung als frei zu betrachten wären und daher von jedermann benutzt werden dürften.

Druck und Buchbinder: Hubert & Co., Göttingen
Printed in Germany

ISBN 3-409-12252-4

Inhaltsverzeichnis

4 Aufbau und Förderung von Institutionen auf der Mesoebene 137

5 Handlungsoptionen auf der Mikroebene 199

Abbildungsverzeichnis

1   Einleitung

Weltweit haben in den letzten Jahren Reformen des öffentlichen Sektors - allen voran Maßnahmen des verstärkten Einbezugs von Privaten - an Bedeutung gewonnen. Angesichts des zunehmenden Standortwettbewerbs wird dabei verstärkt auch der Bereich der Infrastrukturbereitstellung in die Reformmaßnahmen einbezogen. Die vorliegende Untersuchung widmet sich der Kommerzialisierung und Privatisierung von öffentlichen Versorgungs- und Transportunternehmen. Dabei wird ein ganzheitlicher Systemansatz vorgestellt, der neben Maßnahmen auf der Unternehmensebene auch Maßnahmen auf der makroökonomischen und der Mesoebene einschließt. Durch eine umfassende Systemberatung soll der Komplexität von Reformen im öffentlichen Sektor Rechnung getragen werden.

Weltweit Zunahme von Reformen des öffentlichen Sektors

Der regionale Schwerpunkt der Untersuchung liegt auf Mittel- und Osteuropa (MOE) sowie der Gemeinschaft unabhängiger Staaten (GUS).[1] Gerade für diese sogenannten Transformationsländer spielt die erfolgreiche Reform der Versorgungs- und Transportwirtschaft eine entscheidende Rolle auf ihrem Weg vom Plan zum Markt. Daher werden die hier vorgestellten Konzepte und Maßnahmen sowie die dargestellten Erfahrungen mit vergleichbaren Reformen immer wieder auf ihre Anwendbarkeit in MOE und GUS geprüft und zahlreiche Praxisbeispiele aus diesen Ländern zitiert. Wesentliche Erkenntnisse der Untersuchung sind jedoch auch auf andere Länder übertragbar, die mit vergleichbaren Problemen der öffentlichen Versorgungs- und Transportwirtschaft konfrontiert sind, wie Entwicklungs- und Schwellenländer, aber auch die westlichen Industrienationen.

Regionaler Schwerpunkt: MOE und GUS

Die Deutsche Gesellschaft für Technische Zusammenarbeit (GTZ) GmbH unterstützt diese Reformen im Auftrag der Bundesregierung und multilateraler Geberorganisationen. Kienbaum Development Services GmbH (KDS) ist als Beratungsunternehmen in Kommerzialisierungs- und Privatisierungsprojekte eingebunden. In einem gemeinsamen Projekt wurden die bisherigen internationalen Erfahrungen und konzeptionellen Ansätze zusammengetragen und ein gemeinsamer GTZ-/KDS-Ansatz zur Systemberatung entwickelt. Das Ergebnis soll hiermit der breiten Öffentlichkeit vorgestellt werden.

Gemeinsames Forschungsprojekt von GTZ und KDS

Dieses Buch richtet sich an westliche wie östliche Experten und Berater sowie an interessierte Studenten, die sich mit der Reform des öffentlichen Sektors befassen. Neben einer leicht verständlich gehaltenen Darstellung theoretischer Grundlagen werden vor allem Hinweise für die konkrete Umsetzung alternativer Konzepte gegeben. Der Praxisbezug wird durch zahlreiche Beispiele, Checklisten, Übersichten und Abbildungen sichergestellt.

Praxisbezug

---

[1]   Folgende Staaten werden unter dem Begriff Mittel- und Osteuropa (MOE) verstanden: Lettland, Litauen, Estland, Polen, Tschechische Republik, Slowakische Republik, Ungarn, Rumänien, Bulgarien, Albanien sowie das ehemalige Jugoslawien. Zur Gemeinschaft unabhängiger Staaten (GUS) gehören Rußland, die Ukraine, Moldavien, Belarus, Georgien, Armenien, Aserbaidschan, Kirgistan, Usbekistan, Kasachstan, Turkmenistan und Tadschikistan.

Transformation Management	Der Erfolg bei der Gestaltung und Durchführung von Reformprozessen ist nicht nur von inhaltlich-sachlichen Faktoren, sondern auch von emotional-psychologischen sowie von politischen Faktoren abhängig. Ein wesentlicher Aspekt des hier vorgestellten Beratungsansatzes liegt daher im sogenannten Transformation Management, das durch gezielte Maßnahmen den angestrebten Wandel beschleunigt und den Beteiligten erlaubt, die anstehenden Aufgaben gemeinsam in einer konstruktiven Weise anzugehen.
Berücksichtigung der spezifischen Ausgangssituation	Bei der Anwendung der vorgestellten Herangehensweisen muß Klarheit darüber herrschen, daß es keine allgemeingültigen Kommerzialisierungs- und Privatisierungskonzepte geben kann. Jede Reform hat ihre eigene Geschichte und Dynamik. Bei konkret anstehenden Projekten muß daher die jeweilige länder- und sektorspezifische Ausgangssituation berücksichtigt werden. Darauf aufbauend können für die anstehenden Aufgaben aus den vorgestellten Modulen adäquate Ansätze ausgewählt werden.
Kapitel 2: Konzeptionelle Grundlagen	Das Buch gliedert sich in vier Abschnitte. Im ersten Abschnitt (Kapitel 2) werden die konzeptionellen Grundlagen von Kommerzialisierungs- und Privatisierungsprozessen erläutert. Dabei wird zunächst auf die Bedeutung der Versorgungs- und Transportwirtschaft eingegangen. Eine knappe Auseinandersetzung mit den Argumenten zur Rechtfertigung staatlicher Eingriffe in diese Wirtschaftsbereiche sowie die Schilderung der Ausgangssituation in MOE und GUS verdeutlicht den erheblichen Reformbedarf. Vor diesem Hintergrund werden Ziele und Methoden von Kommerzialisierungen und Privatisierungen vorgestellt und ein ganzheitlicher Beratungsansatz herausgearbeitet, der auch Maßnahmen des Transformation Managements einschließt.
Folgekapitel in der Logik des Systemansatzes	Die weiteren drei Kapitel folgen der Logik des Systemansatzes für Kommerzialisierungen und Privatisierungen, der zwischen Maßnahmen auf der makroökonomischen Ebene, im unternehmensrelevanten Umfeld (der sogenannten Mesoebene) und auf der mikroökonomischen Ebene unterscheidet.
Kapitel 3: Handlungsoptionen auf der Makroebene	Die Darstellung der Handlungsoptionen auf der Makroebene (Kapitel 3) geht von einer Checklisten-gestützten Analyse der makroökonomischen Situation und der Sektoren aus. Aufbauend auf der Identifikation wettbewerblich organisierbarer Bereiche werden Möglichkeiten zur Einführung von Wettbewerb, Deregulierung sowie zur Entflechtung vorgestellt und gegeneinander abgewogen. Es folgen Hinweise zur Prioritätenfestlegung und zur Strategieentwicklung. Ebenfalls zu den makroökonomischen Optionen gehören notwendige Begleitmaßnahmen der Reformen. Hier handelt es sich vor allem um Aktivitäten der Sozial- und Arbeitsmarktpolitik, der Strukturpolitik sowie der Umweltpolitik.
Kapitel 4: Mesoebene	Auf der in Kapitel 4 dargestellten Mesoebene sind Institutionen angesiedelt, die als Transmissionsriemen zwischen staatlicher und unternehmerischer Ebene dienen. Typische, für die Versorgungs- und Transportwirtschaft besonders bedeutende Institutionen der Mesoebene sind Organisationen, die die Aufgaben der Wettbewerbs- oder Monopolaufsicht wahrnehmen,

regionale Gebietskörperschaften, die eine flächendeckende Versorgung sicherstellen oder Interessensvertretungen von Anbietern und Nachfragern. Kapitel 4 beschäftigt sich schwerpunktmäßig mit der Konzeption und Ausgestaltung des ordnungspolitischen Aufsichtsrahmens. Darüber hinaus werden Anregungen zur Förderung wichtiger marktnaher Institutionen wie beispielsweise Wirtschaftsverbände gegeben.

Kapitel 5 widmet sich den Handlungsoptionen auf der Unternehmensebene. Um für das jeweilige Unternehmen die passende Reformstrategie festlegen zu können, wird zunächst das Vorgehen bei einer Unternehmensanalyse vorgestellt. Prinzipiell lassen sich drei grundlegend verschiedene Kommerzialisierungs- und/oder Privatisierungsstrategien identifizieren, die in den Folgekapiteln dargestellt werden. Bei der sogenannten Kommerzialisierung im engeren Sinne verbleibt das Unternehmen in öffentlicher Hand, wird jedoch einer ganzheitlichen, marktorientierten Restrukturierung unterzogen. Auch bei der zeitweisen Übertragung von Eigentumsrechten (Kommerzialisierung im weiteren Sinne) bleibt das Versorgungs- und Transportunternehmen im Besitz des Staates, allerdings werden zunehmend Private in das Management einbezogen. Dies geschieht beispielsweise in Form von Management- oder Leasingverträgen sowie BOT-Modellen. Die dritte grundlegende Handlungsoption ist die materielle Privatisierung. Hier handelt es sich um eine dauerhafte Übertragung der Unternehmen an Private, beispielsweise durch einen Verkauf von Anteilen oder durch Management-Buy-Outs. Neben der Darstellung der spezifischen Vor- und Nachteile einzelner Kommerzialisierungs- und Privatisierungsmethoden gibt Kapitel 5 Hinweise für Maßnahmen des Investorenmarketings, für das Vorgehen bei Ausschreibungen sowie bei der Bewertung der Unternehmen.

Kapitel 5: Unternehmensebene

Zahlreiche Personen haben das Projekt unterstützt, das die Grundlage der vorliegenden Veröffentlichung ist. Unser Dank gilt den GTZ-Kolleginnen und Kollegen Hinnerk Bartels, Dr. Elmar Kleinar, Jürgen Klenk, Peter Engelmann, Gerhard Heinz, Tilman Herberg, Marita Konstanczak, Dr. Gerhard Metschied, Gerhard Oelert, Grischka Schmitz, Christine Singer, Dr. Rainer Schweers, Peter Stendal, Dr. Benedikt Thanner und Wilfried Volkmann, die in begleitenden Arbeitsgesprächen Anregungen und Beiträge geleistet haben. Besonders danken wir an dieser Stelle Werner Lutz von den Stadtwerken Frankfurt Oder und von KDS-Seite Gideon Auerbach, Wilhelm Kons, Michaela Markovicova, Achim Raimann und Prof. Dr. Rolf-Dieter Reineke für ihre aktive Mitarbeit sowie Annegret Ehle und Andrea Hamid.

Danksagung

Manfred Breithaupt,
Horst Höfling,
Lars Petzold,
Christine Philipp,
Dr. Norbert Schmitz,
Dr. Rolf Sülzer

2 Konzeptionelle Grundlagen

2.1 Ausgangsituation

2.1.1 Bedeutung der Versorgungs- und Transportwirtschaft

Die Versorgungs- und Transportwirtschaft spielt weltweit eine zentrale Rolle für die Entwicklung von Volkswirtschaften. Alle privaten Haushalte und Unternehmen nehmen die Leistungen dieses Wirtschaftsbereichs in Anspruch. Die Versorgungswirtschaft umfaßt die Produktion und die Verteilung von Gas, Strom, Wärme und Wasser, zur Transportwirtschaft gehören der Transport von Gütern und Personen zu Lande, zu Wasser und in der Luft. Verfügbarkeit und Qualität dieser Leistungen haben Ausstrahlungseffekte auf die Wirtschaft und Gesellschaft als Ganzes.

Überblick

Für die Bevölkerung dienen Güter und Leistungen wie die Wasser- und Energieversorgung sowie Verkehrsdienstleistungen der Deckung von Grundbedürfnissen. Sie sind daher von hoher sozialer Bedeutung. Die Qualität von Versorgungsleistungen, wie die Versorgung mit Trinkwasser, besitzt zudem eine wesentliche gesundheitspolitische Komponente. Da die Produktion und die Nutzung von Versorgungsgütern und Transportleistungen häufig mit externen Effekten verbunden ist, werden auch umweltpolitische Fragen relevant.

Sozial- und gesundheitspolitische Bedeutung

Aus volkswirtschaftlicher Sicht gehört die Versorgungs- und Transportwirtschaft zur Infrastruktur[1] eines Landes, d.h. zur Gesamtheit der materiellen, institutionellen und personellen Anlagen, Einrichtungen und Gegebenheiten, die den Wirtschaftseinheiten im Rahmen einer arbeitsteiligen Wirtschaft zur Verfügung stehen. Für die Unternehmen ist die sichere Bereitstellung von Versorgungs- und Transportleistungen in qualitativer und quantitativer Hinsicht sowie zu angemessenen Preisen eine wichtige Vorleistung. Es ist ökonomisch unbestritten, daß die Infrastrukturausstattung eines Landes eine wichtige Voraussetzung im Wertschöpfungsprozeß und damit für das Produktivitätsniveau ist.

Wirtschaftliche Bedeutung

Die Infrastrukturentwicklung ist somit ein wichtiges Instrument der Regionalpolitik: Durch den Ausbau der Infrastruktur können abgelegene Gebiete an die weiter entwickelten Regionen angebunden und integriert werden.[2] Für die Länder MOE und GUS spielt die Bereitstellung von Versorgungs- und Transportleistungen in ausreichender Qualität und Menge daher eine zentrale Rolle bei der Überwindung der Transformationskrise.

Wachstums- und Regionalpolitik

Die hohe volkswirtschaftliche Bedeutung der Versorgungs- und Transportwirtschaft läßt sich auch an deren Anteil an der gesamtwirtschaftlichen Wertschöpfung zeigen: Alleine der Kraftstoff- und Energiesektor machte in Polen im Jahr 1993 über 20 Prozent der gesamten Industrieproduktion

Anteil an der gesamtwirtschaftlichen Wertschöpfung

---

[1]   Der Begriff 'Infrastruktur' wurde erst in den 60er Jahren von R. Jochimsen und H. Tinbergen in die ökonomische Terminologie eingeführt.

[2]   Siehe Aschauer, D. A., Is public expenditure productive?, in: Journal of Monetary Economics 23 (2), März 1989, S. 177-200.

aus.[1] Am gesamten Bruttoanlagevermögen der alten deutschen Bundesländer beispielsweise hatten die Wasser- und Energiewirtschaft sowie die Eisenbahnen 1992 einen Anteil von 6,8 Prozent.[2]

Unternehmens-
größen variieren
stark

Die Bereitstellung von Versorgungs- oder Transportleistungen läßt sich in mehrere Teilprozesse zerlegen: In der Energie- und Wasserwirtschaft in Produktion und Verteilung, in der Transportwirtschaft in Netzbereithaltung und Netzbetrieb. Die Produktionsbetriebe der Versorgungs- und Transportwirtschaft bestehen zum Teil aus sehr großen Anlagen. In der Energiewirtschaft zählen hierzu insbesondere Kraftwerke. Die Strom- oder Fernwärmeerzeugung ist jedoch auch in kleineren Einheiten möglich und dient häufig der Deckung des Eigenbedarfs der Industrie. Ähnliches gilt für die Wasser- und Transportwirtschaft.

In Ost- wie in Westeuropa wird ein Großteil der Versorgungs- und Transportleistungen durch staatliche Institutionen der kommunalen bzw. regionalen oder der nationalen Ebene erbracht. Vor allem in der Transportwirtschaft existieren bereits in stärkerem Maße private Anbieter, wie Speditionen, Reedereien, Taxi- und Busunternehmen. Angesichts der vorherrschenden Bereitstellung von Versorgungs- und Transportleistungen durch die öffentliche Hand ist die Auffassung weit verbreitet, daß es sich hierbei um "typische" Tätigkeiten des Staates bzw. der Kommunen handelt. Dies entspricht jedoch nicht der geschichtlichen Entwicklung. Viele Arten von Versorgungs- und Transportleistungen wurden ursprünglich von privaten Unternehmen erbracht. Erst im Zeitablauf kam es zu einer Übernahme dieser Aufgaben durch die öffentliche Hand.

Zu untersuchende Bereiche der Versorgungs- und Transportwirtschaft

Sektor	Teilbereiche		Sparten
Energie[1]	Strom		Produktion
			Verteilung
	Gas		Produktion
			Verteilung
	Fernwärme		Produktion
			Verteilung
Wasser[2]	Trinkwasser		Produktion
			Verteilung
	Abwasser		Kanalisation
			Abwasseraufbereitung
Verkehr	Schiene	Eisenbahn	Schienennetz[3]
			Güter- und Personenbeförderung
		Weiterer Schienengebundener Personenverkehr[4]	Schienennetz[3]
			Personenbeförderung
	Straße	Straßengebundener Personenverkehr[5]	Straßennetz
			Personenbeförderung
		Güterkraftverkehr	Straßennetz
			Güterbeförderung
	Wasser	Binnenschiffahrt[6]	Häfen
			Güter- und Personenbeförderung
		Fährlinien	Häfen
			Güter- und Personenbeförderung
	Luft	Flugverkehr	Flughäfen
			Güter- und Personenbeförderung

1) Für eine Kommerzialisierung oder Privatisierung ist es unerheblich, mit welchem Primärenergieträger die Energie erzeugt wurde.
2) Trink- u. Abwasser. Brauch- u. Bewässerungswasser werden nicht behandelt.
3) Einschließlich der weiteren Infrastruktur, wie z.B. Bahnhöfe
4) Überregional, regional und Nah: S-, U- und Straßenbahnen
5) Busse (nah und fern) und Taxen
6) Kanäle und weitere Wasserwege werden hier nicht behandelt

Abb. 2.1:   *Zu untersuchende Bereiche der Versorgungs- und Transportwirtschaft*

1   Vgl. International Energy Agency (IEA): Energy Policies of Poland, 1994 Survey, Paris 1995, S. 40.

2   Vgl. Institut der deutschen Wirtschaft (IW): Zahlen zur wirtschaftl. Entwicklung der BRD, 1994, S. 36.

Die historische Entwicklung der Versorgungs- und Transportwirtschaft

Wasser

Die Versorgung mit Trinkwasser wurde in den meisten westlichen und östlichen Ländern zunächst über viele Jahrhunderte von Privaten erbracht. So entstanden beispielsweise in England um 1700 die ersten Wasserversorgungsunternehmen durch Private. Auslöser für den Beginn einer staatlichen oder kommunalen Wasserversorgung war die wachsende Urbanisierung. In der Folge der Choleraepidemien von 1832 und 1848 rückten gesundheitspolitische Erwägungen in den Vordergrund. Es kam zum Aufbau regionaler Gesundheitsämter, die das Recht besaßen, eigene Wasserversorgungsunternehmen zu errichten und später ermächtigt wurden, alle privaten Wasserversorgungsunternehmen zu übernehmen, deren Leistungen für nicht optimal befunden wurden. Um die Jahrhundertwende war die Privatwirtschaft aus der Wasserwirtschaft nahezu vollständig verdrängt. Lediglich in Frankreich erfolgte die Versorgung mit Wasser noch durch Private. Der französische Staat trägt allerdings das Eigentumsrisiko: Alle Anlagen, d.h. sowohl die Bauwerke als auch die Kanalnetze, befinden sich grundsätzlich in staatlichem Eigentum.

Energie

Wie in der Wasserwirtschaft wurde in fast allen Industrienationen auch die Produktion und Verteilung von Gas als Energieträger ursprünglich durch private Unternehmen erbracht. Bei der Produktion von Kokskohle für die Stahl- und Eisenerzeugung fällt Gas als Abfallprodukt an. Zunächst wurde dieses Gas ungenutzt abgeleitet, später jedoch aufgefangen und genutzt. Im Rahmen der Umstellung auf Erdgas wurde die Verteilung im Niederdrucknetz kommunalisiert. Die Produktion, Beschaffung und Einleitung in das Fernnetz war zunächst weiterhin Aufgabe der Privatwirtschaft. Die Übernahme der regionalen Gasversorgung durch kommunale und staatliche Stellen erfolgte dann vor dem Hintergrund, daß private Betreiber häufig nur rentable Bezirke an ihr Netz anschließen wollten und eine

flächendeckende Versorgung somit nicht sichergestellt war. Dieses Argument führte ebenfalls zu einer „Verstaatlichung" im Bereich der Elektrizitätswirtschaft.

Transport

Auch die Entwicklung des Verkehrssektors erfolgte zunächst in privater Regie, wie das Beispiel der Eisenbahn verdeutlicht. Als im Krieg von 1870/71 die militärpolitische Bedeutung der Eisenbahnen offensichtlich wurde und außerdem ihr Betrieb Gewinne abwarf, kam es ab 1880 zu einer Verstaatlichung. Straßen wurden und werden in Europa teils durch private Anbieter, teils durch den Staat erstellt und betrieben: in Frankreich beispielsweise werden Autobahnen von privater Hand betrieben, ebenso die Brenner-Autobahn in Österreich. In Deutschland hingegen erfolgen Bau und Betrieb der Autobahnen unter staatlicher Regie. Vor dem Hintergrund schwindender finanzieller Spielräume in den öffentlichen Kassen wird jedoch auch hier zunehmend der Einbezug privater Investoren erörtert.

Entwicklung in Osteuropa

In den Ländern Mittel- und Osteuropas verlief die historische Entwicklung der Versorgungs- und Transportwirtschaft ähnlich wie in Westeuropa. Die Ursprünge liegen auch hier in der Bereitstellung durch private Anbieter. Eine Besonderheit der GUS-Länder liegt darin, daß die Industrialisierung und die flächendeckende Versorgung mit Versorgungs- und Transportdienstleistungen größtenteils erst nach 1917, also zu sowjetischen Zeiten erfolgte. Gemäß der Leninschen Losung "Kommunismus ist Sowjetmacht und Elektrifizierung" wurde die Versorgungswirtschaft an den Vorstellungen einer zentralgeplanten Wirtschaft ausgerichtet. Dementsprechend wurden diese Leistungen vom Staat erstellt, wobei möglichst große Produktionseinheiten bevorzugt wurden. So wurde beispielsweise in der russischen Stromwirtschaft auf eine Versorgungsstruktur mit großen Kraftwerksblöcken (sog. 'Tonnenideologie') gesetzt.

2.1.2 Argumente zur Rechtfertigung staatlicher Eingriffe

Marktversagen

In Marktwirtschaften bedürfen Eingriffe des Staates in das Wirtschaftsgeschehen, wozu auch das Erbringen von Wirtschaftsleistungen durch den Staat gehört, einer besonderen Rechtfertigung. Grundsätzlich sind sie nur begründbar, wenn Marktversagen vorliegt. Der Markt ist in diesen Fällen nicht in der Lage, aus eigener Kraft eine gesamtwirtschaftlich optimale Versorgung herbeizuführen. Der Übergang zu marktwirtschaftlichen Systemen in den MOE und GUS bedingt, daß in diesen Ländern die Notwendigkeit staatlicher Eingriffe überprüft wird. Im folgenden werden verschiedene Argumente für ein staatliches Angebot von Versorgungs- und Transportleistungen erörtert.

Größen- und Verbundvorteile

Ein geläufiges Argument für die Bereitstellung von Versorgungs- und Transportleistungen durch den Staat ist die Vermutung eines natürlichen Monopols. Natürliche Monopole sind durch Größen- und Verbundvorteile sowie durch das Vorliegen von Markteintrittsbarrieren charakterisiert, was zu sinkenden Durchschnitts- bzw. Stückkosten führt. Da die Stückkosten um so geringer sind, je mehr produziert wird, ist der größte Anbieter - also der Monopolist - in einem natürlichen Monopol der günstigste.

Markteintrittsbarrieren

Für die Versorgungs- und Transportwirtschaft wird häufig davon ausgegangen, daß durch technische und wirtschaftliche Besonderheiten wie die hohe Sachlagenintensität oder die Leitungsgebundenheit einzelner Bereiche sogenannte „versunkene" Kosten (sunk costs) entstehen, die zu Marktein-(bzw. -aus-)trittsbarrieren führen. Dabei handelt es sich um Kosten, die einmalig im Rahmen einer Anfangsinvestition anfallen und irreversibel sind. Dies bedeutet, daß die betreffenden Investitionen nur für eine Verwendung genutzt werden können, wie beispielsweise die Ausgaben für die Erschließung von Gasvorkommen. Ein anderes Beispiel für die sogenannte Verwendungsspezifität sind Schienennetze im Eisenbahnbereich: die Schienen könnten bei einer möglichen Betriebseinstellung nicht anderen Verwendungen zugeführt werden. Es resultieren Skalenerträge beziehungsweise Größenvorteile, die ein einziges Unternehmen in die Lage versetzen, den relevanten Markt kostengünstiger zu versorgen als dies mehreren Anbietern möglich wäre. Um einen solchen "natürlichen" Monopolisten von der Ausnutzung seiner Monopolsituation abzuhalten, sei - so wird häufig argumentiert - die Übernahme dieses Versorgungs- oder Transportbereiches durch die öffentliche Hand notwendig.

Natürliche Monopole nur im Bereich der Verteilung

In der Realität zeigt sich allerdings, daß die Häufigkeit der Existenz natürlicher Monople in der Versorgungs- und Transportwirtschaft erheblich geringer ist als häufig angenommen. Natürliche Monopole ergeben sich in der Regel nur im Bereich der Verteilung, und zwar lediglich bei Leitungsnetzen, deren Installation hohe Investitionen erforderlich machen. Hierzu gehören insbesondere die erdgebundenen Netze wie Schienenwege, Kanal- oder Stromnetze. Jedoch auch Netzbetriebe, in denen natürliche Monopole vorliegen, machen den Aufbau und das Betreiben der Netze durch den Staat nicht zwingend erforderlich. Vielmehr existiert eine große Anzahl von Regulierungsinstrumenten, mit Hilfe derer sich das Ausnutzen

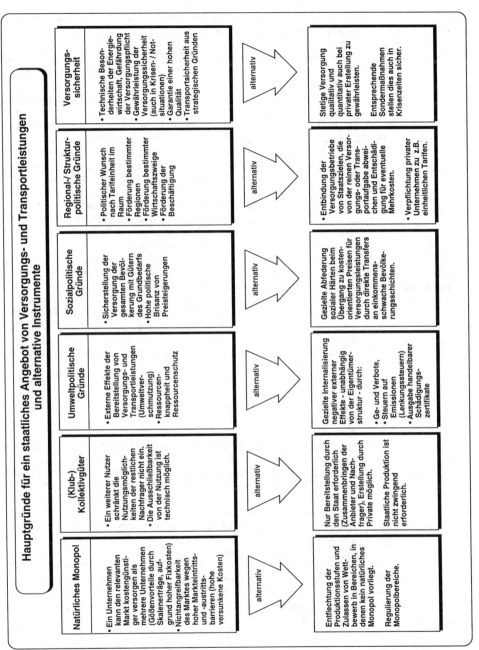

Abb. 2.2:   *Hauptgründe für ein staatliches Angebot von Versorgungs- und Transportlei-*
                  stungen und alternative Instrumente

von Monopolmacht effizient verhindern läßt. Bei staatlicher Regulierung können diese Unternehmen in Privathand übergeben werden.[1]

Kollektivgüter

Ein weiteres Argument für die staatliche Bereitstellung stützt sich auf die Theorie der öffentlichen Güter. Viele Versorgungs- und Transportleistungen haben den Charakter von Kollektivgütern. Das bedeutet, daß ihr Konsum - wie bei den öffentlichen Gütern - nicht rivalisiert: Solange keine Überfüllung auftritt, kann ein weiterer Nutzer ohne Nutzeneinbuße anderer Konsumenten ein Versorgungs- oder Transportgut in Anspruch nehmen. Die Benutzung einer Straße durch einen Autofahrer etwa stört die anderen Autofahrer nicht: Unter der Bedingung nicht ausgelasteter Kapazitäten treten weder Überfüllungskosten noch Kosten der zusätzlichen Nutzung auf. Im Gegensatz zu öffentlichen Gütern ist bei Kollektivgütern die Ausschließbarkeit eines Konsumenten von der Nutzung des Gutes technisch möglich. Daher kann sog. Trittbrettfahrer- oder Free-Rider-Verhalten, d.h. die Nutzung des Gutes durch einzelne ohne die Entrichtung eines entsprechenden Beitrags zur Finanzierung, vermieden werden. Ein Beispiel hierfür ist die Einführung von Mautgebühren auf Autobahnen.

Regulierung statt Verstaatlichung

In der Versorgungs- und Transportwirtschaft besitzen vor allem Netze die Eigenschaften von Kollektivgütern. Unabhängig von dem tatsächlichen Grad der Rivalität im Konsum und der technisch machbaren - und/oder gewollten - Ausschließbarkeit von der Nutzung gilt jedoch: Eine Bereitstellung dieser Güter durch den (Zentral-)Staat ist nicht zwingend. Vielmehr kann dem Subsidiaritätsprinzip folgend die Bereitstellung dieser Leistungen einer niedrigeren Funktionsebene übertragen werden, etwa Vereinen, Verbänden oder Genossenschaften. Sofern diese Möglichkeiten nicht gangbar sind, bietet es sich an, die Güter und Leistungen durch staatlich regulierte Privatunternehmen bereitstellen zu lassen. Dem Staat verbleibt in diesem Fall die Aufgabe, möglichen Machtmißbrauch durch einen geeigneten Regulierungsrahmen zu verhindern.

Sozialpolitische Gründe: Güter des Grundbedarfs

Ein weiteres Argument für die öffentliche Bereitstellung von Versorgungsleistungen liegt in der Verfolgung von gesellschafts- und verteilungspolitischen Zielen. Dazu gehören beispielsweise die Einheitlichkeit der Lebensverhältnisse im Staatsgebiet, die allgemeine Daseinsvorsorge oder die besondere Fürsorge für bestimmte Gesellschaftsgruppen, wie ältere, behinderte oder sozial schwache Mitbürger. Da es sich bei diesen Leistungen um Güter des Grundbedarfs handelt, die für jedermann erschwinglich sein sollten, wird ein staatliches Eingreifen gefordert. Aus diesem Grund werden Versorgungs- und Transportunternehmen häufig Subventionen aus allgemeinen Steuermitteln gewährt, damit deren Leistungsangebot allen potentiellen Nutzern zu niedrigen (nicht-kostendeckenden) Preisen oder zum Nulltarif zugänglich wird. Die Preise verlieren jedoch in diesem Fall ihre zentrale Funktion als Knappheitsindikator und es kommt zu einer Fehlallokation von Ressourcen.

---

[1] Zu allgemeinen Fragen der Regulierung und Deregulierung siehe Kap. 3.2.3. Eine Diskussion der konkreten Instrumente erfolgt im Kap. 4.

Darüber hinaus verfehlt ein subventioniertes Angebot häufig die eigentliche Zielsetzung einer „gerechteren" Einkommensverteilung: Wohlhabendere Bürger profitieren aufgrund ihrer höheren Nachfrage von den Subventionen in größerem Maße als sozial schwächer gestellte Bevölkerungsschichten. Die Teile der Bevölkerung, die tatsächlich einer Unterstützung bedürfen, lassen sich mit Hilfe solcher, nach dem "Gießkannenverfahren" verteilten Subventionen nur unzureichend und nicht zielgerichtet erreichen. Es gibt daher Grund für die Annahme, daß ein Angebot zu kostendeckenden Preisen bei gleichzeitigen direkten Transfers an die untersten Einkommensgruppen zu sozialpolitisch wünschenswerteren Ergebnissen führt.[1] Außerdem läßt sich zeigen, daß bei einer Lösung über personenbezogene Transfers aufgrund der höheren allokativen Effizienz die gesamtwirtschaftlichen Kosten geringer ausfallen.

Subventionierte Preise führen zu Verzerrungen

Auch umweltpolitische Gründe können für eine staatliche Bereitstellung von Versorgungs- und Transportleistungen durch die öffentliche Hand sprechen. Produktion und Verbrauch von Leistungen des Versorgungs- und Transportbereichs sind mit negativen externen Effekten bzw. externen Kosten verbunden. Technologische externe Effekte liegen immer dann vor, wenn die wirtschaftliche Aktivität eines Wirtschaftssubjektes auf andere ausstrahlt, ohne daß dies entsprechend dem Verursacher zugerechnet wird. So führt beispielsweise die Inanspruchnahme von Verkehrsdienstleistungen zu Umweltverschmutzungen durch Lärm und Abgase, deren Beseitigungskosten nicht vom Verursacher getragen werden. Für diese externen Kosten muß die Gesellschaft als Ganzes aufkommen. Angesichts begrenzter natürlicher Resourcen und der Notwendigkeit des Resourcenschutzes wird daher eine Bereitstellung von Versorgungs- und Transportleistungen durch den Staat gefordert.

Umweltpolitische Argumente

Negative externe Effekte der Produktion fallen jedoch bei der Erstellung durch öffentliche wie durch private Unternehmen gleichermaßen an. Die bürokratische Leitung eines Staatsunternehmens läßt sich nicht allein dadurch, daß der Staat der Mehrheitseigner ist, auf den Umweltschutz verpflichten und von der Verursachung externer Schäden abhalten. Die Erstellung von Leistungen im Versorgungs- oder Transportbereich aus staatlicher Hand läßt sich somit mit umweltpolitischen Argumenten nicht rechtfertigen. Allerdings ist es unerläßlich, daß durch eine entsprechende staatliche Gesetzgebung ein wirksamer umweltpolitischer Regulierungsrahmen geschaffen wird.[2]

Negative externe Effekte auch bei öffentlicher Bereitstellung

Häufig werden Versorgungs- und Transportleistungen aus regional- und strukturpolitischen Gründen durch den Staat bereitgestellt. Die Anbindung bestimmter Gebiete oder Regionen an Versorgungs- und Transportnetze ist in vielen Wirtschaftsförderungsprogrammen vorgesehen. Auch die soge-

Regional- und strukturpolitische Argumente

---

[1] Siehe hierzu näher Kap. 4.3.1
[2] Siehe hierzu näher Kap. 4.3.2.

nannte „Tarifeinheit im Raum" ist oft politisch gewünscht, etwa wenn bestimmte Gebiete durch bauliche oder natürliche Gegebenheiten nur zu höheren Kosten zu versorgen sind.

Privatwirtschaft-
liche Alternativen
zur Erreichung
regionalpolitischer
Ziele

Trotz derartiger Gefahren ist jedoch die staatliche Produktion von Versorgungs- und Transportleistungen nicht zwingend. Effizientere Lösungsmöglichkeiten liegen in der staatlichen Übernahme der Teile der Kosten für die Erschließung und Versorgung weniger entwickelter Gebiete, die nicht durch die Preise gedeckt werden. Ebenfalls wäre denkbar, daß ein entsprechendes Gesamtleistungspaket geschnürt wird, das von privaten Interessenten nur in toto angeboten werden kann. Durch die Vorgabe qualitativer und quantitativer Standards lassen sich auch private Betreiber zu einer flächendeckenden Versorgung anhalten. Ein Problem bliebe bei dieser Variante allerdings ungelöst: Die Preise in geförderten Gebieten müßten durch andere Regionen quersubventioniert werden.[1]

Versorgungs-
sicherheit

Weite Bereiche der Versorgungs- und Transportwirtschaft sind aus Gründen der Versorgungssicherheit verstaatlicht worden, um wichtige Vorleistungen für Unternehmen und die Grundversorgung der Bevölkerung von den 'Unwägbarkeiten' der Marktprozesse abzuschirmen. Durch die öffentliche Erstellung sollte eine zufriedenstellende Produktqualität und -quantität auch in Krisenzeiten gewährleistet werden. Dahinter steht häufig die Vorstellung, eine Volkswirtschaft müsse in wichtigen Produktionszweigen von den Interdependenzen der internationalen Arbeitsteilung weitgehend unabhängig sein.

Einführung von
Qualitätsnormen
und Haftungs-
pflichten

Die gewünsche Qualität und Menge von Versorgungs- und Transportleistungen läßt sich jedoch auch im Falle privater Herstellung sichern. Angesichts heute gebräuchlicher Technologien läßt sich eine gleichbleibende Produktqualität unabhängig von der Eigentümerstruktur gewährleisten. Mögliche Instrumente umfassen beispielsweise Qualitätsnormen und Produkthaftungspflichten. Die Notwendigkeit der Erstellung von Versorgungsleistungen in ausreichender Quantität gerade in Krisenzeiten ist unmittelbar einleuchtend. Dies läßt sich jedoch durch den Erlaß von Sonderverordnungen und der Durchsetzung von Sondermaßnahmen bei Eintreten einer Krisensituation erreichen. Somit ist keine ständige Herstellung der Güter durch den Staat erforderlich.

Staatsversagen

Es kann somit festgehalten werden, daß kaum eines der hier aufgeführten Argumente stichhaltig ist und notwendig für die Erstellung von Versorgungs- und Transportdienstleistungen durch die öffentliche Hand spricht. In der Praxis hat sich gezeigt, daß bei staatlich organisierter Aufgabenerfüllung Probleme ganz neuer Art auftreten, die wiederum den Defiziten bei

---

[1] Die Quersubventionierung von Preisen in Versorgungsgebieten mit geringer Anschlußdichte durch Gebiete mit hoher Anschlußdichte ist allerdings nur ein Abgrenzungs-
problem. Selbst innerhalb einer Großstadt als einem Gebiet mit hoher Anschlußdichte
gibt es Versorgungsobjekte unterschiedlicher Wirtschaftlichkeit und damit im Unternehmen eine Quersubventionierung zwischen diesen Objekten.

marktlicher Organisation gegenüberzustellen sind. Man spricht in diesem Zusammenhang von 'Staatsversagen'. Die Auswirkungen eines solchen 'Versagens' des Staates lassen sich an vielen Beispielen darstellen. So ergeben neuere Vergleichsrechnungen für Deutschland, daß bei einer Übertragung etwa von kommunalen Kläranlagen in private Hände Kostensenkungen in Höhe von 20-50 Prozent erzielbar sind.[1]

Die in der folgenden Abbildung dargestellten Ergebnisse eines direkten Kostenvergleichs privater und öffentlicher Verkehrsunternehmen in der Bundesrepublik machen deutlich, daß private Unternehmen unter Effizienzgesichtspunkten in der Regel erheblich besser abschneiden als kommunale bzw. staatliche Unternehmen.

Kostenvergleich privater und öffentlicher Verkehrsunternehmen

---

Kostenvergleich kommunaler und privater Unternehmen des ÖPNV in Deutschland

Ver- Unternehmens- gleichskriterium typ (Durchschnittsgrößen)	Privates Verkehrs-unternehmen	Kommunales Verkehrs-unternehmen
Anzahl der Fahrer pro Bus	1,2	2,0
Werkstattpersonal pro Bus	0,1	0,3
Verwaltungspersonal pro Bus	0,2	0,4
Krankenstand, in %	2 %	7 %
Summe Gesamtpersonal pro Bus	1,5	2,7
Personalkosten pro Person, in DM	50.000,-	65.000,-
Jahresbetriebskosten / Bus, in DM	165.000,-	265.000,-
Kosten pro Fahrzeug - km, in DM	3,3.-	5,3.-

Die Kostendifferenz pro Fahrzeugkilometer zwischen privaten und kommunalen Verkehrsunternehmen beträgt demnach insgesamt 2,- DM.

Nach Angaben des Verbandes Deutscher Verkehrsunternehmen betrug die Kilometerleistung der kommunalen Unternehmen 1994 insgesamt 1.890 Millionen km. Daraus errrechnet sich für den Fall einer Restrukturierung und Privatisierung ein Einsparpotential in Höhe von rund 3,78 Milliarden DM.

Quelle: Leuthardt, P.: Ein wirtschaftlicher Vergleich zwischen kommunalen und privaten Verkehrsunternehmen, in: Der Nahverkehr, H. 3, 1994.

Abb. 2.3:   *Kostenvergleich kommunaler und privater Unternehmen des ÖPNV in Deutschland*

---

[1]   Siehe o.V.: Deregulierung und Privatisierung, in: Das Rathaus, H. 5, 1995, S. 228.

2.1.3 Ausgangssituation in den Transformationsländern

Relativ hoher Infrastruktur-standard

Die vorliegende Studie befaßt sich mit den spezifischen Problemen der Versorgungs- und Transportwirtschaft in den mittel- und osteuropäischen Transformationsländern sowie den Nachfolgestaaten der ehemaligen UdSSR. Trotz der großen Unterschiede in geschichtlicher, geographischer oder wirtschaftlicher Hinsicht haben diese Länder im Bereich der Versorgungs- und Transportwirtschaft einige Gemeinsamkeiten. Insgesamt verfügen sie im internationalen Vergleich über einen relativ hohen Infrastrukturstandard. Sowohl die Anbindungsquoten als auch die Qualität der Leistungen sind weitaus höher als beispielsweise in den sogenannten Entwicklungsländern. Diese mittlere Position geht auch aus der folgenden Übersicht zur Infrastrukturausstattung verschiedener Ländergruppen hervor.

Infrastrukturausstattung der Transformationsländer im Vergleich zu OECD- und Entwicklungsländern

Indikator	OECD-Länder	Transforma-tionsländer	Entwicklungs-länder
Haushalte mit Trinkwasser-versorgung, in %	99	95	47
Haushalte mit Strom-versorgung, in %	98	85	21
Nicht funktionsfähige Diesel-lokomotiven, in % des Gesamtbestandes	16	27	55
Befestigte Straßen in schlechtem Zustand, in % des Gesamtbestandes	15	50	59
Verlustrate im Energie-system, in %	7	14	22

Quelle: Weltentwicklungsbericht 1994, S. 143.

Abb. 2.4: Infrastrukturausstattung der Transformationsländer im Vergleich zu OECD- und Entwicklungsländern

Schlechte Leistung der Versorgungs-und Transportun-ternehmen

Häufig ist die Infrastruktur der Transformationsländer, gemessen an Werten wie der Netzdichte, sogar mit derjenigen von Industrieländern vergleichbar. Allerdings ist die Qualität der Leistung erheblich schlechter. Dies äußert sich im Bereich der Wasserwirtschaft beispielsweise in einer starken Verunreinigung des Trinkwassers oder in häufigen Ausfällen der Versorgung. Die wesentliche Herausforderung in den Transformationsländern besteht daher weniger darin, neue Versorgungs- und Transportkapazitäten aufzubauen, als in einer Umorientierung des bestehenden Angebots. Die Versorgungswirtschaft muß an die veränderten Nachfragestrukturen, die sich im Zuge der ökonomischen Transformation eingestellt haben, angepaßt werden. Die technischen Kapazitäten hierfür sind im Vergleich mit den Entwicklungsländern groß. Allerdings ist das für marktwirtschaftliche Aktivitäten notwendige Umfeld erst im Entstehen, die Kapazitäten des privaten Sektors müssen sich neu entwickeln.

Angesichts unterlassener Instandhaltungen ist der Kapitalstock in der Versorgungs- und Transportwirtschaft größtenteils veraltet. Es sind daher erhebliche Investitionen notwendig. Besonders deutlich wird dieser Investitionsbedarf im Bereich der Energieversorgung: Sollen in den MOE- und GUS-Ländern westliche Standards bei Sicherheit, Qualität, Rentabilität und Umweltverträglichkeit erreicht werden, ergibt sich für einen Zeitraum von 30 Jahren ein jährlicher Investitionsbedarf von 60-70 Mrd. US$, was 6-7 Prozent des Bruttosozialproduktes der Transformationsländer entspricht.[1] Aufgrund der häufig defizitären Staatshaushalte der ehemaligen Zentralverwaltungswirtschaften ist der Einbezug privaten Kapitals, auch aus dem Ausland, unabdingbar.

Unzureichende Instandhaltung

---

[1]   Vgl. Brendow, K.: Unternehmensstrategien der europäischen Energiewirtschaft in Mittel- und Osteuropa, in: Energiewirtschaftliche Tagesfragen, 10.1995, S. 647ff.

Unterschiedliche Ausgangssituation in MOE- und GUS-Staaten müssen in konkreten Projekten erfaßt und berücksichtigt werden

Kommerzialisierungs- und Privatisierungsprojekte können nur erfolgreich sein, wenn sie die spezifische Ausgangssituation berücksichtigen. Bei der konkreten Projektdurchführung muß neben den hier genannten übergreifenden Charakteristika in MOE und GUS-Ländern, den Gegebenheiten in dem jeweiligen Land Rechnung getragen werden.

Einige Zahlen mögen die heterogene Ausgangssituation der einzelnen Länder illustrieren. (Siehe: Weltentwicklungsberich 1994) Betrachtet man die Bevölkerungsdichte, so zeigen sich beträchtliche Unterschiede zwischen den größeren und den kleineren Ländern. Während etwa in Rußland mit 17.075.000 Quadratkilometern Fläche nur 8,7 Menschen pro Quadratkilometer leben, beträgt die Bevölkerungsdichte in Ungarn 114 Menschen pro Quadratkilometer bei 93.000 Quadratkilometer Fläche. Ebenfalls bestehen in der räumlichen Verteilung der Bevölkerung gewaltige Divergenzen. In Ungarn lebten 1992 etwa zwei

Drittel der Gesamtbevölkerung in Städten (davon allein ein Fünftel in Budapest), dagegen betrug diese Relation beispielsweise in Albanien lediglich 1 : 3.

Zwar ist insgesamt der Infrastrukturstandard (etwa im Vergleich zu den sogenannten Entwicklungsländern) relativ hoch, es bestehen jedoch Unterschiede zwischen den einzelnen Transformationsländern. So verfügte etwa die ehemalige DDR über eine Schienennetzdichte von 129,8 Metern je Quadratkilometer, während diese Kennzahl in Rumänien bei 48,13 lag. Stellt man auf die Versorgung mit sauberem Trinkwasser ab, so war dies in Ungarn 1990 für 98 Prozent der Bevölkerung gewährleistet, in Polen für 89 Prozent und in Tadschikistan lediglich für 72 Prozent. Diese Beispielzahlen verdeutlichen, daß in einzelnen Kommerzialisierungprojekten von unreflektierten Verallgemeinerungen abgesehen und der konkrete Nachhol- und Investitionsbedarf ermittelt werden sollte.

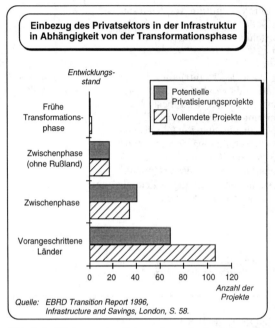

Einbezug des Privatsektors in der Infrastruktur in Abhängigkeit von der Transformationsphase

Quelle: EBRD Transition Report 1996,
Infrastructure and Savings, London, S. 58.

Abb. 2.5: Einbezug des Privatsektors in der Infrastruktur in Abhängigkeit der Transformationsphase

Beteiligung privater Investoren

Noch gibt es in MOE und GUS kaum private Investoren im Infrastrukturbereich. Vor allem in Ländern, die sich eher am Anfang des Transformationsprozesses befinden, sind die Möglichkeiten und der Wille zum Einbezug Privater bei der Restrukturierung des Infrastrukturbereichs sehr begrenzt. Größere Investitionen von Privaten wurden bislang vor allem im Telekommunikationssektor vorgenommen. In der Transport-, Elektrizitäts- und Wasserwirtschaft hingegen besteht - beispielsweise im Vergleich zu Ostasien und Lateinamerika - ein großer Nachholbedarf privater Infrastrukturfinanzierung.

Preissubventionierung

Im Rahmen der allgemeinen Preisfixierung waren in den ehemaligen Zentralverwaltungswirtschaften auch die Preise für Versorgungs- und Transportleistungen stark subventioniert. In der ehemaligen DDR beispielsweise wurden die Verbraucherpreise für Energie, mit Ausnahme von Kraftstoffen, zu ca. 60-80 Prozent der hierfür aufgewendeten Kosten subventioniert.[1] Dabei wurden in der Regel private Haushalte gegenüber der Industrie bevorzugt, obwohl diese etwa in der Elektrizitätswirtschaft zu niedrigeren Kosten angeschlossen und versorgt werden können (sogenannte 'inverse Preisstruktur').[2] Die Subventionen wurden meistens in Form ungebundener Zuweisungen an die Versorgungs- und Transportunternehmen vergeben. Angesichts der mit Preiserhöhungen für Versorgungs- und Transportleistungen verbundenen sozialen Probleme wurde in den meisten Ländern in MOE und GUS bislang von einer völligen Liberalisierung der Preise abgesehen.

Vernachlässigung der Umwelt

Als eine Folge der Preisfixierung traten Übernutzung und damit einhergehend hohe Umweltschäden bei der Erzeugung und Nutzung von Versorgungs- und Transportdienstleistungen auf. Die allgemeine Geringschätzung des Gutes Umwelt in MOE und GUS verstärkte diesen Effekt weiter.

---

[1] Vgl. Neu, A.D.: Anpassungsprozesse in der ostdeutschen Energiewirtschaft, in: Kieler Diskussionspapiere 179/180, Kiel 1992, S. 8f.

[2] Vgl. Newbery, D.M.: Restructuring and privatising electric utilities in Eastern Europe, in: Economics of Transition, Vol. 2, London 1994, S. 299f.

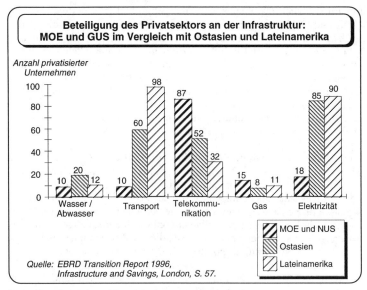

Beteiligung des Privatsektors an der Infrastruktur: MOE und GUS im Vergleich mit Ostasien und Lateinamerika

Anzahl privatisierter Unternehmen

Quelle: EBRD Transition Report 1996, Infrastructure and Savings, London, S. 57.

MOE und NUS
Ostasien
Lateinamerika

Abb. 2.6:   *Beteiligung Privater an Infrastrukturinvestitionen im internationalen Vergleich*

Eine Besonderheit der Versorgungs- und Transportunternehmen in Transformationsländern ist ihre im Vergleich zu Industrie- und Entwicklungsländern hohe vertikale und horizontale Konzentration. In manchen Ländern ist ein gesamter Infrastruktursektor unter dem Dach eines einzigen Unternehmens vereinigt. So betrieb beispielsweise die polnische Eisenbahn PKP das polnische Schienennetz und erbrachte sämtliche regionalen (einschließlich städtischen), überregionalen und internationalen Bahnleistungen im Bereich Güter- und Personentransport. Auch die Fertigungstiefe mittel- und osteuropäischer Versorgungs- und Transportbetriebe ist aufgrund der Mangelsituation zu Zeiten der Zentralverwaltungswirtschaft üblicherweise erheblich ausgeprägter als in Industrieländern. Der Verkehrsbetrieb Orel in Rußland beispielsweise unterhält noch heute einen Bauernhof, auf welchem Mitarbeiter des Betriebes Grundnahrungsmittel für die Belegschaft erwirtschaften. Die Großunternehmen übernahmen außerdem soziale Funktionen: Sie betrieben Sozialeinrichtungen wie Kindergärten, Ferienheime, Krankenhäuser. Die Ausgliederung solcher Bereiche im Rahmen der Restrukturierung erfordert daher entsprechende sozialpolitische Begleitmaßnahmen.

Hohe Fertigungstiefe (Landwirtschaft und Sozialdienste)

Ähnlich wie in den hochindustrialisierten Ländern sind staatliche Versorgungs- und Transportunternehmen in MOE und GUS äußeren, für sie selbst nicht kontrollierbaren und korrigierbaren Einflüssen ausgesetzt, die ihre Leistungsfähigkeit erheblich prägen. Durch eine Vielzahl gesetzlicher Regelungen wird die Dispositionsfreiheit des Managements und eine Orientierung an ökonomischen Kriterien stark eingeschränkt.

Mangelnde Ergebnisorientierung

17

*Politische
Einflußnahme*

Ein grundsätzliches Probleme der Versorgungs- und Transportwirtschaft in MOE und GUS besteht in der politischen Einflußnahme, der dieser Bereich aufgrund seiner Bedeutung vielfach ausgesetzt ist. Politische Amtsinhaber neigen dazu ihren Einfluß zu nutzen, um bestimmte Ziele - beispielsweise sozialer Art - zu erreichen. Die politische Einflußnahme geht mitunter sogar so weit, daß es zu einem Mißbrauch von Eigentumsrechten kommt. Dies ist beispielsweise der Fall, wenn leitende Positionen in der öffentlichen Versorgungs- und Transportwirtschaft nicht nur nach fachlicher Kompetenz besetzt werden, sondern mit fachlich unzureichend qualifizierten, aber verdienten Politikern oder Offizieren.

*Abhängigkeit von
Zuschüssen*

Die politische Einflußnahme führt schließlich zu Problemen im Finanzierungssystem. Die Versorgungs- und Transportunternehmen haben zwar die Aufgabe der Versorgung zu erfüllen, sie sind jedoch nicht mit der notwendigen Ausgabenkompetenz versehen. In Verbindung mit der aus sozialpolitischen Erwägungen staatlich gewünschten Preissetzung auf niedrigem, nicht kostendeckenden Niveau ergibt sich ein ständiger Bedarf an Zuschüssen. Die Abhängigkeit von staatlichen Zuwendungen macht die Unternehmen wiederum für politische Einflußnahme empfänglich.

*Ineffizienter
Ressourceneinsatz*

Da Versorgungs- und Transportunternehmen im Westen wie im Osten häufig regionale Monopolisten sind, besteht kaum Zwang zu effizientem Wirtschaften. In Mittel- und Osteuropa ist darüber hinaus das Wissen um betriebswirtschaftliche Zusammenhänge und Methoden noch unterentwickelt. Dies gilt insbesondere für die Versorgungs- und Transportwirtschaft, in der bisher kaum Restrukturierungen vorgenommen worden sind. Probleme ergeben sich aufgrund staatlich auf sehr niedrigem Niveau fixierter Preise für Versorgungs- und Transportleistungen. Diese konnten nahezu als freie Güter betrachtet werden. So ist beispielsweise die Erfassung der abgegebenen Leistungen und des Verbrauchs in der Wasser- und Energiewirtschaft oft nicht möglich und der Inkassobereich nur unzureichend entwickelt. Aufgrund dieser Zusammenhänge schneiden die östlichen Versorgungs- und Transportunternehmen bei Effizienzvergleichen mit westlichen Unternehmen erheblich schlechter ab.

*Mangelnde
Kostenkontrolle*

Ein großes Problem stellt die kameralistische Rechnungslegung öffentlicher Unternehmen dar. Diese ermöglicht zwar die Überprüfung des Liquiditätsstatus, im Gegensatz zur doppelten Buchführung jedoch keinen adäquaten Ausweis von Aufwendungen und Erträgen bestimmter Leistungen. In Bezug auf Kostenstrukturen und Verantwortlichkeiten schafft sie nur unzureichende Transparenz im Unternehmen. Erschwerend kommt hinzu, daß Planungs- sowie Controllinginstrumente nach juristischen, nicht jedoch nach ökonomischen Kriterien ausgerichtet werden. Eine Prozeßkostenrechnung einschließlich einer adäquaten Kostenanalyse der Wertschöpfungsketten ist häufig nicht durchführbar. Dies führt zu einem ineffizienten Ressourceneinsatz.

*Quer-
subventionierungen
und Intransparenz*

Durch den häufig anzutreffenden Verbund von Versorgungs- und Transportunternehmen kommt es zu Quersubventionierungen und zunehmender Intransparenz. So erwirtschaften beispielsweise bundesdeutsche Verkehrsunternehmen in Besitz der öffentlichen Hand mittlerweile ein Defizit von über drei Milliarden DM jährlich. Diese Defizite müssen zum großen Teil von Kommunen und Landkreisen finanziert werden. Da etwa 60 Prozent aller Verkehrsunternehmen im sogenannten Querverbund mit Versorgungsunternehmen für Gas, Wasser und Elektrizität geführt werden, werden die dort erzielten Gewinne verwandt, um Verluste der Verkehrsbetriebe zu dekken.[1]

---

[1]   Vgl.: Knieps, G.: Privatisierung und Deregulierung im öffentlichen Personalverkehr, Freiburg 1992, S. 249f. Zu Quersubventionen siehe auch Kapitel 3.3.3.5.

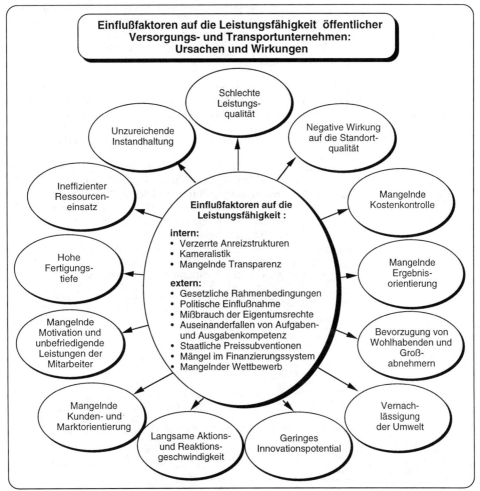

Abb. 2.7:   *Einflußfaktoren auf die Leistungsfähigkeit öffentlicher Versorgungs- und Transportunternehmen: Ursachen und Wirkungen*

Mangelnde Motivation und unbefriedigende Leistungen der Mitarbeiter

Verzerrte Anreizstrukturen sowie ausgeprägte Hierarchien sind ein weiteres Phänomen öffentlicher Unternehmen. Häufig werden die Mitarbeiter nicht gemäß ihrer Leistungen sondern anhand anderer Parameter vergütet (etwa nach Anzahl der Dienstjahre). Eine Steuerung der Mitarbeiter findet zumeist über bestimmte Verfahrensvorschriften statt, nicht jedoch durch Setzung von Zielvorgaben. Dadurch werden Mitarbeiter unzureichend motiviert.

Geringes Innovationspotential und mangelnde Kunden- und Marktorientierung

Die mangelhaften internen und externen Anreizmechanismen führen zu einem geringen Innovationspotential. Die Versorgungs- und Transportunternehmen sehen sich weniger als Dienstleister, die bestimmte Leistungen zu erbringen haben und orientieren sich kaum an Kundenwünschen und aktuellen Marktentwicklungen. Wirtschaftliche Kennziffern erhalten angesichts einer ohnehin bestehender Abhängigkeit von staatlichen Subventionen und der in der Regel stetigen Zugriffsmöglichkeit auf öffentliche Fördertöpfe nur untergeordnete Bedeutung.

Langsame Aktions- und Reaktionsgeschwindigkeit

Die Versorgungs- und Transportunternehmen sind häufig nicht in der Lage, schnell auf Veränderungen der Nachfrage zu reagieren und eventuell selbst aktiv zu werden. Dies ist insbesondere in MOE und GUS von Bedeutung, da Versorgungs- und Transportunternehmen hier kurz- bis mittelfristig mit einem exogenen Nachfragerückgang konfrontiert werden dürften.

Negative Wirkungen auf die Standortqualität

Aufgrund der besonderen Bedeutung der Versorgungs- und Transportwirtschaft wirken sich Defizite in diesem Bereich negativ auf die Qualität des gesamten Wirtschaftsstandortes aus. Eine Ende 1993 bei multinationalen Unternehmen durchgeführte Umfrage des Münchner ifo-Instituts zum Investitionsklima in den mittel- und osteuropäischen Reformstaaten zeigt, daß der Zustand der allgemeinen Infrastruktur bei der Investitionsentscheidung eine entscheidende Rolle spielt.[1] Es sind daher möglichst umgehend weitreichende Reformen notwendig, wenn Engpässe und Hemmnisse für das wirtschaftliche Wachstum vermieden werden sollen.

---

[1] Siehe hierzu: Ratzinger J.: Investitionsklima in den Transformationsländern: Ergebnisse einer ifo Umfrage, in: ifo Schnelldienst 12/1994, S. 25-33.

2.2 Ziele und Methoden von Kommerzialisierung und Privatisierung

2.2.1 Kommerzialisierung und Privatisierung als Lösungsansatz

Wie in den vorangegangenen Kapiteln erläutert wurde, halten die allgemein vorgebrachten Rechtfertigungsgründe für die Erstellung von Versorgungs- und Transportleistungen durch den Staat einer Überprüfung nicht stand. Vielmehr kommt es bei der staatlichen Bereitstellung zu Ineffizienzen und zu einem qualitativ unbefriedigenden Angebot. Der Auslöser für echten Reformwillen wächst in aller Regel vor dem Hintergrund leerer öffentlicher Kassen. Da der anstehende Investitionsbedarf mit den zur Verfügung stehenden Mitteln nicht gedeckt werden kann, sind Regierungen in westlichen wie in osteuropäischen Ländern zu Reformen im Bereich der Versorgungs- und Transportwirtschaft bereit. Kommerzialisierung und Privatisierung sind wesentliche Bestandteile dieser Programme.[1]

Auslöser für Reformen

---

[1]   Vgl. Klenk, J.; Philipp, Ch.; Reineke, R.-D.; Schmitz, N.: Privatisierung in Transformations- und Entwicklungsländern, Wiesbaden 1994, S. 24.

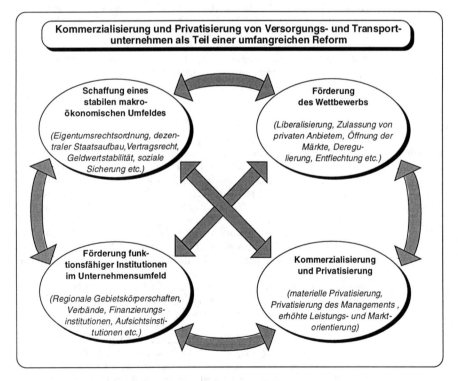

Abb. 2.8:   *Kommerzialisierungs- und Privatisierungsmaßnahmen als Teil einer umfangreichen Reform*

Definition	Kennzeichnendes Element von Kommerzialsierung und Privatisierung ist die Entstaatlichung der Wirtschaft. Unter Kommerzialisierungs- und Privatisierungsmaßnahmen versteht dieses Handbuch eine Trennung der staatlichen von der betrieblichen Sphäre und die Einführung von dezentralen Regelungsmechanismen und marktlichen Anreizstrukturen, die nicht nur positive Leistungen der Wirtschaftssubjekte anregen, sondern auch effiziente Kontrollen von Managern, Arbeitern und Eigentümern sicherstellen.
Kommerzia-lisierung	Bei Kommerzialisierungsmaßnahmen erfolgt keine Veränderung der Eigentumsverhältnisse, die betrachteten Unternehmen bleiben in öffentlicher Hand. Die Versorgungs- und Transportbetriebe werden jedoch einer umfangreichen Restrukturierung unterzogen, die die Effizienz und Effektivität bei der Aufgabenerfüllung steigern soll.
Privatisierung	Bei Privatisierungen werden Private weitergehend in das Unternehmen einbezogen. Das vorliegende Handbuch unterscheidet zwischen der zeitweisen und der dauerhaften Übertragung von Eigentumsrechten an den Versorgungs- und Transportbetrieben. Zu zeitlich befristeten Übertragungen an Private gehören Management Verträge, Leasing, Konzessionen und BOT- (Build-Operate-Transfer) bzw. BOOT-Modelle (Build-Operate-Own-Transfer). Bei der ständigen, unbefristeten Übertragung an Private spricht man von materieller Privatisierung. Hierzu gehören auch die sogenannten BOO-Modelle (Build-Operate-Own). Häufig stellen Kommerzialisierungen und befristete Übertragungen der Eigentumsrechte den ersten Schritt zu einer materiellen Privatisierung dar, beispielsweise wenn eine vollständige Privatisierung politisch nicht durchsetzbar ist, aber zumindest eine Steigerung der Effizienz erreicht werden soll.
Notwendige Begleitmaßnahmen	Der Erfolg von Kommerzialisierungs- und Privatisierungsmaßnahmen ist mit der Durchsetzung anderer Reformelemente verknüpft. Zu den notwendigen Begleitmaßnahmen gehören die Sicherung eines stabilen makroökonomischen Rahmens und die Förderung funktionsfähiger Institutionen im Unternehmensumfeld. Über diese Maßnahmen hinaus muß die Versorgungs- und Transportwirtschaft dereguliert und wettbewerblichen Bedingungen ausgesetzt werden, da positive Wirkungen von Kommerzialisierungen und Privatisierungen nur zu erwarten sind, wenn die restrukturierten Betriebe im Wettbewerb stehen. Ein bloßes Ersetzen öffentlicher Monopole durch private Monopole führt mittel- und langfristig nicht zu Effizienzsteigerungen.
Deregulierung	Deregulierungsmaßnahmen umfassen die Überführung von Bereichen der Versorgungs- und Transportwirtschaft, die bisher spezifischen Rechtsvorschriften unterworfen waren, in das allgemeine Wirtschaftsrecht und die Zulassung von Wettbewerb. Da die staatliche Erstellung im Vergleich mit derjenigen durch den Privatsektor in qualitativer und quantitativer Hinsicht regelmäßig schlechter abschneidet, sollte soviel Markt, Wettbewerb und private Beteiligung wie möglich zugelassen und stimuliert werden. Dagegen sollte nur soviel staatliche Einflußnahme und Regulierung vorgenommen werden wie unbedingt nötig. Sektorspezifische Eingriffe des Staates

sollten auf ein Minimum
begrenzt werden. Lediglich
in Monopolbereichen ist
zusätzlich ein gesetzlich
verankertes Regulierungs-
system notwendig, das
vorhersehbare und nicht-
diskriminierende Regeln
vorgibt. Diese Regeln sollten einfach anzuwenden
und leicht kontrollierbar
sein.

*Abb. 2.9: Funktionen von
Wettbewerb*

┌───┐
│   **(Funktionen von Wettbewerb)**   │
│   │
│ • Langfristiger Druck zur Kostensenkung (*Kostensenkungsfunktion*) │
│ • Kontrolle wirtschaftlicher Macht (*Kontrollfunktion*) │
│ • Lenkung der Produktionsfaktoren in die produktivste Verwendung │
│   (*Allokationsfunktion*)   │
│ • Ausrichtung des Angebots von Waren und Dienstleistungen │
│   entsprechend den Konsumentenwünschen (*Konsumenten- │
│   souveränität*)   │
│ • Verteilung der Markteinkommen gemäß der Marktleistung │
│   (*Verteilungsfunktion*)   │
│ • Förderung von technischem Fortschritt und Auffinden von │
│   effizienteren Fertigungsmethoden und neuen Produkten │
│   (*Innovationsfunktion*)   │
│ • Das Angebot paßt sich zumindest langfristig flexibel an sich │
│   ändernde Rahmenbedingungen an (*Anpassungsfunktion*) │
└───┘

2.2.2   Ziele und mögliche Ergebnisse

Kommerzialisierung und Privatisierung von Versorgungs- und Transportunternehmen dürfen nicht als Selbstzweck aufgefaßt werden. Sie sind vielmehr geeignete Mittel zur Schaffung von Strukturen, die die betriebswirtschaftliche und technische Effizienz von Versorgungs- und Transportleistungen steigern. Dies führt zu einer besseren Versorgung der Bevölkerung mit relativ preisgünstigen, stabilen und sicheren Leistungen, einem
Hauptziel von Kommerzialisierung und Privatisierung. Die Belebung von
Wettbewerb und die Gründung neuer privater Unternehmen schafft Spielräume für Wachstum und Beschäftigung. Von diesen Effekten kann mittelfristig die gesamte Wirtschaft - einschließlich der ärmeren Bevölkerungsschichten - profitieren.

*Hauptziel:
Steigerung der
gesamtwirtschaftli-
chen Effizienz*

Die Umstrukturierung des Bereichs der Transport- und Versorgungswirtschaft soll eine Steigerung der gesamtgesellschaftlichen Wohlfahrt her-
beiführen. Dieses Oberziel läßt sich in einzelnen Politikziele wie
Versorgungs- und sozialpolitische Ziele, Umwelt- und gesundheitspolitische
Ziele, struktur- und regionalpolitische Ziele, fiskalische, wachstums- und
konjunkturpolitische Ziele untergliedern. Bei der Verfolgung der unterschiedlichen Einzelziele besteht Konfliktpotential. So können beispielsweise
die Sicherung einer sauberen Umwelt in Form hoher Standards zu zusätzlichen Kosten für die Unternehmen führen, potentielle Investoren abschre-
ken und somit das wirtschaftliche Wachstum verlangsamen. Diesem Umstand muß durch eine neutrale Beurteilung anhand von Zielkriterien bei
der Planung von Projekten und bei konkreten Maßnahmen Rechnung getragen werden.

Zielkonflikte

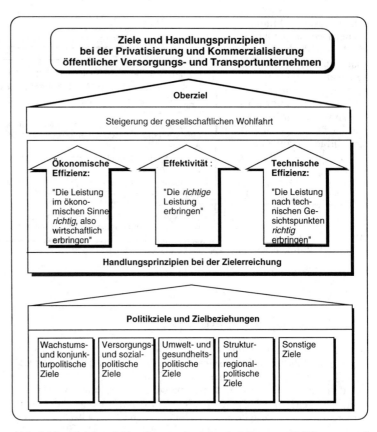

Abb. 2.10: *Ziele und Handlungsprinzipien bei Kommerzialisierung und Privatisierung*

Berücksichtigung von ökonomischen Handlungsprinzipien

Dabei kann die Berücksichtigung von wichtigen ökonomischen Handlungsprinzipien hilfreich sein. Der Grundsatz der Effektivität zielt auf die Auswahl der richtigen Handlungsoption ab. Die Verfolgung der ökonomischen Effizienz hingegen verlangt, daß mit einem gegebenen Mitteleinsatz ein bestmögliches Ergebnis erzielt werden kann. Als drittes Rationalitätspostulat ist auf die technische Effizienz hinzuweisen, die sich auf die ingenieurwissenschaftlich richtige Gestaltung technischer Prozesse bezieht. Die obige schematische Darstellung verdeutlicht diese Zusammenhänge.

Erwartete Folge: Fiskalische Entlastung öffentlicher Haushalte

Durch die Reform der Versorgungs- und Transportwirtschaft ist eine Entlastung der öffentlichen Haushalte zu erwarten, denn bei einer kostenorientierten Entgeltpolitik kann die Höhe des Subventionsbedarfs verringert werden. Für die Entwicklungsländer errechnete die Weltbank Entlastungsmöglichkeiten für die öffentlichen Haushalte in Höhe von bis zu 10 Prozent der gesamten Steuereinnahmen dieser Länder. Diese beträchtlichen Einsparpotentiale gelten der Tendenz nach in gleicher Weise für die ehemaligen Planwirtschaften.

Zusätzliche Steuereinnahmen

Zu den fiskalischen Ersparnissen durch Subventionsabbau sind zu erwartende Steuereinnahmen hinzuzurechnen. Diese können bei einer Verbesserung der Gewinnsituation der Versorgungs- und Transportunternehmen anfallen, aber auch aufgrund der resultierenden positiven Konjunktur- und Wachstumsimpulse entstehen. Die genannten Einsparungen sowie die zusätzlichen Einnahmen des Staates könnten zu einer Umschichtung der Mittel, beispielsweise zur Abmilderung etwaiger sozialer Spannungen, genutzt werden. Darüber hinaus ist an eine Senkung der allgemeinen Abgabenquote beziehungsweise an die Rückführung der Staatsschuld zu denken.

Einsparpotentiale bei den Leistungserstellern

Aufgrund der in der Folge von Kommerzialisierung und Privatisierung erwarteten höheren Leistungsfähigkeit der Versorgungs- und Transportunternehmen können diese bei zumindest gleichbleibender Qualität der Leistungen Einsparungen erzielen. Die Höhe dieser Einsparpotentiale wird auf ein Prozent des BIP aller Entwicklungsländer geschätzt. Dies entspricht rund 25 Prozent der jährlichen Investitionen in die Infrastruktur dieser Länder oder dem Doppelten der jährlichen Entwicklungshilfefinanzierung für Infrastrukturausgaben.

Möglichkeiten der Entlastung öffentlicher Haushalte in Entwicklungsländern, in Mrd. US$

Sektor	Haushaltsentlastung durch bessere Preisgestaltung	Ursache
Energie	90	zu niedrige Preise
Wasser	13 5	zu niedrige Preise illegale Anschlüsse
Eisenbahnen	15	zu niedrige Preise im Passagierverkehr
SUMME	**123**	

Quelle: Weltentwicklungsbericht 1994, S.154.

Abb. 2.11: Möglichkeiten der Entlastung öffentlicher Haushalte in Entwicklungsländern

Einsparpotentiale durch Effizienzsteigerungen in Versorgungs- und Transportunternehmen in Entwicklungsländern, in Mrd. US$

Sektor	Einsparpotential	Ursache der Ineffizienz
Straßen	15	Jährlicher Investitionsbedarf wegen unzureichender Instandhaltung
Energie	30	Übertragungs-, Verteilungs- und Erzeugungsverluste
Wasser	4	Lecks
Eisenbahnen	6	Hoher Treibstoffverbrauch, personelle Überbesetzung, fehlende Lokomotiven
SUMME	**55**	

Quelle: Weltentwicklungsbericht 1994, S.154

Abb. 2.12: Einsparpotentiale durch Effizienzsteigerungen in Versorgungs- und Transportunternehmen in Entwicklungsländern

Notwendigkeit von Begleitmaßnahmen: Das Beispiel der britischen Wasserwirtschaft

Isolierte Kommerzialisierungs- und Privatisierungsmaßnahmen führen jedoch nicht notwendigerweise zu einer Verringerung der Verbraucherpreise und zu einer steigenden Versorgungsqualität. Das Beispiel der britischen Wasserwirtschaft unterstreicht erneut die Notwendigkeit entsprechender Rahmenbedingungen, um diese Potentiale zu realisieren: So hat sich fünf Jahre nach der Privatisierung der britischen Wasserversorgungsunternehmen die Gewinnsituation der Versorgungsunternehmen stark verbessert - nicht zuletzt aufgrund eines überdurchschnittlichen Anstiegs der Verbraucherpreise. Allerdings ist es immer noch nicht gelungen, die Trockenperioden im Sommer ohne Wasserknappheit zu überstehen. Hauptursache dafür ist, daß bislang nur in unzureichendem Maße Investitionen durchgeführt wurden und weiterhin rund 29 Prozent des Wassers in Großbritannien in überalteten Systemen versickern.[1]

2.2.3 Entflechtung als Vorstufe von Kommerzialisierung und Privatisierung im Versorgungs- und Transportbereich

Entflechtung vor Kommerzialisierung und Privatisierung

Da die Versorgungs- und Transportwirtschaft in MOE und GUS durch integrierte Monopole gekennzeichnet ist, müssen im Vorfeld der Kommerzialisierung und Privatisierung einzelner Betriebe zunächst die wettbewerblich organisierbaren Bereiche von den (natürlichen) Monopolbereichen getrennt werden. Diesen Vorgang bezeichnet man als Entflechtung. Entflechtungsmaßnahmen empfehlen sich auch vor dem Hintergrund des hohen Investitionsbedarfs in MOE und GUS: Für den raschen Aufbau eines effizienten und kundenorientierten Versorgungs- und Transportsektors erscheint die Verteilung der Investitionslasten auf mehrere Gesellschaften sinnvoll.

Natürliche Monopole nur bei erdgebundenen Netzen

Zu den natürlichen Monopolbereichen in der Versorgungs- und Transportwirtschaft gehören vor allem erdgebundene Netze, deren Errichtung große Investitionen erfordern und die durch hohe Fixkosten gekennzeichnet sind. Beispiele hierfür sind Stomleitungen, Schienen oder Straßen. Ihr Betrieb ist grundsätzlich vom Staat zu regulieren. Allerdings sollte eine weitere Untergliederung geprüft werden, da sich natürliche Monopole regional aufsplitten lassen und die Versorgung dezentral organisiert werden kann. Die anderen Teilbereiche der Versorgungs- und Transportwirtschaft, d.h. die Produktion von Energie, Wasser und Verkehrsdienstleistungen sind in der Regel keine natürlichen Monopole und müssen somit nicht reguliert werden. Zwischen diesen Güter- bzw. Leistungserstellern ist Konkurrenz möglich solange der offene Zugang zum Netz gewährleistet ist.

---

[1] Zum Vergleich: Frankreich 10%, Deutschland 7%, Singapur 3%. Siehe Associated Newspapers Ltd., Mail on Sunday, 13.08.1995, S. 3f.

Für die Elektrizitätswirtschaft bedeutet dies beispielsweise eine Entflechtung in die Bereiche Energieerzeugung und Netzbetrieb. Der Netzbetrieb ist noch weiter in den Betrieb überregionaler und regionaler Netze unterteilbar. Die Produzenten zahlen dem Netzbereitsteller für den Zugang zum Monopolbereich und die Nutzung seiner Anlagen bei der Weiterleitung des Stromes an die Endverbraucher ein Entgelt.

Beispiel Elektrizitäts- wirtschaft

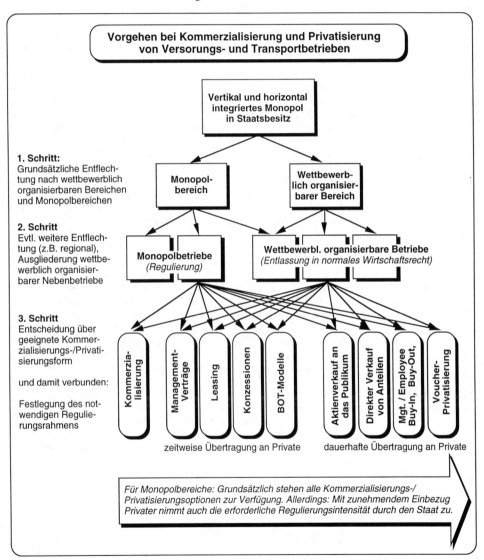

Abb. 2.13: *Vorgehen bei Kommerzialisierung und Privatisierung von Versorgungs- und Transportbetrieben*

Trennung der Produktionsstufen

Bei der Entflechtung der Sektoren ist darauf zu achten, daß der (natürliche) Monopolist keinen Zutritt zum wettbewerblich organisierten Bereich erhält, um eine Diskriminierung der verschiedenen Produzenten durch den natürlichen Monopolisten zu verhindern. Wird beispielsweise dem Bereitsteller eines Schienennetzes erlaubt, auch Beförderungsleistungen zu erbringen, besteht die Gefahr, daß er anderen Serviceleistern den Zugang zu dem von ihm betriebenen Netz erschwert und mit Gewinnen aus dem Monopolbereich seine Aktivitäten im Wettbewerbsbereich zulasten der anderen Anbieter quersubventioniert. Um diese mögliche Wettbewerbsgefährdung zu vermeiden, sollte die Trennung der Produktionsstufen konsequent und dauerhaft durchgesetzt werden.[1]

Ausgliederung von Nebenbetrieben

Neben der grundsätzlichen Entflechtung der Sektoren ist zu prüfen, ob sich die einzelnen Teilbereiche weiter unterteilen lassen. So können häufig Nebenbetriebe, etwa im Bereich Instandhaltung und Wartung von Anlagen, zu eigenständigen Einheiten umgeformt, ausgegliedert (Outsourcing) und dem Wettbewerb ausgesetzt werden. Die wettbewerblich betreibbaren Hauptbereiche können des weiteren regional oder nach Märkten unterteilt werden. Polen beispielsweise hat seine Eisenbahn PKP in die Hauptgeschäftsbereiche kommerzieller Frachtverkehr (hauptsächlich Kohle), Intercity-Personenverkehr, grenzüberschreitender Personenverkehr sowie lokaler und städtischer Verkehr unterteilt. Das Schienennetz wird von einer separaten Infrastrukturabteilung bereitgestellt.[2]

Entlassung der wettbewerblich organisierbaren Bereiche in das allgemeine Wirtschaftsrecht

Der wettbewerbliche Sektor kann dem allgemeinen Wirtschafts- bzw. Wettbewerbsrecht unterstellt werden. Dieses sollte jedoch im Vorfeld von Entflechtungsmaßnahmen sorgfältig auf seine Wirksamkeit geprüft werden. Prinzipiell sind keine speziellen, über den normalen Rechtsrahmen hinausgehenden Regulierungsmaßnahmen des Staates notwendig. Die Unternehmen sind an allgemeine Vorschriften, wie etwa die Produkthaftung, wirkungsvoll gebunden. Die optimale Angebotsmenge bei dem jeweiligen Marktpreis bildet sich über einen Ausgleich von Angebot und Nachfrage am Markt. Dies setzt allerdings voraus, daß der Wettbewerb durch neue Anbieter, also der freie Marktzugang, zugelassen wird.

Regulierung der Monopolbereiche

Die Monopolbereiche hingegen sind staatlich zu regulieren, um zu verhindern, daß eine marktmächtige Position zulasten der Konsumenten ausgenutzt wird. In dem Maße, wie der Staat das Monopolunternehmen aus seinem direkten Einfluß entläßt und dem Privatsektor überläßt, muß er stärker mittelbar eingreifen. Folglich nimmt die erforderliche Regulierungsintensität zu.[3]

---

[1] Es gibt allerdings auch Gründe, die gegen eine Entflechtung sprechen. Siehe hierzu Kap. 3.

[2] Diese Neuordnung entspricht nahezu auch der deutschen Ordnung der Eisenbahn. Auch hier wurden die Reichsbahn und die Bundesbahn in Gesellschaften privaten Rechts überführt und die Bereiche Schienennetz sowie Güter- und Personenverkehr klar getrennt.

[3] Zur genaueren Ausgestaltung dieser Regulierungen siehe Kap. 4.

2.2.4 Methoden der Kommerzialisierung und Privatisierung: Überblick

Nach der Entflechtung können für die einzelnen Bereiche sinnvolle Kommerzialisierungs- und Privatisierungsmodelle festgelegt werden. Bei einer Kommerzialisierung im engeren Sinne wird der Privatsektor am wenigsten miteinbezogen, weshalb diese Option häufig für Monopolbereiche oder für politisch sensible Bereiche vorgeschlagen wird. Das Unternehmen bleibt im Eigentum der öffentlichen Hand, wird jedoch einer ganzheitlichen, marktorientierten Restrukturierung unterzogen. Dabei werden folgende Maßnahmen durchgeführt: [1]

Kommerzialisierung

- Festlegen von klaren und konsistenten Vorgaben für das Unternehmen, Konzentration auf die Bereitstellung von Leistungen, andere politische Ziele werden ausgeklammert;

- Entlassung des Unternehmens in die finanzielle Unabhängigkeit, so daß es nicht mehr von kurzfristigen staatlichen Budgetentscheidungen abhängig ist;

- Entwicklung eines neuen Unternehmensleitbildes, das nach modernen, privatwirtschaftlichen Managementmethoden ausgerichtet wird;

- Reorganisation mit dem Ziel, eine wirksame und produktive Aufgabenerfüllung sicherzustellen;

- Einführung eines funktionsfähigen Rechnungswesens und eines Controlling-Systems;

- Einführung von verstärkter Markt- und Kundenorientierung. Die Preisgestaltung soll dabei auf eine Kostendeckung ausgerichtet werden, d.h. auch, daß interne Quersubventionierungen abzubauen sind.

- Einführung eines Qualitätsmanagementsystems;

- Durchführung von Qualifizierungsprogrammen, Einführung von leistungsorientierten Anreizsystemen.

Eine Alternative zu Kommerzialisierungsmaßnahmen im engeren Sinne ist die Etablierung einer sogenannten „Public Private Partnership". Darunter werden unterschiedlichste Formen des Zusammenwirkens öffentlicher und privater Stellen verstanden, also sowohl Maßnahmen der zeitweisen als auch der dauerhaften Übertragung von Eigentum und damit Verfügungsrechten an den Versorgungs- und Transportunternehmen an Private.[2]

Public Private Partnership

Bei der zeitweisen Übertragung von Eigentum (Kommerzialisierung im weiteren Sinne) bleibt das Versorgungs- oder Transportunternehmen im Besitz des Staates. Je nach Ausgestaltung sind diese Privatisierungsmethoden auch beim Vorliegen natürlicher Monopole anwendbar, da mit ihrer Hilfe

Zeitweise Übertragung von Eigentumsrechten

---

[1] Zu genaueren Inhalten der betrieblichen Umstrukturierung siehe Kap. 5.
[2] Vgl. BMZ: Privatwirtschaftsförerung in den Partnerländern des BMZ, Entwicklungspolitik aktuell, Nr. 071, Bonn 1996, S. 8, sowie BMZ: Energie in der deutschen Entwicklungszusammenarbeit, Entwicklungspolitik aktuell Nr. 096, Bonn 1997.

Wettbewerb *um* einen Markt organisiert werden kann, obwohl Wettbewerb *in* diesem Markt (aufgrund der Monopolsituation) nicht möglich ist. Dies gilt dann, wenn verschiedene private Unternehmen in öffentlichen Ausschreibungen um die zeitweise Übertragung der Eigentumsrechte gegeneinander konkurrieren. Wettbewerb läßt sich dabei über das Offenhalten des Marktzugangs für andere Bieter „künstlich" erzeugen. Wichtige Formen der zeitweisen Übertragung sind Management-Verträge, Leasingvereinbarungen, Konzessionen und BOT bzw. BOOT-Modelle:

Management-Verträge

- Bei **Management-Verträgen** verpflichtet der Staat als Eigentümer des jeweiligen Versorgungs- oder Transportunternehmen für eine bestimmte Zeitspanne einen oder mehrere Manager. Das beauftragte Management erhält eine bestimmte Vergütung für die Übernahme der Unternehmensführung, das Geschäftsrisiko verbleibt beim Staat als Eigentümer. Vor allem im Dienstleistungsbereich sind sogenannte „Management Contracts" üblich - etwa bei Hotels, Fluglinien oder sozialen Diensten. Zunehmende Bedeutung erhalten sie auch im Versorgungs- und Transportbereich, wobei sie oft als Vorstufe für weitergehende Privatisierungsmaßnahmen dienen.

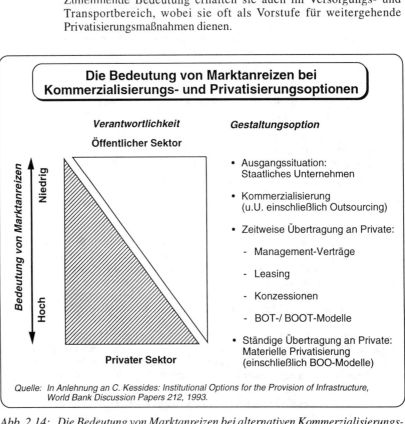

Abb. 2.14: *Die Bedeutung von Marktanreizen bei alternativen Kommerzialisierungs- und Privatisierungsmethoden*

- Im Rahmen von **Leasingmodellen** schließt der Staat als Leasinggeber mit einem privaten Leasingnehmer einen Vertrag über die gewerbliche Nutzung eines öffentlichen Unternehmens auf Zeit. Der Staat erhält hierfür eine Gebühr. Er behält die Eigentumsrechte und die Verantwortlichkeit für große Investitionen, der Vertragspartner trägt mit dieser Ausnahme die meisten oder teilweise auch alle wirtschaftlichen Risiken.   *Leasingmodelle*

- **Konzessionen** enthalten alle Merkmale einer Leasingvereinbarung, der Zeithorizont des Vertrages ist hier in der Regel jedoch erheblich länger und der Vertragspartner übernimmt zusätzlich die Verpflichtung zu Kapitalinvestitionen. Im öffentlichen Personennahverkehr in Buenos Aires ist beispielsweise eine Konzession für den Betrieb des gesamten U-Bahnsystems vergeben worden. Den Zuschlag erhielt der Bieter, der für den laufenden Betrieb und zu tätigende Investitionen die geringsten Subventionen forderte.   *Konzessionen*

- **BOT-Modelle** (Build-Operate-Transfer) sind ähnlich strukturiert wie Konzessionen, sie beziehen sich allerdings auf neu zu erstellende Versorgungs- und Transportunternehmen. Eine private Betreibergesellschaft plant, finanziert, errichtet und betreibt die Anlagen. Nach Ablauf der vereinbarten Nutzungsfrist geht das Unternehmen in den Besitz der öffentlichen Hand über. Während der Private bei BOT-Modellen nie der Eigentümer des Unternehmens ist, verfügt er bei BOOT-Modellen (Build-Operate-Own-Transfer) auch über befristete Eigentumsrechte.   *BOT-Modelle*

Bei der materiellen Privatisierung wird das Eigentum an den Versorgungs- und Transportunternehmen dauerhaft übertragen. Diese Privatisierungsmethoden empfehlen sich vor allem für die wettbewerblich organisierbaren Bereiche, sie sind jedoch auch in Monopolsituationen anwendbar. Allerdings bedarf es dann entsprechender Regulierungsmaßnahmen durch den Staat. Man unterscheidet folgende Methoden der dauerhaften Eigentumsübertragung: *Materielle Privatisierung*

- Beim **privaten Verkauf von Anteilen** werden Eigentumsrechte an einen oder mehrere Investoren übertragen. Die Auswahl der Investoren kann durch öffentliche Ausschreibungen, durch Auktionen oder durch Verhandlungen mit ausgewählten Interessenten vorgenommen werden. Im Falle der Neuerrichtung von Versorgungs- und Transportunternehmen spricht man von sogenannten **BOO-Modellen** (Build-Operate-Own) gesprochen: Der private Unternehmer errichtet und betreibt das Unternehmen und erwirbt - anders als bei den Betreibermodellen - daran zeitlich unbegrenzte Eigentumsrechte.   *Verkauf von Anteilen*

- Ein Sonderfall des privaten Verkaufs von Anteilen ist das **Management Buy-In**, bei dem sich externe Manager in ein Unternehmen einkaufen und auf diese Weise Eigentümer-Unternehmer werden. Im Rahmen von **Management- und Employee Buy-Outs** (MBO oder EBO) erwirbt entweder das derzeitige Management oder die Belegschaft das zu privatisierende Unternehmen.   *Management Buy-In*

Aktienverkauf an das Publikum

- Bei einem **Aktienverkauf an das Publikum** werden für das zu privatisierende Unternehmen, das zuvor in eine Aktiengesellschaft umgewandelt wurde, Aktien emittiert und an die breite Öffentlichkeit verkauft. Wenn auch noch in sehr geringem Maße, so finden Unternehmen aus Transformationsländern zunehmend Möglichkeiten, ihre Anteile auch an ausländischen Kapitalmärkten zu plazieren. So hat beispielsweise die Moskauer Elektrizitätsgesellschaft Mosenergo im Oktober 1995 über eine Investmentbank Anteile in Form von sogenannten ADR (American Depositary Receipts) in den USA emittieren können.[1] Bereits eine Teilprivatisierung setzt das Management dem Druck des Kapitalmarktes aus, so daß Effizienzgewinne und Innovationsanstrengungen zu erwarten sind.

Vouchersysteme

- Da in Mittel- und Osteuropa Verkäufe als Mittel der Privatisierung häufig nur begrenzt möglich sind, wurden in diesen Ländern verschiedene Formen der Schenkung entwickelt, um einen raschen Transfer der Eigentumsrechte bei einem gewissen Maß an sozialer Gerechtigkeit sicherzustellen. Gemeinsam ist den unterschiedlich ausgestalteten **Vouchersystemen**, daß jeder erwachsene Inländer kostenlos oder zu sehr geringen Preisen eine gleiche Anzahl von Gutscheinen (sog. Vouchers) erhält. Später kann er diese gegen Eigentumstitel an Staatsbetrieben oder Investmentfonds seiner Wahl oder auch an Grund und Boden eintauschen.

Liquidation

- Falls eine materielle Privatisierung des betreffenden Unternehmens aus finanziellen und wirtschaftlichen Gesichtspunkten nicht mehr möglich ist, wird in der Regel im Zuge von **Liquidationen** der Verkauf einzelner Vermögensgegenstände oder des gesamten, aufgelösten Unternehmens vorgenommen.

Leitbild

Grundsätzlich gilt für die Methoden der Kommerzialisierung und Privatisierung als Leitbild, daß soweit wie möglich privatisiert und Wettbewerb zugelassen werden sollte. Sofern dies nicht möglich ist, d.h. die erstbeste Lösung nicht verwirklicht werden kann, sind weniger tiefgreifende Reformmaßnahmen im Sinne einer zweitbesten Lösung anzustreben. Maßnahmen im Bereich der Kommerzialisierung etwa bilden häufig die Vorstufe zu einer Privatisierung. Bei der Bestimmung der Eingriffstiefe der Reformen sind, wie die Kapitel 3, 4 und 5 zeigen werden, sektor- sowie länderspezifische Besonderheiten zu berücksichtigen.

---

[1] Siehe Business Central Europe, November 1995, S. 55.

2.3 Beratungsphilosophie

2.3.1 Die Konzeption der deutschen Entwicklungszusammenarbeit

Das vorrangige Bestreben der deutschen Entwicklungszusammenarbeit ist die Verbesserung der Lebensbedingungen der Menschen, vor allem der ärmeren Bevölkerungsschichten, in den Partnerländern.[1] Während im Rahmen der finanziellen Zusammenarbeit (FZ) Institutionen und Organisationen in den Partnerländern mit Geldmitteln unterstützt werden, werden in Projekten der technischen Zusammenarbeit (TZ) Beratungsleistungen angeboten. Bei der Planung und Durchführung von TZ-Projekten muß sichergestellt sein, daß diese einen Beitrag zur Erreichung der Entwicklungszusammenarbeitsziele leisten. Die entwicklungspolitische Wirksamkeit von Projekten der bilateralen Zusammenarbeit wird daher regelmäßig geprüft hinsichtlich:[2]

Ziele der deutschen technischen Zusammenarbeit (TZ)

- ihres Beitrages zur wirtschaftlichen Entwicklung des jeweiligen Landes,

- ihrer gesamt- und einzelwirtschaftlichen Wirkungen,

- ihrer sozioökonomischen und soziokulturellen Wirkungen,

- ihrer Armutsrelevanz,

- ihrer geschlechtsspezifischen Wirkungen (Gleichberechtigungsrelevanz) und

- ihrer Umweltwirkungen.

Maßnahmen der TZ zur Unterstützung der Versorgungs- und Transportunternehmen in MOE und GUS sollten daher vor allem beitragen zur

Direkter Nutzen für die Partnerländer

- Deckung des quantitativen und qualitativen Bedarfs an Versorgungs- und Transportdienstleistungen der Bevölkerung,

- Sicherstellung einer ökologisch, ökonomisch und sozial verträglichen Leistungserstellung und -verteilung,

- Stärkung der technologischen Leistungsfähigkeit im Transport- und Versorgungssektor.

Für die Energiewirtschaft werden zudem spezielle Ziele verfolgt:

Besonderheiten für die Energiewirtschaft

- Abbau der Abhängigkeit von importierten Energieträgern,

- Sicherheit der Energiegewinnung und -verteilung,

- Unterstützung der MOE- und GUS-Länder bei der Umsetzung der UNCED-beschlüsse sowie bei der Klimarahmenkonvention.[3]

---

[1] Siehe BMZ: Sektorübergreifendes Zielgruppenkonzept: Die beteiligten Menschen der Entwicklungszusammenarbeit, BMZ Aktuell 056, Bonn 1995.

[2] Siehe BMZ: Sektor- und Sektorübergreifende Konzepte II, Entwicklungspolitik Materialien Nr. 85 und Nr. 81, Bonn 1993.

[3] BMZ: Energie in der deutschen Entwicklungszusammenarbeit, Bonn 1997, S. 35.

Nachhaltigkeit der Maßnahme

Ein weiteres wesentliches Ziel von TZ-Projekten ist die Nachhaltigkeit der durchgeführten Maßnahmen. Nachhaltigkeit ist eine qualitative Forderung an TZ-Projekte. Dabei geht es darum, ob und inwieweit sich die Muster des Umgangs mit Menschen, Aufgaben, Verantwortung, Mitteln und Organisationen aufgrund eines TZ-Projektes strukturell und positiv verändert haben und nach Beendigung der TZ-Beratung eigenständig fortbestehen.[1]

Grundprinzipien des Politikdialoges

Grundsätzlich soll TZ Hilfe zur Selbsthilfe sein. Die Verantwortung, entwicklungsfördernde interne Rahmenbedingungen zu schaffen, liegt bei den jeweiligen Partnerländern. Die Unterstützung durch die TZ ist subsidiär und komplementär zu den Eigenanstrengungen der Regierungen und der Menschen in den Partnerländern. Leistungen von außen sollen Anstöße und Starthilfen geben, aber nicht Eigenanstrengungen ersetzen. Insofern kann TZ auch nur einen Beitrag zur nachhaltigen Entwicklung der Partnerländer leisten. Die aktive Teilnahme der Partner ist Voraussetzung für einen nachhaltig wirksamen Erfolg.[2] Diesem Umstand muß auch bei der Kommerzialisierung und Privatisierung von Transport- und Versorgungsunternehmen Rechnung getragen werden.

---

[1] Vgl. Sülzer, R., Zimmermann, A.: Organisieren und Organisationen verstehen. Wege der internationalen Zusammenarbeit, Opladen 1996, S. 34 ff.

[2] Vgl. BMZ: Energie in der deutschen Entwicklungszusammenarbeit, 1997, S. 38

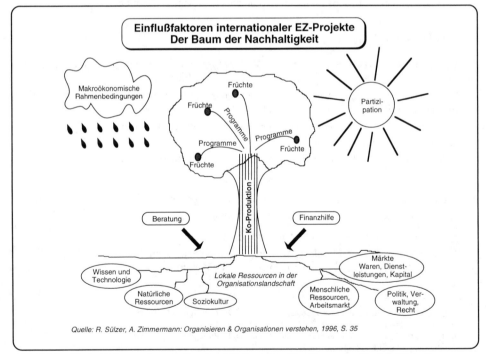

Abb. 2.15: Einflußfaktoren internationaler EZ-Projekte: Der Baum der Nachhaltigkeit

2.3.2   Der ganzheitliche Systemansatz

Die vorausgehenden Ausführungen haben gezeigt, daß Kommerzialisierungen und Privatisierungen von Unternehmen der Versorgungs- und Transportwirtschaft komplexe und dynamische Prozesse sind. Verschiedene Akteure der staatlichen, halbstaatlichen und privaten Ebene sind darin involviert. Voraussetzung für den Erfolg entsprechender Programme ist die Berücksichtigung der dargestellten Interdependenzen des Reformprozesses. GTZ und KDS haben aus diesem Grund den sogenannten Systemansatz für Kommerzialisierung und Privatisierung entwickelt.

Interdependenzen im Reformprozeß

Kennzeichnendes Element des Systemansatzes ist es, der Komplexität von Kommerzialisierungs- und Privatisierungsprozessen durch eine umfassende und ganzheitliche Systemberatung Rechnung zu tragen. Die Systemberatung zielt darauf ab, die privatisierungsrelevanten Akteure der politischen und der makroökonomischen Ebene mit denjenigen der mikroökonomischen und der Mesoebene zu verbinden. Eine Vernetzung dieser Ebenen führt nicht nur zu Synergieeffekten, sondern sie fördert auch den nötigen Konsens und trägt auf diese Weise zur Nachhaltigkeit der Maßnahmen bei.

Systemberatung ist umfassend und ganzheitlich

Auf der makroökonomischen Ebene müssen die generellen Richtlichen und Voraussetzungen für Kommerzialisierungs- und Privatisierungsprogramme geschaffen werden. Aufbauend auf einer umfassenden Bestandsaufnahme, die nicht nur die sektorspezifische, sondern auch die allgemeine makroökonomische Situation erfaßt, müssen Sektorstrategien und Aktionsprogramme erarbeitet werden. Darüber muß eine marktorientierte Wirtschaftsordnung etabliert werden, damit die erwarteten positiven Effekte von privatem Eigentum an Produktionsmitteln tatsächlich realisiert werden können. Bei der Verabschiedung entsprechender Gesetze und Verordnungen für die Versorgungs- und Transportwirtschaft sollten diejenigen Länder, die einen EU-Beitritt anstreben, die von der EU-Kommission vorausgesetzten Rahmenbedingungen berücksichtigen.

Die makroökonomische Ebene

Privatisierungs- und Reformprozesse sind mehr als kurzfristige Anpassungsprogramme neoliberaler Entwicklungsstrategien, etwa unter der allgemeinen Empfehlung: „Get the prices right!". Es handelt sich vielmehr um langfristige, gesamtwirtschaftliche und gesamtgesellschaftliche Veränderungen. Eine Restrukturierung und Modernisierung der Versorgungs- und Transportwirtschaft, die Auswirkungen auf die gesamte Wirtschaft mit sich bringt, muß daher durch entsprechende wirtschafts- und sozialpolitische Maßnahmen unterstützt werden. Hier liegt ein wichtiger Ansatzpunkt der Technischen Zusammenarbeit: Ein zentrales Element des GTZ-Konzeptes besteht darin, nicht ausschließlich die Bedingungen auf der Angebotsseite verbessern zu wollen. Gleichermaßen sollen auch die wirtschaftlichen Chancen der Menschen durch stärkere und gleichberechtigte Teilnahme am Wirtschaftsprozeß erhöht werden. Die Teilnahme breiter Gruppen an den Marktprozessen soll durch Zugang zu schulischen und berufsbildenden Einrichtungen, zu Informations- und Kreditmöglichkeiten, sowie durch die Kleingewerbe- und Regionalförderung verbessert werden.

Keine kurzfristigen neoliberalen Anpassungsprogramme

Bei dem GTZ-Systemansatz geht es somit weniger um die Gleichung „Freie Marktwirtschaft plus Umverteilung", sondern vielmehr um die Formel: „Privatwirtschaftsförderung und Armutsreduzierung durch breiten Ressourcenzugang, Effizienzförderung und Teilhabe an Marktprozessen". Eine so verstandene Förderung privatwirtschaftlicher Aktivitäten bildet das wirtschaftliche Pendant zur Förderung des politischen Demokratisierungsprozesses in Transformationsländern.

Die Mesoebene

Ein wichtiger Bestandteil des Systemansatzes liegt in der Betonung der Mesoebene. In diesem Bereich liegen zentrale Institutionen und Organisationen, die weder ausschließlich der makroökonomischen Ebene (Regierung) noch der mikroökonomischen Ebene (Unternehmen) zugeordnet werden können. Diese nehmen intermediäre, katalytische Aufgaben wahr. Beispiele für derartige Einrichtungen sind Privatisierungs- und Regulierungsinstitutionen, Verbände, Kammern, Finanzierungseinrichtungen sowie Investitionsförderungsorganisationen. Eine erfolgreiche Kommerzialisierung und Privatisierung kann nur durch ein synergetisches Zusammenspiel von Makro- und Mesopolitiken mit dem Unternehmenssektor erreicht werden.

Transmissions-riemen

Institutionen der Mesoebene dienen in vielen Fällen als Transmissionsriemen zwischen der Makro- und der Mikroebene, da sie einen vertikalen Einfluß nach oben wie nach unten ausüben und ihre horizontale Vernetzung die soziale Konsensfindung beschleunigt. So existieren beispielsweise in Großbritannien in jedem der zehn Wasserwirtschaftsregionen eigene Nachfragerverbände. Aufbau und Stärkung von Institutionen der Mesoebene können wesentlich zur Zielerreichung von Reformprogrammen beitragen. Funktionsfähige Institutionen der Mesoebene lassen sich in aller Regel nur durch einen tiefgreifenden Umbau des Staatsapparates aufbauen. Dabei müssen bestehende Institutionen häufig reformiert und andere neu gegründet werden. Privatwirtschaftliche, partizipative Strukturen können jedoch nur über längere Zeiträume wachsen.

Die mikroöko-nomische Ebene

Im einzelwirtschaftlichen Bereich, der Mikroebene, stehen Fragestellungen der Restrukturierung und Privatisierung der Versorgungs- und Transportunternehmen im engeren Sinne im Vordergrund. Entsprechende Projekte basieren auf der Grundlage einer umfassenden Umfeld- und Unternehmensanalyse. Anhand der gewonnenen Ergebnisse werden einzelne Privatisierungs und Kommerzialisierungsoptionen auf ihre Vor- und Nachteile hin geprüft. Weitere Maßnahmen sind die Suche und Auswahl potentieller Investoren bzw. Betreiber von Versorgungs- und Transportunternehmen, die Durchführung von Verkäufen und Übergabeverhandlungen sowie die Implementierung vorgelagerter Sanierungsprogramme.

Wandel im Denken der Beteiligten

Die bisherige Transformationserfahrung in MOE und GUS zeigt, daß den Strategien zur Gestaltung geeigneter Rahmenbedingungen auf der Makroebene, der Errichtung entsprechender Institutionen auf der Mesoebene und den Veränderungen auf der Mikroebene ein Wandel im Denken bei allen Beteiligten auf allen Ebenen folgen muß. Die Entscheidung für Marktwirtschaft, für Kommerzialisierung und Privatisierung muß in den Köpfen er-

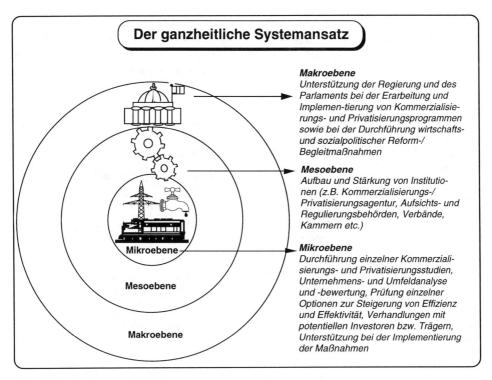

Der ganzheitliche Systemansatz

Makroebene
Unterstützung der Regierung und des Parlaments bei der Erarbeitung und Implemen-tierung von Kommerzialisie-rungs- und Privatisierungsprogrammen sowie bei der Durchführung wirtschafts- und sozialpolitischer Reform-/ Begleitmaßnahmen

Mesoebene
Aufbau und Stärkung von Institutio-nen (z.B. Kommerzialisierungs-/ Privatisierungsagentur, Aufsichts- und Regulierungsbehörden, Verbände, Kammern etc.)

Mikroebene
Durchführung einzelner Kommerziali-sierungs- und Privatisierungsstudien, Unternehmens- und Umfeldanalyse und -bewertung, Prüfung einzelner Optionen zur Steigerung von Effizienz und Effektivität, Verhandlungen mit potentiellen Investoren bzw. Trägern, Unterstützung bei der Implementierung der Maßnahmen

Mikroebene

Mesoebene

Makroebene

Abb. 2.16: Der ganzheitliche Systemansatz

folgen. Die erfolgreiche Umsetzung des Systemansatzes verlangt daher eine geplante Gestaltung der Veränderungsprozesse als einen integralen Bestand-teil der Beratungsphilosophie.[1] Das sogenannte „Capacity Building/ Development" berücksichtigt daher vor allem die weichen Faktoren von Veränderungsprozessen.

Veränderungsprozesse bewegen sich unabhängig von der Unterscheidung zwischen Mikro-, Meso und Makroebene immer auf drei, den Prozeßver-lauf bestimmenden Ebenen: *Prozeßebenen*

* Die **politische Ebene** bezieht sich auf die Auswirkungen auf beste-hende und zukünftige Machtkonstellationen und Gruppeninteressen.

* Auf der **rationalen Ebene** wird sachlich über Inhalte und Verände-rungen diskutiert.

* Mit der **emotionalen Ebene** sind die persönlichen Interessen und Emotionen der am Prozeß Beteiligten angesprochen.

---

[1]   Vgl.: Reineke, R.-D., Sülzer, R.: Transformation Management, Designing Organisational Development Processes, Eschborn 1995.

Die Gestaltung von Veränderungsprozessen in der entwicklungspolitischen Diskussion

Hinsichtlich der bewußten Gestaltung von organisatorischen Veränderungsprozessen und der Entwicklung der dazu notwendigen menschlichen Ressourcen hat sich deren Stellenwert in der entwicklungspolitischen Diskussion der letzten Jahrzehnte kontinuierlich erhöht. Schlagworte wie "Trägerförderung", "Institutional Development" und "Capacity Building" stehen nicht nur für modische Strömungen in der entwicklungspolitischen Diskussion. Sie charakterisieren auch den diesbezüglichen Stand des Denkens in der jeweiligen Periode, dem stets ein intensiver Lernprozeß vorausgegangen war.

In der Kolonialzeit wurden Institutionen in Entwicklungsländern nach dem Vorbild der jeweiligen Kolonialstaaten zum alleinigen Zweck der Kolonialverwaltung eingerichtet. Lokale Mitarbeiter wurden in aller Regel lediglich in untergeordneten Positionen eingesetzt, eine Personalentwicklung fand nicht statt.

In den 50er und 60er Jahren dieses Jahrhunderts wurde mit "Institution Building" vor allem die Schaffung einer Verwaltungsstruktur bezeichnet, die schwerpunktmäßig für die Administration öffentlicher Investitionen geschaffen wurde. Bezüge zum privaten Sektor oder zum informellen Sektor wurden nicht hergestellt.

Das "Institutional Strengthening" der 70er Jahre bezog sich vor allem auf die Förderung einzelner, bestehender Verwaltungseinheiten. Es war zumeist auf eine unreflektierte Übertragung westlicher Methoden gestützt. Den Rahmen dafür bildete eine Entwicklungskonzeption, die sich fast ausschließlich auf den Staat als alleinigen Träger stützte.

Diesem sehr engen Fokus wurde Anfang der 80er Jahre durch eine konzeptionelle Weiter-

entwicklung Rechnung getragen, die unter dem Begriff "Institutional Development" stand:

- *Da die "Trickle-Down"-Effekte nicht die gewünschte Wirkung zeigten, bekamen Entwicklungsbemühungen "von unten" einen stärkeren Stellenwert.*

- *Die Beziehungen zwischen Innen- und Außenwelt der Organisation wurden stärker berücksichtigt.*

- *Dem privaten Sektor wurde größere Bedeutung für die Entwicklung beigemessen.*

- *Organisationsentwicklungsprozesse wurden langfristig angelegt.*

- *Die Teilnahme der Zielgruppen und die Nachhaltigkeit der geförderten Projekte rückten in den Mittelpunkt.*

In den späten 80er Jahren schließlich wurde versucht, den ursprünglichen Gedanken der "Hilfe zur Selbsthilfe" stärker als bisher nicht nur in der Entwicklungstheorie, sondern auch in der Praxis der Technischen Zusammenarbeit zu verankern (sog. "Capacity Building/ Development").

Angesichts der bisherigen Erfahrungen mit Strukturanpassungsprogrammen geht man davon aus, daß für eine selbstbestimmte und selbstgetragene Entwicklung in den Partnerländern die entsprechenden menschlichen Fähigkeiten und die organisatorischen Voraussetzungen eine zentrale Rolle einnehmen. Insbesondere ist hierbei darauf Wert zu legen, ein Umfeld zu schaffen, das die Umsetzung dieser Punkte ermöglicht. Die Entwicklung der Institutionen und des Personals sind dabei Teilkomponenten für Capacity Building.

Um erfolgreiche Veränderungen zu erreichen, muß jede dieser Ebenen bei der Gestaltung eines solchen Veränderungsprozesses angesprochen und beobachtet werden. Die Bewältigung der oft unvermeidbaren Konflikte ist Teil der Beratungsaufgabe.

Die Beteiligung der Betroffenen von Veränderungsprozessen ist ebenfalls ein fester Bestandteil der Capacity-Development-Konzeption. Veränderungsprozesse, in denen es nicht gelingt, diese Gruppen einzubinden und entsprechend zu motivieren, werden nicht akzeptiert und lassen sich nicht implementieren. Die Betroffenen werden immer Mittel und Wege finden, neue Regelungen zu umgehen. Partizipation bedeutet auch, sich stärker als bisher des lokalen Know-hows zu bedienen und solches, wo noch nicht vorhanden, gezielt zu entwickeln. Aus- und Fortbildung sind deshalb ein zentrales Element dieses Ansatzes.

Beteiligung der Betroffenen

2.3.3   Transformation Management

2.3.3.1 Aufgaben und Bedeutung

Die Gestaltung und Durchführung von Reformprozessen stellt hohe Anforderungen an alle Beteiligten. Um gemäß der Philosophie des ganzheitlichen Systemansatzes in überschaubaren Zeiträumen signifikante Verbesserungen zu erzielen, sind bei der Konzeption und Durchführung von Reformprogrammen neben inhaltlich-sachlichen Faktoren auch emotionalpsychologische sowie politische Faktoren zu berücksichtigen. Diesen Aspekten trägt ein umfassendes Management von Reformprozessen (Transformation Management) Rechnung, das durch gezielte Maßnahmen den angestrebten Wandel beschleunigt und den Beteiligten erlaubt, die anstehenden Aufgaben gemeinsam in einer konstruktiven Weise anzugehen.[1]

Transformation Management

Die Initiative zu Maßnahmen des Reformmanagements muß von der Regierung und/oder der Kommerzialisierungskommission ausgehen. Da in vielen MOE- und GUS-Ländern Reformmanagementmaßnahmen noch unbekannt sind, können externe Berater über einzelne Ziele und Instrumente informieren und so die Bereitschaft zur Durchführung entsprechender Maßnahmen fördern. Je nach politischer Stärke, Durchsetzungsfähigkeit und vorhandenen Managementerfahrungen können die ausgewählten Maßnahmen des Reformmanagements durch die verantwortlichen Institutionen selbst oder durch externe Experten durchgeführt werden. Dabei übernehmen verschiedene Berater im Team unterschiedliche Rollen. Vor allem sind neben "Facilitators" auch Spezialisten für die verschiedenen fachlich-technischen Aspekte integriert. Lokale Multiplikatoren werden als Change Agents der Partner bei der Implementierung aktiv begleitet und unterstützt. Es wird auf die "Selbstfindung" der beteiligten Organisationen und Institutionen gesetzt, allerdings wird diese entscheidend gelenkt.

Träger von Reform-management-maßnahmen

---

[1]   Vgl. Reineke, Rolf-Dieter; Sülzer, Rolf (1995): Transformation Management - Desiging Organizational Development Processes, Eschborn, October 1995, S.9ff.

Gleiche Grundprin- *zipien für alle Inter-* *ventionsebenen*	Die Grundprinzipien der Einleitung eines "Transformational Change" gelten unabhängig davon, ob bei staatlichen oder bei privaten Organisationen angesetzt wird oder ob die Veränderungen hauptsächlich auf der Makro-, der Meso- oder der Mikroebene angestoßen werden. Es kann sogar sinnvoll sein, wenn auf der Landesebene keine Veränderungsbereitschaft zu spüren ist, diese bewußt auszuklammern und auf einer regionalen oder kommunalen Ebene anzusetzen. Transformation ist nur dort erfolgreich, wo Veränderungswille vorhanden ist oder dieser mit Überzeugungsarbeit entwickelt werden kann. Die Methoden, Instrumente und Vorgehensweisen müssen bei einer Transformation entsprechend den Interventionsebenen angepaßt werden.
Ausgangssituation *des Reform-* *managements*	Die erfolgreiche Durchführung von Reformprogrammen ist im Westen wie im Osten zahlreichen organisatorisch-strukturellen und psychologischen Hindernissen ausgesetzt.[1]

---

[1] Die mangelnde Bereitschaft zu umfassenden Reformmaßnahmen vieler Politiker und Verwaltungsbeamter in Westeuropa, wie sich dies etwa in der Diskussion um die Liberalisierung der EU-Märkte für Elektrizität manifestiert, ist nur ein Beispiel für derartige Phänomene. MOE- und GUS-Länder sind aufgrund des jahrzehntelangen sozialistischen Einflusses mit zusätzlichen Schwierigkeiten konfrontiert: Die Reform der Versorgungs- und Transportwirtschaft verläuft in diesen Ländern parallel zu einem umfassenden Transformationsprozeß der gesamten Wirtschaft und Gesellschaft.

Aspekte des Transformation Managements

Unter Transformation Management wird der fundamentale Wandel in der Gesellschaft, in Institutionen und Organisationen verstanden, der zu grundlegenden Veränderungen der Verhaltensmuster führt. Transformation Management integriert sowohl „harte" als auch „weiche" Fatoren.

Transformation Management ist keine isolierte Initiative, sondern ein umfassendes Herangehen, da es:

* *versucht, bestehende Elemente der (Unternehmens-)Kultur, die sich als Hindernis für den Wandel herausstellen, zu ändern,*

* *Ansatzpunkte identifiziert, die eine maximale Hebelwirkung für die anstehenden Veränderungsprozesse aufweisen,*

* *die bestehenden Strukturen und Vorgehensweisen in Frage stellt,*

* *nicht nur funktionale Veränderungen durchzuführen versucht, sondern auch durch Motivation der Beteiligten eine emotionale Basis für die angestrebten umfassenden Veränderungen herstellt,*

* *anstelle (über-)detaillierter Planungen einen Schwerpunkt auf die Dynamik von Transformationsprozessen legt: ‚Entdeckungen' während des Prozesses werden als Chancen begriffen,*

* *Wert auf die Pflege von Beziehungen legt anstelle auf nur formelles Monitoring,*

* *Interventionen und Maßnahmen auf allen Ebenen im Unternehmen angelegt sind und ein ‚Networking' mit anderen involvierten Institutionen angestrebt wird,*

* *als Resultat einen grundlegenden Wandel des Status Quo anstrebt.*

Im Rahmen von Maßnahmen des Reformmanagements müssen derartige Transformationshindernisse erkannt und konstruktiv überwunden werden:[1]

Hindernisse für den Wandel

- Zentralistisch und tiefgegliederte Gesellschaftsstrukturen sind inflexibel und mit dem reformbedingten Anpassungsbedarf nicht vereinbar. Im Rahmen eines Reformprogramms müssen derartige Strukturen dezentralisiert und verflacht werden. Besondere Aufmerksamkeit gilt dabei bestehenden sozialen Herrschafts- und Besitzstandstrukturen, die die Ausbreitung einer Privilegien- und Klientelgesellschaft begünstigen. Die Umverteilung der Besitzstände und der Machtverlust, welche mit einem Transformationsprozeß verbunden sind, führen bei der Nomenklatura zwangsläufig zu erheblichen Widerständen.

Inflexible Strukturen

- Die in Großunternehmen und staatlichen Institutionen der Versorgungs- und Transportwirtschaft bestehenden Organisationskulturen bringen oft Verhaltensstrategien hervor, die den Anpassungserfordernissen zuwiderlaufen und nur schwer veränderbar sind.

Historisch gewachsene Organisations- kulturen

- Weder die Kunden der Versorgungs- und Transportunternehmen noch deren Mitarbeiter sind im wünschenswerten Maße über ökonomische oder andere Sektorangelegenheiten informiert.[2] Da es vor der Umgestaltung der sozialistischen Systeme in MOE-/GUS-Ländern kaum realistische Informationen über marktwirtschaftliche Wirtschaftssysteme gab, sind die Bürger schlecht auf die Bedingungen des „neuen" Systems vorbereitet. Häufig sind nur äußere Erscheinungen westlicher Wirtschaftssysteme bekannt, die Unterschiede der beiden Gesellschaftsformen sind für den Einzelnen jedoch unerwartet groß.

Mangelnde Informiertheit

- Kommerziell ausgerichtete Unternehmen werden aufgrund ideologischer Vorprägungen und historischer Erfahrungen in Transformationsländern eher als Bedrohung denn als Chance wahrgenommen.[3] Zudem ist in vielen osteuropäischen Reformländern die Erfahrung gemacht worden, daß sich die negativen Aspekte der Systemtransformation wie Inflation und Arbeitslosigkeit sofort eingestellt haben, während eine (ungewisse) Wohlstandserhöhung i.d.R. erst später erfolgt. Da der verlorengegangenen alten Identität häufig kein überzeugendes neues Referenzsystem zur Identitätsbildung gegenübergestellt wurde, folgte der

Ideologische Vorprägungen

---

[1]   Vgl. Jaeger, F. (1995), S. 21 - 24, Reineke (1995), sowie Strebel, P.: Choosing the Right Change Path, in: California Management Review, Vol. 36, 1994, S. 29-51.

[2]   In MOE- und GUS-Ländern sollten externe Berater berücksichtigen, daß eine eventuell mangelhafte Kommunikation mit Vertretern der jeweiligen Unternehmen nicht allein auf reine Sprachprobleme zurückzuführen ist, sondern auch auf den Umstand, daß bestimmte Begriffe völlig anders belegt sind.

[3]   Ebenfalls berücksichtigt werden, sollten Überfremdungsängste, die besonders stark bei der Kommerzialisierung und Privatisierung von Versorgungsunternehmen unter ausländischer Beteiligung sein können. So sprachen sich in einer Meinungsumfrage in Polen zwar 76,3% der Befragten grundsätzlich für ausländische Investitionen aus, gleichzeitig wollte jedoch die Mehrheit der Umfrageteilnehmer bestimmte Branchen von ausländischem Einfluß fernhalten - unter anderem die Elektrizitätswerke sowie die Versorgung mit Trinkwasser und Gas. Vgl. FAZ vom 14.3.1996.

Aufbruchstimmung kurz nach dem Zusammenbruch des alten Systems schon bald ein emotionaler Einbruch, der gegenwärtig in vielen Ländern zu Restaurationsbestrebungen führt. Diese Tendenzen auf der Makroebene setzen sich auf der Meso- und der Mikroebene fort.

Wellenförmiger Verlauf von Veränderungs- prozessen

Veränderungsprozesse haben vergleichbare Abläufe: Nach einer Anfangs- euphorie unter dem Motto "endlich tut sich etwas" entsteht aufgrund des Umfangs der erkennbaren Veränderungen eine Krisenstimmung, die im negativen Fall bereits ein baldiges Ende des Veränderungsprozesses bewir- ken kann. Gegen Ende der Analysephase, wenn die Grundstrukturen einer Sollkonzeption sichtbar werden, sorgen Erwartungen, aber auch Befürch- tungen der Betroffenen, immer wieder für Stimmungsumschwünge.

Ängste vor Veränderungen

Zwar sind sich Politiker, aber auch Management und Mitarbeiter der be- troffenen Unternehmen in der Regel der Mängel der bestehenden Struk- turen bewußt, doch ist ihre Furcht vor persönlichen Nachteilen aus anste-

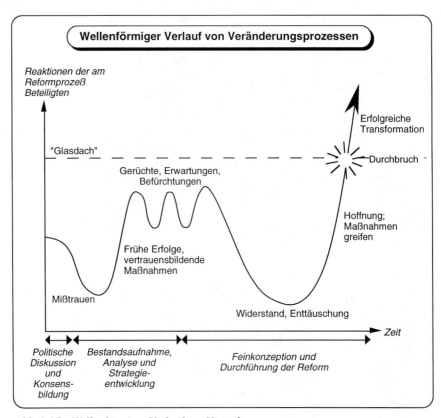

Abb. 2.17: Wellenförmiger Verlauf von Veränderungsprozessen

henden Veränderungen oft stärker ausgeprägt als eine optimistische Sicht der sich aus Veränderungen ergebenden Chancen. Es kursiert die Angst vor Arbeitsplatz- oder Kompetenzverlust. Viele Entscheidungsträger und Mitarbeiter fühlen sich den neuen Herausforderungen in Hinblick auf Weiterbildung, Flexibilität, Verantwortungsübernahme und Mobilität nicht gewachsen. Dies trifft insbesondere auf ältere Menschen zu. Der Systemwandel wird dann als eine Entwicklung empfunden, die über sie kommt, nicht aber mit ihnen gemeinsam erarbeitet und durchgeführt wird. Dies kann zu Widerständen bis hin zu stillem oder sogar offenen Boykott von Reformmaßnahmen führen.

Abb. 2.18: *Die Mauer des Widerstandes bei Veränderungsprozessen*

Da viele Reformmaßnahmen zunächst eine Verschärfung der Krise hervorrufen und erst mittel- bis langfristig zu positiven Ergebnissen führen, sind die Auswahl und das Timing einzelner Reformschritte nicht unproblematisch. Die ersten Implementierungsversuche lassen vorhandene Widerstände und Konflikte offen zutage treten. Hinzu kommt die Enttäuschung derjenigen, deren Vorschläge nicht berücksichtigt wurden. Frühe Erfolge, die auf frühzeitig identifizierten und schnell implementierbaren Sofortmaßnahmen beruhen, sowie vertrauensbildende Maßnahmen, wie beispielsweise die Kompensation von „Verlierern" der Reform (etwa durch Sozialpläne oder Zuschüsse für sozial Schwache), sind zu Beginn der Reformen daher sehr wichtig.

Auswahl und Timing einzelner Reformschritte

Darüber hinaus ist es von besonderer Bedeutung, diese Erfolge und die Notwendigkeit von Reformen zu kommunizieren. Erst wenn die ersten Maßnahmen greifen und eine kritische Masse an Befürwortern der Umgestaltung gewonnen wurde, kann eine positive Entwicklung einsetzen. Um eine tiefgreifende Veränderung zu bewirken, die dem Anspruch an eine echte Transformation gerecht wird, muß eine unsichtbare Schwelle, auch als "Glasdach" bezeichnet, durchbrochen werden. Mit diesem Durchbruch lassen sich vorhandene organisatorische Tabus und überkommene Wertvorstellungen - wie beispielsweise die Assoziierung von Privatisierung mit der Schaffung ungerechter gesellschaftlicher Verhältnisse - überwinden.

Kommunikation von Erfolgen

Konkrete Hinweise zum Management von Transformationsprozessen

Beim Managment von Reformen in der Versorungs- und Transportwirtschaft gilt es, folgende typische Fehler zu vermeiden:

- *Sowohl kühle Planer als auch begeisterte Veränderer neigen dazu, sofort in die Veränderungsphase einzusteigen. Dies kann bspw. dann der Fall sein, wenn man als Veränderer zwar die Rückendeckung des Eigners, also der jeweiligen staatlichen Stelle, des Versorgungs- oder Transportunternehmens hat, nicht jedoch die Unterstützung der konkret betroffenen Mitarbeiter und Manager in den Unternehmen selbst.*

  Häufig sind die Ergebnisse dann jedoch ernüchternd: Auch selbstverständlich und rational erscheinende Veränderungen stoßen auf unerwarteten Widerstand. Deshalb sollte vor der eigentlichen Veränderung eine langsame und umsichtige Erkundungs- und Informationsphase durchgeführt werden („Auftauphase").

Auswertung der Ergebnisse und Abschluß. Diese drei Stufen: Auftauen, Verändern und Stabilisieren sollten Grundlage jedes einzelnen Teilprojektes sein.

- *Bei Veränderungsprozessen wird oft die im Anschluß an die Aufwärmphase vorherrschende positive Stimmung überbewertet, bzw. mögliche Widerstände übersehen. Dies kann dann jedoch recht schnell zum Abbruch von Projekten führen.*

  Mögliche Ursachen sind hier insbesondere ein Umkippen der ursprünglichen Begeisterung in Besorgnis und Angst („Ob das wohl geht?") und Ärger über erste Veränderungen, die unter Umständen noch unvollständig sind („Das Alte hat noch funktioniert, nun geht gar nichts mehr"). Außerdem führt die Entscheidung für oder gegen eine Handlungsoption immer auch zu einem Verlust an Alternativen und mithin auch Kompetenzen einzelner Personen.

- *Oft werden die anstehenden Veränderungen bis ins Detail geplant und sollen auch in einem Zuge umgesetzt werden. Dieses ‚Setzen auf eine Karte' schmälert den Raum für lokale Anpassungen der einzelnen Schritte. Zweckmäßiger ist hier ein iteratives Vorgehen. Von großer Bedeutung ist die Festigung und Absicherung der jeweiligen Ergebnisse in einer Stabilisierungsphase einschließlich*

Abb. 2.19:
Drei Phasen von Transformationsprojekten

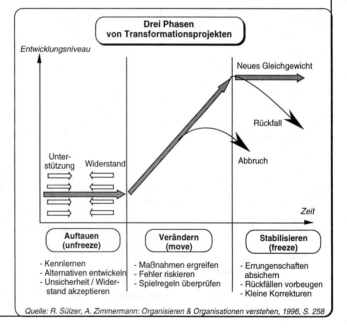

Drei Phasen von Transformationsprojekten

Entwicklungsniveau

Neues Gleichgewicht

Rückfall

Unterstützung Widerstand

Abbruch

Zeit

Auftauen (unfreeze)	Verändern (move)	Stabilisieren (freeze)
- Kennlernen - Alternativen entwickeln - Unsicherheit / Widerstand akzeptieren	- Maßnahmen ergreifen - Fehler riskieren - Spielregeln überprüfen	- Errungenschaften absichern - Rückfällen vorbeugen - Kleine Korrekturen

Quelle: R. Sülzer, A. Zimmermann: Organisieren & Organisationen verstehen, 1996, S. 258

Maßnahmen des Reformmanagements zielen zum einen auf die Stärkung einzelner, wichtiger Träger des Reformprozesses (Politiker, Verwaltungsmitarbeiter, aber auch Führungskräfte in den Unternehmen).[1] Zum anderen zielen Reformmanagement-Maßnahmen auf die Mobilisierung aller am Reformprozeß Beteiligten: Auf der politischen und administrativen Ebene, aber auch innerhalb der betroffenen Unternehmen und in der gesamten Bevölkerung soll möglichst viel Veränderungsbereitschaft und Enthusiasmus für das Reformprogramm erzeugt werden. In den beiden folgenden Kapiteln werden verschiedene Instrumente und Methoden zur Erreichung dieser Ziele dargestellt.

Ziele von Maßnahmen des Reformmanagements

2.3.3.2 Stärkung und Unterstützung von Trägern der Reform

Ein wichtiges Kernelement erfolgreicher Veränderungsprozesse ist die Gewinnung, Stärkung und Unterstützung von sogenannten Trägern des Reformprozesses. Ein umfassendes Reformmanagement geht über die strategische Personalpolitik in einzelnen Unternehmen hinaus und bezieht auch Entscheidungsträger auf der politisch-administrativen Ebene mit ein. Darüber hinaus wird eine enge Zusammenarbeit der einzelnen Reformträger angestrebt. Nur durch eine wirkliche Partnerschaft der Entscheidungsträger der beteiligten Institutionen und Organisationen, die sich mit dem Reformprozeß identifizieren und kompromißlos hinter den erarbeiteten Reformzielen und -maßnahmen stehen, ist eine durchgreifende Veränderung möglich.

„Developing leaders"

Die Bedeutung des „developing leaders" ergibt sich aus den Aufgaben der zu fördernden Personen: Sie sind es, die den Veränderungsprozeß wesentlich prägen, mitgestalten und tragen. Dabei sollten sie an folgenden Aufgaben mitwirken:

Aufgaben von Reformträgern

*   Formulierung von Reformzielen,

*   Ableitung von Reformmaßnahmen und Entwicklung konkreter Maßstäbe zur Messung der Zielerreichung (Leistungsindikatoren),

*   Kommunikation und Information auf allen Ebenen,

*   Begleitung der Teilprozesse als Coaches,

*   Sicherstellung der Partizipation und Mitarbeit aller Beteiligten auf allen Ebenen innerhalb und außerhalb des betroffenen Segments aus der Versorgungs- und Transportwirtschaft,

*   Gewährleistung einer Implementierungs- und Ergebnisorientierung,

*   Vorleben neuer Werte und Verhaltensweisen.

---

[1]   Gouillart und Kelly umschreiben diese Aufgabe treffend mit dem Begriff des „developing leaders", siehe: Gouillart, F.J., Kelly, J.N.: Transforming the Organisation, New York 1995, S. 25ff.

Ideale Eigenschaf-
ten von Reform-
trägern.

Träger von Reformen brauchen solides Fachwissen, eine hohe Risiko-bereitschaft und müssen von der Tragfähigkeit ihrer Vision überzeugt sein. Entscheidungsträger, die bestehende Werte, Strukturen und Abläufe radi-kal in Frage stellen, sind in der Regel zunächst Außenseiter. Bei den ersten Schwierigkeiten wird ihre Kompetenz in Frage gestellt (Slogan: "wir ha-ben es ja gleich gesagt"). Durchsetzungs- und Überzeugungsfähigkeit müs-sen bei diesen Persönlichkeiten deshalb besonders stark ausgeprägt sein. Nicht alle Entscheidungsträger in Politik und Verwaltung weisen derartige Eigenschaften auf. Fehlende Persönlichkeitsmerkmale lassen sich jedoch teilweise durch intensives externes Coaching kompensieren.

Vermittlung von
fachlichen Fähig-
keiten und Kennt-
nissen

Viele Reformträger in Mittel- und Osteuropa weisen Schwächen hinsicht-lich der notwendigen fachlichen Fähigkeiten und Kenntnisse auf. Hierzu gehören neben sektorbezogenem Wissen der Versorgungs- und Transport-wirtschaft auch Kenntnisse über Methoden zur Reform des betrachteten Bereichs und Instrumente zur Implementierung.[1] Externe Trainer können den Reformprozeß durch gezielte Aus- und Weiterbildungsmaßnahmen unterstützen.[2] Aufgrund der mit standardisierten "off-the-job-Trainings" verbundenen Problematik des Lerntransfers sollten möglichst Maßnahmen

---

[1] Dies bestätigt eine empirische Studie, die bei 157 Führungskräften in Rußland, Un-garn, Rumänien, Polen, Tschechien und der Slowakei durchgeführt wurde. Danach räumten 62 % der befragten osteuropäischen Unternehmensvertreter ein, große Schwie-rigkeiten bei der Suche nach ausreichend qualifizierten Mitarbeitern für Management-aufgaben zu haben. Neben fachlichen Kenntnissen bemängelten die Umfrageteilnehmer zudem mentale Defizite. Integrität, Zielorientierung, Verhandlungsgeschick und Führungseigenschaften seien schwach ausgeprägt. Vgl. Handelsblatt, 7./8.6.1996, S. 15

[2] Siehe hierzu Fedon, P.L., Heymann, K., Sülzer, R., Sur, E.: Personnel Development in Germen Technical Cooperation, Eschborn 1995.

Zur Notwendigkeit externer Unterstützung

Die Erfahrung hat gezeigt, daß Reformen in der Regel nicht ausschließlich durch Personen und Gruppen gesteuert werden können, die selbst in den Veränderungsprozeß eingebunden sind. Insbesondere bei der Durchführung grö-ßerer Transformationsprojekte sowie bei Re-formmaßnahmen in einer instabilen politischen und gesellschaftlichen Umgebung empfiehlt sich daher der Einbezug externer Berater.

Gründe für externe Unterstützung bei der Be-wältigung von Reformprozessen sind:

- *Das notwendige Know-how, insbesondere das Methoden-Wissen zur Gestaltung von Transformationsprozessen ist nicht vorhan-den. Externe Berater kennen zudem häu-*

fig auch erfolgreiche Reformbeispiele aus anderen Ländern und Bereichen und kön-nen entsprechende Vergleichswerte liefern.

- *Die notwendigen Kapazitäten zur Bewäl-tigung der anstehenden Aufgaben stehen nicht zur Verfügung. Externe können zudem wichtige und kompetente „Verbündete" von Entscheidungsträgern werden.*

- *Es besteht die Gefahr von Konflikten und Spannungen zwischen den am Reform-prozeß Beteiligten. Aufgrund ihrer Distanz zu lokalen sozio-kulturellen und politischen Gegebenheiten können Externe häufig leichter zwischen verschiedenen Gruppen vermitteln (Katalysator-Funktion). Exter-ne nähern sich unvoreingenommen der Aufgabe und können daher zur Visionen- und Zielgenerierung beitragen.*

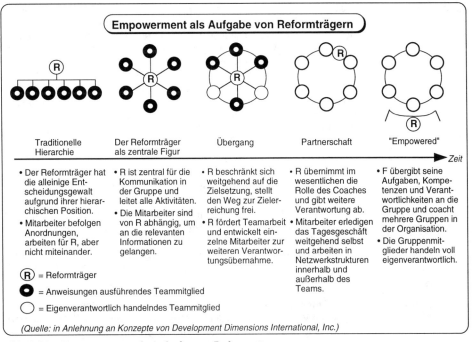

Abb. 2.20: Empowerment als Aufgabe von Reformträgern

des „on-the-Job-Trainings" durchgeführt werden. Die Vermittlung der notwendigen Kenntnisse und Fähigkeiten anhand der konkreten Bearbeitung einzelner Teilprojekte empfiehlt sich häufig unter Einbezug mehrerer Entscheidungsträger und Mitarbeiter der jeweiligen Institution. Auf diese Weise wird eine Verknüpfung von Personal- und Organisationsentwicklung ermöglicht: Es findet nicht nur ein Know-how-Transfer statt, sondern gleichzeitig werden auch interne Organisationsabläufe verbessert und die Nachhaltigkeit der Maßnahmen wird gestärkt.

Im Prozeßverlauf können und sollen sich die führenden Träger der Reform zunehmend auf ihre Multiplikatoren-Funktion beschränken. Sie sollten die Aufgaben durch Delegation an andere, untergeordnete Organisationseinheiten und deren Mitarbeiter weitergeben. Dieses Vorgehen entspricht den Regeln des sogenannten "Empowerment"-Konzeptes, das in der obigen Abbildung dargestellt wird. Beim Empowerment (engl. to empower = bevollmächtigen, ermächtigen) überträgt die Führungskraft untergeordneten Entscheidungsträgern weitreichende Kompetenzen und übernimmt selbst die Rolle eines Coach. Die Dauer und der Erfolg von Empowerment-Prozessen sind von der Bereitschaft der Führungskraft, Aufgaben zu delegieren, und der Fähigkeit und Qualifikation der Mitarbeiter zur Übernahme dieser Aufgaben abhängig. Je nach Ausprägung dieser Faktoren empfehlen sich Trainings- und Coachingmaßnahmen durch externe Berater.

Empowerment

Vereinbar mit dem
Subsidiaritäts-
prinzip

Das Empowerment-Konzept entspricht dem Subsidiaritätsprinzip: Während die Grundlinien der Veränderungen Top-down entwickelt werden, werden die Ausarbeitung von Lösungen und ihre Implementierung eher Bottom-up vorgenommen. Empowerment kann sowohl auf der politisch-administrativen, als auch auf der Unternehmensebene sinnvoll sein. Auf der politisch-administrativen Ebene beispielsweise ist vorstellbar, daß allgemeine Reformziele und übergeordnete Reformmaßnahmen auf Kabinettsebene beschlossen werden, einzelne Ministerien jedoch mit der Erarbeitung konkreter Aktionspläne und verschiedene Gebietskörperschaften wiederum mit der Implementierung beauftragt werden.

2.3.3.3 Mobilisierung aller am Reformprozeß Beteiligten

Unterstützung von
allen Beteiligten

Während die bisher dargestellten Maßnahmen auf die Durchsetzung der Reformen „von oben" zielen, sollen Mobilisierungsmaßnahmen sicherstellen, daß die Veränderungen von allen Beteiligten, also auch „von unten" getragen und unterstützt werden. Alle dargestellten Maßnahmen sollten während des gesamten Reformprozesses, verstärkt jedoch zu Beginn, eingesetzt werden.

Informations-
und Aufklärungs-
kampagnen

- In Informations- und Aufklärungskampagnen sollten Notwendigkeit sowie Vorgehensweisen der Reformen verbal und visuell kommuniziert werden. Das Ziel dieser Kampagnen ist die Veränderung der Sichtweise der Bevölkerung hinsichtlich des bisherigen Systems, der Aufgaben und Funktionen der beteiligten Organisation sowie hinsichtlich der eigenen Rolle. Auf die Zwänge zur Veränderung sollte dabei genauso objektiv hingewiesen werden, wie für Veränderungschancen geworben wird. Einzelne Reformmaßnahmen sollten transparent gemacht und ihre unmittelbaren und mittelbaren Wirkungen aufgezeigt werden.[1]

Transformations-
manager

- Unter „Transformationsmanagern" versteht man speziell ausgebildete Experten, die Mobilisierungsprozesse gestalten, coachen und umsetzen. Derartige Aufgaben können von Reformträgern oder externen Beratern wahrgenommen werden. Transformationsmanager können sowohl auf politisch-administrativer als auch auf betrieblicher oder gesellschaftlicher Ebene eingesetzt werden. Insbesondere in Institutionen, die durch inflexible und festgefahrene Strukturen gekennzeichnet sind, verspricht man sich von Transformationsmanagern eine größere Mobilisierungswirkung als von eher unpersönlichen Informations- und Aufklärungskampagnen.

---

[1] Zur generellen Vorgehensweise bei Informations- und Aufklärungskampagnen siehe Klenk, J.; Philipp, Ch.; Reineke, R.; Schmitz, N.: Privatisierung in Transformations- und Entwicklungsländern. Strategien - Beratung - Erfahrungen. Wiesbaden 1994, S. 90ff.

- Die Durchführung von aktionsorientierten Arbeitskreisen soll die aktive Beteiligung von unterschiedlichen Bevölkerungsgruppen am Reformprozeß gewährleisten. In solchen Arbeitskreisen diskutieren Repräsentanten verschiedener Organisationen alternative Reformprogramme und deren Konsequenzen. Das Engagement für ein gemeinsames, zukünftiges Ziel wird gefördert. Die Suche nach innovativen und von mehreren beteiligten Gruppen getragenen Strategien wird durch den Einsatz von Transformationsmanagern als Arbeitskreisleiter und Moderatoren wesentlich erleichtert. Die Auswahl der Arbeitskreisteilnehmer sollte dabei nicht von der formalen Position potentieller Kandidaten, sondern von ihrer Akzeptanz als Vertreter einer bestimmten Gruppe vorgenommen werden.[1]

  Aktionsorientierte Arbeitskreise

- Wesentliches Ziel spezifischer Veranstaltungen ist die Beantwortung von Fragen hinsichtlich der Auswirkungen der Reform auf einzelne Organisationen, Gruppen oder Individuen im täglichen Geschäft. Die Organisation solcher Veranstaltungen bietet sich insbesondere an für funktions- und hierarchieübergreifende Gruppen, die durch die anstehenden Veränderungen unmittelbar betroffen sind und in Zukunft ihre Aufgaben anders wahrnehmen müssen.

  Spezifische Veranstaltungen

---

[1] Der sogenannte „runde Tisch" im Vorfeld der deutsch-deutschen Wiedervereinigung ist ein Beispiel für aktionsorientierte Arbeitskreise.

Anhang A1: Verwendete und weiterführende Literatur

Aldcroft, Derek H.; Morewood, Steven: Economic Change in Eastern Europe since 1918, Aldershot 1995.

Aschauer, David A.: Is Public Capital Productive?, in: Journal of Monetary Economics 23 (2), März 1989, S.177-200.

Associated Newspapers Ltd., Mail on Sunday, 13.08.1995, London, S. 3 f.

Baser, Heather: History and Goals of the DAC TC Network. Notes for a presentation to DAC TC Informal Network Sub-Group on Institutional Development and Capacity Development, May 1995 (CIDA).

BMZ: Privatwirtschaftsförderung in den Partnerländern des BMZ, Entwicklungspolitik aktuell, Nr. 071, Bonn 1996.

BMZ: Energie in der deutschen Entwicklungszusammenarbeit, Entwicklungspolitik aktuell Nr. 096, Bonn 1997.

Böckels, Lothar: Privatisierung: Ausweg aus kommunalpolitischer Finanzklemme?, in: Wirtschaftsdienst, H. 2, 1994, S. 89-92.

Borchard, K.; Cipolla, Carlo M. (Hrsg.): Europäische Wirtschaftsgeschichte, Band 5: Die europäischen Volkswirtschaften im zwanzigsten Jahrhundert, Stuttgart u.a. 1986.

Brendow, Klaus: Unternehmensstrategien in der europäischen Energiewirtschaft in Mittel- und Osteuropa, in: Energiewirtschaftliche Tagesfragen, Essen, Oktober 1995.

Busch, Berthold; Klös, Hans-Peter: Ein Markt für Infrastruktur, in: Frankfurter Allgemeine Zeitung, Die Ordnung der Wirtschaft, 4.05.1996, S. 15.

Business Central Europe, Survey of Infrastructure, London, November 1995.

Crew, Michael A. (Hrsg.): Competition and the Regulation of Utilities, Boston 1991.

Deregulierungskommission, Marktöffnung und Wettbewerb, Stuttgart 1991.

Dill, Günter, u.a.: Grundlagen praktischer Kommunalpolitik, Wirtschaft und Arbeit, H. 6, in: Veröffentlichung der Konrad-Adenauer-Stiftung, Sankt Augustin 1994.

Estache, Antonio: Die Kommerzialisierung öffentlicher Infrastruktureinrichtungen, in: Finanzierung und Entwicklung, September 1994, S.22-25.

European Bank for Reconstruction and Development: Transition Report 1995, Investment and Enterprise Development, London 1995.

Eylers, Hinrich; Sülzer, Rolf (GTZ): Institutional Pluralism - Focus of German Technical Cooperation, Eschborn 1993.

Ewers, Hans-Jürgen; Fritsch, Michael; Wein, Thomas: Marktversagen und Wirtschaftspolitik. Mikroökonomische Grundlagen staatlichen Handelns, München 1993.

Fedon, Peter L., Heymann, Karin, Sülzer, Rolf, Sur, Emmi: Personnel Development in German Technical Cooperation, Deutsche Gesellschaft für Technische Zusammenarbeit (GZT) GmbH, Eschborn 1995.

Fischer, Wolfram (Hrsg.): Europäische Wirtschafts- und Sozialgeschichte vom Ersten Weltkrieg bis zur Gegenwart, Handbuch der Europäischen Wirtschafts- und Sozialgeschichte, Band 6, Stuttgart 1987.

Frankfurter Allgemeine Zeitung GmbH Informationsdienste; Manager Magazin Verlagsgesellschaft mbH (Hrsg.): Osteuropa-Perspektiven, Jahrbuch 1994/95, Frankfurt/M. 1994.

Frankfurter Institut für wirtschaftspolitische Forschung: Zur Wirtschaftsreform in Osteuropa, von Juergen B. Donges u. a. (Kronberger Kreis), Band 24, Bad Homburg 1992.

Galal, Ahmed, u.a.: Welfare Consequences of Selling Public Enterprises: An empirical Analysis: A Summary, The World Bank, Washington D.C. 1994.

Gerwin, Robert (Hrsg.): Energieversorgung nach der Planwirtschaft. Entwicklungen im ehemaligen Ostblock. Eine Publikation der Karl-Heinz-Beckurts-Stiftung mit Beiträgen von Norbert Walter u.a., Stuttgart 1993.

Gesellschaft für Deregulierung und Privatisierung e.V.: Deregulierung und Privatisierung, in: Das Rathaus, H. 5, Mai 1995, S. 226-230.

Grossekettler, Heinz: Deregulierung, Entbürokratisierung und Privatisierung, in: Wirtschaftsverwaltungs- und Umweltrecht, 1991, S. 303 - 310.

Grund, Herbert: Die Energiewirtschaft der Sowjetunion, Sonderhefte des Deutschen Instituts für Wirtschaftsforschung, Berlin o. J.

Hilderbrand, Mary E.; Grindle, Merilee S.: Building Sustainable Capacity. Challenges for the Public Sector. Prepared for the UNDP Pilot Study of Capacity Building (Project INT/92/676), Cambridge/MA 1994.

Huber, Maria: Zur Beurteilung von Planungsreformen in der Sowjetunion, in: Aus Politik und Zeitgeschichte, Bonn, Februar 1983, S. 35-46.

Institut der deutschen Wirtschaft (IW): Zahlen zur wirtschaftlichen Entwicklung der Bundesrepublik, Köln 1994.

International Energy Agency (IEA): Energy Policies of Poland, 1994 Survey, Paris 1995.

Isaak, James K.: Lessons from Deregulation and Privatisation of Public Transport in Great Britain 1985-1995, Vortrag auf der VDV-Jahresveranstaltung , Brüssel, Oktober 1995.

Katz, M.; Shapiro, C.: Systems Competition and Network Effects, in: Journal of Economic Perspectives, Vol. 8, No. 2, Spring 1994, S. 93-116.

Kaser, Michael C.; Radice, Edward A.: The Economic History of Eastern Europe 1919 -1975, 5 Bände, Oxford 1985.

Klenk, Jürgen; Philipp, Christine; Reineke, Rolf-Dieter; Schmitz, Norbert: Privatisierung in Transformations- und Entwicklungsländern. Strategien, Beratung, Erfahrungen, Wiesbaden 1994.

Klopfer, Thomas; Schulz, Walter: Märkte für Strom, Internationale Erfahrungen und Übertragbarkeit auf Deutschland. Schriften des Energiewirtschaftlichen Instituts an der Universität Köln, Bd. 42, München 1993.

Knieps, Günter: Standards und Grenzen der unsichtbaren Hand, Freiburg 1994.

Koop, Michael; Nunnenkamp, Peter: Die Transformationskrise in Mittel- und Osteuropa: Ursachen und Auswege, in: Die Weltwirtschaft, Nr. 1, 1994, S. 67-92.

Kosta, Jiri: Sozialistische Planwirtschaft, Theorie und Praxis, Westdeutscher Verlag 1974.

Laaser, Claus-Friedrich: Wettbewerb im Verkehrswesen, Chancen für eine Deregulierung in der Bundesrepublik, Kieler Studien, Nr. 236, Institut für Weltwirtschaft Kiel, Tübingen 1991.

Leuthardt, P.: Ein wirtschaftlicher Vergleich zwischen kommunalen und privaten Verkehrsunternehmen, in: Der Nahverkehr, H. 3, 1994.

Metzen, Heinz, Schlankheitskur für den Staat: Lean Management in der öffentlichen Verwaltung, Frankfurt am Main, New York 1994.

Mishan, E. J.: Die Nachkriegsliteratur über externe Effekte: Versuch einer Deutung, in: Möller, H.; Osterkamp, R.; Schneider, W. (Hrsg.): Umweltökonomik: Beiträge zur Theorie und Politik, Königstein 1982, S. 135-173.

Monopolkommission, Hauptgutachten, verschiedene Jahrgänge.

Neu, Axel: Anpassungsprozesse in der ostdeutschen Energiewirtschaft, Kieler Diskussionspapiere Nr. 179/180, Institut für Weltwirtschaft, Kiel 1992.

Newbery, David M.: Restructuring and privatising electric utilities in Eastern Europe, in: Economics of Transition, Volume 2 (3), London 1994, S. 291-316.

Olson, Mancur: Die Logik des kollektiven Handelns: Kollektivgüter und die Theorie der Gruppen, 3. Aufl., Tübingen 1993.

Ordover, Janusz A.; Pittman, Russell W.; Clyde, Paul: Competition Policy for Natural Monopolies in a Developing Market Economy, in: Economies of Transition, Vol. 2 (3), 1994, S. 317-343.

Petzold, Lars: Binnenwirtschaftliche Probleme der Systemtransformation Rußlands, in: Volkswirtschaftliche Beiträge der Westfälischen Wilhelms-Universität Münster, Nr. 203, Münster 1994.

Ratzinger J.: Investitionsklima in den Transformationsländern: Ergebnisse einer ifo Umfrage, in: ifo Schnelldienst 12/1994, S. 25-33.

Reineke, Rolf-Dieter; Sülzer, Rolf: Transformation Management, Designing Organisational Development Processes. A first draft to the OECD/UNDP/WB sub-group on Institutional Development/Capacity Development, Eschborn, Okt. 1995.

Roth, Gabriel J.: The private provision of public services in developing countries, EDI Series in Economic Development, published for the World Bank, Oxford University Press, Washington u.a. 1987.

Schmidt, Eberhard: Zur Entwicklung des polnischen Verkehrswesens, in: Internationales Verkehrswesen, 47, H. 6, 1995, S. 361-369.

Schmidt, Ingo: Wettbewerbspolitik und Kartellrecht, 2. Aufl., Stuttgart u.a. 1987.

Schmitt, Dieter: Entwicklung der polnischen Gaswirtschaft, Wirtschafts- und unternehmenspolitische Voraussetzungen, in: Energiewirtschaftliche Tagesfragen, Zeitschrift für Energiewirtschaft, Recht, Technik und Umwelt, H. 10, Oktober 1995, S. 628-634.

Schmitt, Dieter: Wenn die Demarkation fällt. Mehr Wettbewerb für leitungsgebundene Energien mit vielen Fragen, in: Die Welt, Sonderbeilage, 5. September 1995.

Schmitz, Norbert; Klenk, Jürgen: Der Systemansatz bei Privatisierungen in Transformations- und Entwicklungsländern, in: Zeitschrift für öffentliche und gemeinwirtschaftliche Unternehmen, Bd. 20, H. 2, 1997, S. 189-203.

Schmitz, Norbert; Philipp, Christine: Interkulturelles Management. Ergebnisse einer empirischen Untersuchung zur Zusammenarbeit von Deutschen und Tschechen, Kienbaum-Bericht, Düsseldorf 1996.

Schumann, Jochen: Grundzüge der mikroökonomischen Theorie, 6. Aufl., Berlin u.a. 1992.

Spelthahn, Sabine: Privatisierung natürlicher Monopole, Theorie und internationale Praxis am Beispiel Wasser und Abwasser, Wiesbaden 1994.

Stiglitz, Joseph E.: Finanzwissenschaft, ins Deutsche übertragen von Bruno Schönfelder, 2. Aufl., München u.a. 1989.

Sülzer, Rolf: Organisational Palaces or Organisational Tents. Institutional Arrangements in Technical Cooperation, Eschborn 1991.

Loesch, Achim von: Privatisierung öffentlicher Unternehmen: Ein Überblick über die Argumente. 2. Aufl., Baden-Baden 1987.

Welfens, Paul J. J.; Graack, Cornelius: Deregulierungspolitik und Wettbewerb in Netzindustrien: Bedeutung und Optionen für osteuropäische Transformationsländer, in: Diskussionsbeiträge der Universität Potsdam, Nr. 6, Mai 1995.

Weltbank: Weltentwicklungsbericht 1994, Infrastruktur und Entwicklung, Washington DC., 1994.

Wiener Institut für Internationale Wirtschaftsvergleiche (WIIW): The economic situation in Central and Eastern Europe and the main CIS States in 1993 with an outlook for 1994, in: Research Reports, Wien 1994.

Zdenek, Havelka: Privatization of Transport in Development Countries, veröffentlicht bei: Deutsche Gesellschaft für Technische Zusammenarbeit (GTZ) GmbH, Eschborn 1990.

3 Handlungsoptionen auf der Makroebene

3.1 Überblick: Inhalt und Ablauf eines Reformprogramms

Maßnahmen zur Kommerzialisierung und Privatisierung auf der Makroebene umfassen im wesentlichen die Schaffung adäquater rechtlicher, politischer und wirtschaftspolitischer Voraussetzungen für die Reform der Versorgungs- und Transportwirtschaft. Der Reformprozeß kann idealtypisch in vier voneinander abgegrenzte Phasen untergliedert werden.[1]

Vier-Phasen-Schema des Reformprozesses

Der erste Schritt auf dem Weg zu Reformen in der Versorgungs- und Transportwirtschaft besteht in der Konsensbildung über die Notwendigkeit von Veränderungen und deren Diskussion im politischen Raum. Dabei sollte Einigkeit über die Reformauslöser, die verfolgten Ziele sowie über die Reformtiefe und den grundsätzlichen Reformansatz erreicht werden. Nutzen und Kosten einzelner Vorgehensweisen sollten transparent gemacht und gegeneinander abgewogen werden.

1. Phase: Grundsätzliche Diskussion der Reform

---

[1]   Dabei muß Klarheit darüber herrschen, daß es sich hier lediglich um einen idealtypischen Reformablauf handelt. In den meisten Ländern verläuft der Reformprozeß nicht unbedingt analog des dargestellten Ablaufes. Allerdings treten immer wieder die hier genannten Aspekte auf. Das vorliegende Schema soll dem Leser ermöglichen, den Reformstand und den bisherigen Verlauf einzuordnen und kritisch zu hinterfragen.

Grundvoraussetzung für erfolgreiche Reformprogramme: Klarheit über Reformauslöser, -ziele, -umfang und -umsetzung

Reformauslöser	Reformziele	Reformtiefe	Reformansatz
• Verschlechterung der Quantität und Qualität von Dienstleistungen öffentlicher Transport- und Versorgungseinrichtungen • Knappheit der öffentlichen Finanzmittel bei gleichzeitig notwendigen Investitionen • Hohe Subventionen und Transferleistungen • Gesamtwirtschaftliches Reformprogramm (inkl. Transformation, Privatisierung) • Zunehmende Dezentralisierung des Staatsaufbaus	• Effizienzsteigerung, Realisierung von Einsparpotentialen bei den Leistungserstellern • Fiskalische Entlastung öffentlicher Haushalte • Staatsrückbau, verbesserte politische und administrative Steuerung • Umwelt-, sozial- und regionalpolitische Ziele • Transparenz, Bürgernähe	• Neuordnung der Beziehungen zwischen Verwaltung und Privatwirtschaft • Neuordnung der Beziehungen zwischen Verwaltungsebenen • Neuordnung der Beziehungen zwischen Politik und Verwaltung • Neuordnung der Beziehungen zwischen Verwaltung und Transport-/Versorgungswirtschaft	• Autokratische top-down Strategie • Schrittweises Experimentieren mit (zentral-) staatlicher Hilfestellung • Isolierte Einzelreformen • Dezentralisierung

Abb. 3.1:   Grundvoraussetzung für erfolgreiche Reformprogramme: Klarheit über Reformauslöser, -ziele, -umfang und -umsetzung

Einbezug aller relevanten Gruppen	In die politische Debatte sind möglichst alle relevanten gesellschaftlichen Gruppen einzubeziehen,[1] damit später beschlossene Maßnahmen von einer breiten Basis getragen werden. Am Ende der Reformdiskussion steht eine politische Entscheidung für ein grundsätzliches Vorgehen, das sich als Kompromiß gegenüber alternativen Vorschlägen durchgesetzt hat.
Einsetzung einer Experten-kommission	In diesem Stadium der Reformen sollte durch die Regierung und/oder das Parlament eine Expertenkommission berufen werden, die für die Entwicklung und Durchsetzung der Reformstrategie zuständig ist. Diese Kommission sollte aus Fachleuten mit Branchenkenntnissen (technisch und betriebswirtschaftlich), aus Fachleuten mit spezifischem Methodenwissen (Kommerzialisierung, Privatisierung, Regulierung, rechtliche Ausgestaltung, Finanzierung etc.) sowie aus politischen Vertretern verschiedener Ebenen (Mitarbeiter aus Ministerien und Behörden, Regionalvertreter etc.) zusammengesetzt sein. Um auch die Erfahrungen anderer Länder adäquat zu nutzen, sollten ebenfalls internationale Experten hinzugezogen werden.
Formen der institutionellen Ausgestaltung	In vielen mittel- und osteuropäischen Ländern, wie beispielsweise in Litauen, wird die Übernahme der anstehenden Aufgaben durch die bereits bestehende Privatisierungsagentur praktiziert.[2] Dieses Vorgehen ermöglicht den Rückgriff auf spezifische Erfahrungen mit Reformprozessen. Allerdings sollte sorgfältig geprüft werden, inwieweit die jeweilige Privatisierungsagentur durch zusätzliche Mitarbeiter und Expertenwissen ergänzt werden muß. In Ungarn wurde eine andere institutionelle Ausgestaltung gewählt: Die dortige Regierung hat das bisher für die jeweiligen Sektoren verantwortliche Ministerium mit der Kommerzialisierung und Privatisierung der Versorgungs- und Transportwirtschaft beauftragt. Ein Vorteil dieser Lösung liegt in der Nutzung von spezifischen Fachkenntnissen und Branchenerfahrungen. Es besteht jedoch die Gefahr von Fehlentscheidungen und politischen Machtkämpfen, da die Ministerialvertreter nicht immer bereit sein werden, ihre eigenen bisherigen Kompetenzen zu beschneiden.[3]
Klare und eindeutige Verantwortungs-bereiche	Unabhängig von der Frage, ob die anstehenden Kommerzialisierungs- und Privatisierungsaufgaben von der bereits bestehenden Privatisierungsagentur oder einer neu zu schaffenden Institution wahrgenommen werden, sollten daher klare und eindeutige Verantwortungsbereiche der am Reformprozeß Beteiligten festgelegt werden.[4]

---

[1] Hierzu gehören einerseits politische Entscheidungsträger, Vertreter entsprechender Ministerien, Behörden und Verwaltungseinrichtungen sowie Führungskräfte und Mitarbeiter betroffener Unternehmen, Gewerkschaften, Verbände, aber auch Vertreter politischer Parteien und anderer gesellschaftlicher Gruppen.

[2] Vgl. Schmitz, Norbert: Die Regierung drückt jtzt auf das Tempe, in: Handelsblatt, Litauen-Beilage, Nr. 115, 19.6.1997, S. 26.

[3] Zu weiteren Fragestellungen diesbezüglich sowie dem Zusammenspiel zwischen verschiedenen am Reformprozeß beteiligten Gruppen und Institutionen siehe Kapitel 4.

[4] Zu Aufbau und Ausgestaltung der Kommerzialisierungs- und Privatisierungskommission siehe Klenk, J.; Philipp, Ch.; Reineke, R.; Schmitz, N.: Privatisierung in Transformations- und Entwicklungsländern. Strategien - Beratung - Erfahrungen. Wiesbaden 1994, S. 103ff. Die dort für „klassische" Privatisierungsagenturen dargestellten Zusammenhänge gelten auch für die hier dargestellte Problematik.

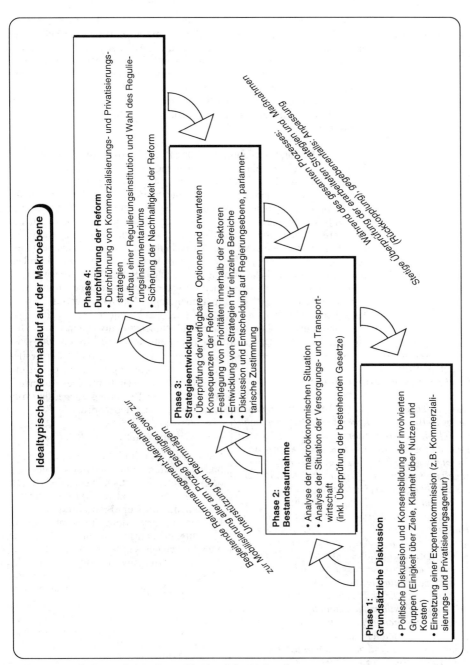

Abb. 3.2:   Idealtypischer Reformablauf auf der Makroebene

2. Phase: *Bestandsaufnahme*	In der zweiten Phase des Reformprozesses führt die mit der Kommerzialisierung beauftragte Institution eine umfassende Bestandsaufnahme der Bedingungen auf der Makroebene durch. Alle zugänglichen Informationen, die im Zusammenhang mit einer Reform der Versorgungs- und Transportwirtschaft stehen, werden zusammengetragen und ausgewertet. Dabei ist ein zweistufiges Vorgehen zu empfehlen, wonach zunächst das politische und gesamtwirtschaftliche Umfeld und daraufhin die Situation in den betreffenden Sektoren untersucht wird. In Kapitel 3.2 wird näher darauf eingegangen.
3. Phase: *Entwicklung* *einer Strategie*	Nach der Bestandsaufnahme tritt der Reformprozeß in die Phase der Strategieentwicklung ein. Dabei sind zunächst die zur Verfügung stehenden Handlungsoptionen[1] auf mögliche Auswirkungen hin zu überprüfen. Für jede Option werden die zu erwartenden betriebs- und gesamtwirtschaftlichen Auswirkungen prognostiziert. Aufbauend darauf werden für die einzelnen Sektoren und Bereiche der Versorgungs- und Transportwirtschaft Reformstrategien entwickelt und konkrete Vorgehensweisen ausgearbeitet. Eine Reformstrategie umfaßt die Auswahl der zu reformierenden Sektoren und Unternehmen sowie der jeweils anzuwendenden Methode. Darüber hinaus wird eine zeitliche Planung der einzelnen Reformmaßnahmen vorgenommen und die verantwortlichen Aufgabenträger werden bestimmt.[2] Um negative, unerwünschte Reformerscheinungen abzufedern und die Nachhaltigkeit der Maßnahmen sicherzustellen, sind adäquate wirtschafts-, sozial- und umweltpolitische Begleitmaßnahmen zu entwickeln und als fester Bestandteil in das Reformprogramm aufzunehmen.[3] Den Schlußstein

Zur Bedeutung von
Strategie und Reformprogrammen

Das Fehlen klarer strategischer Leitlinien sowie deren Umsetzung in konkrete Maßnahmen kann zu Schwierigkeiten führen, die den gesamten Reformprozeß verlangsamen. Ein Beispiel hierfür bietet Usbekistan, dessen Versorgungswirtschaft in hohem Maße von staatlichen Subventionen abhängig ist. Die Kosten der städtischen Versorgung der Hauptstadt Taschkent, u.a. in den Bereichen, Gas, Wärme und Wasser, werden im Durchschnitt zu 40 Prozent aus dem Staatshaushalt beglichen. Aufgrund der zunehmenden Knappheit der staatlichen Mittel, erließ Präsident Karimov Mitte des Jahres 1993 mehrere Dekrete, nach denen ein Auslaufen dieser Subventionen bis zum Jahr 2000 vorgesehen ist. Eine Strategie und konkrete Aktionspläne, anhand derer die Versorgungsunternehmen restrukturiert werden sollen, existieren jedoch bislang nicht. Die Unternehmen sehen sich daher kaum in der Lage, die neuen Zielvorgaben zu erfüllen.

der Strategieentwicklung bildet die Festlegung des Reformprogramms in Gesetzen, idealtypischerweise in Form eines Kabinettsbeschlusses auf Regierungsebene, der vom Parlament verabschiedet wird.

4. Phase: Durchführung der Reformen

Die letzte Phase im Transformationsprozeß bildet die Durchführung und Implementierung der konkreten Reformen. Neben der Umsetzung der verabschiedeten Reformstrategien werden die notwendigen Aufsichts- und Regulierungsinstitutionen reorganisiert bzw. neu aufgebaut. Institutionelle Aspekte, wie etwa Fragen der Regulierungsinstitution und der Regulierungsinstrumente, die auf der Mesoebene angesiedelt sind, werden im vierten Kapitel besprochen. Die Maßnahmen im

---

[1] In Kapitel 3.3 werden alternative Handlungsoptionen näher erläutert.
[2] Siehe hierzu Kapitel 4.
[3] Siehe hierzu Kapitel 3.4.

unmittelbaren Unternehmensbereich, also der Mikroebene, sind Kapitel 5 vorbehalten.

Während des gesamten Reformprozesses empfiehlt sich eine stetige Überprüfung der erarbeiteten Strategien und ihrer Umsetzung. Klar festgelegte Informations- und Rechenschaftspflichten der Kommerzialisierungs- und Privatisierungsagentur, wie etwa regelmäßige Berichte über den Stand der Reformen an Parlament oder Regierung, stellen eine möglichst zeitnahe Kontrolle sowie gegebenenfalls notwendige Anpassungsmaßnahmen sicher. Der Schaffung von Transparenz und Akzeptanz dienen auch die in Kapitel 2.3.3 dargestellten Maßnahmen zur Mobilisierung der Bevölkerung und zur Stärkung und Unterstützung von Reformträgern.

Rückkopplung, Schaffung von Transparenz und Akzeptanz

Beispiel für ein Reformprogramm:
Auszug aus einem von der litauischen Regierung verabschiedeten Beschluß

In Litauen wurden in der ersten Phase der Privatisierung unter Federführung des Zentralen Privatisierungskomitees (CPC) etwa 70 Prozent der staatlichen Unternehmen privatisiert. In der zweiten Phase sollen auch Energie- und Transportunternehmen veräußert werden; Unternehmen mit strategischer Bedeutung sollen allerdings weiterhin unter staatlichem Einfluß bleiben. Dies hat die litauische Regierung mit Beschluß vom 18. Januar 1996 festgelegt:[1]

"... besondere Aufmerksamkeit wird den Bereichen Energie und Verkehr geschenkt, konkret wie folgt:

3.1   Stärkung des Systems der Energiewirtschaft:

3.1.1   bei den Unternehmen in den Bereichen Erzeugung und Lieferung der Elektro- und Heizenergie, Erdölgewinnung und -transport wird die Verwaltung verbessert, diese Unternehmen werden restrukturiert und teilweise privatisiert, dabei wird die staatliche Kontrolle in den strategischen Objekten dieser Branche weiter gewährt;

3.1.2   für die Bereiche Erdölverarbeitung, -export, -import, -handel, und Gaslieferung wird eine zukünftige Privatisierungspolitik, die die Kontrolle des Staates in den strategischen Objekten

vorsieht, vorbereitet und der Regierung der Republik Litauen vorgelegt werden. Außer der Restrukturierung und teilweisen Privatisierung wird in bestimmten Objekten dieser Branche das private Kapital durch litauische und ausländische Investoren erhöht;

3.2   im Transportbereich:

3.2.1   der Eisenbahnverkehr wird restrukturiert - die Beförderung der Passagiere und Güter wird von der Infrastruktur getrennt, die Transportfirmen, Wartungsfirmen, Lieferanten und andere betreuende Organisationen werden von der Infrastruktur getrennt und privatisiert;

3.2.2   die Aktiengesellschaften "Lietvos avialinios" (Lithuanian Airlines) und "Lietuva" (Air Lithuania) werden restrukturiert und teilweise privatisiert;

3.2.3   das staatliche Vermögen der sich im Territorium des Klaipeda-Seehafens befindenden Unternehmen (außer der Infrastruktur) wird allmählich privatisiert."

---

[1] *(Übersetzung aus dem Litauischen, in deutscher Sprache erschienen in: Valstybes Zinios Nr. 7 vom 24.01.1996)*

3.2   Die Bestandsaufnahme

Bedeutung der Bestandsaufnahme

Die Erfassung und Analyse des politischen, rechtlichen, wirtschaftlichen und gesellschaftlichen Reformumfeldes einerseits und der Ausgangssituation in den betrachteten Sektoren andererseits sind eine essentielle Voraussetzung für die Entwicklung einer konsistenten Reformstrategie. Arbeitsteilige Wirtschaftssysteme sind durch vielfache Interdependenzen gekennzeichnet, so daß tiefgreifende Reformen in einem Sektor Rückwirkungen auf andere Wirtschaftbereiche haben. Diese Abhängigkeiten und Wechselwirkungen zu erkennen, ist für den Erfolg der Reformen entscheidend.

Checklisten-gestütz- te Vorgehensweise

Eine Einschätzung der komplexen Rahmenbedingungen und Voraussetzungen in den einzelnen Ländern ist oftmals schwierig. Der Einsatz umfassender Kriterienkataloge (Checklisten) kann die Bestandsaufnahme wesentlich erleichtern.[1] Als ein flexibles Beratungsinstrument berücksichtigt die 'Checkliste' die Besonderheiten eines jeden Reformfalles. Die Liste läßt sich dabei je nach Bedarf anpassen, so daß etwa einzelne Themenbereiche vertieft und weitere Punkte aufgenommen werden sowie andere Aspekte unbeachtet bleiben können.

Anforderungen an die Informations- beschaffung

Um möglichst verläßliche Ergebnisse bei der Bestandsaufnahme zu erzielen, sollten folgende Anforderungen an die Informationsbeschaffung beachtet werden:

- Verwendung möglichst aktueller Informationen und Daten,

- möglichst fallspezifische, auf die Besonderheiten eingehende, zielgerichtete Suche,

- zweckgerichtete Informationsbeschaffung und Auswertung des Materials, Fremddaten werden daher nur bedingt nutzbar sein,

- möglichst hohe Verläßlichkeit der Informationen, die Informationsquellen sollten möglichst objektiv sein.

---

[1]   Im Anhang befinden sich sowohl für die Makroanalyse als auch für die Sektoranalyse Checklisten, die in den folgenden Kapiteln anhand von Anwendungsbeispielen veranschaulicht werden.

3.2.1 Analyse der makroökonomischen Situation

Die Analyse der Makroebene erfordert zunächst das Eingehen auf den rechtlichen und politischen Rahmen eines Landes, da die legislativen und exe-
kutiven Entscheidungskompetenzen bestimmend auf die Ausgestaltung der
wirtschaftlichen Reformen wirken. Darüber hinaus müssen die wirtschafts-
politischen Voraussetzungen erfaßt werden, und zwar sowohl hinsichtlich
der grundlegenden Ordnung der Wirtschaft als auch hinsichtlich ausgewählter wirtschaftspolitischer Bereiche. Schließlich werden im Rahmen der
Makroanalyse quantitative Aspekte, wie die Inflationsrate oder das Brutto-
sozialprodukt, erfaßt, um Aufschluß über die bisherige und zukünftige Entwicklung des jeweiligen Landes zu erhalten.

*Bereiche der
Makroanalyse*

Abb. 3.3: Zu untersuchende Bereiche bei der Analyse der makroökonomischen Situation

Die Checkliste im Anhang spiegelt dieses Vorgehen wider. Im folgenden werden einige der zu untersuchenden Aspekte der Makroebene und ihre Bedeutung für die Reform der Versorgungs- und Transportwirtschaft dargestellt.

Analyse des rechtlichen und politischen Rahmens

Demokratische Kultur und politische Stabilität

Eine entscheidende qualitative Voraussetzung für eine freiheitliche Ordnung ist die demokratische Kultur eines Landes. In allen Reformstaaten hat sich seit dem Jahr 1989 eine pluralistische Parteienlandschaft herausgebildet, in der die früheren sozialistischen Einheitsparteien mehr oder weniger an Bedeutung eingebüßt haben.[1] Das Parteienspektrum und die jeweiligen Kräfteverhältnisse spiegeln im Idealfall die politische Einteilung der Gesellschaft wider. Ist die Gesellschaft zerrissen, können sich politische Richtungskämpfe einstellen, die den Transformationsprozeß beträchtlich behindern. Dies beobachtet man beispielsweise in Rußland und der Ukraine. In diesen Ländern ist es derzeit eher unwahrscheinlich, daß sich Parlament und Regierung auf einen eindeutigen und kontinuierlichen Reformkurs einigen. Die politische Stabilität aber ist für den Reformerfolg entscheidend.

Rechtsstaatlichkeit

Bestehende Unternehmen und Investoren sind darauf angewiesen, ihre Wirtschaftspläne nach den geltenden rechtlichen Bedingungen langfristig und verläßlich ausrichten zu können. Daher sollte das Handeln der staatlichen Bürokratie, beispielsweise im Falle von Genehmigungen, eindeutigen Grundsätzen folgen. Selbst in einem der weit fortgeschrittenen Reformstaaten wie Ungarn werden von Unternehmern Bürokratiedefizite bemängelt, die sich investitionshemmend auswirken.[2]

Bedeutung eines verläßlichen rechtlichen Rahmens

Viele Probleme in Transformationsländern sind auf die nur schleppende Einführung eines verläßlichen rechtlichen Rahmens für die Marktwirtschaft zurückzuführen. So ist es beispielsweise der Ukraine erst fünf Jahre nach Ausrufung ihrer Unabhängigkeit als letzte der einstigen Sowjetrepubliken gelungen, sich eine neue Verfassung zu geben. Vor allem die Altkommunisten hatten sich dem Entwurf lange Zeit widersetzt, weil er ihnen zu wenig sozialistisch geprägt und mit zu großen Befugnissen für den Präsidenten ausgestattet zu sein schien. Am Ende war es die Androhung einer Volksabstimmung, der die Gegner nachgaben. Zähneknirschend stimmten sie der Zulassung von Privateigentum zu Produktionszwecken zu, wobei auch das Recht an Grund und Boden eingeschlossen ist. Die neue ukrainische Verfassung ist nach dem französischen Vorbild der Präsidialdemokratie gestaltet und sieht ein Ein-Kammer-Parlament vor.[3]

---

[1] Wichtige Element der demokratischen Kultur eines Landes bilden u.a. die verwirklichte Pressefreiheit und eine pluralistische Medienlandschaft.

[2] Die "unstete Gesetzgebung" sowie "die unklare Auslegung der Gesetze" wurden in einer Kienbaum-Umfrage bei deutschen mittelständischen Unternehmern als besonders problematisch für ein deutsches Engagement in Ungarn aufgeführt.

[3] Siehe FAZ vom 29.06.1996, S. 1 u. 12.

Die Gliederung des Staatswesens ist für die Reform der Versorgungs- und Transportwirtschaft besonders wichtig, da durch sie mögliche Dezentralisierungsgrade vorgegeben werden. Eine föderale, dezentrale Gliederung, wie sie in der Bundesrepublik Deutschland verwirklicht ist, weist den Vorteil auf, daß sich öffentliche Aufgaben gemäß dem Subsidiaritätsgrundsatz möglichst bürgernah den unteren Ebenen zuweisen lassen.[15] Die Reformstaaten verfügen in der Regel über dezentrale körperschaftliche Strukturen, insbesondere Bezirke sowie Gemeinden und Städte. Rumänien etwa verfügt über 41 Kreise und 56 Städte, denen ein erweitertes Selbstverwaltungsrecht zusteht und die eigene Haushalte aufstellen.

Staatsaufbau und Verwaltungsstruktur

---

[1]   Eine föderale Struktur ermöglicht, insbesondere bei sog. lokalen öffentlichen Gütern
       - so etwa kommunale Straßen - die Herstellung einer weitgehenden Koinzidenz zwischen Nutzenempfängern und Kostenträgern.

Reformfortschritte im Ländervergleich

Seit der Reformdruck Mitte der 80er Jahre von Polen ausgehend auch die anderen mittel- und osteuropäischen Länder erfaßt hat, sind in allen Transformationsländern vielfältige Maßnahmen zur Umgestaltung vom Plan zum Markt eingeleitet worden. Die Reformen auf der Makroebene konzentrierten sich dabei insbesondere auf den wirtschaftlichen sowie den politisch-institutionellen Bereich. Viele der einzelnen Reformvorhaben, etwa die sogenannte große Privatisierung, sind noch nicht abgeschlossen oder wurden aus unterschiedlichen Gründen wieder abgebrochen.

Die Reformlage in den einzelnen Ländern in MOE und GUS ist derzeit sehr unterschiedlich. Tendenziell sind jedoch die westlicheren Transformationsländer bereits marktwirtschaftlicher orientiert als ihre östlichen Nachbarn.

In Polen, Slowenien, Tschechische Republik und Ungarn sind die Reformen sowohl im institutionellen wie im wirtschaftlichen Bereich

am weitesten fortgeschritten. Seit 1993/94 werden in diesen Vorreiterstaaten positive Wachstumsraten bei relativer Stabilität des Reformprozesses verzeichnet. Reformnachzügler wie Bulgarien, Lettland, Litauen, die Slowakei und Rumänien hatten bis zum Jahr 1995 noch keine positiven Wachstumszahlen erreicht. Unter den GUS-Staaten führt Rußland trotz aller Probleme und Unwägbarkeiten das Reformlager an.

In den östlichen Reformstaaten des asiatischen Kontinents, z.B. in Usbekistan, stecken die Reformen hingegen noch weitgehend in den Kinderschuhen. In diesen Staaten ist zunächst die Deckung des Grundbedarfs der Bevölkerung vordringlich. Der Spielraum für mögliche Reformen im Versorgungs- und Transportsektor ist daher stark eingeschränkt. In dem Maße jedoch, wie die allgemeinen Wirtschaftsreformen voranschreiten, erschließt sich mehr und mehr Potential für Maßnahmen der Kommerzialisierung, Privatisierung und Deregulierung.

Analyse der ordnungspolitischen Rahmenbedingungen

Wirtschafts-
verfassung

Die Analyse der Ordnungspolitik eines Landes setzt bei der Wirtschaftsverfassung an.[1] Inzwischen haben sich alle Transformationsländer von der sozialistischen Planwirtschaft losgesagt und sich mehr oder weniger marktlichen Ordnungen verschrieben. Die Präambel des russischen Privatisierungsgesetzes etwa spricht von einer "effizienten sozialorientierten Marktwirtschaft".[2] Neben den Unterschieden die bezüglich der Terminologie de jure bestehen, sollte besonderes Augenmerk auf die tatsächliche Anwendung bzw. Auslegung der Gesetze gelegt werden.

Eigentums- und
Verfügungsrechte

Im Rahmen des Übergangs von einem sozialistischen Wirtschaftssytem mit ausschließlich gesellschaftlichem "Eigentum" an Produktionsmitteln zu einer Marktwirtschaft mit weitgehend privatem Eigentum, kommt der Ausgestaltung der Eigentumsordnung eine konstitutive Rolle zu. Das Eigentumsrecht sollte klar definiert und die Verfügungsgewalt über den Eigentümer möglichst umfassend sein. Bestehen Unklarheiten über den Eigentümer, wie dies vielfach bei Grundstücken in den neuen Bundesländern auftrat, so ergeben sich schwerwiegende Investitionshindernisse. Gleiches gilt für den Fall nicht ausreichend gesicherter Ertragsrechte (z.B. Gewinnrepatriierung) oder zu weitgehender betrieblicher Mitbestimmungsrechte.

Stand der
Privatisierung

In allen Ländern Mittel- und Osteuropas wurde die Privatisierung kleinerer und mittlerer Unternehmen bereits auf den Weg gebracht. Die sogenannte "große Privatisierung" ist demgegenüber in vielen der Länder bislang ausgeblieben oder noch nicht abgeschlossen.[3] Wie die folgende Übersicht zeigt, haben Länder wie Tschechien, Ungarn und Estland die Mehrheit der staatlichen Großunternehmen bereits in Privathände übergeben. Vor allem Länder der ehemaligen UdSSR weisen hingegen nur geringe Privatisierungsquoten auf. Allerdings differiert auch die (ökonomische) Größe der Länder und die Anzahl der zu privatisierenden Unternehmen erheblich: Während in Rußland beispielsweise rund 17.000 Großunternehmen privatisiert wurden, waren es in Estland nur rund 470.[4]

---

[1] Unter die Wirtschaftsverfassung eines Landes fallen sämtliche ordnungspolitischen Grundentscheidungen, die ihren Niederschlag in Gesetzen mit Verfassungsrang gefunden haben. So ist beispielsweise im Grundgesetz der Bundesrepublik Deutschland insbesondere die soziale Marktwirtschaft festgeschrieben.

[2] Siehe "Gesetz der Russischen Sozialistischen Föderativen Sowjetrepublik vom 3.07.1991 über die Privatisierung von staatlichen und kommunalen Unternehmen in der RSFSR".

[3] Einen guten Überblick über Stand und alternative Vorgehensweisen bei der Massenprivatisierung in Mittel- und Osteuropa gibt die folgende Studie: Lieberman, I.W. et al. (Hrsg.): Mass Privatization in Central and Eastern Europe and the Former Soviet Union. A Comparative Analysis, World Bank Studies of Economies in Transformation, 16, Washington 1995.

[4] Vgl. OECD: Trends and Policies in Privatisation, Paris 1996, S. 20.

Auf den Stand der Privatisierung in den Bereichen Transport und Verkehr kann allein anhand der allgemeinen Privatisierungsfortschritte nicht geschlossen werden. Dennoch ist die Tendenzaussage möglich, daß in Ländern, bei denen der im privaten Sektor erwirtschaftete Anteil am Volkseinkommen noch gering ist, eine Privatisierung der 'strategischen' Infrastrukturbereiche nicht unmittelbar bevorsteht.

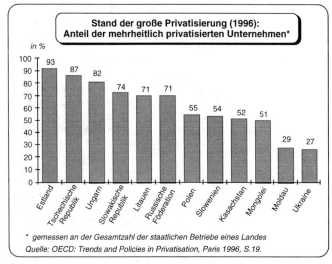

Abb. 3.4:   *Stand der großen Privatisierung in MOE /GUS (1996)*

Ausländische Investoren

Von besonderer Bedeutung für die Infrastruktur ist die Anziehung internationalen Know-hows und Kapitals. In MOE und GUS sind im Rahmen von Infrastrukturprivatisierungen (einschließlich des Telekommunikationssektors) bislang ausländische Investitionen in Höhe von insgesamt 6 Milliarden US$ getätigt worden. Dies entspricht rund 20 Prozent der gesamten kumulierten ausländischen Direktinvestitionen von 1990 bis 1995.[1] Wie Abbildung 3.5 zeigt, ziehen die einzelnen Länder in MOE und GUS unterschiedlich stark ausländische Investoren an, was nicht zuletzt auf eine grundsätzliche Entscheidung für oder gegen den Einbezug ausländischen Kapitals bei der Privatisierung zurückzuführen ist.

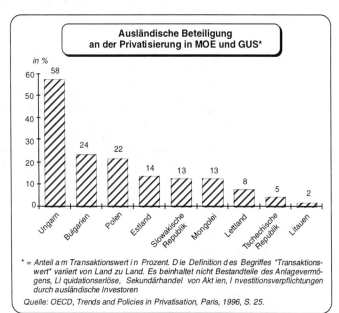

Abb. 3.5:   *Ausländische Beteiligung an der Privatisierung*

---

[1]   Vgl. EBRD: Transition Report 1996, Infrastructure and Savings, London 1996, S. 56.

Preisbildung und Märkte	Die Liberalisierung der zuvor staatlich administrierten Preise ist eine wichtige Voraussetzung für die Funktionsweise von marktlichen Wirtschaftssystemen. Im Jahr 1995 hatten außer Belarus und Turkmenistan alle Reformstaaten auf ihren Güter- und Faktormärkten weitgehend freie Preisbildung zugelassen.[1] Im Bereich der Güter und Leistungen der Infrastruktur sind allerdings fast überall noch keine kostendeckenden Preise eingeführt. Insbesondere die Preise für Strom werden häufig von staatlicher Seite künstlich niedrig gehalten: So lag der Strompreis 1994 in Ungarn bei 56 Prozent des deutschen Niveaus, in Polen sogar bei nur 43 Prozent. Die Liberalisierung dieser Preise sollte daher mögliche Auswirkungen von Preiserhöhungen berücksichtigen.
Wettbewerbsordnung	Kommerzialisierung und Privatisierung können nicht unabhängig von wettbewerbspolitischen Maßnahmen begonnen werden. Parallel zu den genannten Maßnahmen muß die Einrichtung einer Wettbewerbsordnung vorgenommen werden, wodurch funktionsfähiger Wettbewerb ermöglicht wird. Allerdings haben viele Reformstaaten freie Preise und Privateigentum auf Märkten eingeführt, noch bevor die ehemaligen Großkombinate entflochten waren, so daß die Gefahr des Mißbrauchs von Marktmacht entstand. Mit Ausnahme Rumäniens verfügen jedoch inzwischen alle Transformationsländer über grundlegende Bestimmungen einer Wettbewerbsordnung, die in der Regel dem EU-Recht angenähert ist. Die enge Anlehnung der Antimonopolgesetzgebung an das EU-Recht ist vor allem für diejenigen Transformationsstaaten zu begrüßen, die eine zukünftige EU-Mitgliedschaft anstreben.
Finanzmärkte	Bislang wurde der überwiegende Teil der Investitionen in mittel- und osteuropäischen Unternehmen intern über den Cash flow finanziert. Die Möglichkeiten der externen Finanzierung über die Finanzmärkte sind noch sehr begrenzt. Der mangelhaft entwickelte Bankensektor hinsichtlich Zahl, Kapitalisierung und Leistungspalette der Kreditinstitute legt den Reform- und Umstrukturierungsmaßnahmen enge finanzielle Restriktionen auf. Dies gilt in besonderem Maße für kapitalintensive Branchen, die, wie der Infrastrukturbereich, hohe Investitionsbeträge erfordern. Die Existenz funktionsfähiger Kapitalmärkte beeinflußt auch die Verfügbarkeit von ausländischem Kapital. Bei ineffizienten Kapitalmärkten kann der Privatsektor nur in unzureichendem Maße ausländische Investoren gewinnen. In der Tschechischen und der Slowakischen Republik wurden Rekapitalisierung (1991) und Privatisierung (1992) ehemals staatlicher Banken bislang am umfassendsten durchgeführt.

---

[1] Siehe dazu EBRD: Transition Report 1995, London 1995, S. 11 ff.

Analyse ausgewählter wirtschaftspolitischer Bereiche

In fast allen MOE-/GUS-Ländern ist die Inflation zunächst trotz der überwiegend restriktiven Geldpolitiken seit etwa 1993 nicht auf einstellige Werte
gesunken. Positive Ausnahmen von diesem Trend bilden allein die Tschechische und die Slovakische Republik. Die Reform der Versorgungs- und
Transportwirtschaft, verbunden mit der Freigabe der Preise für Güter und
Leistungen des Transport- und Energiesektors kann sich weiter kosten-
treibend auswirken. Dies erfordert eine restriktive Geldpolitik, die im Hinblick auf eine zügige Restrukturierung von Unternehmen zwei gegenläufige
Effekte haben kann: Einerseits erschwert der teilweise extreme Anstieg der
Realzinsen die erforderliche Kapitalbeschaffung in beträchtlichem Maße,
andererseits wird durch den steten Zwang zu finanzieller Disziplin der mikroökonomische Wandel beschleunigt.[1]

Geldpolitik

Währungspolitische Maßnahmen können den Handlungsspielraum von
Unternehmen der Versorgungs- und Transportwirtschaft erheblich beeinflussen. Viele MOE-/GUS-Länder haben bis vor kurzem eine Strategie der
Unterbewertung der Landeswährung verfolgt, um kurzfristig Wettbewerbs-
vorteile im Export zu realisieren. Abwertungen über die Inflationsrate hinaus führen jedoch zu einem Anstieg der Preise für alle Importwaren und
-leistungen, was sich insbesondere bei erforderlichen Rohstoff- und
Vorleistungsimporten preistreibend auswirkt. In Bulgarien beispielsweise
führte die Abwertung des Lei zu einem extremen Kostenanstieg in der Energiewirtschaft, was sich in einer folgenreichen Verknappung von Primär-
energie auswirkte. Nicht zuletzt aufgrund solcher Entwicklungen ist es zu
begrüßen, daß die meisten MOE-/GUS-Länder von Abwertungsstrategien
Abstand genommen haben.

Währungspolitik

Die meisten MOE-/GUS-Länder zeichnen sich durch Haushaltsdefizite aus,
die den finanziellen Spielraum für dringend notwendige Investitionen im
Transport- und Versorgungssektor einengen. Die zu beobachtenden Kon-
solidierungsbemühungen aller MOE-/GUS-Länder können die Reform des
Versorgungs- und Transportsektors einerseits beschleunigen, da sich die
Regierungen davon Privatisierungseinnahmen und Minderausgaben aufgrund wegfallender Subventionen versprechen. Andererseits können über-
höhte Preisforderungen und mangelnde steuerliche Anreize den Reformprozeß behindern.

Finanzpolitik

---

[1]   Vgl. Bank für int. Zahlungsausgleich: 65. Jahresbericht, Basel 1995, S. 48.

3.2.2 Analyse der Sektoren

*Bedeutung der
Sektorenanalyse*

Um konsistente Reformstrategien entwickeln zu können, muß die Kommerzialisierungsinstitution eine sorgfältige Überprüfung der Ausgangssituation in den relevanten Sektoren vornehmen. Neben der Analyse der Marktstruktur sowie der rechtlichen und regulatorischen Bedingungen sollen dabei bereits Aussagen über wesentliche Charakteristika der Unternehmen in den betrachteten Sektoren gemacht werden. Aufgrund großer sektorspezifischer Unterschiede ist eine differenzierte Betrachtung der Bereiche Transport, Energie und Wasser erforderlich.

*Aufbau der
Checklisten*

Die im Anhang abgebildete Kriterienliste bietet eine Hilfestellung für eine zielorientierte sektorbezogene Bestandsaufnahme. Die Liste ist in die Hauptbereiche sektorale Ebene und Unternehmensebene untergliedert. Innerhalb der sektoralen Ebene wird die relative gesamtwirtschaftliche Bedeutung des betrachteten Bereichs untersucht und eine Beschreibung des Marktes und der Wettbewerbsverhältnisse vorgenommen. Dabei sind die Einflüsse durch Politik und bestehende Gesetze zu ermitteln, allerdings aus einer rein sektorbezogenen Sicht. Auf der Unternehmensebene stehen sektorübergreifende Fragen der Wirtschaftlichkeit, der Eigentumsverhältnisse und der Humanressourcen im Vordergrund.

Ungünstige Informationslage

Die Analyse der Sektoren wird oftmals mehr Schwierigkeiten als die vorangegangene Globalanalyse bereiten. Zum einen sind sektorspezifische Angaben nicht von allgemeinem Interesse, so daß sich Publikationen und Statistiken häufig nur am Rande mit Fragen, wie z.B. der Energieversorgung befassen. Zum zweiten sind Informationen über die Sektoren der Versorgungs- und Transportwirtschaft, die meist dem öffentlichen Bereich zugehören, nicht immer offen zugänglich. Neben der Auswertung von verfügbarem Sekundärmaterial werden daher auch Maßnahmen zur Erhebung der relevanten Daten durch die beauftragten Mitarbeiter der Kommerzialisierungskommission bzw. externe Berater notwendig sein. Der hierfür notwendige erhöhte Zeit- und Arbeitsaufwand sollte jedoch nicht gescheut werden, da konsistente Reformstrategien nur auf der Basis eines transparenten Umfeldes entwickelt werden können.

Beispiel der Energiewirtschaft

Im folgenden wird das Vorgehen bei der Sektoranalyse am Beispiel der Energiewirtschaft illustriert. In allen früheren RGW-Staaten unterlag die Energiewirtschaft einem starken politischen Einfluß, da der Energiepolitik im Rahmen der Industrialisierungsstrategien eine strategische Funktion zukam. So förderte beispielsweise die polnische Regierung lange Zeit die energieabhängige Schwerindustrie. Die Energiewirtschaft galt dabei als Motor der industriellen Entwicklung. Da der Ausbau der polnischen Schwerindustrie nach regionalen Prioritäten erfolgte, konzentrierten sich auch die Betriebe der Energiewirtschaft in einigen Ballungsräumen, wie beispielsweise dem oberschlesischen Industrierevier.

*Energieverbrauch als Indikator
für den gesamtwirtschaftlichen Output.*

In jüngster Zeit wurde für die Transformationsstaaten nachgewiesen, daß sich der Energieverbrauch eines Landes als Indikator für den realen gesamtwirtschaftlichen Output eignet.[1] Die starken Produktionseinbrüche, die regelmäßig im Anschluß an plötzliche Preisliberalisierungen und andere Reformmaßnahmen eintraten, folg-

---

[1] Siehe EBRD, Transition Report 1995, London, S. 181-184

ten in etwa den Veränderungsraten im Energieverbrauch. Der Anteil der Energiewirtschaft an der gesamtwirtschaftlichen Produktion nahm hingegen in den letzen Jahren tendenziell zu. So stieg beispielsweise der Beitrag des russischen Energiesektors zum nominalen BIP von 9 Prozent im Jahr 1990 auf 15 Prozent in 1994. Insgesamt steht der russische Energiesektor an zweiter Stelle der Weltenergieproduktion.

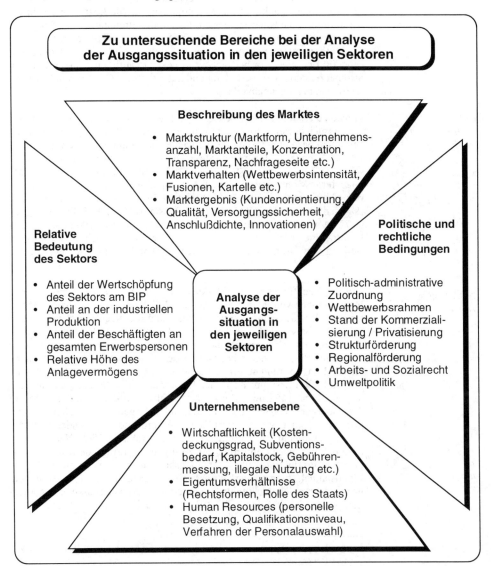

Abb. 3.6: *Zu untersuchende Bereiche bei der Analyse der Ausgangssituation in den Sektoren*

Analyse des Marktes und der Wettbewerbssituation

Marktstruktur

Die Analyse der Marktstruktur eines Sektors umfaßt sowohl die Angebots- als auch die Nachfrageseite. Um Klarheit über mögliche Entflechtungen und die Einführung von Wettbewerbsbedingungen zu erhalten, kommt den Fragen nach der Anzahl der auf dem (relevanten) Markt[1] befindlichen Unternehmen und der sich daraus ergebenden Marktform die höchste Priorität zu. Anhaltspunkte für eine monopolistische Marktstruktur geben die durchschnittliche Unternehmensgröße und die Streuung der Marktanteile. Ein weiterer wichtiger Aspekt ist die Tiefe der vertikalen (unterschiedliche Produktionsstufen) und horizontalen Integration (unterschiedliche Leistungen). Im Energiesektor beispielsweise besteht häufig eine Integration von Stromerzeugung und -verteilung und zusätzlich ein Querverbund zum öffentlichen Personennahverkehr.

Hohe Konzentrationsgrade

In nahezu allen MOE- und GUS-Staaten weist die gesamte Wirtschaft einen vergleichsweise hohen Konzentrationsgrad auf. In den Infrastrukturbereichen besteht aufgrund der verwendeten Technologie häufig eine zusätzliche Tendenz zur Konzentration. Die Versorgungs- und Transportwirtschaft in Mittel- und Osteuropa ist daher typischerweise durch hochintegrierte Monopole geprägt. Der Hauptakteur der russischen Stromwirtschaft beispielsweise, die mehrheitlich in staatlicher Hand befindliche ‚Unified Electrical Power Systems of Russia AG (RAO EES Rossii)', hält an 72 regionalen Verteilungsunternehmen Anteile von 49-100 Proezent. Das Unternehmen besitzt somit nicht nur eine dominante Position bei der Herstellung von Strom, sondern hat auch im Bereich der Verteilung erheblichen Einfluß.[2]

Nachfrageentwicklung

Auf der Nachfrageseite des Marktes sind ebenfalls wettbewerbsrelevante Informationen von Interesse, etwa hinsichtlich der Transparenz des Marktes oder der Art (industriell/privat) und Zahl der Nachfrager (viele/wenige). Die Analyse der bisherigen und zukünftig erwarteten Nachfrageentwicklung gibt Hinweise für die Ausgestaltung von Reformstrategien. In den neuen Bundesländern beispielsweise ist die Nachfrage nach Elektrizität seit 1990 um rund 40 Prozent gesunken und der Wasserverbrauch ging von 200-300 Litern pro Kopf und Tag auf ca. 100 Liter zurück (alte Bundesländer: ca. 145 Liter). Der starke Nachfragerückgang ist einerseits auf den Übergang von nicht kostendeckenden Bagatellpauschalen zu einer kostendeckenden, verbrauchsabhängigen Abrechnung und andererseits auf den Zusammenbruch der Industrie zurückzuführen. Viele Versorgungsunternehmen haben aufgrund der geringen Nachfrage derzeit unterausgelastete Produktions- und Verteilungskapazitäten, was zu einer höheren Fixkostenbelastung pro verkaufter Einheit führt. Um weitere Preiserhöhungen zu vermeiden, müssen die Unternehmen Fixkostensenkungen vornehmen, beispielsweise durch die Stillegung von Produktionsanlagen.

---

[1] Der relevante Markt kann nach Produkten bzw. Leistungen oder nach regionalen Kriterien abgegrenzt werden.

[2] Vgl. IEA: Energy Policies of Russia, 1995, S. 200ff.

Die Struktur des Marktes allein gibt keine ausreichende Auskunft über die Wettbewerbssituation. Fragen nach dem Marktverhalten und dem sich einstellenden Ergebnis (sog. 'market performance') müssen ebenfalls berücksichtigt werden. In Zusammenhang mit dem Wettbewerbsverhalten ist insbesondere auf die Zahl eventueller Marktein- bzw. -austritte zu achten. In der Energiewirtschaft ist diese Fluktuation regelmäßig sehr gering, da zum Teil hohe Eintrittsbarrieren bestehen und die Märkte reguliert sind. Eine weitere Frage richtet sich nach der Höhe und Flexibilität der Preise und Gebühren. In vielen MOE-/GUS-Staaten gibt es staatlich festgelegte Höchstpreise für Energie, die meist unter dem Weltmarktniveau liegen. Häufig liegt eine sozialpolitisch motivierte Tarifspaltung vor, wobei industrielle Energieabnehmer höhere Preise bezahlen als private. Die Analyse des Marktergebnisses untersucht darüber hinaus Aspekte der Qualität und Menge der Versorgung sowie der Sicherheit und der Flächendeckung.

Marktverhalten und Marktergebnis

Politische und rechtliche Zuständigkeiten

Die Versorgungs- und Transportwirtschaft unterliegt in den MOE-/GUS-Staaten nach wie vor großem staatlichen Einfluß. Vor allem die politisch-administrative Zuordnung der Unternehmen gibt den Regierungen zahlreiche Möglichkeiten, den Versorgungs- und Transportsektor weitgehend zu lenken: Häufig ist der Staat nicht nur für die sektorale Planung, Steuerung und Organisation zuständig, sondern er tritt auch als Eigentümer auf und greift in betriebswirtschaftliche Abläufe der einzelnen Versorgungs- und Transportunternehmen ein. So hatte beispielsweise der bulgarische Ministerrat weitgehende Kompetenzen bei Preisfixierungen und Investitionsentscheidungen in der Energiewirtschaft. Die einzelnen Unternehmen und Einrichtungen waren verschiedenen Komitees und Ministerien berichtspflichtig. Abbildung 3.7 verdeutlicht diese Zusammenhänge.

Weitgehende staatliche Kompetenzen

Häufig ist der Bereich der Energieversorgung ein wettbewerbspolitischer Ausnahmebereich, in dem neben den allgemeinen Wettbewerbsgesetzen spezielle Regulierungen in Kraft sind. Im Rahmen der Sektoranalyse muß geprüft werden, ob und in welcher Form geschützte Monopole bestehen, und welche besondere Institution mit der Überwachung und Regulierung betraut ist.[1]

Wettbewerbsrahmen

Je nachdem, welches Interesse die Wirtschaftspolitik einzelnen Sektoren beimißt, bestehen für bestimmte Branchen und Aktivitäten Förderungsmöglichkeiten. Die Elektrizitätswirtschaft in Transformationsländern dürfte in aller Regel von Strukturförderungen begünstigt sein, da Elektrizität vielfach als ein strategischer Faktor im Rahmen der Industrialisierungsstrategien gilt. Außerdem werden in den Bereichen der Grundversorgung aus sozialpolitischen Beweggründen Subventionen verteilt. Je höher die aktuellen Strukturhilfen sind, desto schwieriger wird es sein, im Rahmen von Kommerzialisierung und Privatisierung die finanzielle Eigenständigkeit der Unternehmen zu erlangen.

Strukturförderung

---

[1]   Siehe hierzu auch Kapitel 4.

Umweltpolitik   Eine wichtige Rolle beim zukünftigen Ausbau der Energieversorgung spielen Fragen der umweltpolitischen Verträglichkeit. Aufgrund der nicht knappheitsgerechten Preise und der bislang gering ausgeprägten gesellschaftlichen Präferenz für eine intakte Umwelt besteht in MOE-/GUS-Staaten umweltpolitischer Nachholbedarf. Das Ausmaß der Umweltbelastung hängt eng zusammen mit der jeweiligen Energiepolitik. Im Rahmen der Sektoranalyse werden bestehende Altlasten und Problemgebiete ermittelt.

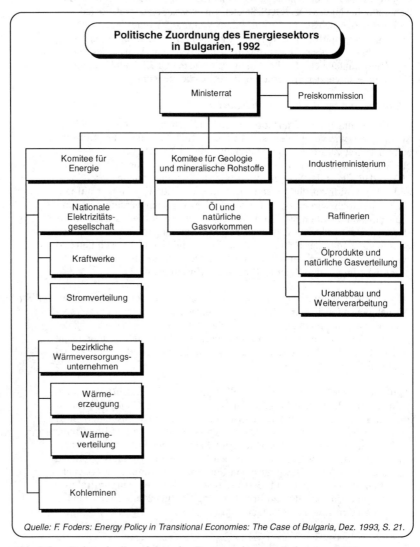

Abb. 3.7:   *Politische Zuordnung des Energiesektors in Bulgarien, 1992*

Die Situation auf Unternehmensebene

Die Analyse eines Sektors schließt die Betrachtung der allgemeinen Situation auf der Unternehmensebene ein. Im Rahmen dieser ersten Unternehmenseinschau sind vor allem Fragestellungen hinsichtlich der Wirtschaftlichkeit, der Eigentumsverhältnisse und der Fähigkeiten des verfügbaren Personals von Interesse. Bei der Analyse der Wirtschaftlichkeit der Energieversorgung sind Aspekte wie die durchschnittlich erzielte Kostendeckung, der voraussichtliche Investitionsbedarf und das Vorhandensein von Systemen der Wirtschaftlichkeitsrechnung von Bedeutung. Auch praktische Fragen, wie beispielsweise die Zahlungsmoral, sind relevant. In diesem Zusammenhang sollten auch die allgemein üblichen Methoden der Gebührenbemessung und -zurechnung in die Analyse einbezogen werden. Diese Indikatoren decken Defizite und Hindernisse für eine effiziente Wirtschaftsweise auf und geben Hinweise auf den durchschnittlichen Restrukturierungsbedarf und die sektorübliche Kommerzialisierungsfähigkeit.

Wirtschaftlichkeit

Bei der Analyse der Eigentümerstrukturen ist zu überprüfen, inwieweit Staat und/oder Gemeinden an den Betrieben beteiligt sind. Im Hinblick auf die Rechtsform ist insbesondere nach öffentlichen Unternehmen und Kapitalgesellschaften zu differenzieren, bei letzteren ist die Verteilung der Eigentumsanteile ausschlaggebend. Im Hinblick auf Pläne zur Privatisierung und Zulassung privater Anbieter, etwa auf Erzeugungsstufe, sollte abgeschätzt werden, inwieweit private in- und ausländische Investoren bereits engagiert sind bzw. inwiefern dies möglich ist.

Eigentumsverhältnisse

Wichtige Vorinformationen für Maßnahmen der Kommerzialisierung und Privatisierung betreffen die in einem Sektor beschäftigten Menschen. Die Bedeutung der Analyse der vorhandenen Personalsituation ist sehr hoch einzuschätzen, denn letztlich sind es die betroffenen Menschen, die die Anpassungsleistung im Reformprozeß vollbringen müssen. Neben der Frage, inwiefern die Branche generell mit Personalüberhang konfrontiert ist, ist insbesondere die berufliche Qualifizierung der Mitarbeiter von Interesse. Ein allgemein hohes und weniger spezialisiertes Wissen impliziert bessere Chancen für einen Einsatz in anderen Bereichen, d.h. mehr Flexibilität des Produktionsfaktors Arbeit.

Personalsituation

3.3 Handlungsoptionen und Strategieentwicklung

Bestimmung des Reformpfades

Aufbauend auf den Ergebnissen der Bestandsaufnahme entwickelt die Kommerzialisierungsinstitution eine Strategie zur Reform der Versorgungs- und Transportwirtschaft. Dazu gehört einerseits die Vorgabe des angestrebten Zielzustands und andererseits die Festlegung der zu ergreifenden Reformmaßnahmen. Besonders wichtige Aufgaben sind die Schaffung eines allgemeinen Wettbewerbsrahmens, die Entflechtung sowie die Kommerzialisierung und Privatisierung der einzelnen Betriebe. Die Festlegung des Reformpfades muß die Ergebnisse der Globalanalyse sowie die Ausgangssituation und Besonderheiten des betrachteten Versorgungs- bzw. Transportbereichs berücksichtigen.

Leitbild

Die prinzipiell verfolgte Leitvorstellung sollte lauten: Soviel Wettbewerb und private Beteiligung wie möglich und so wenig staatliche Eingriffe wie nötig. Im Idealfall bedeutet dies die Schaffung eines wettbewerblichen Umfeldes sowie die Durchführung umfangreicher Entflechtungs- und Privatisierungsmaßnahmen. Insbesondere in einem schwierigen Umfeld können zunächst kleinere Reformschritte sinnvoll sein, denn bereits die Ausrichtung staatlicher Betriebe an unternehmerischen Grundsätzen gemäß der Kommerzialisierungsidee kann zu Effizienzgewinnen führen.

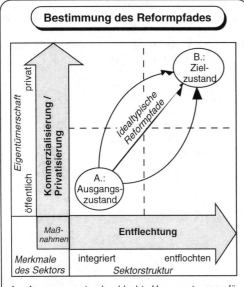

A.: Ausgangszustand: schlechte Voraussetzungen für Wettbewerb bei wenig privater Beteiligung

B.: Zielzustand: günstige Voraussetzungen für Wettbewerb und für die Entfaltung privater Initiative

Abb. 3.8: Bestimmung des Reformpfades

Im folgenden werden die sich auf strategischer Ebene bietenden Alternativen diskutiert und Hinweise für die Entwicklung von Reformstrategien gegeben. Die einzelnen Kapitel sind dabei so aufgebaut, wie eine Kommerzialisierungskommission idealtypisch vorgehen sollte: Zunächst werden diejenigen Bereiche des betrachteten Sektors ausfindig gemacht, in denen prinzipiell Wettbewerb zwischen mehreren Anbietern eingeführt werden kann (Kapitel 3.3.1). Darauf aufbauend werden Maßnahmen der Deregulierung sowie - wo erforderlich - der Regulierung festgelegt (Kapitel 3.3.2).

Schließlich werden die Möglichkeiten und Grenzen der Entflechtung integrierter Monopole der Versorgungs- und Transportwirtschaft geprüft (Kapitel 3.3.3). In Kapitel 3.3.4 wird sodann exemplarisch dargestellt, wie die einzelnen Aspekte in die Formulierung einer Reformstrategie einfließen können, und welche Fragen sich im Zusammenhang mit der praktischen Umsetzung der Maßnahmen stellen.

3.3.1   Identifizierung wettbewerblich organisierbarer Bereiche

Eine wichtige Aufgabe im Vorfeld der Reform besteht in der Prüfung, in welchen Bereichen der Versorgungs- und Transportwirtschaft Wettbewerb zwischen mehreren Anbietern prinzipiell organisierbar ist. Wenn kein natürliches Monopol besteht, können einzelne Leistungs- bzw. Geschäftsbereiche in das allgemeine Wettbewerbsrecht entlassen werden. Ist dies nicht der Fall, muß ein spezieller Regulierungsrahmen entwickelt werden.

Vorgehen

Kriterien zur Bestimmung wettbewerblich organisierbarer Bereiche

Ein natürliches Monopol liegt vor, „wenn ein einziges Unternehmen in der Lage ist, den relevanten Markt zu niedrigeren, kostendeckenden Preisen zu versorgen, als dies zwei oder mehreren Unternehmen möglich wäre."[1] Natürliche Monopole sind durch Größen- und Verbundvorteile sowie durch das Vorliegen von Markteintrittsbarrieren charakterisiert.

Natürliches Monopol

Im Rahmen der Bestimmung wettbewerblich organisierbarer Bereiche wird daher zunächst geprüft, ob Größen- oder Verbundvorteile vorliegen. Größenvorteile (economies of scale) entstehen, wenn die Produktionskosten mit wachsender Ausbringungsmenge nur unterproportional zunehmen. Ein wesentlicher Grund für dieses Phänomen sind hohe Fixkosten der Produktion, wie beispielsweise das Errichten und Betreiben von Schienen- oder Leitungsnetzen. Verbundvorteile (economies of scope) liegen vor, wenn die gemeinsame (verbundene) Produktion von mehreren Gütern kostengünstiger ist als die getrennte Produktion der gleichen Mengen dieser Güter. Dies ist dann der Fall, wenn für die Erstellung verschiedener Leistungen derselbe Inputfaktor genutzt werden kann, wie beispielsweise bei der Erstellung von Strom und Fernwärme aus Kohle.[2] In der Regel sind Verbundvorteile umso geringer, je mehr Märkte ein Anbieter bedient. Ein bestehender Anbieter muß hohe Fixkosten bei seiner kurzfristigen Preispolitik nicht berücksichtigen, wohingegen Fixkosten bei neuen Anbietern in die Preisbildung Eingang finden.

Größen- und Verbundvorteile

In einem zweiten Schritt wird geprüft, ob Markteintrittsbarrieren (barriers to entry) vorliegen. Markteintrittsbarrieren entstehen vor allem durch sogenannte 'versunkene' Kosten (sunk costs). Dabei handelt es sich um Kosten, die einmalig im Rahmen einer Anfangsinvestitionen anfallen und irreversibel sind. Dies bedeutet, daß die betreffenden Investitionen nur für eine Verwendung genutzt werden können, wie beispielsweise die Ausgaben für die Erschließung von Gasvorkommen. Für einen neu einsteigenden Anbieter ist das Risiko des Markteintritts somit sehr groß.

Markteintrittsbarrieren

---

[1]   Siehe Spelthahn, S.: Privatisierung natürlicher Monopole: Theorie und internationale Praxis am Beispiel Wasser und Abwasser, Wiesbaden 1944, S. 44.

[2]   Der Nachweis von Verbundvorteilen erfordert detaillierte Kenntnisse über die Kostenstrukturen aller potentiellen Produzenten der nachgefragten Mengen. Diese Kenntnisse liegen in der Realität häufig nicht vor. Der empirische Nachweis von sinkenden Stückkosten wird darüber hinaus durch das gleichzeitige Auftreten von Größenvor- und nachteilen sowie Verbundvor- und nachteilen erschwert. Daher empfiehlt sich die Anwendung von Plausibilitätskriterien.

Folgerungen für den Wettbewerb

Je nach Ausprägung der dargestellten Kriterien ergeben sich unterschiedliche Folgerungen für die wettbewerbliche Organisation des betreffenden Teilbereiches der Versorgungs- oder Transportwirtschaft. Liegen keine sinkenden Durchschnittskosten vor, so ist prinzipiell die Einführung von Wettbewerb möglich. Im Falle sinkender Durchschnittskosten ist hingegen zu differenzieren. Wenn gleichzeitig keine irreversiblen Investitionen erforderlich sind, wie etwa bei Flug- oder Buslinien, kann potentieller Wettbewerb möglich sein. In diesem Fall muß ein Monopolist ständig mit möglichen Marktzutritten durch neue Anbieter rechnen, so daß er zu kostengünstiger Produktion und möglichst niedrigen Preisen gezwungen ist. Falls jedoch in einem Produktionsbereich sowohl sinkende Durchschnittskosten als auch Markteintrittsbarrieren bestehen, ist die Organisation von Wettbewerb im Markt unmöglich und es besteht Regulierungsbedarf.[1]

Wettbewerbsfähige Bereiche in der Versorgungswirtschaft

Natürliche Monopole bei materiellen Netzen

Die nachfolgende Abbildung zeigt, für welche Bereiche natürliche Monopole existieren, die Wettbewerb mehrerer Anbieter unmöglich machen und eine Regulierung durch den Staat erfordern. In der Versorgungswirtschaft liegen grundsätzlich dort natürliche Monopole vor, wo materielle Netze erforderlich sind. Investitionen in materielle Netze können bei der Leistungserstellung in der Versorgungswirtschaft aus technischen Gründen nicht umgangen werden. Strom etwa kann technisch gesehen nur über Hoch- bzw. Niederspannungsleitungen zum Verbraucher transportiert werden. Gleiches gilt für Wasser, das zuerst als Nutz- oder Leitungswasser über Netze geliefert und dann über das Kanalisationssystem Kläranlagen zugeführt und geklärt wird. Die Betreiber von Transmissions-, Rohr- oder Kanalleitungsnetzen, die als Intermediäre zwischen Produzent und Endabnehmer auftreten, verfügen als Alleinanbieter über monopolistische Marktmacht.

Parallelnetze volkswirtschaftlich häufig unsinnig

Wettbewerb wäre in diesen Fällen nur möglich, wenn es Anbieter von Parallelnetzen gäbe.[2] Allerdings würde der Aufbau von Parallelnetzen, beispielsweise eines zweiten flächendeckenden Stromleitungsnetzes in einer Region, zu volkswirtschaftlich unsinnigen Doppelinvestitionen führen. Der Bereitsteller eines Netzes würde versuchen, den anderen Netzbetreiber preislich zu unterbieten und aus dem Markt zu drängen: Als ein Ergebnis des Verdrängungswettbewerbs entstünden Investitionsruinen. Wettbewerb zwischen mehreren Netzen ist daher in der Regel nicht wünschenswert.[3]

---

[1] Allerdings ist die Einführung von Wettbewerb um den Markt oder intermodalem Wettbewerb möglich. Siehe hierzu Kapitel 3.3.2.

[2] In der deutschen Elektrizitätswirtschaft existieren im Hochspannungsbereich aus Sicherheitsgründen Parallelnetze. Doch wäre es im Bereich regionaler Niederspannungsnetze nicht zweckmäßig, ein zweites flächendeckendes Versorgungsnetz zu verlegen.

[3] Dem widerspricht nicht, daß in der Realität dennoch zum Teil Wettbewerb zwischen Netzen stattfindet, insbesondere im Grenzgebiet zwischen zwei regionalen Monopolanbietern oder in Teilen, wie beispielsweise bei der Bedienung großer Stromabnehmer, die an mehrere Netze angebunden sind.

Bereiche der Versorgungswirtschaft:
Überprüfung der Möglichkeiten zur Einführung von Wettbewerb
und monopolbedingter staatlicher Regulierungsbedarf

Sektor		Prüfkriterien	Natürliches Monopol?		Wettbewerb im Markt möglich?
			Größen- und Verbundvorteile?	Irreversible Anfangsinvestitionen?	
Energie	Strom	Erzeugung	nein	fraglich	i.d.R. ja
		Überregionale Übertragung	ja	hoch	nein
		Lokales Netz	ja	hoch	nein
		Verkauf	nein	gering	ja
	Gas	Erzeugung	nein	gering	ja
		Überregionale Verteilung	ja	hoch	nein
		Lokales Netz	ja	hoch	nein
		Verkauf	nein	gering	ja
	Fernwärme	Erzeugung	nein	fraglich	bedingt
		Lokales Netz	ja	hoch	nein
		Verkauf	nein	gering	ja
Wasser	Trinkwasser	Erzeugung	nein	gering	ja
		Überregionale Verteilung	ja	hoch	nein
		Lokales Netz	ja	hoch	nein
		Verkauf	nein	gering	ja
	Abwasser	Kanalisation (Netze)	ja	gering	nein
		Entsorgung/ Aufbereitung	nein	gering	ja

////// *Wettbewerb im Markt ist nicht möglich, somit besteht Regulierungsbedarf*

Abb. 3.9: Überprüfung der Möglichkeiten zur Einführung von Wettbewerb in der Versorgungswirtschaft

Im Gegensatz zur Verteilung der Leistungen der Versorgungswirtschaft ist jedoch auf der Erzeugungsstufe die Einführung von Wettbewerb häufig möglich. In der Gaswirtschaft ist es beispielsweise unstrittig, daß die Erzeugung von Gas durch mehrere Anbieter vorgenommen werden kann. Wettbewerb zwischen verschiedenen Gaserzeugern besteht mehr und mehr auf internationaler Ebene. Auch Wasser kann von mehreren Anbietern aufbereitet und in bestehende Netze eingespeist werden. Entsprechende Kontrollen stellen eine ausreichende Qualität sicher.

Wettbewerb auf der Erzeugungsstufe

In der Energiewirtschaft werden häufig große Kraft- und Fernwärmewerke als natürliche Monopole angesehen: Neben Markteintrittsbarrieren durch hohe Kapitalbindungskosten liegen hier in bestimmten Leistungsbereichen

Wettbewerb durch technologische Entwicklung

auch Größenvorteile vor. Dies schließt jedoch in der Regel Wettbewerb zwischen Erzeugern - genügende Nachfrage vorausgesetzt - nicht aus. Zudem ist es möglich, Energie mit alternativen Technologien sowie in kleineren Einheiten oder als Kuppelprodukt bei der industriellen Fertigung, zu erzeugen.[1] Dies gilt auch für den Bereich Fernwärme. Die ständig voranschreitende technologische Entwicklung läßt immer häufiger eine Energieerzeugung mit geringeren irreversiblen Anfangsinvestitionen zu. Sofern potentieller oder tatsächlicher Wettbewerb möglich ist, handelt es sich nicht um regulierungsbedürftige Bereiche.

Wettbewerb von Verkaufseinheiten

In einer wettbewerblich organisierten Versorgungswirtschaft empfiehlt sich die Errichtung von separaten (privaten) Institutionen bzw. ihre Herauslösung aus bestehenden Unternehmen, die die Vermarktung der Leistungen vornehmen. Für einzelne Nachfrager wäre es zu aufwendig, sich über die aktuelle Angebotssituation - also Preise und Mengen der verschiedenen miteinander konkurrierenden Anbieter - zu informieren, um hierauf aufbauend das günstigste Angebot auszuwählen. Daher sollte diese Aufgabe von eigenständigen Agenturen wahrgenommen werden. Die konkrete Ausgestaltung dieser Institutionen hängt von der Form des Wettbewerbes ab, die gewählt wird.[2] Da es sich bei der hier zu bewältigenden Aufgabe vornehmlich um eine Informationsaufgabe handelt, die nicht durch hohe Fixkosten und irreversible Anfangsinvestitionen gekennzeichnet ist und in der somit kein natürliches Monopol vorliegt, können in Abhängigkeit von der Größe des Marktes mehrere solcher Agenturen nebeneinander bestehen und miteinander konkurrieren.

Wettbewerbsfähige Bereiche in der Transportwirtschaft

Natürliche Monopole bei materiellen Netzen

Abbildung 3.10 gibt einen Überblick über wettbewerblich organisierbare Bereiche der Transportwirtschaft.[3] Auch in der Transportwirtschaft ist eine Unterscheidung zwischen einzelnen Produktionsstufen in Netze und Transportdienstleistungen auf diesen Netzen möglich. Wie in der Versorgungswirtschaft stellen materielle Netze zugleich natürliche Monopole dar. Beim wasserweggebundenen Verkehr besteht beispielsweise ein natürliches Monopol im Bereich der Schiffbarmachung von Flüssen, der

---

[1] Siehe dazu auch den Praxisbeitrag "Mehr Privatinitiative in einem hochregulierten Markt" in Abschnitt 3.3.4.

[2] Siehe hierzu näher Kapitel 4.

[3] Aus Gründen der Zweckmäßigkeit wurde in der folgenden Darstellung eine andere Einteilung gewählt als in der deutschen Gesetzgebung. Beispielsweise definiert das Allgemeine Eisenbahngesetz: "Schienenpersonennahverkehr ist die allgemein zugängliche Beförderung von Personen in Zügen, die überwiegend dazu bestimmt sind, die Verkehrsnachfrage im Stadt-, Vorort- oder Regionalverkehr zu befriedigen. (...) gesamte Reichweite 50 km (...)." Das novellierte Personenbeförderungsgesetz (PBefG) spricht von öffentlichem Personennahverkehr (ÖPNV) bei der "allgemein zugänglichen Beförderung von Personen mit Straßenbahnen, Omnibussen und Kraftfahrzeugen im Linienverkehr" zur Befriedigung der Verkehrsnachfrage im   Stadt-, Vorort- und Regionalverkehr.

Bereiche der Transportwirtschaft:
Überprüfung der Möglichkeiten zur Einführung von Wettbewerb
und monopolbedingter staatlicher Regulierungsbedarf

Modus/Teilbereich		Prüfkriterien	Natürliches Monopol?		Wettbewerb im Markt möglich?
			Größen- und Verbund-vorteile?	Irreversible Anfangs-investitionen?	
Schiene	Eisenbahn	Schienennetz	ja	hoch	/////nein/////
		Güterverkehr	nein	gering	ja
		Personen-beförderung	nein	gering	ja
		Verkauf	nein	gering	ja
	Weiterer Schienen-gebundener Per-sonennahverkehr*	Schienennetz	ja	hoch	/////nein/////
		Personen-beförderung	nein	gering	ja
		Verkauf	nein	gering	ja
Straße	Straßengebundener Personenverkehr**	Straßennetz	ja	hoch	/////nein/////
		Personen-beförderung	nein	gering	ja
		Verkauf	nein	gering	ja
	Güterkraftverkehr	Straßennetz	ja	hoch	/////nein/////
		Güterbeför-derung	nein	gering	ja
		Verkauf	nein	gering	ja
Wasser	Binnenschiffahrt	Häfen	bedingt	i.d.R. hoch	ja
		Güter und Personen-beförderung	nein	gering	ja
		Verkauf	nein	gering	ja
	Fährlinien	Häfen	bedingt	i.d.R. hoch	ja
		Güter- und Personen-beförderung	nein	gering	ja
		Verkauf	nein	gering	ja
Luft	Fluglinien	Flughäfen	bedingt	i.d.R. hoch	ja
		Güter- und Personen-beförderung	nein	gering	ja
		Verkauf	nein	gering	ja

*   S-, U- und Straßenbahn
** Bus, Taxi

/////// Wettbewerb im Markt ist nicht möglich, somit besteht Regulierungsbedarf

Abb. 3.10: Überprüfung der Möglichkeiten zur Einführung von Wettbewerb in der Transportwirtschaft

schienengebundene Verkehr ist durch natürliche Monopole bei den Schienennetzen gekennzeichnet. Im straßengebundenen Verkehr liegen im Bereich des Straßenbaus natürliche Monopolsituationen vor. Bei der Erstellung dieser Netze fallen hohe Anfangsinvestitionen an, die durch Verwendungsspezifität gekennzeichnet sind.

Wettbewerb bei Transportdienstleistungen auf den Netzen

Demgegenüber ist im Bereich der eigentlichen Transportdienstleistungen *auf* den Netzen Wettbewerb zwischen mehreren Anbietern grundsätzlich möglich. Ein Beispiel hierfür ist die Konkurrenz verschiedener Speditionen auf ein und demselben Straßennetz. Während im straßen- und wasserwegegebundenen Verkehr die Errichtung von materiellen Netzen und die Erbringung von Transportdienstleistungen bereits institutionell getrennt sind[1], setzt sich im schienengebundenen Verkehr die Idee der Trennung von Netzbereithaltung und Betrieb erst in jüngster Zeit durch. Ein Beispiel hierfür ist die Bahnreform in der Bundesrepublik Deutschland, durch die Wettbewerb im Fahrbetrieb eingeführt werden soll.

Sonderfall: immaterielle Netze

Neben materiellen, erdgebundenen Netzen bestehen in der Transportwirtschaft immaterielle Netze. Im straßengebundenen Verkehr beispielsweise kann zwischen dem Bau von Straßen und der Errichtung von Buslinien unterschieden werden. Bei letzteren wird zwar auch von Netzen gesprochen, es handelt sich aber nicht um materielle Netze (wie im Schienenverkehr), sondern um immaterielle Netze, die in Form der jeweiligen Linienverbindungen vorliegen. Eine Änderung dieser Fahrpläne ist ohne große Kosten möglich. Unter der Annahme, daß Straßen und Wasserwege von den Bus- und Schiffahrtslinien genutzt werden können und nicht gesondert für die Errichtung einer Linie gebaut werden müssen, ist die Konkurrenz mehrerer Linien möglich.

Wettbewerbschancen bei Häfen und Flughäfen

Häfen und Flughäfen werden häufig als Beispiel für natürliche Monopole genannt: Die Errichtung mehrerer konkurrierender Schiffahrts- oder Flughäfen in räumlicher Nähe erscheint ökonomisch unsinnig, sofern die Nachfrage von einem einzigen Anbieter bedient werden kann. In der Realität bestehen allerdings starke regionale, nationale und selbst internationale Konkurrenzbeziehungen zwischen Häfen und Flughäfen. Beispielsweise steht der Hafen im niederländischen Rotterdam in enger Konkurrenzbeziehung zu dem Hafen in Hamburg.

Wettbewerb der Verkaufseinheiten

Wie auch in der Versorgungswirtschaft ist es in der Transportwirtschaft sinnvoll, unabhängige, miteinander konkurrierende Verkaufsagenturen einzurichten bzw. sich bilden zu lassen. Dabei muß darauf geachtet werden, daß diese Einheiten von den Dienstleistern getrennt sind, um als unabhängige Makler die Nachfrager bei der Auswahl der günstigsten Transportmöglichkeiten zu unterstützen. In entwickelten Ländern ist dies in Form

---

[1] Z.B. im Autobahnbau durch öffentliche Stellen und private Speditionen zur Erbringung von Transportdienstleistungen

von Reisebüros bereits Normalität. In vielen Ländern von MOE und GUS, beispielsweise in Usbekistan, existieren jedoch noch immer ausschließlich an die Fluggesellschaften angebundene Verkaufsbüros.

Wie sich gezeigt hat, gibt es sowohl in der Transportwirtschaft als auch in der Versorgungswirtschaft zahlreiche Bereiche, die wettbewerblich organisiert werden können. Dieses Ergebnis ist insofern bemerkenswert, als weltweit der überwiegende Teil der Versorgungs- und Transportunternehmen in Form staatlicher, integrierter Monopole betrieben wird oder umfassenden Regulierungen unterworfen ist. Wird das Leitbild einer möglichst wettbewerbsorientierten Versorgungs- und Transportwirtschaft verfolgt, besteht somit erheblicher Reformbedarf.

Fazit:
Erheblicher
Reformbedarf

3.3.2   Einführung von Wettbewerb, Deregulierung und Regulierung

Aufbauend auf der Analyse der prinzipiellen Möglichkeiten zur Einführung von Wettbewerb legt die mit den Reformen beauftrage Kommission idealtypischerweise das notwendige Maß an Deregulierung und Regulierung für die einzelnen Bereiche der Versorgungs- und Transportwirtschaft fest und macht Vorschläge, wie diese Aufgaben institutionell verankert werden sollen.

Überblick

Deregulierung umfaßt die Veränderung von bestehenden Gesetzen, Normen und Vorschriften mit dem Ziel der wettbewerblichen Organisation eines bestimmten Bereiches. Häufig wird unter Deregulierung auch die Liberalisierung von bestehenden Normen verstanden. Deregulierung bedeutet jedoch nicht das bloße Abschaffen jeglicher Staattätigkeit, sondern eine Modernisierung der für den Marktprozeß erforderlichen Regeln. Nach Möglichkeit beschränkt sich der Staat auf die Setzung eines ordnungspolitischen Rahmens, der den Unternehmen einerseits einen größeren marktwirtschaftlichen Handlungsspielraum gewährt und sie andererseits gleichzeitig zu verantwortungsvollem Handeln zwingt.

Deregulierung

In Abhängigkeit der wettbewerblichen Organisierbarkeit einzelner Bereiche sind spezifische Regulierungsmaßnahmen notwendig. Regulierung bezeichnet die Verhaltensbeeinflussung von Unternehmen durch ordnungspolitische, meist marktspezifische Maßnahmen mit dem Ziel der Korrektur bzw. Vermeidung von Marktversagen. In der Versorgungs- und Transportwirtschaft stehen dabei vor allem Maßnahmen zur Sicherung des Wettbewerbs, der Verhinderung monopolistischen Machtmißbrauchs, aber auch die Sicherstellung einer flächendeckenden Versorgung oder die Einhaltung bestimmter Qualitätsstandards im Vordergrund.

Regulierung

Deregulierung und Optionen für Wettbewerb

Aktueller und potentieller Wettbewerb

Neben aktuellem kann auch potentieller oder zukünftiger Wettbewerb eine Rolle spielen. Sowohl bei wettbewerblichen wie auch monopolistischen Bereichen kann bereits die Androhung von Marktzutritten Wettbewerbsdruck für den oder die momentanen Anbieter erzeugen. Die folgende Abbildung gibt einen Überblick über Deregulierungsmöglichkeiten zur Einführung von Wettbewerb in verschiedenen Marktformen.[1]

Nicht-netzgebundene Bereiche

Deregulierungsmaßnahmen sind prinzipiell leichter in denjenigen Bereichen durchzuführen, in denen kein natürliches Monopol vorliegt. Im Idealfall können diese Bereiche in das allgemeine Wirtschaftsrecht entlassen werden.[2] Produktion und Verkauf von Leistungen der nicht-netzgebundenen Bereiche der Transport- und Versorgungswirtschaft können dem freien Spiel der Marktkräfte überlassen werden. Dies setzt voraus, daß zumindest eine rechnungsmäßige Trennung der Verbundunternehmen in Netze und darauf wettbewerblich zu erbringender Leistungen vorgenommen wird oder diese Bereiche organisatorisch getrennt (entflochten) wurden. Neuen Anbietern

---

[1]   Dabei wird neben dem wettbewerblichen Bereich und dem natürlichen Monopol auch die Struktur des integrierten Monopols berücksichtigt. Idealtypischerweise sollten zwar integrierte Monopole im Rahmen der Reform der Versorgungs- und Transportwirtschaft zerschlagen werden. Allerdings wird dies nicht in allen Ländern durchführbar sein, so daß zumindest die Einführung von Wettbewerb erwogen werden sollte.

[2]   Wobei natürlich spezifische Regulierungen hinsichtlich bestimmter Sicherheitsauflagen, Qualitätsstandards etc. zusätzlich notwendig sind.

Möglichkeiten für Wettbewerb in der Versorgungs- und Transportwirtschaft:

Anbieter / Wettbewerb	Integriertes Monopol	Entflochtenes Monopol	
		Bereich des natürlichen Monopols (materielles Netz)	Wettbewerblicher Bereich (Dienstleistung auf d. Netz)
Wettbewerb *um* den Markt	möglich, beispielsweise über Konzessionen oder Leasing		möglich, jedoch besser: Wettbewerb *im* Markt
Wettbewerb *im* Markt	- Substitutionswettbewerb - Wettbewerb in Teilen (z.B. bei großen Einzelkunden) - Im Grenzgebiet zwischen Versorgungsgebieten		Bei freiem Netzzugang: - Ausschreibung der Bedarfsdeckung - Poolmärkte[2]
	- Durchleitungsrechte[1] - Poolmärkte (in Verbindung mit Durchleitungsrechten)[1,2]		

1 = Dies bedingt eine implizite Trennung des integrierten Monopols in wettbewerblichen Bereich und materielles Netz (Bereich des natürlichen Monopols)

2 = Poolmärkte sind in der Versorgungswirtschaft (v.a. Elektrizitätswirtschaft) gebräuchliche Instrumente, nicht jedoch in der Transportwirtschaft

Abb. 3.11: Möglichkeiten für Wettbewerb in der Versorgungs- und Transportwirtschaft

von Leistungen kann dann in unterschiedlichen Abstufungen Zugang zu den Netzen gewährleistet werden.

Wenn bestehende Verbundunternehmen beibehalten werden sollen, kann durch die Ausschreibung der zu erbringenden Transport- oder Versorgungsleistungen zumindest ein gewisser Grad an Wettbewerb geschaffen werden. Die Verteilungsnetz-Betreiber erweitern dadurch ihre Bezugsoptionen, halten aber ihre eigenen Versorgungsgebiete geschlossen. Die Liefergebiete von Verbundunternehmen werden somit aufgeweicht. Voraussetzung für diese Form des Wettbewerbs von Versorgungsgebieten ist, daß den potentiellen Lieferanten Durchleitungsrechte eingeräumt werden.

Ausschreibung der Bedarfsdeckung

Diese Wettbewerbsoption ist beispielsweise in der US-amerikanischen Elektrizitätswirtschaft angewandt worden: Verschiedenen Stromerzeugern wurde das Recht eingeräumt, ihren Strom durch die Netze der großen integrierten Versorgungsmonopole durchzuleiten. Hierdurch wurde auf dem ehemals abgeschotteten Versorgungsgebiet eines integrierten Monopolisten Wettbewerb zwischen mehreren Stromanbietern eingeführt. Dieser sogenannte ‚Third Party Access' (TPA) bedeutete in seiner stärksten Ausprägung den freien Zugang von Endverbrauchern und Weiterverteilungsunternehmen zu dem Verbundnetz und damit die völlige Aufgabe von bislang abgeschotteten Versorgungsgebieten. Um Quersubventionierungen und Preisdiskriminierungen von Wettbewerbern zu verhindern, ist die rechnungsmäßige Trennung des integrierten Versorgungsunternehmens in Netz und Dienstleistungsbereich erforderlich.

Durchleitungsrechte

Die Einrichtung von Poolmärkten erwirkt den stärksten Wettbewerb zwischen Anbietern von Versorgungsleistungen. Dabei werden Angebot und Nachfrage zentral in Form eines Spotmarktes koordiniert. Das auf der folgenden Seite dargestellte Beispiel der britischen Elektrizitätswirtschaft verdeutlicht Funktionsweise und Vorteile dieser Wettbewerbsoption.

Poolmärkte

In der Wasserwirtschaft ist die Erfolgsaussicht eines Wettbewerbs durch freien Netzzugang geringer als in anderen Bereichen der Versorgungs- wie auch der Transportwirtschaft. Hier können die im Vergleich zu den Erzeugungskosten relativ hohen Transportkosten von Wasser dazu führen, daß trotz freien Netzzugangs nur ein regional günstig gelegener Anbieter einen bestimmten Markt kostengünstig versorgen kann. Dieser Anbieter hätte dann eine Monopolstellung inne.

Besonderheiten der Wasserwirtschaft

Netze der Versorgungs- und Transportwirtschaft

Auch in natürlichen oder integrierten Monopolen ist prinzipiell eine wettbewerbliche Organisation möglich, etwa durch die Einführung von Wettbewerb um den Markt. Hierbei konkurrieren mehrere Anbieter um die in der Regel befristete Vertragsvereinbarung für das alleinige Angebot auf einem Marktes. Die an einem Angebot interessierten Unternehmen bieten dabei im Rahmen eines Auktionsverfahrens um das Recht, den Markt für eine bestimmte Zeitspanne bedienen zu dürfen ("franchise bidding"). Wett-

Wettbewerb um den Markt

bewerb herrscht dabei in der Zeit vor Vertragsabschluß bzw. bei dessen Verlängerung. Die Verträge können beispielsweise in Form von Konzessionen oder als Leasingvereinbarungen ausgestaltet werden.[1] Die Umsetzung eines Wettbewerbs um den Markt ist jedoch mit einigen praktischen Problemen verbunden. Neben der Erfordernis einer staatlichen Stelle, die das Bietverfahren organisiert, können Schwierigkeiten bei der Ausgestaltung der langjährigen Verträge auftreten. So können sich beispielsweise Anbieter nicht zugunsten der Verbraucher absprechen (Kollusion) oder zukünftige technische Entwicklungen nur inadäquat berücksichtigt werden.

---

[1] Zur Funktionsweise dieser Vertragsformen siehe Kap. 5. Zu Möglichkeiten, die Tarifeinheit im Raum sowie zur Sicherung einer flächendeckenden Versorgung, siehe Kap. 4.2.4.

Das System der Poolmärkte in der britischen Stromwirtschaft

Nach der Restrukturierung des Elektrizitätssektors in Großbritannien sollte eine effiziente Zuschaltung der einzelnen existierenden Kraftwerke sichergestellt und Wettbewerb in Stromerzeugung und -verkauf gewährleistet werden. Zu diesem Zweck wurde ein institutionalisierter Pool gebildet. Dieser Pool koordiniert - in Form eines Spotmarktes - zentral Angebot und Nachfrage auf dem neu geschaffenen Großhandelsmarkt für Elektrizität. Als Anbieter auf dem Endverbrauchsmarkt treten neben den Regionalversorgern auch die gebietsfremden Regionalversorger, die Stromerzeuger und unabhängige Anbieter auf. Stromerzeuger, die als Stromverkäufer an Endkunden fungieren, dürfen Strom prinzipiell nur über den Pool an die Endnachfrager liefern.

Die bisherigen Erfahrungen zeigen, daß viele Abnehmer von ihrem Recht auf freie Wahl des Anbieters Gebrauch machen, wobei unterschiedliche Grundsätze gelten. Bei der Liberalisierung wird schrittweise vorgegangen:

- *Endverkaufsunternehmen kaufen ihren Strom direkt beim Pool und entrichten Netzbenutzungsgebühren an die National Grid Company sowie an die Regionalversorger. Diese Regionalversorger besitzen in ihrer Eigenschaft als öffentliche Stromversor-gungsunternehmen derzeit noch ein regionales Stromversorgungs-*

monopol für kleinere Nachfrager.

- *Alle Nachfrager mit einer Spitzennachfrage von mehr als 100 MW können seit 1990 ihren Strom außer von etablierten Anbietern auch direkt vom Pool beziehen. Dabei handelt es sich derzeit um rund 5000 meist große Industrieunternehmen, auf die rund ein Drittel der Gesamtnachfrage entfällt. Ab dem 1. April 1994 wurde diese Möglichkeit auf alle Kunden mit einer Spitzennachfrage von mehr als 1 MW ausgedehnt.*

- *Am 1. April 1998 wurde in der letzten Stufe der Liberalisierung das Monopol der Regionalversorger vollständig beseitigt und jedem Endnachfrager das Recht eingeräumt, seinen Lieferanten individuell zu wählen bzw. den Strom direkt vom Pool zu beziehen.*

Fünf Jahre nach den Reformen läßt sich festhalten, daß die Poolpreise seit 1990 zwar erheblich gestiegen sind, aber real, d.h. inflationsbereinigt immer noch unter den Erzeugungskosten des ehemaligen staatlichen (integrierten) Monopols liegen. Die Einführung von Wettbewerb über Poolmärkte hat somit für die Verbraucher zu durchaus positiven Auswirkungen geführt, ohne die Versorgungssicherheit zu beeinträchtigen.

Über diesen Wettbewerb *um* den Markt hinaus besteht aufgrund der natür- | *Wettbewerb*
lichen Monopolposition der Netze nur in einzelnen Gebieten die Möglich- | *im Markt*
keit zur Einführung von Wettbewerb *im* Markt: in Randgebieten zwischen Versorgungsgebieten oder in Teilen eines Gebietes. Diese Option wurde beispielsweise in der britischen Wasserwirtschaft gewählt, wo in manchen Gebieten Kunden an mehrere Netze angeschlossen sein können. Wenn Kunden zwischen zwei Versorgungsgebieten liegen, können sie wählen, von welchem Anbieter sie bedient werden wollen. Zudem haben industriel- le Kunden, die eine bestimmte Mindestnachfrage entfalten, die Möglich- keit, sich an das Netz eines fremden Gebietsversorgers anschließen zu las- sen. Ab einer gewissen Größenordnung können sich auch für gebietsfrem- de Wasseranbieter die Investitionskosten einer Leitung zu entfernteren Groß- kunden rentieren.[1] Da es sich hierbei um klassisches Rosinenpicken han- delt, wird diese Wettbewerbsoption in der Regel nur bei Nicht-Privatkun- den angewandt.

Wettbewerb kann sich in Monopolsituationen auch durch das Angebot von | *Wettbewerb*
Substituten einstellen. Substitutionsprodukte sind alternative Güter bzw. | *durch Substitute*
Leistungen, die sich aus Sicht der Nachfrager zur Befriedigung desselben Bedarfs eignen, so etwa die Konkurrenz zwischen Eisenbahnen und Stra- ßenverkehr. Für sich genommen besteht mit dem Schienennetz ein natürli- ches Monopol. Durch die Möglichkeit, eine bestimmte Transportleistung auch über die Straße abwickeln zu können, wird eine Wettbewerbsbeziehung zwischen Schiene und Straße hergestellt. Da im Verkehrssektor verschie- dene Verkehrsträger bzw. -modi zur Verfügung stehen, spricht man auch von intermodalem Wettbewerb. Intermodale Konkurrenz herrscht auch im Energiebereich zwischen Strom und Gas. Gas kann in bestimmten Berei- chen durch Strom substituiert werden und vice versa. Im Einzelfall muß jedoch genau geprüft werden, inwieweit Substituierbarkeit tatsächlich ge- geben ist und ob der entstehende Wettbewerbsdruck ausreicht. Dabei sind unvollständige Substituierbarkeit, Umstellungskosten beim Wechsel zwi- schen Substitutionsprodukten sowie mögliche weitere Effekte (beispiels- weise Umweltauswirkungen der verstärkten Nutzung eines Modus) zu be- rücksichtigen.

Erfolgsbedingungen von Deregulierungsmaßnahmen

Die Erfolgsaussichten von Deregulierungsmaßnahmen hängen einerseits - | *Grad der wettbe-*
wie dargestellt - vom Grad der wettbewerblichen Organisationsfähigkeit | *werblichen Organi-*
des betrachteten Bereichs ab. Andererseits spielen der Stand der Liberali- | *sationsfähigkeit*
sierung sowie die Regulierungsfähigkeiten eines Landes eine Rolle: Je weiter | *und Entwicklungs-*
die allgemeine wirtschaftliche Liberalisierung fortgeschritten ist und je | *stand im jeweiligen*
umfassender Regulierungserfahrungen des betreffenden Landes sind, de- | *Land*
sto größer sind die Erfolgsaussichten einer wettbewerblichen Organisation der Versorgungs- und Transportwirtschaft. Die Weltbank hat festgestellt,

---

[1] Bei diesen Großkunden ist somit die Situation des natürlichen Monopols nicht mehr gegeben. Hier können sich mehrere Anbieter am Markt etablieren.

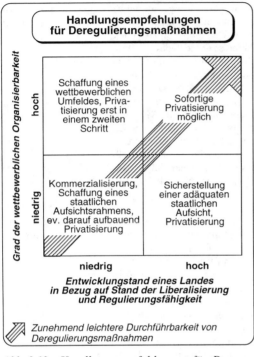

Abb. 3.12: *Handlungsempfehlungen für Deregulierungsmaßnahmen*

daß beide Bedingungen eng mit dem Pro-Kopf-Einkommen eines Landes korrelieren, so daß weniger entwickelte Länder sich zunächst auf weniger weitgehende Deregulierungsmaßnahmen konzentrieren sollten.[1]

Maßnahmen zur Förderung des Wettbewerbs

Deregulierung *per se* führt häufig nicht automatisch zu einer größeren wirtschaftlichen Effizienz. Insbesondere bei Unternehmen, die über eine lange Zeit reguliert wurden, wie dies in den MOE- und GUS-Ländern der Fall war und zum großen Teil noch ist, läßt sich ein wettbewerbsaversives Verhalten konstatieren. Das Vertrauen in die Funktion von Wettbewerb und der Wille zum Wettbewerb muß oft erst geweckt werden. Zur Unterstützung der Deregulierung sind zusätzliche Maßnahmen der Förderung des Markt- und Wettbewerbsverhaltens notwendig. Die Kommerzialisierungskommission kann daher der Regierung vorschlagen, den Markteintritt neuer Anbieter aktiv zu fördern und sich nicht auf die Beseitigung von Marktzutrittsbarrieren zu beschränken.

Eine Möglichkeit hierzu besteht darin, Unternehmer aus anderen Sektoren oder Wirtschaftsbereichen anzuregen, in die deregulierten Märkte als Investoren und/oder Betreiber einzusteigen.

Wettbewerbs-förderung durch Markt-informations-kampagnen

Einige Regierungen (z.B. Kanada und Australien) haben Marktinformationskampagnen gestartet, die Verkehrsnutzer aber auch Transportunternehmer über die Wettbewerbssituation informieren und die Marktdurchsichtigkeit erhöhen sollen. Dies geschieht durch regelmäßige Veröffentlichung über Preise/Tarife sowie durch die *Er*stellung und Verbreitung von Firmenlisten, Unternehmens- und Industrieprofilen und deren Dienstleistungsangeboten. Diese Aufgabe könnte auch von einem neu zu schaffenden oder reformierten Transportindustrie-Verband wahrgenommen werden, der gleichzeitig Marketing-Schulungen für Mitgliedsfirmen durchführen könnte. Auch Verkehrsnutzer-Verbände können bei der Wettbewerbsförderung und der Verbesserung der Markttransparenz eine wichtige Rolle spielen.

---

[1] Vgl. World Bank: Private Sector Development Seminar. Increasing Private Participation, World Bank Seminar, presented to the Executive Directors, Washington, 1994, Booklet and Session 2, S. 19.

Schließlich darf nicht übersehen werden, daß Deregulierungsbemühungen müßig sind, wenn sie nicht durch entsprechende Liberalisierungspolitiken auf makroökonomischer Ebene begleitet werden, wie beispielsweise die Vereinfachung des Zugangs zur privaten Finanzierung einschließlich der privaten Auslandsfinanzierung, die Herabsetzung der Importzölle auf Kapitalgüter oder die Flexibilisierung der Arbeitsgesetzgebung.

Allgemeine Liberalisierungs- maßnahmen

Schaffung eines adäquaten Regulierungsrahmens

Der gewählte Grad der Deregulierung bestimmt wesentlich das notwendige Maß der Regulierung. Im Idealfall müssen nur diejenigen Bereiche einer umfassenden Regulierung ausgesetzt werden, die durch natürliche Monopole gekennzeichnet sind (also die materiellen Netze der Versorgungs- und Transportwirtschaft) oder in denen die flächendeckende Versorgung gewährleistet werden soll.

Regulierungs- gründe

Bei natürlichen Monopolen besteht die Gefahr, daß der alleinige Anbieter seine Marktmacht zu Lasten der Konsumenten ausnutzt und eine zu geringe Menge des betreffenden Gutes zu überhöhten Preisen anbietet. Der Monopolist hat zudem kaum Anreize, auf die betriebsinterne Kosteneffizienz zu achten. Um diese unerwünschten Marktergebnisse auszuschließen, muß der Staat bzw. die beauftragte Regulierungsbehörde einen gesetzlichen Regulierungsrahmen schaffen und für dessen Durchsetzung sorgen.[1]

Gefahr der Ausnutzung von Marktmacht

Ein weiterer Grund für Regulierung ist das Ziel einer flächendeckenden Versorgung. Es muß garantiert werden, daß jeder Haushalt an das Strom- und Wasserver- und -entsorgungsnetz angeschlossen wird. Dabei stehen mehrere Instrumente zur Verfügung, die von gesetzlichen Auflagen an die Betreibergesellschaften bis hin zu gesetzlich verordneten, aber individuellen Vertragsverhandlungen reichen. Doch nicht nur Netzbetreiber müssen flächendeckende Versorgung gewährleisten, sondern auch die Anbieter von Versorgungs- und Transportdienstleistungen. Obgleich beispielsweise Wettbewerb zwischen mehreren Wassererzeugern möglich ist, muß die Wassergrundversorgung aller Haushalte unabhängig von den Transportkosten sichergestellt werden. Auch im Bereich des Personennah- und -fernverkehrs ist Wettbewerb zwischen mehreren Anbietern möglich. Dennoch muß aus politischen Gründen garantiert werden, daß ein Mindestmaß an Leistungen auf allen Strecken angeboten wird. Dem betriebswirtschaftlichen Interesse des einzelnen Unternehmens steht in diesem Punkt das öffentliche Interesse gegenüber, das bei einer Reform der Versorgungs- und Transportwirtschaft beachtet werden muß.[2]

Flächendeckende Versorgung

---

[1]   Siehe hierzu auch Kapitel 4.

[2]   Allerdings ist es keinesfalls gerechtfertigt, jeden Bereich des Personentransports zu regulieren. So ist es zwar üblich, den urbanen Personennahverkehr zu regulieren, dagegen ist es unüblich, Flugverbindungen zu regulieren um eine flächendeckende Versorgung sicherzustellen. Letzteres scheint nur in Ausnahmesituationen erforderlich. Für den gesamten Gütertransport besteht ebenfalls kein Regulierungbedarf aus Gründen flächendeckender Versorgung. Unberührt bleibt davon eventueller Regulierungsbedarf aufgrund monopolistischen Verhaltens.

Grundsätzliche Die Regulierung monopolistischer Bereiche der Versorgungs- und Transport-
Probleme einer wirtschaft weist stets gewisse Mängel auf, die letztlich auf die Grund-
Regulierung problematik jeglicher Regulierung zurückzuführen sind. Im Mittelpunkt
steht dabei das Informationsproblem der Regulierungsbehörde. Die
Regulierungsbeamten müssen über Marktdaten sowie unternehmensinterne
Informationen (z.B. über die Kostenentwicklung) verfügen, um effiziente

---

Mehr Privatinitiative in einem hochregulierten Markt

Auf den Märkten für Strom lassen sich durch effiziente Deregulierung und Regulierung Wettbewerbspotentiale freisetzen. Das Beispiel der amerikanischen Elektrizitätswirtschaft.[1]

Kennzeichnend für die Elektrizitätswirtschaft der USA ist einerseits die enorme Größe des Sektors sowie andererseits eine sehr heterogene Industriestruktur. Verschiedenste Energieträger werden zur Stromerzeugung eingesetzt. Die industriellen Strukturen sind seit den 80er Jahren in einem Prozeß fundamentalen Wandels begriffen. Im Jahr 1992 wurden 72 Prozent des US-Stroms von privaten Versorgungsunternehmen erzeugt, kommunale und bundesstaatliche Stromversorger kamen auf 21 Prozent. Der Anteil privater, unabhängiger Erzeuger, d.h. der nicht in Versorgungsunternehmen erzeugte Strom, lag bei 7 Prozent.

Die Wettbewerbsintensität wurde im wesentlichen in zwei Etappen erhöht. In den 80er Jahren traten zunehmend private Stromerzeugungsunternehmen auf den Markt. Diese Marktöffnung war zunächst durch den Public Utility Regulatory Act von 1978 ausgelöst worden, durch den die Bestimmungen über unabhängige Stromerzeuger vereinfacht und gelockert wurden. In erster Linie bekamen sogenannte 'qualifying facilities' (Erzeuger, die Strom mit alternativen Technologien oder durch Kuppelproduktion gewinnen) Marktzugang. Die etablierten Versorgungsunternehmen wurden verpflichtet, deren Stromangebot zu Preisen in Höhe der Produktionskosten der etablierten Unternehmen abzunehmen.

Der zweite Anlauf zu mehr Wettbewerb geht auf den Energy Policy Act vom Oktober 1992 zurück. Dieser sah vor, die bis dahin geltenden strengen Eigentümerbestimmungen bei Stromerzeugungsprojekten zu lockern. Die FERC (Federal Energy Regulatory Commission) ist seitdem ermächtigt, privaten Stromerzeugern eine Ausnahmegenehmigung für die Abgabe an Großabnehmer zu erteilen (sog. 'exempt wholesale generator status'). Gleichzeitig kann FERC die Versorgungsunternehmen verpflichten, den privaten Erzeugern eine Durchleitungserlaubnis erlauben sowie falls nötig den Ausbau des Leitungsnetzes vorzunehmen. Durch den Zuwachs an privaten Unternehmen in der Stromerzeugung erwartet man ein gewaltiges Einsparpotential: Allein der Energy Policy Act soll nach Berechnungen des Department of Energy Kosteneinsparungen von bis zu 500 Milliarden US $ innerhalb von 15 Jahren bewirken.

In einzelnen Bundesstaaten gehen die Reformbestrebungen im Bereich der Elektrizitätserzeugung noch weiter. In Kalifornien werden für den Aufbau zusätzlicher Kapazitäten wettbewerbliche Ausschreibungen bzw. Auktionen organisiert. Auch der Endverbrauchermarkt soll hier allmählich wettbewerblicher gestaltet werden: seit Januar 1996 können große industrielle Stromabnehmer frei wählen, bei welchem Lieferanten sie ihren Strom beziehen wollen.

---

[1]   *Siehe OECD: International Energy Agency: Electricity supply Industry. Structure, Ownership and Regulation in OECD-Countries, Paris 1994.*

Regulierungen vornehmen zu können. Die Manager der regulierten Unternehmen haben dabei immer einen Informationsvorsprung vor den Regulatoren, den sie entsprechend nutzen können. Es besteht die Gefahr der Beeinflussung der Regulierungsbeamten durch Unternehmen und Verbände (Lobbyismus).

Um dieses Problem sowie die Gefahr einer zu weitgehenden Regulierung auszuschließen, muß ein Regulierungssystem entwickelt werden, das durch Transparenz, Vorhersehbarkeit, Verläßlichkeit, Nicht-Diskriminierung und Vollständigkeit gekennzeichnet ist. Die Regulierungsbehörde sollte sich als lernende Institution verstehen, die bei Regulierungsfehlern entsprechende Anpassungen vornimmt. Erfahrungen anderer Länder sollten ebenso berücksichtigt werden wie Innovationen im regulatorischen und im technologischen Bereich.[1]

Anforderungen an ein effizientes Regulierungssystem

3.3.3 Möglichkeiten und Grenzen der Entflechtung

3.3.3.1 Alternativen der Entflechtung

Nachdem für die einzelnen Bereiche der Versorgungs- und Transportwirtschaft das Vorliegen natürlicher Monopole festgestellt und ein grundlegender Regulierungs- und Deregulierungsrahmen fixiert wurde, prüft die Kommerzialisierungsinstitution, inwieweit die bestehenden Strukturen entflochten werden können.[2] Entflechtung umfaßt Maßnahmen zur Auflösung von Konzernen und sonstigen durch Unternehmenszusammenschluß entstandenen Machtgruppen mit dem Ziel der Schaffung einer ausgeglichenen und wettbewerblichen Marktstruktur. In den MOE- und GUS-Staaten kommt Maßnahmen der Entflechtung der Versorgungs- und Transportwirtschaft eine besondere Rolle zu, da diese typischerweise durch einen hohen Konzentrationsgrad und integrierte Unternehmensstrukturen gekennzeichnet sind.[3]

Ziele und Bedeutung der Entflechtung

---

[1]   Fragen hinsichtlich des Aufbaus der Regulierungsinstitution sowie der Wahl der Regulierungsinstrumente werden in Kapitel 4 diskutiert.

[2]   Hierbei sind auch die Ergebnisse sowohl der Makro- als auch der Sektoranlayse zu berücksichtigen. In einigen Transformationsländer ist z.B. die Möglichkeit Monopole zu entflechten aus rechtlich-institutionellen Gründen nicht gegeben. Von Land zu Land müssen daher die wettbewerbsrechtlichen Voraussetzungen geprüft und angepaßt werden. Das Kartellgesetz Polens aus dem Jahr 1990 kennt aktive Eingriffe in bestehende Monopolstrukturen und ermöglicht Entflechtungen grundsätzlich. Die ungarische Kartellgesetzgebung von 1990 hingegen, in deren Folge das *Hungarian Competiton Office (HCO)* gebildet wurde, erlaubt keine Entflechtung. Hier wäre gegebenenfalls eine entsprechende Gesetzesänderung notwendig.

[3]   Siehe hierzu auch Kapitel 3.2.2. Allerdings ist zu bemerken, daß auch die Versorgungs- und Transportwirtschaft der meisten industrialisierten Länder durch relativ hohe Konzentrationsgrade gekennzeichnet ist und einer Reform bedarf. Daher kann nur vereinzelt auf westliche Entflechtungserfahrungen in den betreffenden Sektoren zurückgegriffen werden.

Konzentration und Integration

*Von einem **hohen Konzentrationsgrad** in einem Versorgungs- oder Transportsektor spricht man, wenn wenige Unternehmen das Leistungsangebot eines relevanten Marktes mit jeweils hohen Marktanteilen unter sich aufteilen. Im Extremfall ergibt sich eine Monopolsituation, so daß ein einziger Anbieter die gesamte Nachfrage abdeckt.*

*Von **integrierten Unternehmensstrukturen** spricht man, wenn Leistungsbeziehungen, die prinzipiell von verschiedenen, unabhängigen Wirtschaftseinheiten über Märkte abgewickelt werden können, unter dem Dach eines Unternehmens zusammengefaßt sind. Je nachdem, in welchen Leistungsbereichen das Unterneh-*

men zusätzlich zu den Haupt-Geschäftsfeldern tätig ist, spricht man von vertikaler, horizontaler oder konglomerater Integration. Vertikale Integration impliziert den Einschluß verschiedener Produktionsstufen, beispielsweise bei der Stromversorgung Erzeugung und Verteilung, so daß sich die Fertigungstiefe erhöht.

Wenn Leistungsaktivitäten anderer Produkt- oder räumlicher Märkte integriert werden, liegt horizontale Integration vor (z.B. Stromerzeugung und Personennahverkehr). Konglomerate entstehen, wenn Leistungen in einem Unternehmen zusammengefaßt werden, die sowohl verschiedenen Produktionsstufen als auch unterschiedlichen Märkten angehören.

Horizontale und vertikale Entflechtung

Das Pendant zu horizontal und vertikal integrierten Industriestrukturen sind die horizontale und vertikale Entflechtung.[1] Eine horizontale Entflechtung wurde beispielsweise im Falle der Reorganisation der ungarischen Erdgasindustrie vorgenommen. Hier wurde eine integrierte Industrieholding, die OKGT, in unterschiedliche regionale Märkte und Produktmärkte aufgespalten. Nach erfolgter Entflechtung bestanden sechs regionale Anbieter von Gas und ein Unternehmen der Erdölbranche als getrennte Einheiten fort.

Eine horizontale Entflechtung allein ermöglicht allerdings noch keinen direkten Wettbewerb, da ein - beispielsweise landesweiter - integrierter Monopolist in mehrere regionale Monopolisten aufgesplittet würde. Dennoch kann eine solche Entflechtung zweckmäßig sein, wenn beispielsweise einer Regulierungsinstitution die Möglichkeit gegeben werden soll, die Ergebnisse der einzelnen Regionalmonopolisten miteinander zu vergleichen, um so eine etwaige Ausnutzung von Marktmacht zu überprüfen.[2] Wo möglich, empfiehlt sich zusätzlich die Durchführung von vertikalen Entflechtungsmaßnahmen, etwa die Trennung von Schienennetzbetrieb und Erbringung von Transportdienstleistungen bei der Eisenbahn. Auf den sich aus der horizontalen Entflechtung ergebenden regionalen Netzmonopolen können dann verschiedene Dienstleister miteinander konkurrieren. In der folgenden Abbildung werden am Beispiel der Eisenbahn die Entflechtung und Einführung von Wettbewerb schematisch dargestellt.

---

[1] Maßnahmen der horizontalen Entflechtung entsprechen häufig Maßnahmen der Dezentralisierung, d.h. der Übertragung von Kompetenzen von nationaler auf regionale oder lokale Ebene. So wurde bei der Reform der polnischen PKP eine Trennung in Eisenbahn und S-Bahn vorgenommen, wobei diese verschiedenen Gebietskörperschaften übertragen wurde. Zur Kommunalisierung, die nicht zwangsläufig im Zuge der Entflechtung von integrierten Monopolen stattfinden muß, vgl. auch Kapitel 4.2.6.

[2] Sogenannte yardstick-competition, siehe Kap. 4.3.

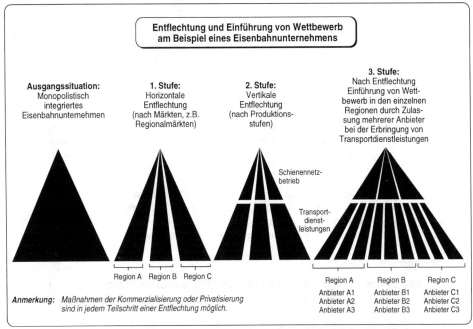

Abb. 3.13: Entflechtung und Einführung von Wettbewerb am Beispiel der Eisenbahn

3.3.3.2 Verfahrenstechnische Kriterien

Vorbedingung für Entflechtung ist die Erfassung des Vermögens und der Schulden sowie eine eindeutige Zuordnung zu den neu zu errichtenden Gesellschaften. Bei der Überleitung der Verbindlichkeiten ist in der Regel die Genehmigung der Gläubiger einzuholen. Dies kann mit hohem Abstimmungsaufwand verbunden sein, ggfs. muß der Staat mit Bürgschaften den Überleitungsprozeß begleiten.

Erfassung und Übertragung von Vermögen und Verbindlichkeiten

Das Vermögen und die Verbindlichkeiten der aufgespalteten Gesellschaft gehen mit Wirkung des Handelsregistereintrags auf die übertragene Gesellschaft über. Es ist jedoch ein Stichtag festzulegen, von dem an die Geschäfte im Namen der neuen Gesellschaft(en) geführt werden. Auf diesen Stichtag ist eine Spaltungsbilanz zu erstellen. Angesichts unklarer Bilanzen und Vermögenssituationen vieler staatlicher Unternehmen in MOE und GUS empfiehlt es sich, für sog. „vergessene" Aktiva oder Passiva in die Entflechtungsverträge eine sog. Surrogationsregelung aufzunehmen.[1]

Erstellung von Spaltungsbilanzen

---

[1] Dies bedeutet, daß nicht aufgeführte Wirtschaftsgüter auf den Rechtsnachfolger derjenigen Gesellschaft übergehen, zu deren wirtschaftlichen Zwecken sie dienen. Im Gegenzug sollen Verbindlichkeiten auf diejenigen Betriebsteile übergehen, in denen sie begründet wurden. Vgl. Treuhand-Dokumentation 1990-1994, Handbuch Privatisierung, Index B, S. 145.

Schulden-
übernahme durch
den Staat?

Um zeitraubende Probleme der Übertragung der Verbindlichkeiten auf Nachfolgegesellschaften zu umgehen, können sämtliche oder Teile der Schulden auf eine eigens hierfür einzurichtende staatliche Gesellschaft übertragen werden. Die Deutsche Bahn AG wurde auf diese Weise zum 1.1.1994 total entschuldet, die neu eingerichtete Bundeseisenbahn Vermögen (BEV) übernahm alle langfristigen zinspflichtigen Verbindlichkeiten. Die Altschulden sollen im Laufe von 30 Jahren u.a. durch den Erlös aus dem Verkauf von nicht für den Bahnbetrieb benötigten Liegenschaften getilgt werden. Der Weg der Schuldenübernahme ist für MOE und GUS nicht immer offen oder ratsam, da die Staatskasse erheblich belastet werden kann. Zudem erhalten die entschuldeten Unternehmen bei der Einführung von Wettbewerb Vorteile, da sie ohne Verbindlichkeiten in die Zukunft starten können.

Plausibilitäts-
überlegungen und
Sollbruchstellen

Hinsichtlich der Frage, nach welchen verfahrenstechnischen Kriterien eine Entflechtung vorzunehmen ist, empfiehlt sich zunächst die Anwendung von Plausibilitätsüberlegungen. Besonders in hochintegrierten Unternehmen können vorgezeichnete Sollbruchstellen in Form von unterschiedlichen Pro-

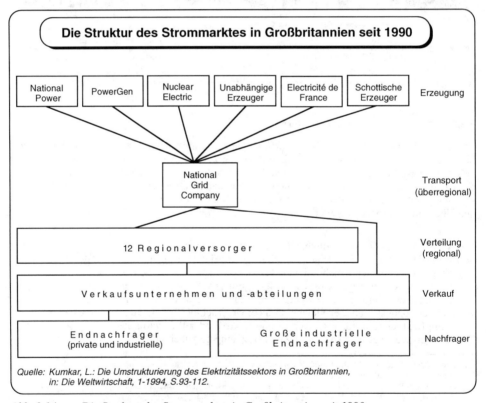

Abb. 3.14: *Die Struktur des Strommarktes in Großbritannien seit 1990*

duktionsstufen herangezogen werden. Eine solche vertikale Entflechtung wurde beispielsweise in der britischen Stromwirtschaft vorgenommen.

Ebenfalls lassen sich häufig relativ problemlos mit dem Kerngeschäft verwandt Bereiche, wie beispielsweise die Instandhaltung, aus dem Unternehmen ausgliedern. Dies gilt auch für diejenigen Bereiche, die in keinem Zusammenhang zu dem Kerngeschäft stehen, wie beispielsweise der Betrieb von Ferienheimen, Kindergärten oder Kantinen. Nicht betriebsnotwendiges Vermögen und nicht benötigte Liegenschaften sollten ebenfalls nach Möglichkeit veräußert werden. In den neuen Bundesländern wurde zur Verwertung von Grundstücken eine separate Gesellschaft, die Treuhand Liegenschaftsgesellschaft TLG gegründet.

Ausgliederungen

3.3.3.3 Argumente gegen Entflechtungen

Die Analyse der Entflechungsmöglichkeiten muß mögliche Risiken und Hindernisse berücksichtigen. Ebenfalls sollten möglichst frühzeitig die zu erwartenden Argumente der Entflechtungsgegner geprüft und polit-ökonomische Widerstände abgeschätzt werden. Unter Umständen führen diese Hindernisse zu einem nicht unerheblichen Zeitverlust im gesamten Reformprogramm, so daß eine Kommerzialisierung oder Privatisierung ohne Entflechtung auf kurze Sicht vorteilhafter erscheinen kann.[1]

Risiken der Entflechtung

Ein typisches Beispiel für technische Gründe gegen eine Entflechtung ist die Existenz von Verbundvorteilen bei der Produktion, wie im Fall der Kuppelproduktion bei der Erzeugung von Strom und Wärme in Heizkraftwerken. So ist das Heiz- und Elektrizitätswerk Danzig für die Erzeugung von Elektrizität und Fernwärme für die Orte Danzig, Sopot und Gdynia zuständig. Für die Produktion von sowohl Strom als auch Fernwärme wird Kohle eingesetzt. Hier ist angesichts der Verbundvorteile einsichtig, daß eine Entflechtung keinen Sinn macht. Auch bei der Untergrundbahn sprechen technische Probleme gegen eine Entflechtung in Schienenbereich und Transportbetrieb. Aufgrund baulicher Gegebenheiten kann es schwierig sein, den Zugang mehrerer Anbieter von Fahrleistungen auf dem U-Bahnschienennetz zu ermöglichen.

Technische Argumente: Verbundvorteile und technische Besonderheiten

Durch jede Entflechtung finden Wirtschaftsaktivitäten, die vorher innerhalb eines integrierten Unternehmens abliefen, nun zwischen den neu gebildeten eigenständigen Einheiten statt. Es fallen mithin - so die Argumentation - erhöhte Transaktionskosten[2] an, also Ausgaben, die vorher nicht

Ökonomische Gründe: Transaktionskosten

---

[1]   Insbesondere bei komplizierten Entflechtungsvorgängen können derartige Risiken zu einer Verzögerung der Reform der Versorgungs- und Transportwirtschaft führen.

[2]   Transaktionskosten sind Kosten, die im Zuge wirtschaftlicher Austauschbeziehungen zwischen Wirtschaftseinheiten entstehen. Hierzu gehören Kosten der Information, der Anbahnung, Verhandlung und Durchsetzung von Verträgen. Vgl. Bössmann, E.: Volkswirtschaftliche Probleme der Transaktionskosten, in Zeitschrift für die gesamte Staatswissenschaft, 138, 1982, S. 664.

notwendig waren, beispielsweise für Vertragsabschlüsse, für das Prüfen der gehandelten Aktiva hinsichtlich Qualität und Quantität, für die Vertragsüberwachung sowie für eine eventuell erforderliche Vertragsanpassung. Allerdings ist im Einzelfall zu prüfen, ob diese Transaktionskosten nicht auch innerhalb des vorher integrierten Unternehmens vorlagen. Zudem neigen insbesondere Großunternehmen zu internen Unwirtschaftlichkeiten. Diese sogenannten X-Ineffizienzen sind die Differenz zwischen den geringstmöglichen und den tatsächlichen Kosten einer Produktionsmenge. Sie entstehen aufgrund von Unkenntnis über kostenoptimale Produktionsmethoden sowie aufgrund einer immanenten Neigung aller Mitarbeiter - einschließlich des Managements - nicht unter bestmöglicher Ausnutzung der Kapazitäten zu arbeiten. Gerade hier kann eine Entflechtung in Verbindung mit der Einführung von Wettbewerb zu Effizienzsteigerungen führen, die eventuell erhöhte Transaktionskosten überkompensieren.

Effizienz-steigerungen durch Entflechtung?

Dies ist jedoch nicht immer gegeben: So besteht beispielsweise in den Bereichen der Wasserversorgungs- und Entsorgungsnetze (Kanalisation) unter normalen Bedingungen jeweils ein natürliches Monopol. Um Wartungs- und Instandhaltungsarbeiten etc. kostengünstig durchzuführen, könnte es im Einzelfall effizienter sein, beide Netze gemeinsam in einer Hand zu belassen und nicht auf verschiedene Unternehmen zu verteilen. Eine Einführung von Wettbewerb bei der Erbringung der jeweiligen Leistungen ist hier nicht möglich. In diesem Falle könnte eine Entflechtung zu erhöhten

Chancen und Risiken der Entflechtung integrierter Versorgungs- und Transportmonopole

Chancen der Entflechtung	Risiken der Entflechtung
• Schaffung von Wettbewerb • Ermöglichung der Beschränkung von Staatseingriffen (Regulierung) *und in der Folge:* • Erzielung von Effizienzgewinnen • Größerer Einbezug von Privaten • Verteilung der Investitionslasten auf mehrere Gesellschaften • Erhöhung der Transparenz von Kosten und Leistungen • Verhinderung von Quersubventionierung	• Hoher administrativer Aufwand bei der Trennung ehemals integrierter Unternehmen (bspw. Bewertung und Zuordnung von Aktiva und Passiva) • Zeitverlust bis zum möglichen Einbezug Privater • Erhöhung der Transaktionskosten zwischen den neu geschaffenen, voneinander unabhängigen Wirtschaftseinheiten möglich • Durchsetzungshindernisse durch polit-ökonomische Widerstände, Verzögerung der Gesamtreform

Abb. 3.15: Chancen und Risiken der Entflechtung

Transaktionskosten führen, die nicht durch Effizienzgewinne in Folge von Wettbewerbsdruck kompensiert werden können.

Eine Entflechtung ist desweiteren nicht immer erforderlich, wenn bei zwei Produktionsstufen, etwa dem Betrieb eines Netzes und der Erbringung von Transportleistungen, nur geringe irreversible Investitionen anfallen. Dann liegt in beiden Fällen kein natürliches Monopol vor. Eine solche Situation ist angesichts neuer Möglichkeiten durch die Satellitentechnik für die Telekommunikation zu beobachten, läßt sich jedoch auch auf den Güterkraftverkehr und auf Bus-, Flug- und Fährlinien anwenden. Die Errichtung dieser immateriellen Netze ist unproblematisch und zu geringen Kosten durchführbar.

Immaterielle Netze

Eine Entflechtung in Netzbetrieb und Leistungserbringung ist hier aus Wettbewerbsgesichtspunkten nicht notwendig, da jeder Leistungserbringer sein eigenes Netz aufbauen kann. Durch Wettbewerb können sich vielmehr die optimalen Linien herausbilden: Wo Nachfrage nach Fahrleistungen besteht, werden sie entsprechend angeboten und Netze (Linien) errichtet. In der Praxis wird jedoch dieser Auswahlprozeß des Marktes häufig nicht gewünscht, da er zum klassischen "Rosinenpicken" führt: Anbieter beschränken sich auf die Zurverfügungstellung von für sie rentablen Dienstleistungen. Bestimmte Gebiete bleiben dann eventuell unterversorgt, was wiederum politischen Zielen zuwiderlaufen kann. Um dieses Phänomen auszuschalten, werden in der Regel an Betriebe behördlich Lizenzen oder Konzessionen vergeben, um vorher definierte Linien zu betreiben.[1] Es wird somit aus regionalpolitischen Erwägungen häufig kein Wettbewerb verschiedener Linien zugelassen, sondern nur Wettbewerb auf oder um bestehende Linien.

Pro Anbieter ein Netz

Mit der Entflechtung von großen Unternehmen aus dem Transport- und Versorgungsbereich ist ein beträchtlicher administrativer Aufwand verbunden, der - nicht zuletzt auch aufgrund politischer Widerstände - mehrere Jahre in Anspruch nehmen kann. Neue Gesetze sind zu entwerfen und zu verabschieden, bestehende Gesetze und Verordnungen müssen angepaßt werden. Dies kann zu erheblichen Verzögerungen bei der Durchführung von Reformen im Versorgungs- und Transportbereich führen. Ein Zeithorizont von bis zu zehn Jahren ist dabei durchaus realistisch, wie das Beispiel der Restrukturierung der deutschen Bahn zeigt.[2]

Hoher administrativer Aufwand

---

[1]   In Deutschland wird im Rahmen neuer Gesetze von den Kommunen die Festlegung dieser Linien vorgenommen.

[2]   Vgl. hierzu Laaser, C.-F. (1994), Die Bahnstrukturreform, Richtige Weichenstellung oder Fahrt aufs Abstellgleis?, in: Kieler Diskussionsbeiträge No. 239, Oktober 1994.

Entflechtung der Deutschen Bahn AG

Die Deutsche Bahn wird restrukturiert. Ein zentrales Element ist dabei die Entflechtung in insgesamt vier Bereiche, wobei die Schienen-infrastruktur von der Erbringung von Dienst-leistungen organisatorisch getrennt werden soll. Nachdem im Dezember 1991 eine Expertenkommission ihren Bericht vorgelegt hatte, wurde im Juli 1992 die Entscheidung der Bundesregierung zur Refom der DB und DR

gefällt. Im Dezember 1993 wurde dann vom Bundestag dem „Gesetz zur Neuordnung des Eisenbahnwesens" (ENeuOG) zugestimmt. Dieses Gesetzespaket enthält auch eine not-wendige Änderung zu Art. 87 des Grundge-setzes, sechs neue Gesetze sowie 134 Gesetzes-und Verordnungsänderungen. Der Zeithorizont für alle Maßnahmen beträgt ca. sieben Jahre.

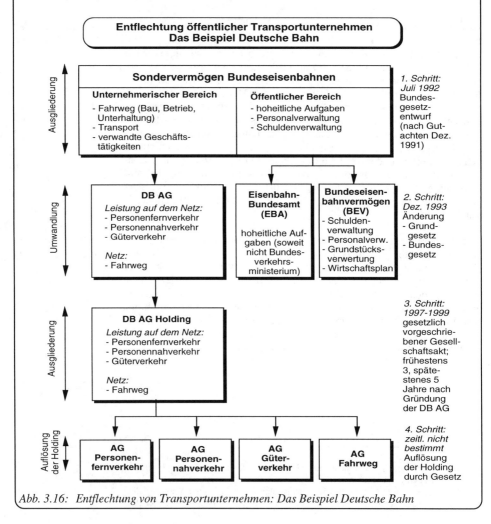

Abb. 3.16: *Entflechtung von Transportunternehmen: Das Beispiel Deutsche Bahn*

Über die genannten technischen und ökonomischen Argumente hinaus wird häufig auch aus politischen Beweggründen gegen eine Entflechtung entschieden. Von der Entflechtung eines integrierten Monopols wird etwa dann abgesehen, wenn beispielsweise ausländische Investoren durch Gewährung entsprechender Vorteile angezogen werden sollen. Vor allem in einem durch Unsicherheiten und hohe Risiken gekennzeichneten Umfeld - wie es in vielen MOE- und GUS-Ländern anzutreffen ist - werden ausländische Investoren eher zu Investitionen bereit sein, wenn ihnen die Sicherheit eines geschützten Monopolunternehmens angeboten wird.

Politische Argumente

Viele der genannten Argumente gegen Entflechtung werden häufig aus protektionistischen Gründen angebracht. Entflechtungsmaßnahmen bedeuten in der Regel die Zerschlagung vorhandener Machtpositionen, und können daher erhebliche Widerstände hervorrufen. Besondere Beachtung verdient daher die politische Durchsetzungswilligkeit bzw. -fähigkeit von Entflechtungsmaßnahmen. Die mit der Entflechtung beauftragte Kommerzialisierungsinstitution muß daher in der Lage sein, dem Druck einflußreicher Lobbies aus Verwaltung und Industrie standzuhalten.

Polit-ökonomische Widerstände

3.3.3.4 Kooperationen von Versorgungs- und Transportunternehmen

Um auf der einen Seite die wettbewerbsfördernden Aspekte von Entflechtungsmaßnahmen auszunutzen und auf der anderen Seite zu verhindern, daß insbesondere durch regionale Entflechtungsmaßnahmen zu kleine Betriebsgrößen und Nachteile für die Nachfrager entstehen, kann eine gemeinsame Leistungserbringung von Versorgungs- und Transportunternehmen mehrerer Regionen in Form strategischer Kooperationen sinnvoll sein. Eine solche Kooperation wird nicht vom Staat vorgegeben, sondern entsteht auf Initiative der rechtlich selbständigen Versorgungs- und Transportunternehmen.

Zusammenschluß zur gemeinsamen Leistungserbringung

Gängige Modelle sind insbesondere der Unternehmensverbund und der Zweckverband, die sich durch unterschiedliche Intensitätsgrade der Zusammenarbeit unterscheiden:

- Ein Verbund ist ein organisiertes Zusammenwirken von rechtlich unabhängigen Unternehmen. Typisches Beispiel sind Verkehrsverbünde, die einen einheitlichen Tarifraum schaffen und dem Kunden die Möglichkeit geben, die Grenzen eines Verkehrsraumes problemlos zu überwinden. Dabei wird das Ziel verfolgt, Kunden möglichst umfassende und weitreichende Dienstleistungen anzubieten und somit die Qualität der eigenen Leistungen zu erhöhen. Die Bildung von Verkehrsverbünden kann somit verhindern, daß ein Kunde für die Überwindung einer bestimten Fahrstrecke mehrere Tickets von verschiedenen, aus dem ehemaligen Staatsunternehmen hervorgegangenen Regionalgesellschaften benötigt.

Verbund

Zweckverband

- Bei einem Zweckverband handelt es sich um Zusammenschlüsse von Kommunen zur gemeinsamen Wahrnehmung bestimmter Aufgaben der öffentlichen Verwaltung.[1] Es ist allerdings durchaus denkbar und sinnvoll, daß solche Verbindungen auch von privaten Unternehmen gesucht werden. Grundsätzliches Ziel bei der gemeinsamen Erbringung von Versorgung- oder Transportleistungen ist die Erreichung einer mindestoptimalen Betriebsgröße, unabhängig von der Eigentumsform. Etwa ein Drittel der Zweckverbände in Deutschland sind Wasserver- und -entsorgungsverbände.

Organisation von Verbünden und Zweckverbänden

Verbünde und Zweckverbände lassen sich in drei organisatorische Ebenen unterteilen:

- *Bestellerebene*

  Die Aufgabe dieses übergeordneten Gremiums ist es, die Leistung zu definieren und zu bestellen (mithin die Versorgung sicherzustellen, und hierbei ungedeckte Kosten abzudecken). In Deutschland wird diese Aufgabe in der Regel von den jeweiligen Gebietskörperschaften wahrgenommen.

- *Management-Ebene*

  Auf der Management-Ebene erfolgt die Planung der einzelnen Leistungen und Maßnahmen sowie die Aufteilung der anfallenden Einnahmen. Letztere wird erforderlich, da beispielsweise im Personenverkehr Tikkets, die in einem Gebiet erworben wurden, auch in einem anderen genutzt werden können. Die Erlöse sind daher entsprechend der tatsächlichen oder geschätzten Leistungsverteilung zu verrechnen.

- *Betreiber-Ebene*

  Der Betreiber erbringt die vom Besteller gewünschte Leistung. Betreiber können sowohl öffentliche Unternehmen als auch private Unternehmen sein, die im Rahmen von Konzessionen beauftragt werden.

Regionale Kooperationen von Versorgungs- und Transportunternehmen können vor allem in Situationen sinkender Nachfrage sinnvoll sein, wie das Beispiel des Hamburger Verkehrsverbundes verdeutlicht. Da im Rahmen des Transformationsprozesses in MOE und GUS durchweg ein starker Nachfragerückgang nach Versorgungs- und Transportleistungen beobachtet werden kann,[2] besteht in der Bildung von Verbünden und Zweckverbänden eine Möglichkeit zur Sicherung einer gewissen Grundversorgung mit den betrachteten Leistungen.

---

[1] Vgl. hierzu auch: Gesetz über kommunale Gemeinschaftsarbeit GkG vom 01.10.1979.

[2] So nahm beispielsweise die Nachfrage nach Strom von 1989 bis 1995 in den baltischen Republiken um rund 30 Prozent ab, wobei der Grund hierfür weniger in der Anhebung der Preise als im Rückgang der Produktion und dem zunehmenden Einsatz energiesparender Maschinen und Anlagen liegt. Vgl. EBRD: Transition Report, London 1996, S. 39.

Der Hamburger Verkehrsverbund

Der 1965 gegründete Hamburger Verkehrsverbund (HVV) ist ein privatrechtlicher Zusammenschluß der in Hamburg tätigen Verkehrsunternehmen, die sich überwiegend im Eigentum der öffentlichen Hand befinden. Bis zum Inkrafttreten des Verbundes benötigte ein Fahrgast bis zu sieben Fahrscheine, um mit öffentlichen Verkehrsmitteln von einem Ende Hamburgs zum anderen zu fahren. Am 1.12.66 trat der Gemeinschaftstarif des HVV unter dem Motto "Nur eine Fahrkarte und nur ein Fahrplan für ganz Hamburg" in Kraft.[1]

Bis zur Gründung des Verbundes war Hamburg von einer Vielzahl unkoordiniert nebeneinander wirkender Verkehrsunternehmen geprägt. Die Hamburger Hochbahn AG (HHA) betrieb U-Bahnen, Straßenbahnen und Busse; die deutsche Bundesbahn betrieb S-Bahnen und Stadtbusse. Daneben waren weitere fünf Unternehmen im Bereich ÖPNV tätig. Weder die Linienführung, noch die Fahrpläne und Tarife waren aufeinander abgestimmt. Angesichts eines zunehmenden Pkw-Bestandes wurde der ÖPNV den steigenden Anforderungen

immer weniger gerecht, es kam zu einem starken Rückgang der Fahrgastzahlen.

Um dieser Entwicklung entgegen zu wirken, gründeten die sieben mehrheitlich in öffentlichem Besitz befindlichen Verkehrsunternehmen - unter ihnen auch die Schiffahrtsgesellschaft HADAG - den HHV. Die Anteile der einzelnen beteiligten Unternehmen, gemessen an den Einnahmen, reicht von 0,7 bis 55 Prozent in 1991. Sämtliche Fahrpläne sind aufeinander abgestimmt, es wurde ein einheitliches Tarifgebiet gebildet.[2] Der Verbund bedient eine Fläche von insgesamt 3.000 qkm, das entspricht einer Fläche viermal so groß wie die Stadt Hamburg selbst. Es umfaßt neben Hamburg auch Teile der angrenzenden Bundesländer. Im Verkehrsraum leben 2,5 Mio. Menschen, fast 250.000 Pendler werden täglich befördert.

---

[1] *Vgl. Dörel, T.; Goßler, Ch.; Runkel, M.: Aufgaben und Organisation des Hamburger Verkehrsverbundes, in: ZögU, Band 16, 1993, S. 105 - 107.*

[2] *Zu Nahverkehrsplänen siehe Scherrer, G.; Kons, W.: Der Nahverkehrsplan, Köln, 1996.*

3.3.3.5 Querverbund: Das deutsche Stadtwerke-Modell

Eine Alternative zum im vorangegangenen Kapitel besprochenen Zusammenschluß zwischen mehreren regionalen Versorgungs- und Transportunternehmen der gleichen Branche sind Querverbünde. Dabei handelt es sich um die Erbringung unterschiedlicher Versorgungs- und Transportleistungen für eine bestimmte Region aus einer Hand. Die deutsche Versorgungs- und Transportwirtschaft ist in starkem Maße durch solche Querverbünde in Form von Stadtwerken geprägt. Diese entstanden erstmals Mitte des letzten Jahrhunderts durch die Verbindung von Gas- und Wasserversorgung sowie später von Elektrizität und Straßenbahnen. Heute werden von den zumeist kommunal geführten Stadtwerken häufig sowohl Leistungen im Bereich Personennahverkehr erbracht als auch die Energieversorgung sowie Wasserver- und -entsorgung gewährleistet.

Querverbund zur Leistungserstellung

Beispiel Neue
Bundesländer

Zudem werden oft weitere Aufgaben wahrgenommen wie beispielsweise die Müllentsorgung.[1] In den neuen Bundesländern kam es im Rahmen des dortigen Transformationsprozesses zu einer Wiedergründung kommunaler Stadtwerke, wie das Beispiel der Stadtwerke Frankfurt Oder zeigt.[2] Aber auch in MOE und GUS existieren vergleichbare Strukturen. So sind beispielsweise in Polen fast die Hälfte der Versorgungs- und Transportunternehmen - vor allem in kleineren und mittelgroßen Gemeinden - Querverbundunternehmen, die sich in kommunaler Hand befinden.[3]

---

[1] Dabei müssen sich die Unternehmen nicht unbedingt in kommunaler Hand befinden. Vielmehr könnten sie auch in Privatbesitz sein. Zum Themenbereich Stadtwerke siehe auch: Klimmer, L.; Stammer, J.-H.: Die Energieversorgung der sächsischen Landeshauptstadt Dresden, in: Elektrizitätswirtschaft, Heft 143, 1995, S. 722-728.

[2] Weitere Beispiele sowie eine ausführliche Darstellung der Vorteile kommunaler Leistungserstellung siehe Sülzer, R.: The role of local governments in managing communal infrastructure. A new public management perspective, Eschborn, erster Entwurf, 1996.

[3] Instytut Badan nad Gospodarka rynkowa, Nr. 40, 1995.

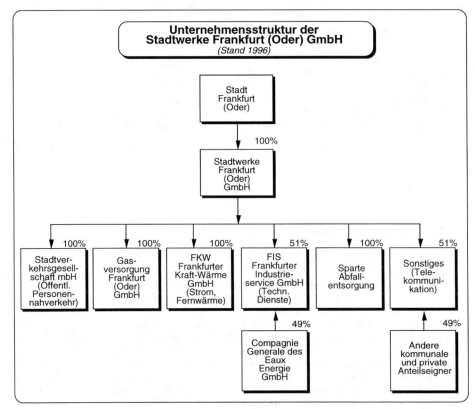

Abb. 3.17: Unternehmensstruktur der Stadtwerke Frankfurt (Oder) GmbH

Entstehung der Stadtwerke Frankfurt an der Oder

Anfang 1991 wurde von der Stadtverordneten-versammlung der Beschluß zur Wiedergründung der Stadtwerke gefaßt. Damit sollte an die kommunale Leistungserbringung aus der Zeit vor dem zweiten Weltkrieg angeknüpft werden. Die kommunale Versorgung hat in Frankfurt a.d. Oder eine lange Tradition: Sie geht bis in das Jahr 1856 zurück, als die Gasversorgung von der Kommune übernommen wurde, in 1898 folgte die Stromversorgung aus kommunaler Hand.

Im März 1992 wurden die Stadtwerke Frankfurt (Oder) GmbH als 100prozentiges kommunales Unternehmen gegründet. Als erste Aufgabe übernahmen die neuen Stadtwerke die Abfallentsorgung von der Kommune. Anschliessend folgte die Fernwärmeversorgung. Ende 1994 wurde die abgespaltene Gasversorgungsgesellschaft von der Treuhand erworben und in die Stadtwerke eingegliedert. 1996 wurde die Stromversorgung vom ehemaligen regionalen Energieversorgungsunternehmen (OSE) übernommen. Schließlich wurde Anfang 1996 der städtische ÖPNV (Busse und Straßenbahnen) in die Stadtwerke eingegliedert. Beim Aufbau der Stadtwerke wurde eine strenge Untergliederung nach Leistungsarten vor-

genommen. Die eigentlichen Stadtwerke bilden eine übergeordnete Holdinggesellschaft, der die einzelnen, eigenständigen Subunternehmen zugeordnet sind. Dies ermöglicht eine getrennte Leistungs- und Kostenerfassung. In der Darstellung auf Seite 100 wird ein Überblick über die Struktur der Gesellschaft in 1996 gegeben.[1]

In einzelnen Bereichen haben die Stadtwerke Frankfurt (Oder) auch private Partner integriert. So sind bei der Versorgung mit Strom und Fernwärme sowie Telekommunikationsdienstleistungen Private mit bis zu 49 Prozent am jeweiligen Unternehmen beteiligt.

---

[1]   *Diese Struktur hat sich im Zeitablauf weiter verändert. Die einzelnen untergeordneten Unternehmen wurden aufgelöst und in die Muttergesellschaft eingegliedert. Die getrennte Rechnungsführung der einzelnen Bereiche wurde jedoch beibehalten. Bestimmte Serviceeinheiten (Controlling, Buchhaltung, Personal, Einkauf, Logistik etc.) sind jetzt nur einmal in den Stadtwerken vorhanden und erbringen Dienstleistungen für alle Unternehmensteile. Die aktuelle Struktur wird in Kap. 5.6.3 Organisation und Informationstechnik bei der Kommerzialisierung dargestellt.*

Das Hauptargument für die Etablierung von Querverbünden ist die mögliche Ausnutzung von Verbundvorteilen und damit die Realisation von Kostenersparnissen. Diese Vorteile können innerhalb der Versorgungswirtschaft vor allem im Bereich Management und Verwaltung liegen, hier insbesondere bei der Abrechnung.[1] Darüber hinaus stellt beispielsweise die gemeinsame Erzeugung von Strom und Heizwärme eine interessante Möglichkeit dar, betriebswirtschaftliche Vorteile aus der Stromerzeugung unter Nutzung der Abwärme zu erzielen (Kraft-Wärme-Kupplung).[2]

Verbundvorteile und Einflußnahme

---

[1]   Diese Verbundvorteile treten nicht nur bei Stdtwerken auf. So hat sich bspw. die Gesellschaft Enron Corp. an der Portland General Corp. (Oregon) beteiligt. Dies wurde unter anderem mit Synergieeffekten bei den Netzen, aber auch in den Bereichen Ablesen, Abrechnung und dem Service begründet. Vgl.: Amerikas Energiewirtschaft ist Deutschland Jahre voraus. in: FAZ: 14.04.97, S. 19.

[2]   In Deutschland wird Strom zu 90 Prozent über Kondensatkraftwerke hergestellt, Kraft-Wärme-Kupplung findet jedoch zunehmend Verbreitung. Vgl. Attig, D.: Kommunale Kraft-Wärme-Kupplung ist unschlagbar billig, in: Der Städtetag 6/1994, S. 444 - 448.

Vorteile der Verbund- produktion

Dies ist in MOE und GUS von Bedeutung, da viele Städte über eine Fernwärmeversorgung verfügen. Auch aus Umweltgesichtspunkten kann eine Kuppelproduktion Vorteile bieten. So wird hierdurch beispielsweise Least-Cost-Planning erleichtert[1], da ein Rundumversorger von Energieversorgungsleistungen Kostensenkungsprogramme angebots- und nachfragerseitig planen kann ohne von einer Energieform abhängig zu sein und diese vorziehen zu müssen. Hierdurch ergeben sich zudem Möglichkeiten, politische Präferenzen - wie ein Zurückdrängen des Primärenergieträgers Erdöl durch Erdgas oder Fernwärme - sowie bestimmte Vorstellungen zur Stadtentwicklung durchzusetzen. Die Kommunen erhalten die Möglichkeit, einfach und direkt auf Leistungserstellung, Qualität und Preise Einfluß zu nehmen. Für die Kunden ist an Querverbünden positiv, daß sie mit Stadtwerken *einen* maßgeblichen Dienstleistungspartner für ihre Ver- und Entsorgungsprobleme haben („one face to the customer"-Prinzip).

Nachteile

Verbundvorteile bei der Erbringung verschiedener Leistungen aus einer Hand nehmen allerdings tendenziell mit zunehmender Anzahl der Produkte oder Leistungen ab. Insbesondere bei der Kombination von Versorgungsleistungen auf der einen und Transportleistungen auf der anderen Seite sind Verbundvorteile nicht zu erwarten. Erschwerend kommt hinzu, daß Querverbünde Möglichkeiten zur Quersubventionierung innerhalb eines Unternehmens eröffnen. Defizitäre Sparten können durch gewinnträchtige Bereiche subventioniert werden.[2] Durch Quersubventionierung wird Intransparenz gefördert, da die Ergebnisbeiträge der einzelnen Sparten nicht mehr offensichtlich sind, sondern sich in kumulierten Bilanzen verstecken lassen. Eine kostenorientierte Preisfindung und schließlich auch -setzung für die einzelnen Leistungen wird somit behindert oder letztlich sogar verhindert. Zudem werden bei Querverbünden - die integrierte Monopolisten auf ihren regionalen Märkten sind - die Möglichkeiten der Einführung von Wettbewerb erheblich beschränkt: Zwar ist beispielsweise durch Betriebsvergleiche eine Simulierung von Wettbewerb möglich,[3] nicht jedoch der harte Test durch den Markt.

---

[1] Politische Ziele wie Least-Cost-Planning lassen sich allerdings auch durch die Regulierung unabhängiger, u.U. wettbewerblich organisierter und entflochtener Unternehmen realisieren. Siehe hierzu u.a. Kap. 4.2.4.3.

[2] Dies kann jedoch gerade in der Transformationsphase explizit gewünscht sein, um ohne direkte Belastung öffentlicher Kassen bestimmte Investitionen realisieren zu können.

[3] Siehe hierzu bspw. Jacobi, K.-O.; Wenzel, D.: Querverbund Kommunalwirtschaft, in: Der Städtetag 10/1993, S. 687ff.

3.3.4 Prioritätenfestlegung und Strategieentwicklung

Nachdem die strategischen Vorüberlegungen abgeschlossen und alternative Optionen für die Reform der Versorgungs- und Transportsektoren ermittelt worden sind, formuliert die Kommerzialisierungsinstitution eine Reformstrategie. In diesem Strategiepapier werden Richtung und Schwerpunkte der Reform festgelegt und idealtypischerweise von Parlament und Regierung bestätigt.[1] Im weiteren Verlauf der Reform findet die ausformulierte Strategie dann in Form entsprechender Gesetze oder Dekrete ihren Niederschlag und wird anschließend umgesetzt.

Von der Vision zur Strategie

Die Gestaltung der Reformstrategie muß sich an der jeweiligen Ausgangssituation orientieren. Der „Reform-Approach" hängt dabei einerseits von der Notwendigkeit und Dringlichkeit von Veränderungen und andererseits von der Machbarkeit und Durchsetzbarkeit alternativer Reformmaßnahmen ab. Die folgende Abbildung verdeutlicht diese Zusammenhänge.

Spannungsfeld zwischen Notwendigkeit und Machbarkeit

---

[1]   Um den gesamtgesellschaftlichen Konsens über die Notwendigkeiten und Inhalte der Reformmaßnahmen zu erreichen, empfiehlt sich während der Strategieerarbeitung der Einbezug verschiedener am Reformprozeß Beteiligter, etwa in Form sogenannter aktionsorientierter Arbeitskreise. Siehe hierzu Kapitel 3.1.2.

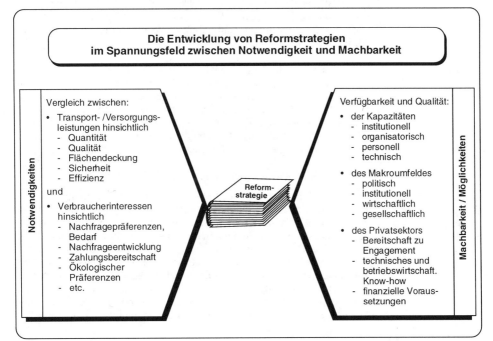

Abb. 3.18: Die Entwicklung von Reformstrategien im Spannungsfeld zwischen Notwendigkeit und Machbarkeit

Dringlichkeit

Die Notwendigkeit von Reformen ergibt sich aus dem Vergleich des Niveaus der Versorgungs- und Transportleistungen und den Verbraucherinteressen, während die Machbarkeit der Reformen von der Verfügbarkeit und der Qualität der Kapazitäten, des Makroumfeldes und des Privatsektors abhängen. Große Abweichungen zwischen dem zur Verfügung stehenden und dem gewünschten Niveau der Versorgungs- und Transportleistungen können die Durchsetzung der Reformen erheblich beschleunigen. Auf den Philippinen beispielsweise war die drängende Stromknappheit Auslöser der Reformen im Versorgungsbereich. Der Aufbau neuer Kapazitäten in diesem Bereich wurde zum wichtigsten Reformziel erklärt. Daher wurde 1987 privaten Stromerzeugern der Eintritt in den monopolisierten Strommarkt auf vertraglicher Basis gestattet noch bevor der Aufbau entsprechender Regulierungsinstrumente und -institutionen abgeschlossen war.

Nebenbedingungen der Reform

Bei der Festlegung des Reformpfades müssen bestehende Restriktionen berücksichtigt und rechtliche Grenzen in Form bestehender Gesetze oder Verträge entsprechend angepaßt werden. Rechtliche Grenzen bestehen beispielsweise durch öffentliche Pflichten bei der Gas-, Wasser- und Elektrizitätsversorgung und der Bereitstellung von Transportleistungen. Bei einer Übertragung dieser Aufgaben in private Hand müssen Leistungsumfang und - qualität vertraglich genau festgelegt werden. Hier sind bereits auf der Makro-Ebene entsprechende Vorgaben zu setzen. Aber auch Gesetze, die beispielsweise die Rechte der von Betriebsänderungen betroffenen Arbeitnehmer und Angestellten betreffen, sind zu berücksichtigen. Bei Privatisierungen kann dies mit kostenträchtigen Vorruhestandsregelungen und Abfindungen verbunden sein.

Inhalte von Reformstrategien

Im Rahmen der Strategieentwicklung soll der Reformweg soweit vorstrukturiert werden, daß die Grundlage für eine unmittelbare Umsetzung geschaffen ist. Um diesem Anspruch gerecht zu werden, müssen Kompetenzen und Verantwortlichkeiten festgelegt und Aussagen hinsichtlich Ausmaß, Geschwindigkeit, Breite und Tiefe der Reformen gemacht werden. Die folgende Abbildung gibt einen Überblick über die vier Dimensionen von Reformstrategien, die im folgenden weiter erläutert werden.

1. Dimension: „Wer?" - Bestimmung von Aufgabenträgern

Unterschiedliche Kompetenzen und Verantwortungsbereiche

Ein wesentliches Element der Entwicklung von Reformstrategien ist die Festlegung, welche Institutionen mit den Reformaufgaben betraut werden sollen.[1] Um eine möglichst breite Akzeptanz zu erreichen, sollten verschiedene Institutionen und Gremien in die Umsetzung der Reformen einbezogen werden. Die jeweiligen Institutionen sind möglichst mit Repräsentanten aller beteiligten Gruppen und entsprechenden Fachleuten zu besetzen. Das fehlende Know-how in den Bereichen Technik, Recht und Wirtschaft ist durch die Einbindung qualifizierter Experten heranzuziehen. Um hier einen möglichst hohen Qualitätsstandard und Transparenz zu erreichen, können geeignete Berater anhand von Ausschreibungen ermittelt werden.

---

[1] Zur Konzeption und Ausgestaltung des staatlichen Aufsichtsrahmens siehe Kap. 4.2

Abb. 3.19: Die vier Dimensionen von Reformstrategien

2. Dimension: „Was?" - Eingrenzung von Reformbereich und -objekten.

Entscheidende Aufmerksamkeit bei der Entwicklung der Reformstrategie kommt der Frage zu, welche Objekte, d.h. Sektoren, Bereiche und Unternehmen in die Kommerzialisierung und Privatisierung einbezogen werden sollen. Mit dieser Fragestellung eng verknüpft sind Aussagen hinsichtlich des Timinig und der Sequenzierung der Reformen. Die Antworten hierauf werden davon abhängen, was nötig und erforderlich ist und gleichzeitig machbar erscheint. Dabei liegt ein zentraler Erfolgsfaktor in der Aufgabe, geeignete Prioritäten zu bilden.

Auswahl der Reformobjekte

Bei der Entscheidung darüber, welche Prioritäten bei der Auswahl der zu reformierenden Objekte verfolgt werden sollen, lassen sich verschiedene Kriterien anwenden. Einerseits können die Objekte ausgehend von der Notwendigkeit der Reform einzelner Leistungsbereiche ausgewählt werden. Dann spielen Aspekte hinsichtlich der geforderten und verfügbaren Quantität, Qualität, Effizienz, Sicherheit etc. der Leistungen eine Rolle. Auf der anderen Seite lassen sich Kriterien auch durch ein pragmatischeres Vor-

Prioritätenbildung

gehen finden, wobei der Aspekt der Machbarkeit und der Durchführbarkeit im Vordergrund steht. So wurden bei der allgemeinen Privatisierung in MOE und den GUS typischerweise zunächst kleine Unternehmen kommerzialisiert/privatisiert. Größere Unternehmen mit strategischer Bedeutung wurden erst im Anschluß daran reformiert.

Aspekte der Wettbewerbsfähigkeit

Häufig steht bei der Auswahl der zu reformierenden Unternehmen der Aspekt der Wettbewerbsfähigkeit der Unternehmen im Vordergrund, wobei mitunter postuliert wird, daß vor allem bei verlustbringenden Unternehmen ein großer Druck zu Kommerzialisierung und Privatisierung bestehe. Darüber hinaus wird angenommen, daß sich die Privatisierung von Verlusten in der Öffentlichkeit leichter durchsetzen läßt als die Privatisierung von Gewinnen. So werden beispielsweise bei der Reform des Eisenbahnnetzes in der Tschechischen Republik zunächst nur die Teile privatisiert, die nicht wettbewerbsfähig sind.

Leuchtturmeffekte

Ein derartiges Vorgehen vernachlässigt jedoch die Tatsache, daß sich bei der Privatisierung von Prestigeobjekten („Flaggschiffe") sogenannte Leuchtturmeffekte erzielen lassen: Bei wettbewerbsfähigen Unternehmen stellen sich frühzeitig positive Effekte der Reform ein, die die Akzeptanz der Reformen in der Gesellschaft erheblich erhöhen sowie in- und ausländische Investoren anziehen und so insgesamt die weitere Durchsetzung der Reform erleichtern.

Bisherige Erfahrungen

Die bisherigen Erfahrungen mit Privatisierungs- und Kommerzialisierungsstrategien haben gezeigt, daß unterschiedliche Herangehensweisen erfolgreich sein können. In Argentinien beispielsweise wurden bereits in einem ersten Schritt sämtliche Bereiche der Telekommunikation, der Eisenbahn und des Flugverkehrs in die Reform einbezogen. Im Gegensatz dazu wurden in Chile zunächst nur einige kleine Unternehmen reformiert, was vor allem Vorteile hinsichtlich des Lernprozesses für spätere Reformvorhaben, aber auch hinsichtlich der Konsensbildung aller Beteiligten mitsichbrachte. Darüber hinaus konnten aufgrund der relativ kleinen Zahl von Unternehmen, die im ersten Schritt kommerzialisiert bzw. privatisiert wurden, ausreichend Investoren gefunden werden.

3. Dimension: „Wann?" - Zeitliche Aspekte von Reformprogrammen

Reform-Timing

Eine zentrale Frage gilt der Geschwindigkeit bzw. dem 'timing' der Reformen. Dabei stehen grundsätzlich zwei verschiedene Herangehensweisen zur Verfügung. Die erste Möglichkeit liegt in einer allmählichen, graduellen Strategie. Diese Politik der kleinen Schritte bringt einen größeren Zeitbedarf mit sich, bietet jedoch den Vorteil, daß aus anfangs gemachten Erfahrungen gelernt werden kann und die Wirtschaftsteilnehmer genügend Zeit zur Anpassung an die neuen Gegebenheiten haben. Weiterhin wird eine gute Kontrolle über den Reformvorgang ermöglicht, so daß auch unerwünschte soziale Auswirkungen besser bewältigt werden können. Allerdings besteht die Gefahr, daß durch zögerliches Vorgehen die Glaubwürdigkeit und Unumkehrbarkeit des Programms in Frage gestellt wird.

Die andere Alternative ist der Ansatz des schockhaften Vorgehens. In diesem Fall werden alle Reformaßnahmen in einem relativ kurzen Zeitraum durchgeführt, was einem „Sprung in das kalte Wasser" gleichkommt. Argentinien hat diesen Weg bei der Privatisierung seiner Versorgungs- und Transportwirtschaft gewählt. Die Regierung übte dabei großen Druck auf die Privatisierungskommission aus: Wenn diese nicht innerhalb von 30 Tagen einen Konsens über einen Privatisierungsvorschlag der ausführenden Abteilung fand, wurde dies als Zustimmung gewertet und die Privatisierung entsprechend durchgeführt. Vorteile von Schockprogrammen liegen in der Setzung starker Signale. Die Schnelligkeit der Reform soll einen zügigen Zufluß von Investitionen, aber auch von technischem und betriebswirtschaftlichen Know-how ermöglichen.

Schockprogramm: Vorteile

Allerdings kann es zur Überforderung der Verwaltung und einem „institutionellen Vakuum" kommen. Nachteile können zudem daraus entstehen, daß eine sehr schnelle Anpassung erforderlich ist. Darüber hinaus besteht die Gefahr, daß in der Kürze der für die Reform angesetzten Zeit, nicht ausreichend Investoren zu einem Engagement zu bewegen sind. So wurde beispielsweise in Großbritannien die Erfahrung gemacht, daß sich der Kapitalmarkt schrittweise an die Privatisierung von Public Utilities „gewöhnen" mußte: Erst mit einer gewissen zeitlichen Verzögerung wurden Anteile an öffentlichen Versorgungsunternehmen zu höheren Preisen verkauft.

Nachteile

Der Erfolg des Kommerzialisierungs- und Privatisierungsprogramms hängt nicht zuletzt von der richtigen zeitlichen Abfolge der einzelnen Maßnahmen ab. Ein Reformprogramm besteht aus mehreren Elementen, die nicht unabhängig voneinander durchgeführt werden können. Diese zeitliche Interdependenz verlangt, daß besonderes Augenmerk auf eine geeignete Sequenzierung gelegt wird. Die Sequenzierung hängt wiederum entscheidend von den Ausgangsbedingungen und der gewählten Reformstrategie ab, so daß es hierbei kein „Richtig" oder „Falsch" geben kann. Es lassen sich allerdings alternative Modelle aufstellen, die anschließend hinsichtlich ihrer Vorzüge und Nachteile abzuwägen sind. Beispielsweise wäre bei einer Privatisierung von Versorgungsunternehmen, die vor dem Aufbau eines effizienten Regulierungsrahmens vorgenommen würde, mit anschließenden Disziplinierungsproblemen wettbewerblicher Art zu rechnen. Eine Sequenz der Reformschritte, wie sie etwa in Chile eingehalten wurde, kann folgendermaßen aussehen: Den Ausgang bildet die Ausgestaltung des Regulierungsrahmens, woraufhin der industrielle Konzentrationsgrad festgelegt wird und entspechend zu entflechten ist. Im Anschluß daran wird die Privatisierung der Betriebe vorgenommen.

Sequenzierung der Reformschritte

4. Dimension: „Wie?" - Auswahl geeigneter Methoden und Instrumente

Mit der Auswahl geeigneter Methoden und Instrumente ist die Reformtiefe angesprochen, d.h. die Frage, wie umfassend die angestrebten strukturellen Änderungen sein sollen. Dies bedeutet zum einen, daß Aussagen hinsichtlich der anzustrebenden Aufgabenteilung zwischen öffentlicher Hand und Privaten (Public-Private-Partnership) bei der Erbringung von Versorgungs- und Transportleistungen gemacht werden müssen. Zum anderen muß fest-

Aussagen zur Reformtiefe

gelegt werden, ob eine möglichst weitgehende Privatisierung oder grundsätzlich „nur" eine Kommerzialisierung der Unternehmen, also eine Restrukturierung bei Verbleib in öffentlicher Hand vorgenommen werden soll. In vielen Fällen bietet sich die Kommerzialisierung als Vorstufe für eine später geplante vollständige Privatisierung an. Je nach angestrebter Reformtiefe stehen unterschiedliche Methoden und Instrumente zur Verfügung, bei deren Auswahl Nutzen-/Kostenanalysen angestellt werden sollten. Im Rahmen der Auswahl geeigneter Maßnahmen muß auch Stellung zur Frage des Einbezugs ausländischer Investoren bezogen werden. Letzterer empfiehlt sich vor allem vor dem Hintergrund des großen Investitionsbedarfs in vielen Bereichen der Versorgungs- und Transportwirtschaft.[1]

Zur Ausformulierung von Reformprogrammen

Allgemeine
Hinweise

Bei der Ausformulierung des Programms sollte auf eine geordnete, systematische Vorgehensweise beachtet werden. Insbesondere sollten klare und realistische Ziele vorgegeben werden. Bei der Privatisierung in Litauen wurde unter Präsident Brazauskas die Vorgabe gemacht, daß alle staatlichen Betriebe bis zum August 1994 in private Hände zu übergeben seien. Allerdings wurde dieses hochgesteckte Ziel aufgrund von Verzögerungen bei den Ausschreibungen nicht vollständig erreicht. Das Programm sollte auch so transparent und so konsistent wie möglich formuliert sein. Im Falle von Unklarheiten werden sich bei der Umsetzung der Maßnahmen unweigerlich Schwierigkeiten einstellen, die den gewünschten Reformablauf beeinträchtigen. Um derartige Probleme zu vermeiden, müssen die einzelnen Maßnahmen und Projekte auf den verschiedenen Handlungsebenen untereinander koordiniert und synchronisiert werden. Dabei muß ein Gleichgewicht gefunden werden zwischen der zentralen Koordination (monitoring) und den dezentral zu leistenden Reformaufgaben.

---

[1] Trotz politischer Kontroversen und heftiger Proteste aus der Bevölkerung (Ausverkaufsargument) hat sich die ungarische Regierung für eine ausländische Beteiligung von bis zu 49 Prozent bei der Privatisierung von öffentlichen Versorgungsunternehmen entschieden. Innerhalb 1995 wurden daraufhin 13 Unternehmen der Elektrizitätswirtschaft sowie ein Anteil von 24 Prozent der Energieholding MVM verkauft. Die ungarische Privatisierungsbehörde konnte dabei Einnahmen in Höhe von 1,89 Mrd. DM erzielen. Auch in der inzwischen privatisierten ungarischen Gaswirtschaft planen ausländischen Investoren in den nächsten Jahren Investitonen in Milliardenhöhe. Allein für den Netzausbau im Raum Budapest und im Südwesten sind Investitionen von 55 bis 60 Millionen Mark jährlich vorgesehen. Da erst in zehn bis fünfzehn Jahren erste Gewinne erwartet werden, erscheint eine Beteiligung internationaler Investoren unumgänglich. Vgl. GTZ-Beratungsprojekt in Ungarn sowie Frankfurter Rundschau vom 1.6.1996.

3.4   Notwendige Begleitmaßnahmen der Reformen

Die Reform der Versorgungs- und Transportwirtschaft führt mittel- bis langfristig zur Schaffung neuer Arbeitsplätze und zu gesamtwirtschaftlichen Wohlfahrtsgewinnen. Wie in Kapitel 3.1 ausgeführt, kann der Reformprozeß vorübergehend allerdings negative Effekte hervorrufen, die entsprechende Begleitmaßnahmen notwendig machen. Im folgenden werden daher flankierende sozial- und umweltpolitische sowie strukturpolitische Maßnahmen dargestellt.

Überblick

3.4.1   Sozial- und Arbeitsmarktpolitik

Die Kommerzialisierung und Privatisierung von Versorgungs- und Transportunternehmen kann kurzfristig zu Produktionseinbrüchen, Einkommensverlusten und somit zu einer Zunahme der Arbeitslosigkeit führen. Dies gilt insbesondere für Unternehmen, die in einem wettbewerblich gestalteten Umfeld nicht überlebensfähig sind und daher umfassend restrukturiert werden müssen. Weitere negative Wohlfahrtseffekte und unerwünschte soziale Effekte können durch die Ausgliederung sozialer Dienste aus den Versorgungsunternehmen sowie die Aufhebung staatlicher Subventionen für Güter des Grundbedarfs entstehen.[1]

Unerwünschte soziale Auswirkungen der Reform

Unerwünschte Begleiterscheinungen können zu politischem Widerstand und zu Forderungen nach Verlangsamung oder Abbruch der Reformen führen. Der Druck auf die politischen Entscheidungsträger kann dabei beträchtliche Ausmaße annehmen: So ist etwa bei Preissteigerungen im Bereich der Grundversorgung oder bei geplanten Personalreduktionen mit Streiks und Demonstrationen zu rechnen.[2] Die in jüngeren Zeit in vielen MOE- und GUS-Ländern zu beobachtenden Wahlerfolge von ehemals sozialistischen und extremen Politikern sind ein weiteres Beispiel für den Protest der Wähler gegen die Art und Weise der durchgeführten Wirtschaftsreformen. Um die erfolgreiche Durchführung von Kommerzialisierungs- und Privatisierungsprogrammen und somit die prinzipielle Umgestaltung vom Plan zum Markt nicht zu gefährden sowie soziale Ungerechtigkeiten zu verhindern, sind daher sozial- und arbeitsmarktpolitische Begleitmaßnahmen

Gefährdung des Reformerfolgs

---

[1]   In Ungarn kam es beispielsweise im Rahmen der Reform der Versorgungswirtschaft von 1989 bis 1996 zu einer Vervierfachung der Gaspreise bei gleichzeitig starkem Rückgang der Realeinkommen. Vgl. Frankfurter Rundschau vom 1.6.1996.

[2]   1994 kam es zu ausgedehnten Streiks im oberschlesischen Kohlebergbau, der zeitweilig die Energieversorgung Polens gefährdete. Hintergrund der Streiks war die geplante und mit Personalabbau verbundene Umstrukturierung der Bergwerke und der von diesen belieferten Elektrizitätswerke. Die daraufhin gemachten Zugeständnisse der Regierung an die Arbeitnehmer lassen erwarten, daß sich die Umstrukturierung der defizitären staatlichen Großbetriebe weiter verzögern wird.

unabdingbar. Abbildung 3.20 gibt einen Überblick über mögliche negative soziale Begleiterscheinungen von Reformprozessen und zeigt Ansätze zur Überwindung dieser Probleme.[1]

Ordnungspolitische Begleitmaßnahmen

Die Ordnungs-politik ist gefordert

Die notwendigen sozial- und arbeitsmarktpolitischen Begleitmaßnahmen lassen sich in ordnungs- und prozeßpolitische Aufgaben unterteilen. Im Bereich der Ordnungspolitik ist ein adäquater Rahmen für wirtschaftliches Handeln zu schaffen. In den Ländern von MOE und GUS impliziert dies insbesondere den Aufbau einer effizienten Arbeitsmarktordnung, eines rationalen Steuer- und Transfersystems sowie eines adäquaten Systems der sozialen Sicherung.[2] Dabei sollten die zu schaffenden Strukturen mit der angestrebten wettbewerblichen Wirtschaftsordnung kompatibel sein: Trotz notwendiger Regulierungen, wie beispielsweise der Einführung von Arbeitsschutzvorschriften oder dem Einbezug von Umverteilungselementen, sollten die Systeme möglichst flexibel und weitestgehend frei von Regulierungen sein. Negative Anreizstrukturen, Mißbrauchsmöglichkeiten und Mitnahmeeffekte sollten vermieden werden.

Von der Voll-versorgungs-mentalität zur am Individualprinzip orientierten Sozialkonzeption

Eine derartige Ordnungspolitik könnte beispielsweise dadurch gekennzeichnet sein, daß die bislang vielfach anzutreffende Vollversorgungsmentalität in MOE und GUS sowie ineffiziente Strukturen im sozialen Bereich durch die Einführung einer am Individualprinzip orientierten Sozialkonzeption mit solidarischen Elementen sowie durch die verstärkte Übernahme sozialer Aufgaben durch private Institutionen ersetzt wird. Die polnische Regierung hat beispielsweise eine völlige Neukonzeption des Systems der sozialen Sicherung eingeführt, das die Grundrisiken wie Arbeitslosigkeit, Krankheit, Invalidität etc. sowie die Sicherung im Alter abdeckt. Kennzeichnendes Element der Reform ist der Übergang vom bisher praktizierten Umlageverfahren zu einer Art Dreisäulenmodell, wie es auch von der Weltbank vorgeschlagen wird. Dazu gehört erstens eine geringe Einheitsrente nach dem Umlageverfahren, zweitens eine vorübergehende einkommens- und beitragsabhängige Zusatzversorgung nach dem Umlageverfahren sowie drittens die individuelle Vorsorge nach dem Kapitaldeckungsverfahren (d.h. Auszahlungen aus Zinsen für Kapitalanlagen).

---

[1] Vgl. zur prinzipiellen sozial- und arbeitsmarktpolitischen Situation in den MOE und GUS die Darstellungen im sog. Privatisierungshandbuch der GTZ (Kapitel 2.2.7 und 2.5). Dort finden sich auch allgemeine Ausführungen zu den notwendigen ordnungs- und prozeßpolitischen sozialen Maßnahmen sowie zur Bekämpfung der Arbeitslosigkeit. Die vorliegende Studie konzentriert sich auf besondere Probleme der Kommerzialisierung und Privatisierung von Versorgungsunternehmen.

[2] Derartige Aufgaben gehen über den Verantwortungsbereich einer Kommerzialisierungsinstitution hinaus und liegen vielmehr im Verantwortungsbereich der Regierung, bzw. des Arbeits- und Sozialministeriums. Allerdings kann die Kommerzialisierungsinstitution Vorschläge über die zukünftige Ausgestaltung der jeweiligen Politiken machen und gemeinsam mit Vertretern von Regierung und Ministerien diskutieren.

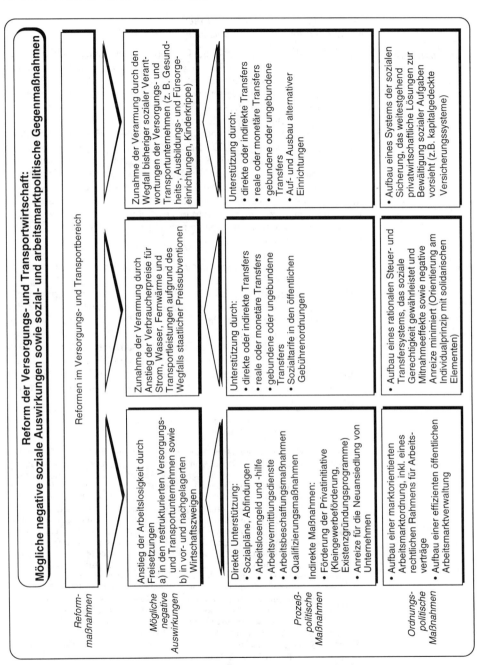

Abb. 3.20: Mögliche negative soziale Auswirkungen und Gegenmaßnahmen

Prozeßpolitische Begleitmaßnahmen
zur Bekämpfung der Arbeitslosigkeit

Beschäftigungs-
probleme und
Arbeitsmarktpolitik

Die Reform des Versorgungs- und Transportbereichs macht neben diesen ordnungspolitischen Maßnahmen auch prozeßpolitische Maßnahmen zur Bekämpfung von Arbeitslosigkeit und Verarmung notwendig. Im Vordergrund steht dabei die Abfederung negativer Effekte durch Freisetzungen in restrukturierten Versorgungs- und Transportunternehmen, aber auch in vor- und nachgelagerten Wirtschaftszweigen, die aufgrund der gestiegenen Energie- und Transportkosten bei unverändert hohem Energiebedarf nicht mehr wettbewerbsfähig sind. Zur Bewältigung dieser Aufgaben stehen den Regierungen in MOE und GUS (theoretisch) sämtliche Instrumente der aktiven Arbeitsmarktpolitik zur Verfügung.[1] Dazu gehören die finanzielle Unterstützung der betroffenen Mitarbeiter, die Einrichtung von Arbeitsvermittlungs- und Informationsdiensten, die Durchführung von Arbeitsbeschaffungs- und Qualifizierungsmaßnahmen. Aber auch Maßnahmen zur Unterstützung von Existenzgründungen und zur allgemeinen Wirtschaftsförderung können in Betracht kommen.

Kombinierte Maß-
nahmen zur
Beschäftigungs-
förderung

Häufig empfiehlt sich die Verbindung von Maßnahmen zu Paketen, wie beispielsweise die Kopplung der direkten finanziellen Unterstützung von Arbeitslosen mit Aus- und Weiterbildungs- oder Existenzgründungsprogrammen.[2] Die Wahl der Instrumente ist in Abhängigkeit von der Ausgangssituation vorzunehmen, denn ihr Erfolg hängt stark von den Rahmenbedingungen in dem jeweiligen Staat ab. Obwohl beispielsweise in den meisten MOE- und GUS-Ländern Arbeitsämter eingerichtet worden sind, die die Aufgaben der Arbeitsvermittlung und Berufsberatung übernehmen sollen, fehlt es an Kapazitäten und qualifizierten Fachkräften. Dies wirkt sich in Form schlechter Erfolgsquoten auf dem Gebiet der Arbeitsvermittlung aus.

---

[1] In der Praxis werden diese Möglichkeiten jedoch aufgrund der knappen finanziellen Mittel stark eingeschränkt. Daher kommt der sorgfältigen Auswahl einzelner Instrumente unter Kosten-Nutzen-Aspekten besondere Beachtung zu. Maßnahmen, die den angestrebten Wandel aktiv forcieren, sind dabei rein konsumptiven Transferzahlungen vorzuziehen. Die aktive Arbeitsmarktpolitik der Tschechischen Republik kann als Vorbild für eine kostengünstiges und effektives Instrument zur Eindämmung der sozialen Kosten der Transformation gelten. Obwohl das Beschäftigungsprogramm der tschechischen Regierung 1992 nur ein halbes Prozent des BIPs ausmachte, wurden 60 Prozent der bereitgestellten Mittel für aktive Beschäftigungsmaßnahmen ausgegeben. Anstelle von großzügigen Arbeitslosenunterstützungen standen Maßnahmen der staatlichen Unterstützung bei Umschulungen sowie zeitlich begrenzte Lohnsubventionen im Vordergrund. Unterstützt wurde die aktive Arbeitsmarktpolitik durch konsequente Lohnpolitik, im Sinne von nur moderaten Lohnsteigerungen und effektiven Lohnkontrollen auf dem Arbeitsmarkt. Das Ergebnis dieser Politik war eine moderate Arbeitslosenquote von rund 4 Prozent. Vgl. Raiser, M.: Ein tschechisches Wunder?, Zur Rolle politikinduzierter Anreizstrukturen im Transformationsprozeß, Kieler Diskussionsbeiträge, Nr. 233, Kiel 1994.

[2] Vgl. zur Abwägung der alternativen Instrumente Klenk, J.; Philipp, Ch.; Reineke, R.; Schmitz, N.: Privatisierung in Transformations- und Entwicklungsländern. Strategien - Beratung - Erfahrungen. Wiesbaden 1994, S. 84ff.

Prozeßpolitische Maßnahmen zur Armutsbekämpfung

Desweiteren zielen die Maßnahmen im Rahmen der Prozeßpolitik auf die Bekämpfung der Armut ab. Bei dem Versorgungs- und Transportbereich handelt es sich um Güter des Grundbedarfs, die für alle Bürger zu erschwinglichen Preisen zur Verfügung stehen sollten. In den Ländern von MOE und GUS befinden sich viele Bürger am Rande der Armutsgrenze und sind auf ein kostengünstiges Angebot von Versorgungs- und Transportleistungen angewiesen. So ist beispielsweise der öffentliche Personennah- und Fernverkehr eines der am stärksten nachgefragten Verkehrsmittel. Nach einer Studie der EU in Ungarn werden über zwei Drittel aller individuellen Fahrten mit öffentlichen Verkehrsmitteln vorgenommen.[1] Dieser Anteil ist zwar in den letzten zwei Jahren im Rahmen des Transformationsprozesses zurückgegangen. Trotzdem ist er verglichen mit den Anteilen in westeuropäischen Städten immer noch sehr hoch. Es stellt sich somit die Frage, wie eine kostengünstige Grundversorgung sichergestellt werden kann.

Versorgung mit Gütern des Grundbedarfs

Ein undifferenziertes Angebot für alle Nutzer zu niedrigen (nicht-kostendeckenden) Preisen oder zum Nulltarif - wie es bisher in den Ländern von MOE und GUS gang und gäbe war - ist volkswirtschaftlich nicht sinnvoll. Die Preise verlieren dabei ihre Funktion als Knappheitsindikator, es kommt zu einer Fehlallokation von Ressourcen. Darüber hinaus führt ein allgemeines Angebot zum Nulltarif zu einer relativ „ungerechteren" Einkommensverteilung, da wohlhabendere Bürger häufig aufgrund höherer Nachfrage und des somit höheren Subventionsanteils stärker profitieren als sozial schwächer gestellte Bevölkerungsschichten. Eine Aufhebung der staatlichen Preisfixierung und der allgemeinen Preissubventionierung ist somit grundsätzlich erstrebenswert.

Gezielte Sozialleistungen statt allgemeiner Preissubventionierung

Allerdings wird eine Preisfreigabe in der Versorgungs- und Transportwirtschaft in den Ländern von MOE und GUS zunächst zu Preissteigerungen in allen betrachteten Bereichen führen. Die Erfahrungen der ehemaligen DDR belegen dies: Vor der politischen Wende wurde nur ein geringer Teil der Kosten der Wasserversorgung und der Abwasserentsorgung durch Gebühreneinnahmen gedeckt. Gewerblichen Abnehmern wurde für Wasser 1,50 Mark und für Abwasser 0,80 Mark je Kubikmeter berechnet, während private Wohnungseigentümer maximal 0,40 Mark beziehungsweise 0,35 Mark je Kubikmeter zahlten. Mieter staatlicher oder genossenschaftlicher Wohnungen mußten überhaupt keine Wasser- und Abwassergebühren zahlen. Mittlerweile werden die Wasserpreise unter Berücksichtigung der tatsächlichen Kosten berechnet und liegen bei ca. 2,70 Mark je Kubikmeter. Eine umfassende Preisfreigabe läßt sich dann nicht problemlos verwirklichen, wenn der Anteil dieser Leistungen am Einkommen einen kritischen Wert bereits überschritten hat.[2]

Problem des liberalisierungsbedingten Preisanstiegs

---

[1] Vgl.: International Energy Agency: Energy Policies of Hungary, 1995 Survey, Paris 1995, S. 161.

[2] In Ungarn muß der Durchschnittshaushalt inzwischen mehr als ein Zehntel seines verfügbaren Einkommens für Wärme und Licht berappen, in Deutschland liegt diese Quote nicht einmal halb so hoch. Viele Ungarn betrachten daher ihre Belastungsgrenze als erreicht. Vgl. Frankfurter Rundschau vom 1.6.1996.

Alternative Unterstützungs-maßnahmen	Hohe Preissteigerungen von Gütern des Grundbedarfs sind sozialpolitisch nicht erwünscht. Um dennoch die Erreichung gesellschafts- und verteilungs-politischer Ziele wie die Gleichheit der Lebensbedingungen und die Für-sorge für ältere, behinderte oder sozial schwache Mitbürger bei gleichzeitiger Steigerung der Effizienz im Versorgungs- und Transportbereich sicherzu-stellen, sind entsprechende sozialpolitische Maßnahmen notwendig. Unter-stützungsmaßnahmen lassen sich je nach ihrer Ausgestaltung in *direkte* oder *indirekte*, *reale* oder *monetäre* sowie *gebundene* oder *ungebundene* Trans-fers unterscheiden.
Höhere Effizienz direkter Transfers	Direkte Transfers kommen direkt dem Adressaten der Unterstützungs-maßnahmen zugute, also dem jeweiligen sozial schwächer gestellten Indi-viduum, während bei indirekten Transfers der Adressat nur über Umwege - beispielsweise über die Gewährung von Subventionen an Energieunter-nehmen in ärmeren Regionen - erreicht wird. Obwohl direkte Transfers hinsichtlich Effektivität und Effizienz den indirekten überlegen sind, wer-den letztere häufig aufgrund verfahrenstechnischer Gründe gewählt. Zu-mindest in einer Übergangsphase dürfte es auch der Verwaltung in den Län-dern von MOE und GUS relativ schwerfallen, direkte Transfers zu gewäh-ren.
Weitere Transferarten	Bei der Gewährung von realen Transfers bekommt der Begünstigte bestimm-te Mengen des jeweiligen Gutes zugeteilt oder verbilligt (z.B. Bahnticket für sozial Schwache), während er bei monetären Transfers geldliche Vor-teile erfährt. Im Falle von gebundenen Transfers sind die Unterstützungs-zahlungen mit Auflagen versehen, sie dürfen beispielsweise nur für den Konsum bestimmter Güter eingelöst werden (i.S. von Gutscheinen). Bei ungebundenen Transfers hingegen kann der Begünstigte die gewährten fi-nanziellen Mittel auch für andere Zwecke einsetzen.
Entscheidung über Unterstützungslei-stungen	Die Entscheidung über die Ausgestaltung der zu leistenden Unterstützungs-maßnahmen ist in Abhängigkeit der Ausgangssituation (inkl. Verwaltungs-struktur) sowie der Ziele der jeweiligen Maßnahmen zu treffen. Prinzipiell sind ungebundene, monetäre Transfers einzusetzen, wenn das Ziel der Unter-stützungsleistungen die Wohlstandssteigerung einzelner privater Haushal-te ist. Die Haushalte können dann gemäß ihren Präferenzen disponieren. Bei der Gewährung von realen oder gebundenen Transfers verändern sich für den jeweiligen Haushalt die relativen Preise der nachgefragten Güter und es kann zu Fehlallokationen kommen. Je höher ein Haushalt den Kon-sum des subventionierten Gutes schätzt, desto geringer sind jedoch die Nachteile von Real- oder gebundenen Transfers. Zumindest bei Ver-sorgungsgütern des Grundbedarfs, wie Wasser oder Strom, könnte dies der Fall sein.
Knappe öffentliche Mittel	Vor allem die kurzfristigen Handlungsanforderungen im sozialen Bereich stellen den Staat auf eine Bewährungsprobe. Während ihm einerseits wich-tige Aufgaben zur Abfederung der Transformationskrise zugeordnet wer-den, ist er andererseits mit Einnahmeausfällen und budgetären Restriktio-

nen konfrontiert. Um dennoch den Erfolg von Reformprogrammen nicht zu gefährden, ist die internationale Gebergemeinschaft zur Unterstützung der Transformationsländer aufgerufen.[1]

3.4.2   Regionale und sektorale Strukturpolitik

Im Zuge der Transformation treten regionale und sektorale Schwächen einzelner Länder verstärkt in den Blickpunkt. Die meisten MOE- und GUS-Länder besitzen verzerrte und ineffiziente Industriestrukturen sowie einen veralteten Kapitalstock. Die Ausstattung mit adäquaten Infrastruktureinrichtungen im Versorgungs- und Transportbereich kann einerseits eine wichtige Rolle für die erfolgreiche Bewältigung des Strukturanpassungsprozesses spielen. Nicht zuletzt deshalb ist die Reform des Versorgungs- und Transportbereichs von entscheidender Bedeutung. Andererseits kann es jedoch im Rahmen dieser Reform zu negativen regionalen und sektoralen Auswirkungen kommen. Die Abbildung auf Seite 117 gibt einen Überblick über diese Gefahren sowie mögliche strukturpolitische Instrumente zur Behebung dieser Probleme.

Regionale und sektorale Schwächen in MOE- und GUS-Ländern

Unerwünschte regionalpolitische Entwicklungen

Zu möglichen regionalen Auswirkungen gehört die Gefahr der Verstärkung der Rückständigkeit einzelner Regionen durch mangelnde bzw. unzureichende Infrastrukturinvestitionen. Potentielle Investoren investieren zunächst in Regionen, in denen in relativ kurzer Zeit mit einer positiven Entwicklung der Wirtschaft und entsprechender Nachfrage zu rechnen ist. In ohnehin unterentwickelten Gebieten sowie in Randregionen ist dies typischerweise nicht der Fall.

Gefahr regionaler Rückständigkeit

In der Folge kann es in diesen Gebieten zu einer ungenügenden Grundversorgung mit Versorgungs- und Transportleistungen kommen. Zunehmende Verarmung strukturschwacher Regionen kann interregionale Wanderungen der Bevölkerung nach sich ziehen, was zu einer weiteren Verstärkung der Problemsituation in diesen Regionen sowie zu Problemen der Ballung in den Zuwanderungsregionen führen kann.[2] Gleichzeitig kann es zu Konzentrationsprozessen in einigen Zentren kommen, in denen nicht nur die Versorgungs- und Transportwirtschaft restrukturiert wird, sondern auch vor- und nachgelagerte Branchen ansiedeln. Die Entstehung derartiger

Migration und Ballungsprobleme

---

1   Ein Beispiel hierfür ist die Unterstützung der Weltbank bei der Reform der argentinischen Eisenbahn. Mit Hilfe eines Anpassungsdarlehens finanzierte die Weltbank die Kosten der Abfindungszahlungen für 30.000 freiwillig in den Vorruhestand getretene Mitarbeiter. Die externe Finanzierung der anfänglichen Anpassungsmaßnahmen erhöhte die Glaubwürdigkeit des Reformprozesses und minderte den Widerstand der Gewerkschaften. Außerdem wurde der Weg für weitere, aus staatlichen Mitteln finanzierte, Beschäftigungsabbaurunden bereitet. Vgl. Weltentwicklungsbericht 1995, S. 52.

2   Die Regulierung zur Vermeidung dieser Effekte wird in Kapitel 3.2 und Kapitel 4 detailliert dargestellt.

Ballungsgebiete kann raumpolitisch unerwünscht sein, da sie zusätzliche Kosten (wie beispielsweise erhöhte Umweltverschmutzung oder überfüllte Städte) hervorruft.

*Regionale
industrielle
Konzentration
und Liefer-
abhängigkeiten*

Regionalpolitisch unerwünschte Entwicklungen können weiterhin aufgrund der historisch gewachsenen und politisch forcierten Konzentration der Energieproduktion auf einige Standorte im ehemaligen RGW-Raum entstehen. Dadurch ist zwischen den Ländern von MOE und GUS eine starke gegenseitige Energieabhängigkeit entstanden. So war beispielsweise die Tschechische Republik bei ihren Rohölimporten völlig abhängig von Rußland, dies umso mehr als eine zweite Pipeline aus dem ehemaligen Jugoslawien aufgrund des dortigen Krieges stillgelegt werden mußte. Erst in 1993 begann man mit dem Bau einer neuen Pipeline in Richtung Westen, um nicht ausschließlich von der Erdöllieferung aus Rußland abhängig zu sein. Für die Nachfolgestaaten der UdSSR sind noch stärkere gegenseitige Energieabhängigkeiten festzustellen, die bis in die heutige Zeit andauern.

Anpassungskrisen

Im Rahmen der Kommerzialisierung und Privatisierung der Versorgungs- und Transportwirtschaft, müssen nun einzelne Länder befürchten, daß sich Anpassungskrisen dieser Bereiche in anderen Ländern auf die heimischen Industrien übertragen. Die bulgarischen Erfahrungen können hier als Beispiel dienen. Von 1946 bis 1989 verfolgte Bulgarien eine energieintensive Industrialisierungsstrategie und wurde völlig abhängig von Energieimporten aus der ehemaligen UdSSR. Der Zusammenbruch dieser traditionellen Wirtschaftsbeziehungen führte zu gravierenden Energieengpässen und somit zu Schwierigkeiten in der gesamten bulgarischen Industrie.

*Probleme
bei Preis-
liberalisierungen*

Auch die mit der Durchführung von Preisliberalisierungen verbundenen Preissteigerungen für Versorgungs- und Transportleistungen können zu großen sektoralen Anpassungsschwierigkeiten führen. So hätten beispielsweise weite Teile der bulgarischen Industrie aufgrund ihres hohen Energiebedarfs bei einer Anpassung der Energiepreise an die tatsächlichen Kosten keinerlei Überlebenschancen. Neue Industrien, die rationell mit Energie umgehen, werden sich nur zögerlich entwickeln.

Möglichkeiten und Grenzen der Strukturpolitik

*Möglichkeiten der
Strukturpolitik*

Staatliche, regionale und sektorale strukturpolitische Maßnahmen können eine ausgeglichene regionale Entwicklung fördern und die notwendigen Anpassungsprozesse unterstützen und erleichtern. Die folgende Abbildung zeigt mögliche strukturpolitische Instrumente, die je nach Ausgestaltung der Ausgangssituation zum Einsatz gebracht werden sollten. Die Entscheidung für einzelne Fördermaßnahmen sollte sich langfristig an Rentabilitäts- und Produktivitätspotenialen orientieren. Erhaltungssubventionen, Mitnahmeeffekte sowie die Förderung einer Subventionsmentalität sollten vermieden werden, etwa durch finanzielle Beteiligung der unterstützten Regionen und Branchen an den durchgeführten Programmen. Darüber hinaus sollten die Unterstützungsmaßnahmen zeitlich befristet und degressiv

Mögliche negative regionale und sektorale Auswirkungen der Reform im Versorgungs-/Transportbereich sowie strukturpolitische Reaktionen

Reform des Versorgungs- und Transportbereichs

Mögliche negative regionale und sektorale Auswirkungen:

- Verstärkung der Rückständigkeit und Zunahme der Verarmung einzelner, abgelegener und unterentwickelter Regionen

- Unerwünschte Zunahme der Konzentration der Versorgungs- und Transportbetriebe sowie vor- und nachgelagerter Branchen in bestimmten Regionen, Entstehen von zusätzlichen Ballungskosten

- Nicht-Beseitigung der starken Energie-Abhängigkeit einzelner Regionen

- Untergang ganzer Industriezweige aufgrund energieintensiver Produktion bei gleichzeitig gestiegenen Energiekosten

- Ausbleiben von in- und ausländischen Neuinvestitionen aufgrund unterentwickelter Infrastruktur, bzw. Nicht-Berücksichtigung von Komplementaritäten im Infrastrukturbereich

Mögliche Maßnahmen der Strukturpolitik:

- Entwicklung regionalübergreifender Infrastruktur-Konzepte zur Sicherstellung einer adäquaten räumlichen Entwicklung

- Sicherstellung einer flächendeckenden Grundversorgung durch entsprechende Regulierungen des Versorgungs- und Transportbereichs

- Spezielle Förderprogramme für rückständische Regionen mit dem Ziel der Schaffung konvergenter Lebensverhältnisse

- Wirtschafts- und Investitionsförderungsmaßnahmen (z.B. Investitionszuschüsse, Zinssubventionen, Sonderabschreibungen, Steuervergünstigungen etc.)

- Gewährung von Anpassungs- bzw. Modernisierungssubventionen an vom Untergang bedrohte Branchen

- Investitionen in Humankapital

Abb. 3.21: Mögliche negative regionale sowie sektorale Auswirkungen und strukturpolitische Reaktionen

ausgestaltet sein. Die Forderung nach Transparenz sowie nach adäquater administrativer Ausgestaltung der strukturpolitischen Programme sollte ebenfalls berücksichtigt werden. Eine Leitvorstellung bietet dabei das Subsidiaritätsprinzip.

Grenzen staatlicher Strukturpolitik

Prinzipiell sollte Klarheit darüber herrschen, was staatliche Strukturpolitik leisten kann und welche negativen Begleiterscheinungen zu erwarten sind. Die negativen Erfahrungen mit strukturpolitischen Maßnahmen zahlreicher Länder im Westen wie im Osten zeigen deutlich die Grenzen einer staatlichen Gestaltung der regionalen und sektoralen Entwicklung. Ein Negativbeispiel in Deutschland ist die gescheiterte Regional- und Industriepolitik bei dem Versuch der Stützung der heimischen Werftindustrie. Geringe internationale Wettbewerbsfähigkeit, Besetzung von Führungspositionen durch die Politik, zu hohe Produktionstiefe, große Belastungen der öffentlichen Haushalte, Subventionsmentalität bei den Betroffenen sind dabei nur eine Folge. Gleichzeitig müssen auch negative Spill-over-Effekte auf andere Wirtschaftsbereiche in den betroffenen Regionen berücksichtigt werden.

3.4.3   Umweltpolitik

Vernachlässigung von Umweltproblemen in MOE und GUS

MOE- und GUS-Länder sind durch gravierende Probleme der Umweltbelastung und -zerstörung gekennzeichnet. Die jahrzehntelange staatliche Fixierung und Subventionierung der Preise von Versorgungs- und Transportleistungen entsprach nicht den tatsächlichen Knappheitsrelationen und berücksichtigte keine negativen externen Effekte. Die Umweltgesetzgebung war und ist noch immer relativ milde und häufig wird die Einhaltung entsprechender Ge- und Verbote locker gehandhabt. Da die Höhe von Umweltabgaben in der Regel sehr niedrig ist und nicht automatisch an die inflationäre Preisentwicklung angepaßt wird, besteht keinerlei Druck zur umweltbewußten Produktion.

Erhebliche Umweltschädigungen in Ballungsgebieten

Die Umweltverschmutzung hat inzwischen ein Ausmaß erreicht, das weit über dem westlichen Niveau liegt.[1] Hinsichtlich der geographischen Verteilung der Umweltverschmutzungen lassen sich unterschiedliche regionale Konzentrationen feststellen. Vor allem Ballungsgebiete sind besonders betroffen. So sind beispielsweise die Schadstoffkonzentrationen im polnischen Chorzów zum Teil dreimal so hoch wie in West-Berlin und das trotz erheblicher Größenunterschiede der dort ansässigen Industrien.[2]

---

[1]   Zwar liegen nur wenige Detailstudien über das Ausmaß der Umweltverschmutzung in einzelnen Teilgebieten vor, dennoch sind sich internationale Experten darüber einig, daß die ehemals sozialistischen Länder Osteuropas zu den am meisten belasteten Regionen der Welt gehören.

[2]   Vgl.: International Energy Agency: Energy Policies of Hungary, 1995 Survey, Paris 1995, S. 157.

Beispiele für Umweltbelastungen durch die Versorgungs- und Transportwirtschaft

Einer der wichtigsten Faktoren der Luftverschmutzung ist die Erzeugung von Elektrizität. In vielen Transformationsländern ist Kohle der am häufigsten verwandte Rohstoff zur Energieerzeugung. Der hohe Schwefelgehalt und der niedrige Brennwert der eingesetzten Kohle haben hohe Schwefeldioxyd-Emissionen zur Folge. In Ungarn beispielsweise sind Energieherstellung und -konsum für den größten Teil des Ausstoßes an Schwefeldioxyd, Stickoxyd, Staubemissionen und Kohlenmonoxyd verantwortlich.

Auch in der Wasserversorgung und im Transportbereich ist die Umweltsituation bedenklich. Zu niedrig angesetzte Preise für Wasser sowie Vergünstigungen für bestimmte Wirtschaftszweige bewirkten einen verschwenderischen Gebrauch von Wasser. Viele Oberflächengewässer in MOE und GUS sind als belastet oder verschmutzt einzustufen, was unter anderem an der unzureichenden Behandlung kommunaler wie industrieller Abwasser liegt. Daneben führen undichte Abwasserkanäle zu großräumigen Grundwasserverschmutzungen.

Veraltete Transportmittel und inadäquate Preise für Treibstoffe auf der einen Seite und hohe Emissionen bei der Verbrennung der Treibstoffe auf der anderen Seite haben zu weiteren Umweltbelastungen geführt.

Zwar sind die Emissionen des Transportbereichs der Transformationsländer seit 1989 zurückgegangen. Dies ist jedoch nicht etwa das Ergebnis einer konsequenten Umweltschutzpolitik in diesem Sektor, sondern vielmehr auf die durch den Transformationsprozeß eingeleitete Rezession und auf den gravierenden Anstieg der Kraftstoffpreise zurückzuführen. Vor allem im privaten Bereich war daraufhin ein starker Nachfragerückgang nach Kraftstoffen festzustellen, wobei dieser zum Teil auch auf die Umrüstung auf moderne, verbrauchsärmere Pkws zurückzuführen ist. Dagegen war der Rückgang des Ausstoßes im öffentlichen Transportbereich nicht signifikant. Alte und schlecht gewartete Dieselmotoren in Bussen sind weiterhin starke Umweltverschmutzer.

Aus ökologischer Sicht stellt sich die Frage, wie in Zukunft die Rahmenbedingungen ausgestaltet sein sollen, damit umweltschädliches Verhalten sanktioniert und umweltfreundliches Verhalten belohnt wird. Die Aufhebung der staatlichen Fixierung und Subventionierung der Preise für Versorgungs- und Transportleistungen sowie die Schaffung von Wettbewerb und die Durchführung von Kommerzialisierungs- und Privatisierungsmaßnahmen sind bereits erste Schritte und wichtige Voraussetzungen für einen umweltschonenden, moderaten und effizienten Ressourceneinsatz.

Aufhebung der staatlichen Preisfixierung als erster Schritt

Darauf aufbauend können externe Effekte im Umweltbereich - sowohl in der Produktion als auch im Verbrauch von Versorgungs- und Transportleistungen - in betriebswirtschaftliche Kosten verwandelt (und somit internalisiert) werden. Die folgende Abbildung gibt einen Überblick über alternative Instrumente der Umweltpolitik. Die Entscheidung, welche dieser Instrumente eingesetzt werden sollen, ist abhängig von der Ausgangssituation in den jeweiligen Transformationsländern.
Umweltpolitische Instrumente

Internalisierung externer Effekte

Ge- und Verbote

Die Einführung von Ge- und Verboten, wie beispielsweise Abgasnormen oder Emissionsbeschränkungen, führt zu einer Reduzierung der Umweltverschmutzung, regt die Suche nach innovativen, umweltfreundlichen Technologien jedoch nur in begrenztem Maße an. Ein unbefriedigendes Ergebnis von Umweltauflagen und Emissionsbedingungen liegt dann vor, wenn dadurch der Stand der (Vermeidungs-)Technik zementiert wird. Der Kernpunkt einer marktorientierten Umweltpolitik besteht jedoch darin, daß umweltfreundliches Verhalten ohne direkte staatliche Eingriffe, sondern allein über adäquate Anreizmechanismen entstehen sollte. In der aktuellen umweltpolitischen Diskussion gelten daher Ge- und Verbote aufgrund ihrer immanenten Inflexibilität und dem hohen Verwaltungsaufwand als marktinkonform. Der Vorteil dieser Instrumente liegt jedoch in der relativ leichten Anwendbarkeit, so daß ihr Einsatz in den MOE und GUS-Ländern durchaus zu erwägen ist. Allerdings müssen dann entsprechende Institutionen

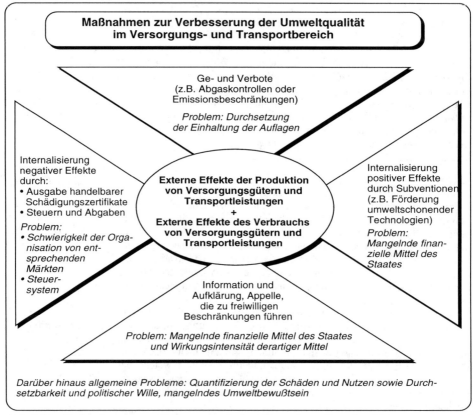

Abb. 3.22: *Maßnahmen zur Verbesserung der Umweltqualität im Versorgungs- und Transportbereich*

geschaffen werden, die die Einhaltung der Umweltauflagen konsequent und stetig überwachen. Diese Voraussetzung dürfte nicht in allen Ländern der MOE und GUS gegeben sein.

Die Einführung von Steuern und Abgaben, beispielsweise nach dem Verursacherprinzip, ist eine weitere Möglichkeit zur Internalisierung externer Umweltkosten. Die Berücksichtigung der sogenannten externen Produktionskosten durch eine mengenmäßige Besteuerung führt zu einer Steigerung der gesamten Produktionskosten und somit zu Anreizen zu sparsamen und umweltschonenden Ressourceneinsatz. Bei einer derartigen Steuer muß der Staat jedoch zur Sicherstellung der gesamtwirtschaftlich optimalen Lösung über adäquate Möglichkeiten zur Quantifizierung der externen Kosten verfügen, da ansonsten die Gefahr einer zu hohen oder zu niedrigen Steuerbelastung besteht. Verläßliche Systeme zur Abschätzung der negativen Umwelteffekte sind jedoch nicht für alle Bereiche gegeben.

Steuer- und Abgabenlösungen

Darüber hinaus muß das jeweilige Steuer- und Abgabensystem bereits relativ weit entwickelt sein.[1] Schließlich muß berücksichtigt werden, daß es sich bei Umweltsteuern und -abgaben um restriktive Maßnahmen handelt, die - zumindest vorübergehend - zu einer Senkung des Sozialproduktes führen. Vor dem Hintergrund der Transformationskrise in vielen Ländern von MOE und GUS wird dieses Instrument daher kaum durchsetzbar sein. In weiter entwickelten Transformationsländern hingegen ist die Anwendbarkeit durchaus gegeben. So existieren in der Tschechischen Republik, in Ungarn, Polen und der Slowakei bereits Steuern auf Kraftstoffe und in der Wasserwirtschaft werden Umweltabgaben erhoben, die vom Verbraucher für die Nutzung der Abwasserkanäle und Einleitung von Schadstoffen ins Wasser zu entrichten sind. Beim städtischen Abfall hingegen werden nur in Tschechien und in einigen Städten und Gemeinden Ungarns Gebühren erhoben.

Restriktive Maßnahmen

Ein in der aktuellen umweltpolitischen Diskussion positiv bewertetes, alternatives Instrument der Internalisierung negativer externer Effekte ist die Ausgabe von handelbaren Emissionsgutscheinen (sog. Verschmutzungszertifikate). Beim Einsatz dieses Instruments legt der Staat, bzw. die zuständige Umweltbehörde ein Höchstmaß an Emissionen für einen bestimmten Zeitraum fest und gibt in dieser Höhe sogenannte Emissionsgutscheine aus. Einzelne Unternehmen könnten nur in dem Maße produzieren, wie sie entsprechende Emissionsgutscheine besitzen. Wer seine Produktion ausweiten möchte, muß entweder von anderen Unternehmen weitere Emissionsgutscheine erwerben oder aber Produkt- und Prozeßinnovationen vornehmen, die zu verminderten Emissionsmengen pro Outputeinheit führen.

Zertifikatlösungen

---

[1]   Zur Problematik der Situation von Steuersystemen in Transformationsländern siehe Klenk, J.; Philipp, Ch.; Reineke, R.; Schmitz, N.: Privatisierung in Transformations- und Entwicklungsländern. Strategien - Beratung - Erfahrungen. Wiesbaden 1994, S. 65ff.

Zertifikate belegen die Umweltgüter mit Preisen

Bei einer gegebenen Anfangsausstattung der Unternehmen mit Emissionsgutscheinen wird sich so erstens durch das Zusammenspiel von Angebot und Nachfrage ein Preis für Emissionsgutscheine herausbilden, den die Unternehmen bei ihrer Kostenkalkulation berücksichtigen. Zweitens erhält das Gut „sauberes Wasser" oder „saubere Luft" einen marktkonformen Preis. Dieses Instrument ist beispielsweise in den USA für die Emissionen von Unternehmen in die Luft erprobt. Es ist jedoch fraglich, inwieweit sich in den Ländern von MOE und GUS ein solches System einführen läßt. So ist in den meisten Transformationsländern das Börsensystem, wo diese Papiere gehandelt werden könnten, noch unterentwickelt. Darüber hinaus müßte eine Institution geschaffen werden, die eine Überwachung der tatsächlichen Emissionen sicherstellt.

Förderung von umweltfreundlichen Verhaltensweisen

Bei der Internalisierung positiver externer Umwelteffekte belohnt der Staat umweltfreundliches Verhaltens mittels Subventionen und Transfers. Beispiele für Maßnahmen in diesem Bereich sind staatliche Unterstützungen für Unternehmen bei umweltfreundlichen Modernisierungen, für den Einsatz regenerativer Energien (z.b. Biodiesel) oder für Private beim Kauf umweltfreundlicher Produkte. Da derartige Maßnahmen jedoch entsprechende finanzielle Ressourcen des Staates erfordern, ist ihre Anwendung in den MOE- und GUS-Ländern vorerst nicht zu erwarten. Im Gegensatz dazu haben die Einführung von Umweltsteuern und -abgaben sowie von handelbaren Emissionsgutscheinen den Vorteil, daß sie - abgesehen von Verwaltungs- und Überwachungskosten - nicht zu zusätzlichen staatlichen Ausgaben führen.[1]

Alternative und regenerative Energien

Die aktuelle Diskussion in Industrieländern über den verstärkten Einsatz regenerativer Energien, sollte in den Ländern MOE und GUS berücksichtigt werden. Aufgrund des frühen Stadiums des Reformprozesses im Versorgungs- und Transportbereich besteht die Chance, die Ausnutzung regenerativer Energien frühzeitig in die Energiepolitik aufzunehmen. Erfahrungen im Rahmen der Evaluierung der gesamtwirtschaftlichen Kosten und Nutzen staatlicher Förderprogramme für regenerative Energien haben jedoch gezeigt, daß einerseits die Kosten derartiger Förderprogramme relativ hoch sind,[2] andererseits sind sich die Experten nicht über die ökologischen Wirkungen einig. So bestehen beispielsweise bei der ökologi-

---

[1] Eine interessante Kombination aus Umweltabgaben und der Internalisierung positiver Umwelteffekte ist der 1980 in Polen ins Leben gerufene Nationale Umweltfonds zur Reduzierung schädlicher Emissionen: Dieser belegt alle Umweltverschmutzer mit Abgaben, indem bei Überschreitungen von gebietsspezifischen Grenzwerten zusätzliche Bußgelder gezahlt werden müssen. Die Einnahmen des Fonds werden als verbilligte Darlehen zur Anschaffung schadstoffsenkender Ausrüstungen an die Industrie vergeben. Vgl. Weltbank: Weltentwicklungsbericht 1995, Washington 1996, S. 106.

[2] So kam beispielsweise eine Kienbaum-Studie zum Einsatz von Bioethanol in der Tschechischen Republik zu dem Ergebnis, daß bereits eine fünfprozentige Beimischung von Bioethanol zu Kraftstoffen den Staat rund 100 Mio. DM kosten würde (Mineralölsteuerverzicht abzüglich positiver Effekte auf das Staatsbudget, etwa durch Einsparungen von Brachprämien oder anderen Transfers an die Landwirtschaft).

schen Bewertung von Biotreibstoffen Bedenken, ob die zur Herstellung dieser Treibstoffe benötigte Energie nicht größer ist als ihr Energiewert.[1]

Informations- und Aufklärungskampagnen (z.B. über Umweltrisiken und -gefahren) sowie Appelle, die zu freiwilligen Beschränkungen des Ressourceneinsatzes führen sollen, bedürfen ebenfalls des Einsatzes öffentlicher Finanzmittel. Daher werden diese Maßnahmen in vielen Ländern von MOE und GUS vorläufige nicht durchgeführt werden können. Diese Maßnahmen können außerdem erst dann greifen, wenn sich ein bestimmter Lebensstandard etabliert hat, der Freiräume für die Auseinandersetzung mit und die Sensibilisierung für Umweltprobleme entstehen läßt.

Informations- und Aufklärungs-kampagnen

In den zentraleuropäischen Transformationsländern hat sich das allgemeine Umweltbewußtsein in den vergangenen Jahren stark gewandelt. Im Rahmen der neuen „Grün"-Bewegungen sind viele Initiativen entstanden, die sich für einen verbesserten Umweltschutz stark machen. In vielen Fällen haben wegweisende Studien und Veröffentlichungen zu einer erhöhten Wahrnehmungsfähigkeit der verantwortlichen Stellen und zu verbesserten Umweltschutzmaßnahmen geführt. Auch Unternehmen widmen sich diesem Thema. So hat beispielsweise die Budapester Gaswerk AG, an der die deutsche VEW Energie mit 26 Prozent und die Ruhrgas AG mit weiteren 13 Prozent beteiligt sind, aus eigenem Antrieb ein Beratungszentrum für Energiesparmöglichkeiten privater Haushalte eingerichtet. Mit der Präsentation moderner Herde und Heizungen und Brenner, einer Lehrküche und sogar Kochkursen soll der 2-Millionen-Bevölkerung Budapests gezeigt werden, wie ein energiesparender und umweltfreundlicher Haushalt funktioniert.[2]

Zunehmendes Umweltbewußtsein

Neben der Förderung der zukünftigen Ressourcenschonung stehen die Transformationsländer vor der Aufgabe, die bereits bestehenden Umweltverschmutzungen zu beheben bzw. zu mildern. Häufig werden potentielle Investoren nur zum Kauf öffentlicher Unternehmen bereit sein, wenn die „Altlasten" im Umweltbereich vom Staat übernommen werden. Angesichts dieser Situation sowie der ohnehin starken Belastung der öffentlichen Haus-

Altlasten" im Umweltbereich

---

[1]   Bei der Bewertung von Bioethanol beispielsweise müssen auch die Nebeneffekte einer intensiveren Landwirtschaft und die dabei entstehenden Emissionen berücksichtigt werden. Die zur Herstellung benötigte Energie stammt zumeist aus fossilen Energieträgern und muß dem Produktionsprozeß angerechnet werden. Beim Anbau entstehen außerdem weitere klimarelevante Gase, z.B. bei der Düngung mit stickstoffhaltigen Substanzen. Hinsichtlich der Frage, ob der Einsatz von Bioethanol tatsächlich einen geschlossenen CO_2-Kreislauf mit sich bringt, sind sich die Experten nicht einig. Während verschiedene französische Institute zu positiven Ergebnissen kommen, ergab eine Studie des deutschen Umweltbundesamtes, daß Biokraftstoffe den Treibhauseffekt eher verstärken als entlasten. Ähnliche Sichtweisen vertreten „Die Grünen" im Europäischen Parlament.

[2]   Vgl. Wüpper, T.: Deutsche Energieriesen trumpfen in Ungarn mächtig auf, in: Frankfurter Rundschau vom 1.06.96. Siehe hierzu auch: Brandt, M.: LCP und Energiedienstleistungsunternehmen, in: Den Wettbewerb im Energiesektor planen, hrsg. v. P. Hennicke, Berlin u.a., 1991.

halte sind jedoch die Möglichkeiten der Länder von MOE und GUS, akute Umweltprobleme aus eigener Kraft zu lösen sehr begrenzt. Sie benötigen daher zusätzliche Hilfe aus dem Westen. Dabei sind sowohl finanzielle Unterstützungen als auch die Weitergabe von Know-how im Umweltbereich gefragt.[1]

---

[1]   In Richtung auf einen Technologietransfer sowie erweiterte Ost-West-Kooperationen im Umweltschutzbereich zielt beispielsweise das EU-Projekt der Europäischen Energie-Charta (EEC).

Zum Zielkonflikt zwischen Gewinnmaximierung und Umweltschonung

Gegner von Reformen der Versorgungs- und Transportwirtschaft argumentieren, daß die Kommerzialisierung und Privatisierung dem übergeordneten Interesse an einem umweltschonendem Ressourceneinsatz widerspricht. So wird beispielsweise postuliert, daß ein wettbewerblich organisiertes Elektrizitätsunternehmen das Ziel möglichst großer Absatzmengen von Strom verfolgt, während unter Umweltschutzaspekten ein niedriger Stromverbrauch angestrebt werden müsse. Aufgrund dieses Zielkonfliktes wird das Verbleiben dieser Unternehmen in staatlicher Hand gefordert.

Allerdings können Umweltziele auch mit den dargestellten Instrumenten sichergestellt werden. Ihre Durchsetzung erscheint zudem bei einer klaren Aufgabentrennung im Sinne der Übernahme der Versorgungsaufgaben durch Private und der Umweltschutzsicherstellung durch den Staat besser gewährleistet. Dies zeigt auch das folgende Beispiel: Süd-Kalifornien hat sich in der Umweltpolitik für ein Zertifikatsystem entschieden, bei dem alle Energieunternehmen sich das Recht zur Emission von Schwefeldioxid und Stickstoffoxid durch handelbare Schädigungszertifikate erkaufen können. Kommunale Unternehmen sind hiervon allerdings befreit, da der Gesetzgeber eine zusätzliche Anspannung der kommunalen Budgets vermeiden wollte.

Erfahrungen aus den USA zeigen außerdem, daß der Zielkonflikt zwischen Gewinnmaximierung und Umweltschutz nicht un-
bedingt auftreten muß. Die sogenannten amerikanischen „innovativen Stromerzeuger" verdienen mehr mit der Durchführung von Sparprogrammen als mit der zusätzlichen Produktion von Kilowattstunden. Zugleich reduzieren sich die Stromkosten für die Nachfrager. Die Idee dieses Projektes ist recht einfach und knüpft an den hohen Investitionskosten für Kraftwerke an. Die „innovatien Stromerzeuger" bedienen Unternehmen und private Haushalte kostenlos mit Einsparvorschlägen und Einsparvorrichtungen. Sie tauschen beipielsweise Altgeräte aus und führen Nachrüstungen von Geräteparks zwecks Energieeinsparungen durch.

Die Durchführung dieser Sparprogramme führt trotz der zusätzlichen Kosten zu erhöhten Gewinnen für die Stromerzeuger. Dies ist auf die relativ große Nachfrage nach Strom bei gleichzeitigem beschränkten Angebot und hohen Investitionskosten zurückzuführen, so daß eine durch die Einsparung verfügbar gemachte Kilowattstunde im Durchschnitt nur etwa halb soviel wie eine in neu errichteten Kraftwerken erzeugte Kilowattstunde kostet. Allerdings setzt die „freiwillige" Durchführung von Energieparprogrammen eine gewisse Konkurrenz der Stromunternehmen sowie keine (nahezu) Vollauslastung voraus. Ist das, wie beispielsweise in Frankreich aufgrund nationaler Überkapazitäten nicht der Fall, bestehen für die Stromerzeuger keinerlei Anreize zur Finanzierung von Energiesparvorrichtungen beim Verbraucher.

Anhang

A1   Checkliste zur Überprüfung der Rahmenbedingungen und der makroökonomischen Situation

Checkliste zur Überprüfung der makroökonomischen Rahmenbedingungen: Qualitative Aspekte, Teil 1

Kriterium	Mögliche Fragestellungen
I. Rechtlicher und politischer Rahmen	
• Gewaltenteilung	- Gibt es Legislative, Exekutive und Jurisdiktion mit entsprechender gegenseitiger Kontrolle? - Wie stark ist die Exekutive, um die geplanten Reformen politisch durchsetzen zu können?
• Rechtsstaatlichkeit	- Steht jedermann - auch gegenüber den staatlichen Autoritäten - der Rechtsweg offen?
• Staatsaufbau	- Besteht ein zentralisierter oder föderalistischer Staatsaufbau?
• Wirtschaftsverfassung	- Um welchen Typ von Wirtschaftsordnung handelt es sich (soziale Marktwirtschaft)?
• Demokratische Kultur	- Kann das Land als politisch stabil eingestuft werden? - Hat sich ein pluralistisches System demokratischer Parteien etabliert? - Sind Meinungs- und Pressefreiheit gewährleistet?
• Organisationsgrad des öffentlichen Lebens	- Welche Arten von wirtschaftlichen Interessenverbänden gibt es und welche Rolle spielen diese?
II. Ordnungspolitische Voraussetzungen	
• Rollenverteilung zwischen den wirtschaftspolitischen Akteuren	Wer ist zuständig für - Preisniveaustabilität bzw. inwieweit ist die Notenbank unabhängig/ weisungsungebunden, - Vollbeschäftigung, - Tarifpolitik
• Eigentumsverhältnisse	- Wie weitgehend sind die Eigentumsrechte (z.B. die Übertragbarkeit) gewährleistet? - Ist die Bildung von Privateigentum möglich? - Ist die Privatisierung öffentlichen Eigentums vorgesehen? Wie ist der Stand des Privatisierungsprozesses? - Inwieweit könnten ungeklärte Eigentumsverhältnisse sich als Investitionshindernis erweisen?
• Gewerbe- und Vertrags-freiheit	- Ist die Vertragsfreiheit eingeschränkt? - Bestehen Anreize, Verträge einzuhalten? - Gibt es Einschränkungen des Rechts auf freie Berufswahl/-ausübung? - Ist die Gewerbefreiheit uneingeschränkt gewährleistet?
• Preisbildung und Märkte	- Ist freie Preisbildung auf Güter- und Faktormärkten gewährleistet? - In welchen relevanten Bereichen bestehen administrierte Preise? - Welche staatlichen Marktzugangsbeschränkungen bestehen? - Welche Regelungen bestehen bzgl. Vergleichs-, Konkurs- und Liquidationsrecht (Marktaustritt)? - Welche allgemeinen Regulierungen bestehen (Regulierungsdichte)? - Welche speziellen Regulierungen bestehen für einzelne Märkte bzw. Sektoren?
• Wettbewerbsordnung	- Besteht eine institutionalisierte Kontrolle wirtschaftlicher Macht, d.h. marktmächtiger Unternehmen? - Gibt es eine institutionalisierte Kontrolle über wettbewerbsbeschränkendes Verhalten (z.B. Kartelle)? - Gibt es Beschränkungen des Marktzutritts für ausländische Unternehmen? - Bestehen in bestimmten Bereichen staatliche geschützte Monopole und ist deren Auflösung vorgesehen?

Checkliste zur Überprüfung
der makroökonomischen Rahmenbedingungen:
Qualitative Aspekte, Teil 2

Kriterium	*Mögliche Fragestellungen*
• Außenwirtschaftliche Offenheit der Volkswirtschaft	- Welche Einfuhr- oder Ausfuhrbeschränkungen gibt es (Zölle, nicht-tarifäre Handelshemmnisse)? - Wird das Freihandelspostulat - zumindest grundsätzlich - akzeptiert? - Existieren Außenhandelsmonopole? - Wird die Mobilität von Produktionsfaktoren (Kapitalverkehr, Arbeitskräfte) künstlich beschränkt? - In welchen internationalen Organisationen besteht Mitgliedschaft; welche internationalen Abkommen bestehen?
• Verfassung der Finanzmärkte und ausländische Direktinvestitionen	- Sind die Finanzmärkte grundsätzlich liberalisiert? - Wie ist die Funktionfähigkeit des inländischen Kapitalmarktes? - Welche Struktur weist das Bankensystem auf (ein-/zweistufig) und wie stabil ist es? - Gibt es ein funktionierendes Börsenwesen? - Existiert ein Investitionsschutz? - Sind ausländische Investoren zugelassen? - Bestehen Investitionsanreize für ausländisches Kapital? - Ist die Gewinnrepatriierung beschränkt? - Gibt es Zulassungs- bzw. Registrierungs- und Kapitalbeschränkungen? - Ist Grunderwerb ausländischer Investoren erlaubt? - Gibt es Mehrheitsbeschränkungen für ausländische Beteiligungen?
• Konstanz der Wirtschaftspolitik	- Ist das Reformprogramm langfristig und auf Konstanz angelegt, und wie ist die Glaubwürdigkeit der Wirtschaftspolitik zu beurteilen?

III. Ausgewählte wirtschaftspolitische Bereiche

• Geld- und Währungspolitik	- Einstellung zu Preisstabilität und Inflation? - Welches geldpolitische Konzept wird verfolgt? - Ist die Währung voll konvertibel? - Welches währungspolitische Regime bzw. welche Wechselkurspolitik herrschen?
• Finanzpolitik	- Welche steuerlichen Vorschriften sind relevant (Steuersystem)? - Sind die öffentlichen Haushalte auf 'sound finance' bzw. Konsolidierung angelegt?
• Sozial- und Arbeitsmarktpolitik	- Welche Systeme der sozialen Sicherung, insbesondere für Arbeitslose, bestehen? - Wie ist die Arbeitsmarktordnung ausgestaltet? - Wird eine aktive Arbeitsmarktpolitik betrieben? - Welche arbeitsrechtlichen Vorschriften (Arbeitnehmerschutz) sind zu beachten?
• Strukturpolitik	- Sektorale Strukturpolitik: für welche Bereiche gibt es welche Fördermaßnahmen? - Regionale Strukturpolitik: welche Fördermaßnahmen bestehen für welche Regionen?
• Umweltpolitik	- Welchen Stellenwert haben umweltpolitische Zielsetzungen? - Welches umweltpolitische Instrumentarium wird bevorzugt (z.B. Gebote & Verbote)? - Welche umweltrechtlichen Vorschriften sind relevant?

**Checkliste zur Überprüfung
der makroökonomischen Rahmenbedingungen:
Quantitative Aspekte**

Kriterium

I. Land und Bevölkerung

- Bevölkerung (in Mio.Einw.)
- Bevölkerungszuwachs (in %)
- Fläche (in km2)

II. Wohlstandsindikatoren

- BIP pro Kopf (in US$)
- durchschnittl. Monatslöhne (in US$)
- Alphabetisierungsrate
- Bildung
- Ärztliche Versorgung
- Div. Versorgungsleistungen wie Wasser, Elektrizität, Straßen, Transportnetzdichts, Telefon etc.

III. Wirtschaftsentwicklung und Beschäftigung

- Inflationsrate (Verbraucherpreise, %)
- BIP-Entwicklung (real, in %)
- Anteil des privaten Sektors am BIP
- Anteile der 3 Sektoren (in %):
  - Landwirtschaft
  - Industrie
  - Dienstleistungen
- Investitionen
- Sparquote
- Arbeitslosenquote

IV. Außenwirtschaft

- Exporte (in Mrd. US$)
- Importe (in Mrd. US$)
- Haupthandelsländer
- Länder-Rating (Weltlistenplatz)
- Ausländische Direktinvestitionen
  - Bestand (in Mio US$)
  - Zufluß (in Mio. US$)
  - Zufluß deutscher DI. (in Mio. DM)
- Ausländische Portfolioinvestitionen (in Mio.US$)

V. Öffentliche Finanzen

- finanzwirtschaftliche Quoten (Staats-, Abgaben-,Steuerquote)
- öffentliches Defizit
- Auslandsverschuldung (in US$)
- Diskontsatz

Anhang A2: **Checkliste zur Analyse der Sektoren**

> ### Checkliste zur Analyse der Ausgangssituation in den jeweiligen Sektoren: Teil 1

Kriterium	*Mögliche Fragestellungen*
I. Sektorale Ebene	
1. Relative Bedeutung des Sektors	- Anteil der Wertschöpfung des Sektors am gesamten BIP - Anteil des Sektors an der industriellen Produktion - Anteil der Beschäftigten an den gesamten Erwerbspersonen - Relative Höhe des Anlagevermögens des Sektors
2. Beschreibung des Marktes	
• Marktstruktur: Angebotsseite	- Welche Marktform (z.B. Oligopol) liegt vor? - Wie hoch ist die Anzahl der Unternehmen? - Durchschnittliche Größe der Unternehmen des Sektors (gemessen z.B. an Versorgungsgebiet, Umsatz, Beschäftigte)? - Höhe und Streuung der Marktanteile - Wie ist die regionale Aufteilung des Marktes gegliedert? - Wie hoch ist der Konzentrationsgrad? - Welche Leistungen werden i.d.R. von welchen Unternehmen (zusammen) angeboten? - Sind die Produktionsstufen mit vor- bzw. nachgelagerten Stufen verflochten? - Wie hoch sind die Marktzutrittsschranken anzusetzen?
Nachfrageseite	- Wie transparent ist der relevante Markt? - Gibt es eher viele kleine oder wenige große Nachfrager? - Handelt es sich überwiegend um private oder industrielle Nachfrager? - Werden neben inländischen auch ausländische Nachfrager bedient? - Wie hat sich die Nachfrage entwickelt und welche Prognose besteht für die Zukunft?
• Marktverhalten	- Wie hoch ist die Wettbewerbsintensität? - Wie hoch ist die Zahl der Marktein- und -austritte, d.h. der Gründungen und Konkurse? - Ist der Markt dem Wettbewerb durch neue Anbieter - auch durch ausländische Unternehmen - ausgesetzt? - Zahl der Fusionen/Zusammenschlüsse - Wie flexibel reagieren die Preise/Gebühren? - Wurden Kartelle, Absprachen oder andere wettbewerbsbeschränkende Verhaltensweisen bekannt?
• Marktergebnis	- Wie stark kundenorientiert sind die Unternehmen des Sektors? - Welche Qualität haben Güter und Leistungen des Sektors? - Gibt es etwaige Versorgungsausfälle/-unterbrechungen? - Werden ausreichende Mengen bereitgestellt? - Wie hoch ist die Anbindungsdichte an bestehende Netze (z.B. Anzahl der Haushalte mit Stromanschluß)? - Wie innovativ verhält sich der Sektor?

Checkliste zur Analyse der Ausgangssituation in den jeweiligen Sektoren: Teil 2

Kriterium	Mögliche Fragestellungen
3. Politische und rechtliche Bedingungen	
• Politisch-administrative Zuordnung	- Welchen öffentlichen Stellen sind die Betriebe des Sektors (administrativ) zugeordnet bzw. unterstellt? - Wie weitgehend ist die Einflußnahme der öffentlichen Stellen auf das Tagesgeschäft und hinsichtlich der sektoralen Planung und Organisation? - Bestehen Abhängigkeiten durch Subventionszahlungen? - Existiert eine staatlich administrierte Preis- bzw. Gebührenfixierung? - Auf welche unteren Verwaltungsebenen bzw. -instanzen könnten diese Aufgaben i.S. des Subsidiaritätsprizips verlagert werden?
• Wettbewerbsrahmen	- Ist in dem betreffenden Sektor Wettbewerb zugelassen? - Besteht ein staatlich geschütztes Monopol? - Gilt das allgemeine oder besonderes Wirtschaftsrecht, bzw. liegt ein wettbewerbspolitischer Ausnahmebereich vor? - Welche speziellen Regulierungen bestehen? - Welche Institution ist für Wettbewerbsüberwachung und Regulierung zuständig?
• Kommerzialisierung und Privatisierung	- Gibt es ein Kommerzialisierungs-/Privatisierungsprogramm für den betrachteten Sektor? - Welche Kommerzialisierungs-/Privatisierungsstrategie wird verfolgt? - Wie ist der Stand der Maßnahmen/Reformen? - Welche Maßnahmen stehen zukünftig an? - Welche Institutionen sind zuständig (z.B. Privatisierungsagentur)? - Wie kommt die Kommerzialisierung/Privatisierung voran; wo ergeben sich Widerstände?
• Strukturförderung	- Wird der betreffende Sektor strukturpolitisch gefördert? - Welche Fördermaßnahmen bzw. -instrumente werden angewandt? - Wie hoch sind etwaige Subventionen und Vergünstigungen? - Welche Strukturpolitik ist im Hinblick auf den Sektor für die Zukunft geplant? - Welche strukturpolitischen Maßnahmen bestehen für vor- oder nachgelagerte Bereiche (z.B. Anpassungshilfen für energieintensive Produktionen)?
• Regionalförderung	- Werden bestimmte Gebiete, die für den Sektor bedeutsam sind - z.B. als industrielle Kerne - gefördert? - Unterliegen Betriebe des Sektors regionalen Förderprogrammen? - Welche zukünftigen Förderungsschwerpunkte sind geplant?
• Arbeits- und Sozialrecht	- Welche arbeits- und/oder sozialrechtlichen Bestimmungen haben für den Sektor besondere Relevanz? - Welche sozialen Maßnahmen sind bei Betriebsveränderungen vorgeschrieben (z.B. Sozialplanpflicht)? - Welche Regelungen der betrieblichen Mitbestimmung sind bei Reformbestrebungen zu beachten?
• Umweltpolitik	- Wie hoch ist die durch den Sektor verursachte Umweltbelastung? - Welche Umweltschäden (z.B. Altlasten) liegen vor? - Welche umweltpolitischen Lenkungsinstrumente werden eingesetzt? (Werden z.B. Emissionsabgaben für CO_2 oder Abwasser erhoben? Sind spezielle Ge- und Verbote relevant?)

Checkliste zur Analyse der Ausgangssituation in den jeweiligen Sektoren: Teil 3

Kriterium	Mögliche Fragestellung
II. Unternehmensebene	
• Wirtschaftlichkeit	- Wie hoch ist der durchschnittliche Kostendeckungsgrad der Betriebe bzw. wie ist deren Gewinnsituation? - Besteht Subventionsbedarf und wie hoch ist dieser? - Wert des Kapitalstocks und voraussichtlicher Investitionsbedarf - Welche Systeme der Wirtschaftlichkeitsrechnung sind im Sektor gebräuchlich? - Welche Methoden der Gebührenbemessung werden angewandt (z.B. Zähleinrichtungen) und welche Zurechnungsprobleme treten auf? - Werden nicht-zahlende Nachfrager von der Nutzung ausgeschlossen? - Gibt es Probleme wegen illegaler Nutzung (z.B. Schwarzfahrer)? - Wie hoch sind die Verlustquoten (z.B. im Wasserleitungsnetz)?
• Eigentumsverhältnisse	- Welche Rechtsformen der Betriebe sind sektorüblich? - Bei Aktiengesellschaften: welche Eignerstruktur liegt vor? - Welche Rolle spielt der Staat als Eigentümer/Anteilseigner?
• Human Resources	- Besteht eine Tendenz zu personeller Überbesetzung - i.S. verdeckter Arbeitslosigkeit - im Sektor? - Wie ist das Qualifikationsniveau der im Sektor Angestellten zu beurteilen? - Nach welchen Kriterien und Verfahren erfolgt die Besetzung von Führungspositionen?

Anhang A3:   **Verwendete und weiterführende Literatur**

Armstrong, M., Cowan, S., Vickers, J.: Regulatory Reform, Economic Analysis and British Experience, Cambridge 1994.

Avolio, B.J.; Bass, B.M.: Transformational Leadership, Charisma and Beyond, in: Hunt, J.G. et.al. (eds.): Emerging Leadership Vistas, Lexington, MA/Toronto 1988, S. 28-49.

Bank für internationalen Zahlungsausgleich: 65. Jahresbericht, Basel 1995.

Barr, Nicholas: Income Transfer and Social Safety Net in Russia, Studies of Economics in Transformation, No. 4, Washington 1992.

Bössmann, Eva: Volkswirtschaftliche Probleme der Transaktionskosten, in: Zeitschrift für die gesamte Staatswissenschaft, 138, 1982, S. 664 ff.

Busch, Berthold; Klös, Hans-Peter: Ein Markt für die Infrastruktur, in: F.A.Z., Die Ordnung der Wirtschaft, 4. Mai 1996, S.15.

Byatt, I.C.R.: Regulation of Water and Sewerage, in: Veljanovski, C. (Hrsg.): Regulators and the Market, London 1991, S. 119-131.

Carbajo, J., (Hrsg.): Regulatory Reform in Transport, Summaries and Experiences, Washington 1993.

Carney, M.: Privatisation of Water Authorities in England and Wales, hrsg. v. Water Service Association, London 1992.

Cunningham, Paul: (De)Regulating Private Enterprises: Understanding the Relationship and the Roles of the Market and Regulation in Serving the Public Interest, Transport Sector Policy Seminar for FSU Countries, Moskau 1995.

Dathe, Marion: Transformation und Kommunikation: Kulturgeschichtliche Prämissen der Transformation in Rußland, in: Bolten, J., Dathe, M. (Hrsg.): Transformation und Integration. Aktuelle Probleme und Perspektiven west-/osteuropäischer Wirtschaftsbeziehungen, Berlin 1995, S. 77-89.

Der Spiegel: Der Staat der „Stromer", Nr. 46, 1995, S. 76 - 110.

Deregulierungskommission: Marktöffnung und Wettbewerb, Stuttgart 1991.

Dobozi, I.: Electricity Consumption and Output Decline - An Update, in: Transition, hrsg. v. World Bank, Vol. 6, No. 9-10, S. 19-20.

Dzuray, E. J.: Regional Environmental Center for Central and Eastern Europe, The Emerging Environmental Market, Budapest 1995.

Eßer, C.: Umstrukturierung und Privatisierung der Elektrizitätswirtschaft in England und Wales, 2. Aufl., Frankfurt a. M. 1991.

European Bank for Reconstruction and Development: Transition Report 1995, London 1995.

European Commission: Energy in Europe, Annual Energy Review 1993, Special Issue, Brussels 1994.

European Union: Trans-European Networks, Technical Papers, 1994.

Ewringmann, Dieter; Gawel, Erik; Hansmeyer, Karl-Heinrich: Die Abwasserabgabe vor der vierten Novelle. Abschied vom gewässergütepolitischen Lenkungs- und Anreizinstrument? in: Finanzwissenschaftliche Diskussionsbeiträge, Nr. 93-3, Finanzwissenschaftliches Forschungsinstitut an der Universität zu Köln, Köln 1993.

Foders, F.: Energy Policy in Transitional Economies: The Case of Bulgaria, in: Kieler Diskussionsbeiträge No. 223, Dezember 1993.

Fox, William F.: Strategic Options for Urban Infrastructure Management, Urban Management and Infrastructure 17, Weltbank, Washington 1994.

Fox, William F.: Strategic Options for Urban Infrastructure Management, Urban Management and Infrastructure 17, hrsg. v. d. Weltbank, Washington 1994.

Fritsch, M., Wein, T., Ewers, H.-J.: Marktversagen und Wirtschaftspolitik, München 1993.

Gellert, M: Kostensenkungspotentiale in der kommunalen Abwasserbeseitigung unter besonderer Berücksichtigung der Organisationsform,Witten/Herdecke 1991.

Gesellschaft für Technische Zusammenarbeit (GTZ) GmbH: Der Staat in seiner Funktion als „Regulatory Authority" im Rahmen einer liberalisierten Transportwirtschaft, Konzepte, Erfahrungen und Problembereiche, Eschborn 1995.

Gesellschaft für Technische Zusammenarbeit (GTZ) GmbH: Liberalisation and Privatization of Transport in 3rd World and Eastern European Countries, 1990, Seminar Proceedings, Eschborn 1991.

Gesellschaft für Technische Zusammenarbeit (GTZ) GmbH: Liberalisation in the Transport Sector, Review - Thailand, Eschborn, Juni 1991.

Gouillart, Francis J., Kelly, James N.: Business Transformation, Wien 1995.

Hentze, Joachim; Kammel, Andreas: Transformationale Führung, in: Das Wirtschaftsstudium (WISU), H. 10, 1995, S. 799-807.

Hoffritz, Jutta: Behördenmanagement - oder ein Narr, in: Wirtschaftswoche Nr. 38 vom 14.09.1995, S. 112 - 115.

Holt, J.: Transport Strategies for Russian Federation, in: Studies of Economies in Transformation, World Bank Paper, No. 9, Washington 1993.

Hunya, G.: Transformation of the Transport and Telecommunications Infrastructure in East Central Europe, in: Research Reports of the WIIW, No. 214, Wien, Februar 1995.

Inter-Parliamentary Assembly of Member Nations of CIS: Proceedings of the Urban Transport Policy Seminar, St. Petersburg, 2.-6. Oktober 1995.

International Energy Agency: Electricity Supply Industry - Structure, Ownership, and Regulation in OECD Countries, Paris, 1994.

International Energy Agency: Energy Policies of Czech Republic, 1995 Survey, OECD, Paris, 1995.

International Energy Agency: Energy Policies of Hungary, 1995 Survey, OECD, Paris, 1995.

International Energy Agency: Energy Policies of Poland, 1995 Survey, OECD, Paris, 1995.

International Energy Agency: Energy Policies of Romania, 1995 Survey, OECD, Paris, 1995.

International Energy Agency: Energy Policies of the Russian Federation, 1995 Survey, OECD, Paris, 1995.

International Energy Agency: Energy Policies, Czech and Slovak Federal Republic, 1992 Survey, Paris 1992.

Jaeger, Franz: Institutionelle und kognitive Probleme bei der marktwirtschaftlichen Umgestaltung planwirtschaftlicher Systeme: Erfahrungen in Rußland und Tadschikistan, in: Bolten, J., Dathe, M. (Hrsg.): Transformation und Integration. Aktuelle Probleme und Perspektiven west-/osteuropäischer Wirtschaftsbeziehungen, Sternenfels, Berlin 1995, S. 9-25.

Klenk, Jürgen; Philipp, Christin; Reinecke, Rolf-Dieter; Schmitz, Norbert: Privatisierung in Transformations- und Entwicklungsländern - Strategien, Beratung, Erfahrungen, Wiesbaden 1994.

Klopfer, T., Schulz, W.: Märkte für Strom, Internationale Erfahrungen und Übertragbarkeit auf Deutschland, in: Schriften des Energiewirtschaftlichen Instituts an der Universität Köln, Band 42, München 1993.

Kraus, M.: Das englische Elektrizitätssystem, in: Elekrizitätswirtschaft Jg. 93 (1994), Heft 22, S. 1333-1340.

Kumkar, L.: Die Umstrukturierung des Elektrizitätssektors in Großbritannien, in: Die Weltwirtschaft 1-1994, Kiel, 1994, S. 93-112.

Lang, Reinhart; Steger, Thomas: Führungskräfte in Ostdeutschland, in: zfo, H. 2, 1996.

Liebermann, Ira W. et.al. (eds.): Mass Privatization in Central and Eastern Europe and the Former Soviet Union, A Comparative Analysis, Studies of economies in transition, 16, The World Bank, Washington 1995.

Michna, Jerzy: Aktuelle Energiewirtschaftsprobleme in Polen, in: Energiewirtschaftliche Tagesfragen, H. 10, Oktober 1995, S. 626.

Monopolkommission: Die Mißbrauchsaufsicht über Gas- und Fernwärmeunternehmen, Wettbewerb zwischen Systemen im Wärmemarkt, Sondergutachten 21, Baden-Baden 1991.

Monopolkommission: Wettbewerbspolitik vor neuen Herausforderungen, Hauptgutachten 1988/89, Baden-Baden 1990.

Newbery, David M.: Restructuring and privatising electric utilities in Eastern Europe, in: Economics of Transition, Vol. 2, No. 3/1994, S. 291-316.

o.V.: Aktuelle Infrastrukturprojekte, Transport und Verkehr, in: Ost-West Contact, H. 5, 1995, S. 24-28.

o.V.: Freier Wettbewerb auf dem Gasmarkt, Britische Kunden können wählen, in: F.A.Z. vom 30. April 1996, S. 17 und 18.

o.V.: Gesetz der Russischen Sozialistischen Föderativen Sowjetrepublik vom 3.07.1991 über die Privatisierung von staatlichen und kommunalen Unternehmen in der RSFSR.

o.V.: Wettbewerb auf den Energiemärkten angestrebt, Strom und Gas sollen 30 Prozent billiger werden, in: F.A.Z. vom 2. Mai 1996, S. 15.

o.V.: Wünsche und Träume, Wirtschaftsminister Rexrodt startet seinen dritten Anlauf um die Strom- und Gasmonopole zu knacken, in: Wirtschaftswoche Nr. 16 vom 11. April 1996, S. 19 ff.

Ordover, Janusz A.: Pittman, Russell W., Clyde, Paul: Competition policy for natural monopolies in a developing market economy, in: Economics or Transition, Vol. 2, No. 3/1994, S. 317-343.

Pittmann, R.: Some Critical Provisions in the Antimonopoly Laws of Central and Eastern Europe, in: International Lawyer, No. 2 (1992), S. 485-503.

Raiser, Martin: Ein tschechisches Wunder?, Zur Rolle politikinduzierter Anreizstrukturen im Transformationsprozeß, Kieler Diskussionsbeiträge, Nr. 233, Kiel 1994.

Reichard, Christoph; Röber, Manfred: Was kommt nach der Einheit? Die öffentliche Verwaltung in der ehemaligen DDR zwischen Blaupause und Reform, in: Der lange Weg zur Deutschen Einheit, hrsg. von G-J. Glaeßner, Berlin, 1993, S.216-245.

Reineke, Rolf-Dieter, Sülzer, Rolf: Transformation Management. Designing Organizational Development Processes. A first draft to the OECD/UNDP/WB sub-group on Institutional Development/Capacity Development, Eschborn 1995.

Reineke, Rolf-Dieter: Merging for Transformation, in: Culpan, R.; Kumar, B.N. (Hrsg.): Transformation Management in Postcommunist Countries. Organizational Requirements for a Market Economy, London 1995, S. 89 - 101.

Richmond, Yale: From Da to Yes. Understanding the East Europeans, Yarmouth 1995.

Riesner, W.: 4. Zittauer Seminar zur energiewirtschaftlichen Situation in den Ländern Osteuropas, in: Energiewirtschaftliche Tagesfragen, Jg.45, Nr. 1/1995, S. 96-98.

Röber, Manfred; Schröter, Eckard: Verwaltungskräfte aus Ost- und West - ein Vergleich ihrer Rollenverständnisse und Werthaltungen, in: Jahrbuch zur Staats- und Verwaltungswissenschaft, Band 5, Sonderdruck , 1991, S.209-226.

Scheele, U.: Aktuelle Entwicklungen in der britischen Regulierungsdiskussion, in: Volkswirtschaftliche Reihe, Universität Oldenburg, Nr. V-158-96, Oldenburg 1996.

Scheele, U.: Regionale Auswirkungen des europäischen Binnenmarktes am Beispiel Energiewirtschaft, in: Volkswirtschaftliche Reihe, Universität Oldenburg, Nr. V-133-94, Februar 1994.

Schmid, B.: Boback, P.: Kulturbegegnung und Wirtschaftszusammenarbeit mit Rußland, in: Bolten, J., Dathe, M. (Hrsg.): Transformation und Integration. Aktuelle Probleme und Perspektiven west-/osteuropäischer Wirtschaftsbeziehungen, Berlin 1995, S. 106-115.

Schmidt, E.: Zur Entwicklung des polnischen Verkehrswesens, in: Internationales Verkehrswesen 47 (1995) 6, Seite 361-369,

Schmitz, Norbert: Die Regierung drückt jetzt auf das Tempo, in: Handelsblatt, Litauen-Beilage, Nr. 115, 19.6.1997, S. 26

Slay, Ben: Industrial Demonopolization and Competition Policy in Poland and Hungary, in: Economics of Transition, Vol. 3, No. 4 (1995), S. 479-498.

Smith, G.: Commonwealth of Independent States, A Strategy for Transport, London, 1993.

Spelthahn, Sabine: Privatisierung natürlicher Monopole: Theorie und Internationale Praxis am Beispiel Wasser und Abwasser, Wiesbaden, 1994.

Statistisches Bundesamt: Länderbericht GUS-Staaten 1994, Wiesbaden, Juli 1994.

Strebel, P.: Choosing the Right Change Path, in: California Management Review, Vol. 36, 1994, S. 29-51.

Strel'cov, A., Himushkin, A., Dorogi toz de dorozhajut, in: Ekonomika i zhizn', Nr. 10/1994, S. 18.

Tichy, N. M.; Ulrich, D. O.: The Leadership Challenge - A Call for the Transformational Leader, in: Sloan Management Review, Vol. 26, Fall 1984, S.59-86.

van der Beek, Kornelia, Weiss, Peter: Sozialpolitik im Transformationsprozeß - Ordnungs- und Sozialpolitische Reformen in Polen, Berlin 1995.

Welfens, Maria J.: Umweltprobleme und Umweltpolitik in Mittel- und Osteuropa, Heidelberg 1993.

Welfens, P.J.J., Graack, C.: Deregulierungspolitik und Wettbewerb in Netzindustrien - Bedeutung und Optionen für osteuropäische Transformationsländer, in: Diskussionsbeiträge der Universität Potsdam, Nr. 6, Potsdam 1995.

Weltbank: Argentina's Privatization Program, Experience, Issues, and Lessons, Washington, 1993.

Weltbank: EU, GTZ, Proceedings of the Highway Policy Seminar for the Countries of the Former Soviet Union, Moscow, 1995.

Weltbank: Weltentwicklungsbericht 1994, Infrastruktur und Entwicklung, Washington 1994.

Wiesner , Eduardo: From Macroeconomic Correction to Public Sector Reform,: the Critical role of Evaluation, World Bank discussion Paper 214, Washigton 1993.

Woll, Arthur: Wirtschaftspolitik, München 1984.

4. Zittauer Seminar, Zur Energiewirtschaftlichen Situation in den Ländern Osteuropas, 2. - 4.11.1994, Seminar Band 1 und 2, Zittau/Görlitz, Februar 1995.

4   Aufbau und Förderung
von Institutionen auf der Mesoebene

4.1   Vorgehen auf der Mesoebene

Die Reform der Versorgungs- und Transportwirtschaft muß nicht nur die betroffenen Unternehmen, sondern auch deren institutionelles Umfeld einbeziehen. Dies ist notwendig, um bei verringertem direkten staatlichen Einfluß auf die Unternehmen die Durchsetzung von Zielen wie Sicherung von Wettbewerb, flächendeckende Versorgung oder Einhaltung bestimmter Qualitätsniveaus sicherzustellen. Vorhandene Institutionen nehmen diese Aufgaben oft nicht effizient und effektiv wahr, so daß die wirkungsvolle Umsetzung und die Nachhaltigkeit von Kommerzialisierungs- und Privatisierungsmaßnahmen behindert wird. Reformen auf der Mesoebene können dazu beitragen, dieses institutionelle Vakuum zu überwinden.

Ausgangspunkt: Institutionelles Vakuum

Eine grundlegende Veränderung des institutionellen Umfeldes der Versorgungs- und Transportwirtschaft ist darüber hinaus notwendig, um Institutionen zu schaffen, die marktnahe Aufgaben im wettbewerblich organisierten Unternehmensumfeld wahrnehmen, wie beispielsweise die Interessenvertretung von Anbietern und Nachfragern oder die Bereitstellung von Informationen.

Veränderung des Umfeldes

Auf der Mesoebene sind Institutionen angesiedelt, die intermediäre Aufgaben zwischen der makroökonomischen und der mikroökonomischen Ebene wahrnehmen. Sie dienen als Transmissionsriemen zwischen staatlicher und unternehmerischer Ebene, da sie Einfluß „nach oben" und „nach unten" besitzen. Die Mesoebene umfaßt sowohl staatliche Stellen, die Aufgaben der Wettbewerbs- oder Monopolaufsicht wahrnehmen, als auch regionale Gebietskörperschaften,[1] die eine flächendeckende Versorgung sicherstellen, bis hin zu privaten Selbsthilfeinstitutionen und Interessenvertretungen von Anbietern und Nachfragern. Eine scharfe Abgrenzung und Zuordnung von Institutionen der Mesoebene ist nicht immer möglich. Es existiert jedoch eine Reihe von typischen Merkmalen dieser Institutionen:

Definition der Mesoebene

- teilweise Übernahme von öffentlichen Aufgaben und Sonderaufgaben,
- weitgehende Eigenständigkeit, Autonomie bzw. Teilautonomie vom Staat,
- Vermittlung zwischen gesamtstaatlichen und individuellen Interessen,
- Sachzielorientierung, Formalziel Gewinnorientierung im Hintergrund,
- Zielgruppenorientierung,
- weniger bürokratisch als typische Institutionen der öffentlichen Verwaltung.

---

[1]   Unter regionalen Gebietskörperschaften werden öffentliche Institutionen verstanden, die Träger bestimmter Staatsaufgaben in bestimmten territorialen Gebieten sind, z.B. ist der deutsche Bund Träger der Zentralgewalt, während die Länder Träger der Staatsaufgaben sind und die Gemeinden sowie Gemeindeverbände Träger der kommunalen Selbstverwaltungsaufgaben sind.

Kommerzialisierungs-
institution

Ebenfalls auf der Mesoebene angesiedelt ist die mit der Durchführung der Reform der Versorgungs- und Transportwirtschaft beauftragte Einrichtung. Da es sich bei der Organisation und dem Management von Kommerzialisierungs- und Privatisierungsprozessen um komplexe und politisch hochsensible Aufgaben handelt, empfiehlt sich die Übertragung dieser Aufgaben auf eine neu zu schaffende Institution[1] sowie die Festlegung klarer und eindeutiger Verantwortungsbereiche aller am Prozeß Beteiligten. In Ländern in denen bereits vergleichbare Institutionen für die Privatisierung an-

---

[1]   Diese Institution wird im folgenden als Kommerzialisierungsinstitution, -agentur oder
      -kommission bezeichnent. Sie sollte bereits im Vorfeld des Reformprozesses gegründet werden. Siehe hierzu auch Kapitel 3.1.

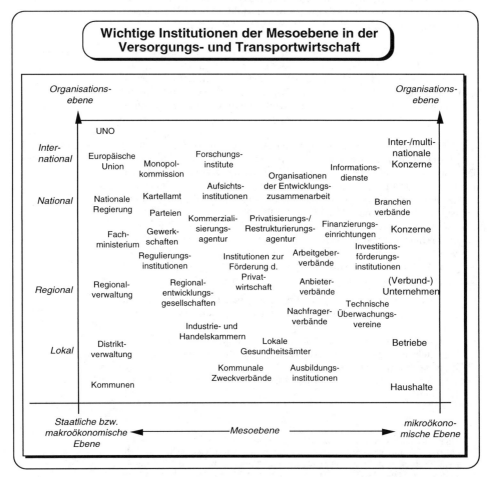

Abb. 4.1:   Wichtige Institutionen der Mesoebene in der Versorgungs- und Transportwirtschaft

derer Wirtschaftsbereiche bestehen (Privatisierungsagenturen), können Kommerzialisierungsaufgaben auch von diesen Einrichtungen wahrgenommen werden. Allerdings sollte die bestehende Agentur entsprechend zusätzliche finanzielle Mittel und Mitarbeiter zugeteilt bekommen.[1]

In den meisten MOE-/GUS-Staaten sind Institutionen der Mesoebene nicht vorhanden oder nur unzureichend entwickelt. Die planwirtschaftlichen Systeme ließen wenig Spielraum für die Herausbildung von Organisationen zur Vertretung gesellschaftlicher Interessen. Die Entscheidungsprozesse waren zentralisiert und der Zugang zu Informationen wurde vom Staat kontrolliert. Auch nach der Durchführung von Reformen werden sich Institutionen der Mesoebene nicht ohne weiteres herausbilden. Oftmals bedarf es daher der gezielten Förderung. Die Technische Zusammenarbeit kann durch die Vermittlung von organisatorischem Wissen sowie durch aktive Implementierungsunterstützung einen wesentlichen Beitrag zur Reform der Versorgungs- und Transportwirtschaft leisten. Insbesondere kann sie darauf hinwirken, daß aus Erfahrungen und Fehlern industrialisierter Länder gelernt wird. Mögliche Adressaten von Maßnahmen der Technischen Zusammenarbeit sind sowohl Institutionen, die die Aufgabe der Konzeption und Ausgestaltung des staatlichen Aufsichtsrahmens wahrnehmen (im Idealfall die Kommerzialisierungsinstitution), als auch die aufzubauenden Institutionen selbst.

Förderung von Institutionen der Mesoeben

Im Vorfeld der Reformen auf der Mesoebene sollte die Kommerzialisierungsinstitution zunächst die zu bewältigenden Aufgaben zwischen Markt und Staat festlegen. Hierzu gehört u.a. die Konzeption eines staatlichen Aufsichtsrahmens, aber auch die Bestimmung der Notwendigkeit von Einrichtungen zur Förderung von Investitionen und Innovationen. Ebenfalls sollte eine detaillierte Bestandsanalyse durchgeführt werden, um Kapazitäten und Fähigkeiten bereits bestehender Institutionen der Mesoebene sowie den Bedarf an neu zu schaffenden Organisationen festzustellen.

Vorgehen bei Reformen auf der Mesoebene

Darauf aufbauend entwickelt die Kommerzialisierungsinstitution Vorschläge für den Aufbau neuer sowie für die Anpassung und Förderung bereits bestehender Institutionen. Bei der Ausgestaltung der einzelnen Institutionen stehen verschiedene Gestaltungsparameter zur Verfügung. Eine wichtige Frage ist beispielsweise der Grad der Abhängigkeit von den politischen Entscheidungsträgern: Soll Unabhängigkeit von der Politik - wie etwa erfolgreich bei der Deutschen Bundesbank praktiziert - erzielt werden oder sollen die Institutionen Durchführungseinrichtungen der Politik sein? Der Grad der Zentralisierung wirft die Frage auf, ob national, regional oder lokal agierende Institutionen zu schaffen sind.

Aufbau neuer Institutionen

---

[1]   Zu konzeptionellen und organisatorischen Fragen des Aufbaus der mit der Reform der Versorgungs- und Transportwirtschaft beauftragten Institution siehe Klenk, J., Philipp, Ch., Reineke, R.-D., Schmitz, N.: Privatisierung in Transformations- und Entwicklungsländern, Wiesbaden 1994, S. 103 ff.

Reformen auf der Mesoebene:
Die Förderung von Institutionen zwischen Markt und Staat muß von den zu bewältigenden
Aufgaben und der Ausgangssituation ausgehen

Aufgaben zwischen Markt und Staat

- **Öffentliche Aufsichtsaufgaben:**
  - Wettbewerbsaufsicht
  - Monopolregulierung
  - Flächendeckende Versorgung
  - Gesundheit & Sicherheit
  - Umweltschutz

- **Marktnahe Aufgaben:**
  - Information
  - Interessenvertretung von Anbietern und Nachfragern
  - Information
  - Innovations- und Investitionsförderung

Aufbau neuer, bzw. Anpassung / Förderung bestehender Institutionen und deren Vernetzung

Gestaltungsmerkmale:

- *Grad der Zentralsierung:* National, regional oder lokal?
- *Branchenorientierung:* Sektorübergreifende Aufgabenwahrnehmung oder nicht?
- *Funktionsorientierung:* Wahrnehmung verschiedener Aufgaben in einer Institution oder in mehreren?
- *Enstehung:* Top-down oder bottom-up?
- *Rechtsform:* Staatlich oder privatrechtlich?
- *Finanzierung:* über Steuern, freiwillige oder zwangsweise Beiträge?
- *Grad der Selbständigkeit:* Abhängige oder unabhängige Institution?
- *Einbindung:* Zusammenarbeit mit anderen Institutionen, Partizipation, freiwillige oder zwangsweise Mitgliedschaft?
- *Interne Organisation:* Zentral oder dezentral, Grad der Delegation?

Situative Faktoren:

- Kapazitäten und Fähigkeiten bestehender Institutionen
- Vorhandenes Potential zum Aufbau neuer Institutionen
- Grad der Liberalisierung
- Erfahrungen mit Regulierung in der Versorgungs-/Transportwirtschaft
- Beziehungsgeflecht bestehender Institutionen
- Grad der Durchsetzbarkeit von Veränderungen
- Wettbewerbsfähigkeit der Versorgungs-/Transportwirtschaft
- etc.

Abb. 4.2: Reformen auf der Mesoebene

Finanzierung

Wichtig ist auch die Klärung der Finanzierung, die entweder über den Staatshaushalt, Steuern, freiwillige oder zwangsweise Beiträge erfolgen kann. Ohne ausreichende Finanzierung wird die Aufgabenerfüllung unzureichend bleiben müssen. Die Wahl des einen oder anderen Gestaltungsmerkmales erfolgt in Abhängigkeit der zu bewältigenden Aufgabe und der Ausprägung verschiedener situativer Faktoren. Die obige Abbildung spiegelt dieses Vorgehen wider.

Überblick über die Folgekapitel

In Kapitel 4.2 werden zunächst Optionen bei der Konzeption und Ausgestaltung des staatlichen Aufsichtsrahmens dargestellt. Kapitel 4.3 widmet sich der institutionellen Wahrnehmung von marktnahen Aufgaben im Unternehmensumfeld, wie der Interessenvertretung oder der Bereitstellung von Informationen. In Kapitel 4.4 wird schließlich kurz auf Maßnahmen zur Förderung der Zusammenarbeit zwischen Institutionen der Mesoebene eingegangen.

4.2 Konzeption und Ausgestaltung des staatlichen Aufsichtsrahmens

4.2.1 Aufsichts- und Regulierungsaufgaben und institutionelle Ausgestaltung

Staatliche Aufgaben in der Transport- und Versorgungswirtschaft

Die staatlichen Aufsichts- und Regulierungsaufgaben für die Versorgungs- und Transportwirtschaft können prinzipiell in die folgenden Bereiche unterteilt werden:

- Wettbewerbsaufsicht, die über die Einhaltung der jeweiligen ‚Spielregeln' des Versorgungs- und Transportsektors wacht,

- Regulierung der - integrierten oder entflochtenen - Monopolbereiche durch spezielle Instrumente, um Mißbrauch der Marktstellung zu verhindern[1],

- Spezielle und ‚technische' Vorgaben. Hierzu zählen insbesondere die Bereiche Umwelt, Gesundheit, Arbeitsbedingungen, berufliche Standards und Sozialpolitik.

- Entwicklung sektorpolitischer Leitlinien als originär makroökonomische Aufgabe.

Verteilung der Aufgaben

Angesichts der Vielfalt von Aufgaben muß entschieden werden, welche Aufgaben von zentralen Institutionen der Makroebene wie der Regierung oder den Fachministerien oder von Institutionen der Mesoebene zu übernehmen sind. Angesichts der in MOE und GUS bislang häufig nur unzureichend vorhandenen adäquaten organisatorischen Strukturen sind entsprechende Institutionen aufzubauen und bereits bestehende Foren gegebenenfalls zu stärken.

Konzeption und Implementierung

Grundsätzlich sollte zwischen politischen Entscheidungen (policy making) und Aufgaben der Politikumsetzung (policy implementation) unterschieden werden. Politische Entscheidungen sollten auf der Regierungsebene bzw. in der Kommerzialisierungsinstitution getroffen werden. Hierzu gehört die Entwicklung eines Leitbildes für die Privatisierung und Kommerzialisierung sowie für den dafür erforderlichen institutionellen Rahmen. Die jeweilige Sektorpolitik sollte vom zuständigen Fachministerium vorgegeben werden. Aufsichts- und Regulierungseinrichtungen nehmen Aufgaben im Bereich der Politikumsetzung wahr. Diese Institutionen sind im Idealfall von der Politikfunktion zu trennen; zudem müssen sie einen möglichst klaren Auftrag erhalten. Sie können allerdings aus bestehenden Fach-

---

[1] Vgl. hierzu auch Monopolkommission: Mißbrauchsaufsicht über Gas- und Fernwärmeunternehmen: Wettbewerb zwischen Systemen im Wärmemarkt; Sondergutachten, Baden-Baden 1991.

*Funktions-
orientierung oder
Branchen-
orientierung?*

Aufsichts- und Regulierungsaufgaben können von einer oder mehreren Institutionen wahrgenommen werden. So kann die Wettbewerbsaufsicht beispielsweise in einer Organisation verankert sein, die gleichzeitig Aufgaben
der Monopolregulierung innehat. Außerdem können Institutionen auch für
eine oder mehrere Branchen zuständig sein. Innerhalb der Branchen sind
weitere Unterteilungen möglich, beispielsweise im Transportsektor nach
Luft-, Wasser-, Schienen- und Straßenverkehr. Die Abbildung auf der folgenden Seite veranschaulicht diese grundsätzlichen Gestaltungsparameter.

*Vor- und Nachteile
unterschiedlicher
institutioneller
Lösungen*

Die Übertragung von vielen unterschiedlichen Funktionen auf eine Institution birgt die Gefahren der mangelnden Zielorientierung und der Verfolgung gegenläufiger Ziele, beispielsweise der Steigerung der Effizienz im
Versorgungs- und Transportbereich auf der einen und der Sicherstellung
einer sozial verträglichen Grundversorgung auf der anderen Seite. Bei der
Schaffung mehrerer, unabhängiger Institutionen - also der Umsetzung einer weitgehenden Branchen- und Sektororientierung - wird die Vertretung
unterschiedlicher und auch gegenläufiger Interessen ermöglicht. Allerdings
besteht die Gefahr sich überlappender Kompetenzen, die zu Zuständigkeits-
konflikten und Rivalitätsdenken sowie Doppelarbeit führen können. Darüber hinaus stellen sich auch bei der Bildung selbständiger Verwaltungs-
träger häufig negative Bürokratisierungstendenzen ein.

Grundprinzipien der Regulierung: Das Beispiel des Transportsektors Neuseeland

*Der neuseeländische Transportsektor ist in
starkem Maße von der Zurückhaltung des Staates zugunsten privater Akteure geprägt. Die
Grundprinzipien und das Leitbild der Regulierung dabei sind:[1]*

- *Trennung der staatlichen Politik von regulativen und Dienstleistungsaufgaben;*

- *Die Eigentümerfunktion und die Erbringung von Transportdienstleistungen werden am besten vom Privatsektor auf kommerzieller und wettbewerblicher Basis
wahrgenommen;*

- *Die Gesamteffizienz eines jeden Transport-
systems hängt in erster Linie von der inter-
modalen Neutralität ab (Luftfahrt, Stra-
ßen-, Eisenbahn- und Schiffsverkehr);*

- *Jeder Verkehrsmodus soll die Aktivitäten
ausüben, für die ihn seine spezifische Natur in vergleichbaren Kostenstrukturen am
besten qualifiziert;*

- *Es soll Wettbewerb zwischen und innerhalb
von Transportmodi geben mit nur minima-
lem Einbezug und Einfluß der Regierung
auf das Geschäftsumfeld;*

- *Das Interesse der Zentralregierung an
Gesamtmanagement des Transportsektors
soll auf der Entwicklung einer Strategie liegen und eine multimodale Perspektive einnehmen;*

- *Sicherheitsregulierung ist in gemeinsamer
Verantwortung der Betreiber und der Regierung;*

- *Die Kosten für Sicherheitsmaßnahmen in
jedem Transportmodus sollen durch den jeweiligen Transportmodus auf Basis eines
Nutzerentgeltes getragen werden.*

---

[1] Sack, Judi: Transport Reform in New Zealand, The
New Zealand transport sector model, 1995.

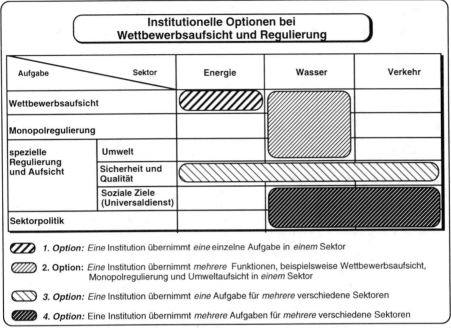

Abb. 4.3:   *Institutionelle Optionen bei Wettbewerbsaufsicht und Regulierung*

In vielen MOE- und GUS-Ländern wird es aufgrund knapper Ressourcen, mangelnder Erfahrung und Steuerungskapazitäten sowie vor dem Hintergrund der zentralisierten Ausgangssituation erst im Zeitablauf machbar sein, unterschiedliche Kompetenzen verschiedenen Institutionen zuzuweisen. In der Anfangszeit wird mitunter eine (möglicherweise unbefriedigende) Bündelung von Kompetenzen und Aufgaben in einer oder in wenigen Organisationen stattfinden müssen.

Mangelnde Ressourcen

In den folgenden Kapiteln wird eine idealtypische Ausgestaltung der Aufgabenwahrnehmung durch unterschiedliche Institutionen vorgestellt. Dabei wird eine Trennung der Aufgaben der Wettbewerbsaufsicht von denen der Monopolregulierung durch die Schaffung von separaten Einrichtungen angenommen. Die Wettbewerbsaufsicht befaßt sich primär mit den als wettbewerblich identifizierten Dienstleistungen auf materiellen Netzen. Der Wettbewerb, der hier eingeführt werden kann, unterscheidet sich prinzipiell nicht vom Wettbewerb in anderen (originär privatwirtschaftlichen) Wirtschaftssektoren, so daß diese Institution sektorübergreifend gestaltet werden kann. Die Monopolregulierung hingegen befaßt sich mit dem Einsatz spezifischer Regulierungsinstrumente für Netzbereiche der Versorgungs- und Transportwirtschaft. Hier spielen Sektorspezifika eine erheblich größere Rolle. Daher ist nicht nur die Einrichtung einer von der Wettbewerbsaufsicht getrennten Institution sinvoll, sondern gegebenenfalls sogar die Schaffung von branchenspezifischen Monopolregulierungen.

Trennung von Wettbewerbsaufsicht und Monopolregulierung

Institutionenvielfalt - Das Beispiel der britischen Wasserwirtschaft

Großbritannien hat bei der Privatisierung öffentlicher Ver- und Entsorgungsunternehmen in Europa eine Vorreiterrolle übernommen. Aufgrund der sehr konsequenten Privatisierung, bspw. der Wasserversorgungsunternehmen, wurde es erforderlich, eine Vielzahl von Regulierungen zu schaffen. Hiermit soll eine indirekte Kontrolle des Staates gewährleistet werden, um negative ökonomische Effekte (insbesondere Ausnutzung ‚natürlicher‘ Monopolmacht) zu verhindern. Daraus resultierend wurde eine Vielzahl von staatlichen, halbstaatlichen und privaten Institutionen mit entsprecheden Aufgaben betraut.

Die Struktur des Regulierungssystems in der britischen Versorgungswirtschaft ist vorwiegend sektoral ausgerichtet. Innerhalb der einzelnen Sektoren, etwa Energie oder Transport, findet eine weitere Spezialisierung nach

Energiebereichen oder Verkehrsmodi statt. Dem ‚Office of Water Services‘ (Ofwat), das den ‚Director General of Water Service‘ bei der Preisregulierung unterstützt, steht in der Gaswirtschaft etwa die Regulierungsbehörde 'Ofgas' gegenüber. Andere Institutionen, wie das ‚Department of Trade and Industry‘, sowie die für die Fusionskontrolle zuständige ‚Monopolies and Mergers Commission‘ arbeiten hingegen sektorübergreifend und mit teilweise sich überschneidenden Kompetenzen.

Die Leistungsfähigkeit dieses sogenannten multiplen Systems wird sehr unterschiedlich beurteilt. Die Institutionenlandschaft der Wasserwirtschaft in Großbritannien zeigt insbesondere, daß eine große Anzahl von im Aufsichtsprozeß beteiligten Institutionen zu mangelnder Übersichtlichkeit und daraus resultierend zu Abstimmungsproblemen führen kann.

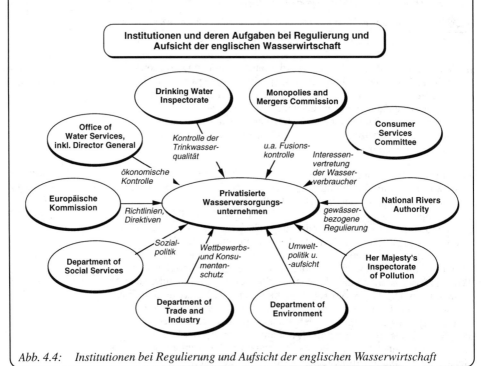

Abb. 4.4:   Institutionen bei Regulierung und Aufsicht der englischen Wasserwirtschaft

Die Regulierungs- und Aufsichtsinstitutionen befinden sich in einem Spannungsfeld widerstrebender Interessen, die bei der institutionellen Anordnung und Ausgestaltung beachtet werden müssen:

Probleme der institutionellen Ausgestaltung

- Der Staat ist versucht, bspw. die Erfüllung der Monopolregulierung oder der Wettbewerbsaufsicht zugunsten anderer Politikziele zurückzustellen oder sie entsprechend zu beeinflussen.

- Gut organisierte Minderheiten - wie beispielsweise die Anbieter von Transport- und Versorgungsdienstleistungen - können versuchen, Einfluß auf die Behörde auszuüben, um die Marktmechanismen zu ihren Gunsten zu beeinflussen (die Behörde zu ‚vereinnahmen').

- Darüber hinaus besteht die Gefahr, daß die Mitarbeiter einer Regulierungs- und Aufsichtsbehörde als Bürokraten persönliche Ziele wie Macht und Ansehen verfolgen. Diese Ziele lassen sich insbesondere dann realisieren, wenn ihre Behörde expandiert. Im Interesse der Bürokraten liegen daher Regulierungen, die ihnen möglichst große Spielräume für tiefgreifende und einzelfallbezogene Entscheidungen lassen.

Ein Grundproblem bei der Einrichtung wirksamer Regulierungs- und Aufsichtsinstitutionen besteht in der Schaffung eines Gleichgewichtes zwischen Autonomie und Verantwortlichkeit. Um ihrem Auftrag bestmöglich gerecht werden zu können, sollte eine Regulierungs- oder Aufsichtsstelle als eigenständige und unabhängige Behörde eingerichtet werden. Das Verhalten der Behörde sollte, wie beispielsweise das der Bundesbank, strikt an den Aufgaben ausgerichtet werden. Insbesondere sollte die Aufsichts- und Regulierungsfunktion von den Politikfunktionen streng getrennt sein. Wäre beispielsweise die Monopolregulierungsinstitution der Transportwirtschaft ein Teil des Ministeriums, wäre sie dem Druck neuer verkehrspolitischer Bestrebungen ausgesetzt oder könnte Opfer tagtäglicher politischer Einwirkungsversuche werden. Beides ist dem marktwirtschaftlichen Prozeß und der Glaubwürdigkeit der Institution abträglich.

Prinzipien für den Aufbau von Regulierungs- und Aufsichtsinstitutione

Erfahrungen aus zahlreichen Ländern zeigen, daß aus einer Vermischung dieser staatlichen Tätigkeitsbereiche kaum lösbare Konflikte resultieren. Um eine ausreichende Kontrolle bei politischer Unabhängigkeit zu gewährleisten, sollte die Regulierungsbehörde nicht dem Fachminister verantwortlich sein, sondern beispielsweise direkt dem Parlament berichten.

Direkte Verantwortlichkeit gegenüber dem Parlament

Die Notwendigkeit der Unabhängigkeit der Regulierungs- und Aufsichtsinstitution wird besonders offensichtlich, wenn ihr auch die Funktion eines Schlichters bei Konflikten und Streitfällen zukommt. Konflikte können zwischen den Versorgungs- bzw. Transportunternehmen und deren Kunden auftreten oder aber zwischen Unternehmen, beispielsweise verschiedener Produktionsstufen. Eine solche Schlichterfunktion kommt bspw. den 'regulatory commissions' in der amerikanischen Elektrizitätswirtschaft zu. Im Rahmen von öffentlichen Anhörungen versucht man dort in gerichtsähnlichen Verfahren Streitfälle zwischen Kunden und EVU's beizulegen.

Schlichtungsfunktion

Kosten der Regulierung und Mindestanforderungen an Regulierung

Bei der Ausgestaltung des Regulierungsrahmens muß berücksichtigt werden, daß Regulierung Kosten verursacht. Hierzu gehören:

- *direkte Kosten: Kosten, die durch Nutzung von Ressourcen durch die Regulierungsinstitution anfallen (Personal-, Raum- und Sachkosten), sowie*

- *indirekte Kosten: Kosten, die durch ineffiziente Regulierung (beispielsweise wettbewerbsverzerrend) und verzögerte oder unterlassene Regulierungsentscheidungen verursacht werden.*

Um diese Kosten zu minimieren, sind folgende Mindestanforderungen an Regulierungsbehörden zu stellen:

- *Effizienz und Effektivität der Organisation*

- *Hohe, möglichst genau vorgegebene Geschwindigkeit der Entscheidungsfindung*

- *Transparenz der Entscheidungen*

- *Politische Unabhängigkeit*

Kontrolle von Regulierungs- und Aufsichtsinstanzen

Gleichzeitig müssen Möglichkeiten geschaffen werden, die autonomen Wettbewerbshüter und Reglierer zu kontrollieren und im Zweifel deren Entscheidungen revidierbar zu machen. Dies kann dadurch erreicht werden, daß Entscheidungen von Behörden - wie beispielsweise des Bundeskartellamtes als Wettbewerbsaufsichtsinstitution in Deutschland - einer Überprüfung durch unabhängige Gerichte unterliegen.[1] Eine weitere Kontrollmöglichkeit ist die - allerdings umstrittene - politische Überprüfung der Entscheidungen.[2] Ein Beispiel hierfür ist die Untersagung eines Fusionsvorhabens zwischen Energieerzeugungs- und Energieverteilungsunternehmen durch den britischen Minister für Industrie und Handel im April 1996. Der Minister revidierte die an Auflagen geknüpfte Zusammenschlußgenehmigung der Monopolies and Mergers Commission (MMC) und untersagte die Fusion, da sich sonst ein integrierter Versorger

---

[1] Ein Beispiel für die mögliche Revision von Entscheidungen einer Aufsichtsbehörde über den Rechtsweg ist der Zusammenschluß der VEBA Energiebeteiligungs GmbH und der Stadtwerke Bremen. Das Bundeskartellamt hatte diese Fusion nachträglich untersagt, da eine marktbeherrschende Stellung begründet würde. Die Berufung der Unternehmen vor dem Kartellsenat des Berliner Kammergerichts hat zu der Aufhebung des Fusionsverbotes geführt, da der Zusammenschluß angesichts der Neuordnung der Energiemärkte im Zuge der Liberalisierung in Deutschland und der EU keine stärkere Marktbeherrschung bedeutet. Siehe: o.V.: Kartellamt-Kritik am Kartellsenat, in: Handelsblatt vom 7./8.06.1996.

[2] Anders als im deutschen Modell wird bei der europäischen Wettbewerbsaufsicht der Unabhängigkeit ein geringerer Stellenwert eingeräumt. Mit der Wettbewerbsaufsicht wurde ein Kommissar der EU-Kommission betraut. Da die kartellrechtlichen Entscheidungen in der Kommission abgestimmt werden, besteht hier ein unmittelbarer Einflußkanal zur Berücksichtigung politischer Aspekte. So können im Falle eines Prüfungsverfahren aufgrund eines Unternehmenszusammenschlusses auch andere politische Ziele - beispielsweise die Sicherung von Arbeitsplätzen - in die Entscheidung eingehen. Bei dem EU-Modell stehen mithin die politisch relevanten Aspekte der Wettbewerbsaufsicht stärker im Vordergrund.

mit marktmächtiger Position in einer Region gebildet hätte. In die Kritik geriet neben der Aufsichtsbehörde allerdings auch der Minister selbst: Während die Presse bei den Mitgliedern der MMC Unprofessionalität monierte, sah sie den Minister nicht nur als letztlichen Hüter des Wettbewerbs auf entflochtenen Märkten, sondern vermutete eigennützige politische Motive.[1]

Die Planung und der Aufbau der entsprechenden Institutionen und Behörden kann durch die Kommerzialisierungskommission durchgeführt werden. Dabei sollte sie durch das betreffende Fachministerium unterstützt werden. Sobald die Behörde jedoch ihre Arbeit aufgenommen hat, sollte sie möglichst unabhängig und unbeeinflußt vom Ministerium agieren können. So wurde von der ungarischen Regierung im Zuge der Privatisierungspolitik 1994 mit dem Ungarischen Energieamt eine unabhängige Aufsichtsagentur geschaffen. Damit wurde ein gewisser Mindestabstand zwischen dem Energieministerium und den Unternehmen hergestellt. Allerdings blieben die Kompetenzen des Energieamtes, die sich auf Energiepreise und -handel erstrecken, stark begrenzt. In vielen Fällen, etwa bei der dualen Preispolitik für Industriekunden und Privathaushalte, hat das Ministerium weiterhin die direkte Kontrolle über die Preise für Energie behalten.

Aufbau der Institutionen

Die in der Regel in den Behörden vorzufindenden steilen Hierarchien, gekennzeichnet durch eine Vielzahl von internen Unterabteilungen und Referaten, führen zu Abstimmungsproblemen und stehen oftmals einer hohen Effizienz bei der Aufgabenerfüllung im Wege. Um ein flexibles Reagieren auf sachliche oder politische Änderungen zu ermöglichen, sollten diese Hierarchien jedoch möglichst flach gestaltet werden. Die Größe der organisatorischen Einheiten innerhalb der Aufsichts- und Regulierungsinstitutionen wie auch der Ministerien sollte möglichst überschaubar bleiben und operative Aufgaben an nachgeordnete Institutionen abgegeben werden.

Möglichst flache Hierarchien

Um die Erfüllung der Aufsichts- und Regulierungsaufgaben sicherzustellen, muß für eine angemessene Ausstattung mit Personal und Sachmitteln gesorgt werden. Voraussetzung dafür ist eine verläßliche Finanzierungsgrundlage der Institutionen. Die angemessene Ausstattung mit Finanzmitteln trägt zur Unabhängigkeit bei, sofern eine politische Beeinflussung über den Weg der Mittelzuweisung verhindert wird. Ein Weg, dies für den Bereich der Wettbewerbsaufsicht und der Monopolregulierung sicherzustellen, ist die Finanzierung über eine feste Zuweisung aus allgemeinen Steuermitteln.[2] Denkbar ist auch die Gewährung zusätzlicher Einnahmerechte, z.B. durch Gebührenerhebung bei der Ausgabe von Lizenzen sowie durch die

Personelle und sachliche Ausstattung, Finanzmittel

---

[1] Siehe o.V.: Lang pulls the plug, in: The Economist, 27.04.1996, S.43.
[2] Dies ist auch steuersystematisch zu vertreten, da die Nutznießer der Regulierungstätigkeit die breite Gruppe der Verbraucher sind, die auch die allgemeine Steuerlast tragen.

Die kanadische Regulierungsbehörde Canadian Transportation Agency (CTA)

Die Regulierung des Transportsektors wird in Kanada von der Canadian Transportation Agency wahrgenommen. Aufgaben der CTA sind insbesondere[1]

- *ökonomische Regulierung,*

- *erste Schiedsinstanz für Luft-, Eisenbahn- und Wasserverkehrsangelegenheiten (v.a. Preise, Dienstleistungen),*

- *Ausgabe von Lizenzen für Luftverkehrs- und Eisenbahndienstleister.*

Von besonderer Bedeutung ist, daß die CTA zu Transparenz und schnellem Vorgehen verpflich-

tet ist: Insbesondere muß sie alle Anfragen 'rechtzeitig' bearbeiten, d.h. in nicht mehr als 120 Tagen nach Erhalt eines Antrages. Darüber hinaus ist die CTA verpflichtet, in einem Jahresbericht an den Transportminister die Aktivitäten darzustellen und eine Einschätzung der Funktionsfähigkeit neuer Gesetze abzugeben. Durch diese Verpflichtung der Regulierungsbehörde sollen insbesondere die indirekten Kosten der Regulierung möglichst klein gehalten werden.

---

[1] Canadian Transportation Agency, Ottawa, 1996.

Organisation und Aufgaben der kanadischen Regulierungsbehörde CTA, vereinfachte Darstellung

Vorstandsvorsitzender und Geschäftsführer

Luftfahrt und behindertengerechter Transport	**Eisenbahn und Seefahrt**	**Rechtsfragen, Sekretariat und Kommunikation**	**Unternehmens- führung**
- Lizenzen Flugzeuge - Durchsetzen Lizensierungs- anforderungen - Verhandlung / Implemetierung internationaler Luftfahrtabkommen - Verwaltung internationaler Luftfahrtzölle - Verbesserung des Zugangs zu allen staatlich regulierten Transportmitteln für Behinderte	- Bestimmung von Eisenbahnfahrpreisen und Entwicklung von Kostenstandards und -regulierungen - Inspektion Buchführung und Betriebssysteme - Konfliktlösungen bei Fahrpreis- und Dienstbeschwerden - Konfliktlösungen bei Infrastrukturfragen - Ausstellen von Gütezertifikaten für den Bau und den Betrieb von Eisenbahnen	- Rechtsberatung - Vertretung der CTA vor Gerichten - Verwaltung von CTA- Versammlungen/ Anhörungen/ Verordnungen/ Entscheidungen - Entwicklungs/ Verfahrens- regulierungen - Beratung und Dienste im Bereich Kommunikation	- Leitung und Verwaltung Unternehmensdienste mit Bezug zu Personal, Planung, Finanzierung, Informatik, Bibliothek und Archivierung

Abb. 4.5:   Organisationsstruktur der Canadian Transportation Agency

Verhängung von Geldbußen. Hier ist jedoch darauf zu achten, daß die Einnahmenerhebung auf einer gesetzlichen Grundlage (Tarifordnung) beruht. Die Ordnungsmäßigkeit dieser Einnahmen sowie die Verausgabung der Mittel sollten der Kontrolle eines Rechnungshofes unterstellt werden.[1] Bei Kartellbehörden kann der finanzielle und personelle Aufwand zur Durchführung effektiver Kontrollen vergleichsweise gering gehalten werden. Das deutsche Bundeskartellamt beispielsweise stellt für den Bundeshaushalt keine Kostenbelastung dar. Im Jahre 1996 standen den geplanten Ausgaben von 21 Millionen DM eigene Einnahmen in Höhe von ca. 30 Millionen DM gegenüber. Wichtige Einnahmequellen sind Gebühren und erhobene Geldbußen. Auch die Zahl der Mitarbeiter des Kartellamtes ist mit rund 250 Beschäftigten überschaubar.

An die oberste Leitungsebene von Regulierungs- und Aufsichtsbehörden werden - neben eines gewissen Rückhaltes in der Politik - hohe Anforderungen an persönliche und fachliche Kompetenz gestellt. Die Amtszeiten sollten nicht zu kurz gewählt werden, damit personelle Unabhängigkeit bei Entscheidungen gewährleistet wird. Führungskräfte sollten an ihren Leistungen gemessen werden. Dies setzt voraus, daß Verträge so gestaltet sind, daß bei mangelhaften Leistungen auch Kündigungen ausgesprochen werden können. Die persönliche Unabhängigkeit ist oftmals dadurch gefährdet, daß Führungskräfte von autonomen Behörden aus Karrieregründen politische Gefälligkeitsentscheidungen treffen. Eine Vorkehrung dagegen kann es sein, ältere Führungskräfte für die Top-Positionen zu gewinnen, die den Höhepunkt ihrer beruflichen Laufbahn bereits erreicht haben.

Hohe Anforderungen an die oberste Leitungseben

In Transformationsländern ergeben sich Schwierigkeiten insbesondere im Bereich der Personalausstattung. Mitarbeiter aus den relevanten Ministerien werden sektorspezifisches Wissen in die Regulierung und Aufsicht einbringen können. Die Rekrutierung von Ministeriumsangestellten hat den weiteren Vorteil, daß damit Beschäftigungsalternativen geschaffen werden, die bei der meist erforderlichen personellen Verschlankung von Fachministerien wichtig sind.[2] Allerdings ist der „Wandel" dieser Mitarbeiter zu neutralen Regulierern nicht problemlos zu vollziehen, zudem bestehen unter Umständen politische „Altlasten". Daher sollte auch versucht werden, neutrale Personen von außerhalb der Regierungssphäre zu gewinnen, vor allem aus dem Privatsektor, von Verbänden und von Universitäten. Ein bedarfsgerechtes Personalqualifizierungsprogramm muß entwickelt und zügig umgesetzt werden. Hier ergeben sich gute Ansatzpunkte für die Unterstützung durch ausländische Berater, zum Beispiel im Rahmen der Technischen Zusammenarbeit, die ihre Erfahrung und ihr Fachwissen in derartige Programme einbringen können.

Probleme der Personalausstattung

---

[1]   Gebühren stellen nicht nur für wirtschaftliche, sondern auch für (eventuell private) technische Aufsichtsinstitutionen eine wichtige Finanzierungsquelle dar.
[2]   Siehe Kap. 4.2.6.

Selbst wenn ein Land in MOE und GUS über entspechende Personal-
ressourcen verfügt, werden staatliche Stellen häufig nicht in der Lage sein,
diese durch entsprechend hohe Gehälter an sich zu binden. Private Arbeit-
geber konkurrieren mit staatlichen Organisationen und werben oftmals deren befähigte Mitarbeiter ab. Allein aus diesem Grunde schon ist eine privatwirtschaftliche Rechtsform der staatlichen Aufsicht und Regulierung zu
empfehlen. Dies ermöglicht in stärkerem Maße die flexible Entlohnung,
Führung und Entwicklung des Personals und schafft somit eine höhere
Attraktivität für potentielle Mitarbeiter. Ein zentraler Aspekt bei den neu
zu schaffenden oder zu restrukturierenden Institutionen ist zudem das
Personalmanagement. Erfahrungen bei der Organisationsberatung von
öffentlichen Verwaltungen in westlichen Ländern haben gezeigt, daß durch
gezielte Steigerung der Mitarbeitermotivation, der Entwicklung von Leit-
bildern und einer attraktiven Behördenkultur Leistungsbereitschaft und
Leistung erheblich gesteigert werden konnten. Dies kann durch Fort-
bildungs- und Trainingsmaßnahmen für Vertreter der Leitungsebene mit
dem Ziel einer verbesserten Führung unterstützt werden. Außerdem sollte
das Personalmanagement im Sinne einer strategischen Personalentwicklung
auf die Bedarfslage ausgerichtet werden.

4.2.2   Die Wettbewerbsaufsicht

Die Wettbewerbsaufsicht überwacht die Einhaltung der allgemeinen
Wettbewerbsregeln in den einzelnen Sektoren und bezieht sich vornehm-
lich auf die wettbewerblich organisierbaren Bereiche der Transport- und
Versorgungswirtschaft.[1] Die wichtigsten Aufgabenbereiche sind dabei:

- *die Kartellaufsicht,*
  Sie richtet sich gegen alle wettbewerbswidrigen Kartelle[2] und gegen
  unerlaubtes abgestimmtes Verhalten.[3]

- *die Mißbrauchsaufsicht und Durchsetzung des Diskriminierungsverbotes*
  Ihr unterliegen Unternehmen mit einer dominanten Marktstellung, die
  ihnen die Diskriminierung anderer Marktteilnehmer ermöglicht (z.B.

---

[1] In der Regel Erbringung von Dienstleistungen auf materiellen Netzen, siehe Kapitel
3.3.1.

[2] Bei Kartellen wird die Erzeugung oder der Verkehr von Waren oder gewerblichen
Leistungen durch Beschränkungen des Wettbewerbs beeinflusst. Kartelle unterliegen
dem Kartellgesetz, in Deutschland ist es das Gesetz gegen Wettbewerbsbeschränkungen (GWB) vom 27.7.1957 mit späteren Änderungen.

[3] Allerdings verstoßen nicht alle Kartellformen von vornherein gegen das Wettbewerbsrecht. In Deutschland beispielsweise ist das sogenannte Strukturkrisenkartell eine unter
bestimmten Voraussetzungen erlaubte Ausnahme vom grundsätzlichen Kartellverbot.
So wurde auch dem polnischen Kohlebergbau 1993 gestattet, ein Kartell zu bilden,
um die Kohleindustrie zu einer Selbstregulierung der Überkapazitäten zu bewegen.

durch Ausbeutung in Bezug auf Preise oder Geschäftsbedingungen). Dies bezieht sich im Infrastruktursektor zumeist auf die (natürlichen) Monopolbereiche[1], jedoch auch auf große Dienstleister in wettbewerblichen Bereichen.

- *die Zusammenschluß- bzw. Fusionskontrolle*
  Sie richtet sich gegen wettbewerbswidrige unternehmerische Konzentrationsstrategien, beispielsweise gegen Versuche, unter dem Gesichtspunkt der Wettbewerbsförderung entflochtene Bereiche wieder zusammenzufassen.

In Transformationsländern können der Wettbewerbsaufsicht über diese klassischen Arbeitsinhalte zusätzliche Aufgaben zugewiesen werden. Dies gilt vor allem für die notwendigen Entflechtungen von integrierten Monopolen, die Voraussetzung für die Einführung von Wettbewerb in der Versorgungs- und Transportwirtschaft sind. Die Wettbewerbsbehörde kann den Entflechtungsprozeß in starkem Maße unterstützen oder selbständig initiieren und durchführen. Dies ist in MOE und GUS in unterschiedlichem Maße möglich: Die polnische Kartellgesetzgebung beispielsweise erlaubt einen aktiven Eingriff in bestehende Monopolstrukturen und gestattet deren Entflechtung. Dagegen hat die frühe ungarische Kartellgesetzgebung von 1990, in deren Folge das *Hungarian Competition Office (HCO)* gebildet wurde, derartige Eingriffe nicht zugelassen.[2]

Besondere Aufgaben in MOE und GUS

Auch bei großen Privatisierungsvorhaben können die Wettbewerbsbehörden besondere Funktionen übernehmen. So wurde beispielsweise in Polen, der Tschechischen und der Slowakischen Republik den Wettbewerbsbehörden das Recht eingeräumt, aus ihrer Sicht zu Privatisierungsprojekten Stellung zu beziehen. In Abhängigkeit vom Umfang des landesspezifisch gewünschten Wettbewerbs kann eine weitere Aufgabe der Wettbewerbsbehörde schließlich in der Lizensierung von Unternehmen bestehen. So ist beispielsweise im Rahmen des neuen polnischen Energierechts die Schaffung einer Behörde vorgesehen, die neben der Überwachung des Wettbewerbs u.a. auch Konzesionen für Energieerzeugung vergibt.[3]

Stellungnahme zu Privatisierungsvorhaben

Je umfassender funktionsfähiger Wettbewerb freigesetzt wurde, desto weniger Kontrolle und Aufsicht sind erforderlich. Für die verbleibenden Aufsichtsaufgaben ist das Instrument des sogenannten Referenz-Wettbewerbs („yardstick competition") eine gute Möglichkeit zur Beurteilung von Marktmacht-Mißbrauch. Es beinhaltet im Kern, daß die Entwicklungen unter-

Instrumente zur Beurteilung der Wettbewerbssituation

---

[1]   In diesem Falle ist dies Aufgabe der Monopolregulierung, auf die in Kap. 4.2.3 eingegangen wird.

[2]   Vgl. Pittmann, R. Some Critical Provisions in the Antimonopoly Laws of Central and Eastern Europe, in: International Lawyer, No. 2 (1992), S. 485 - 503.

[3]   Zu beachten ist, daß diese Institution die Aufgaben der Wettbewerbsaufsicht als auch Monopolregulierung übernehmen soll. So besteht eine weitere Aufgabe in der Bestätigung und Kontrolle der Preise für Elektro- und Wärmeenergie, Braunkohle und Erdgas. Vgl. Wirtschafts-Markt Polen, 2/1997, S. 9, Grzow, 1997.

schiedlicher Gesellschaften miteinander verglichen werden. Dabei wird davon ausgegangen, daß bereits der Vergleich eines monopolistischen Unternehmens in einer Region mit dem einer anderen Region oder auch eines ausländischen Unternehmens Hinweise auf die Ausnutzung von Marktmachtpositionen geben kann. In der chilenischen Telekommunikationswirtschaft beispielsweise werden die Marktergebnisse von zu beaufsichtigenden Unternehmen mit hypothetischen, effizienten Unternehmen verglichen.[1] Sobald sich Hinweise ergeben, daß ein Unternehmen seine Marktposition ausnutzt, werden nähere Untersuchungen durchgeführt. Wie das Beispiel der ostdeutschen Stromwirtschaft zeigt, ist ein Vergleich von Unternehmensergebnissen jedoch nicht unproblematisch.[2]

Sanktions-
möglichkeiten der
Wettbewerbs-
behörde

Zur detaillierten Feststellung von Marktmißbrauch benötigt die Wettbewerbsbehörde weitgehende Ermittlungsbefugnisse - vor allem Informations- und Einsichtsrechte. Steht der Verstoß gegen die Wettbewerbsregeln dann fest, hängt die Durchsetzungskraft der Behörde wesentlich von den verfügbaren gesetzlichen Sanktionsmöglichkeiten ab. Nach dem deut-

---

[1] Vgl. Weltbank: Weltentwicklungsbericht 1994, Washington, 1994.
[2] In Deutschland wird diese Form der Mißbrauchsaufsicht vom Kartellamt durchgeführt, in anderen Ländern wird sie aufgrund der Fachspezifika von spezialisierten Institutionen wahrgenommen. Siehe hierzu auch Kap. 4.2.3.

Machtmißbrauch durch Monopole:
Zweifelhafte Preisbildung bei ostdeutschen Stromversorgern

Hinweise auf möglichen Marktmachtmißbrauch durch Monopole bietet häufig bereits ein erster, grober Vergleich der Verkaufspreise. So wurden im Juli 1996 vom Bundeskartellamt Ermittlungen wegen des Verdachtes des Marktmacht-Mißbrauchs bei der Preisbildung gegen mehrere ostdeutsche Stromversorger aufgenommen.

Ausgangspunkt der Ermittlungen war, daß die insgesamt zwölf ostdeutschen Versorgungsunternehmen den Strom, den sie von den Vereinigten Energiewerke AG (VEAG) in Berlin zu gleichen Preisen bezogen, zu stark differierenden Preisen an ihre Kunden weiterverkauften. Der Preisunterschied zwischen dem teuersten und dem preiswertesten Anbieter betrug ca. 10 Prozent. Im Vergleich zu den Prei-

sen, die westdeutsche Versorger ihren Stadtwerkskunden berechnen, lag der Durchschnittspreis der ostdeutschen Regionalversorger sogar um 18,5 Prozent höher.

Eine endgültige Analyse, ob Mißbrauch vorliegt oder aber tatsächlich wichtige und verständliche Gründe für diese Preisdifferenzen sprechen, erfordert allerdings tiefergehende Untersuchungen der Unternehmen (Investitionshöhe, Abschreibungen, Verlustquoten etc.) sowie einen Vergleich der regionalen Bedingungen, wie beispielsweise der Anbindungsdichte.[1]

---

[1] *Vgl. FAZ, 23.07.96*

schen Gesetz gegen Wettbewerbsbeschränkungen (GWB) beispielsweise kann das Bundeskartellamt zivilrechtliche Sanktionen ergreifen: Bestimmte Unternehmensentscheidungen können untersagt und Bußgelder verhängt werden.[1] Strafrechtliche Maßnahmen hingegen sind im deutschen Wettbewerbsrecht nicht vorgesehen, da eine 'Kriminalisierung des Kartellrechts' unterbleiben soll.

Voraussetzung für eine wirksame Aufsicht der Wettbewerbsbehörde ist eine entsprechende Rechtsgrundlage in Form von Wettbewerbsgesetzen. Diese geben die allgemeinen Spielregeln vor, nach denen sich die Akteure im marktwirtschaftlichen Wettbewerb zu verhalten haben. Gleichzeitig bildet das Wettbewerbsgesetz die Rechtsgrundlage für die Aufsichtstätigkeit der Wettbewerbsbehörde. In den MOE-/GUS-Staaten ist das Wettbewerbsrecht in weiten Teilen noch unzureichend, rasche Verbesserungen sind hier angeraten. Dabei können sich die Länder die wettbewerbsrechtlichen Erfahrungen westlicher Staaten zunutze machen. Slowenien etwa verabschiedete im Jahr 1993 ein leistungsfähiges Wettbewerbsgesetz, in dem im wesentlichen die Vorgaben des deutschen Gesetzes gegen Wettbewerbsbeschränkungen übernommen worden sind. Es würde allerdings zu kurz greifen, vollständige Gesetzeswerke ungeprüft auf osteuropäische Verhältnisse zu übertragen, ohne den jeweiligen Bedingungen Rechnung zu tragen.[2] Diese wurden beispielsweise im Falle der umfassenden Energierechtsreform Sloweniens berücksichtigt: Experten der EU-Kommission schufen dort in enger Zusammenarbeit mit lokalen Fachleuten ein neues Energierecht.[3]

Rechtliche Grundlagen

Mit der Etablierung des Wettbewerbsrechts sollte gleichzeitig die Wettbewerbsaufsichtsbehörde geschaffen werden. Dabei sollte nach Möglichkeit bei bestehenden Institutionen - wie beispielsweise den Fachministerien - angesetzt und mit diesen zusammengearbeitet werden. Auf diese Weise können die spezifische geschichtliche Entwicklung und die Erfahrungen eines Landes berücksichtigt werden.

Institutionelle Ausgestaltung der Wettbewerbsbehörde

Eine wichtige Voraussetzung für eine wirksame Wettbewerbsaufsicht sind eine effiziente Aufbau- und Ablauforganisation. Da die Wettbewerbsregeln für viele Wirtschaftssektoren prinzipiell in gleicher Weise gelten, ist die Schaffung einer branchenübergreifenden Instanz in Form einer zentralen Wettbewerbs- und Kartellbehörde sinnvoll. Diese Lösung ist - wie Abbil-

Interne Organisation der Wettbewerbsbehörde

---

[1]   So hat die ungarische Kartellbehörde HCO bis 1994 in ca. 100 Verfahren eine kumulierte Geldstrafe von 600 Mio. Forint verhängt und eingenommen. Das Verhängen von Geldstrafen ist in den Transformationsländern bislang eine Ausnahme, und wird sonst nur von der Tschechischen Republik praktiziert, die bis 1994 in 73 Verfahren 33,7 Mill. Kronen eingenommen hat.

[2]   In diesem Falle spricht man auch vom sog. „law dropping".

[3]   Vgl. Schalast, C.: Energierechtsreform in Osteuropa. Das Beispiel Slowenien, in: Energiewirtschaftliche Tagesfragen, 45. Jg., H. 10, 1995, S. 653-656.

**Organisatorische Ausgestaltung einer Wettbewerbsbehörde:
Das Beispiel des deutschen Bundeskartellamtes**

Präsident — Presse

Vizepräsident

10 Beschlußabteilungen nach Wirtschaftszweigen unterteilt, einschl. Verkehr, Transport und Versorgung *

Europäisches und internationales Kartellrecht

Prozeßführung und allgemeine Rechtsangelegenheiten

Grundsatz-fragen

Referat Information

Referat Verwaltung

Referat Europäisches Kartellrecht

Referat Internationale Wettbewerbsfragen

Referat Europäische Fusionskontrolle

Referat Harmonisierung der Kartellrechts-praxis

Referat Allgemeine Fragen / Öffentlichkeitsarbeit

Referat Kartelle

Referat Marktbeherrschung

Referat Fusionskontrolle

mit teilweise ausschließlicher Zuständigkeit für bestimmte Fachgebiete, z.B.: Konditionenkartelle und -empfehlungen; Lizenzverträge; Nachfragemacht der öffentlichen Hand.

Abb. 4.6   Organisatorische Ausgestaltung der Wettbewerbsbehörde: Das Beispiel des Bundeskartellamtes

dung 4.6 zeigt - im deutschen Bundeskartellamt verwirklicht. Die Bundesbehörde wird von den jeweiligen Landeskartellbehörden, die als Kartellreferate bei den Landeswirtschaftsministern angesiedelt sind, unterstützt. Die eigentlichen Entscheidungen werden in mehreren - derzeit zehn - Beschlußabteilungen getroffen. Den Besonderheiten einzelner Sektoren wird durch die branchenmäßige Zuständigkeit dieser Abteilungen Rechnung getragen. Für bestimmte Einzelfragen (z.B. Konditionenkartelle) sind zudem gesonderte Abteilungen zuständig.

4.2.3   Die Monopolregulierung

4.2.3.1   Aufgaben der Monopolregulierung

Eng mit der Sicherung des Wettbewerbs verbunden ist die Monopolregulierung. Während die Wettbewerbspolitik primär darauf abzielt, die Märkte offen zu halten, besteht die Aufgabe der Monopolregulierung darin, geeignete Maßnahmen zur Verhinderung der Ausnutzung von Marktmacht in Monopolbereichen durchzuführen. Ein solcher Mißbrauch kann die Form der Diskriminierung, der Behinderung oder der Erhebung übermäßiger Preise beziehungsweise des Einbehaltens übermäßiger Gewinne annehmen.[1] Die wichtigsten Ziele bei der konzeptionellen Ausgestaltung des Regulierungssystems sind der Schutz der Verbraucher einerseits und die Förderung der Effizienz der Versorgungs- und Transportwirtschaft andererseits.[2]

Verhinderung der Ausnutzung von Marktmacht

Anders als im Falle der Wettbewerbsbehörde sollte bei der Einrichtung von Institutionen für die Monopolregulierung eine sektorale Gliederung vorgenommen werden, da Regulierungen in der Regel aufgrund von unterschiedlichen Wettbewerbssituationen oder technischen Besonderheiten sektorspezifisch sind. Da selbst innerhalb der Sektoren recht unterschiedliche Regulierungsaufgaben bestehen können, ist unter Umständen eine weitere Trennung sinnvoll. So weichen beispielsweise die Regulierungsaufgaben im Eisenbahnbereich stark von denen im Straßentransport ab. Diesem Aspekt wurde bei Privatisierung der British Rail Rechnung getragen, in dem hierfür ein spezielles Regulierungsorgan (Regulatory Authority) eingerichtet wurde.[3]

Organisatorische Gestaltung einer Monopolregulierungsbehörde

Eine sektoral differenzierte Regulierungsstruktur nimmt jedoch auch Nachteile in Kauf: Je näher die Regulierungsbehörde bei den zu regulierenden Unternehmen angesiedelt ist, desto größer ist die Gefahr, von diesen vereinnahmt zu werden. Zudem können ein unübersichtlicher Regelungswald entstehen oder einzelne Regulierungen nicht in Abstimmung mit anderen Gesetzen erfolgen.

Bei der Wahl des regulatorischen Regimes sollten sich politische Entscheidungsträger an den in Abbildung 4.7 auf der folgenden Seite dargestellten Zielen orientieren.

Ziele der Regulierung

---

[1]   Die Monopolregulierung bezieht sich sowohl auf Verbundunternehmen - also integrierte Monopole - als auch auf entflochtene natürliche Monopole.

[2]   Vgl. hierzu auch Monopolkommission: Zehntes Hauptgutachten 1994, Sonderuntersuchung zum Thema "Konzentration und Wettbewerb in der leitungsgebundenen Energiewirtschaft".

[3]   Vgl. GTZ: Der Staat in seiner Funktion als „Regulatory Authority" im Rahmen einer liberalisierten Transportwirtschaft, Konzepte, Erfahrungen und Problembereiche, Eschborn 1996.

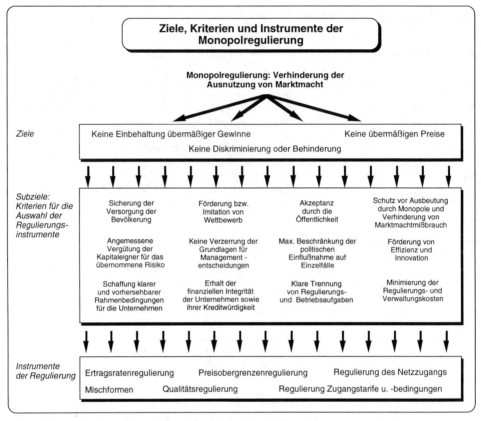

Abb. 4.7:   Ziele, Kriterien und Instrumente der Monopolregulierung

Vorgabe klarer Bedingungen für Unternehmens- entscheidungen

Unabhängig von der Wahl der Regulierungsinstrumente ist es wichtig, von staatlicher Seite feste und vorhersehbare Rahmenbedingungen für Unternehmen vorzugeben. Dies gilt insbesondere vor dem Hintergrund, daß die Reform der Versorgungs- und Transportwirtschaft in MOE und GUS letztlich nur mit finanzkräftigen Investoren bewältigt werden kann. Werden klare und eindeutige Regelungen erst nach Abschluß der Privatisierung vereinbart, sind die Investoren vom Goodwill der Verwaltung und der politischen Akteure abhängig. Nimmt der Staat Unternehmen die Aussicht auf eine angemessene Verzinsung des eingesetzten Kapitals, dann kommt es nicht zu den erforderlichen Investitionen. Dies wirkt sich negativ auf das jeweilige Land als Wirtschaftsstandort aus.

**Probleme der Regulierung und Privatisierung:
Das Beispiel der ungarischen Gaswirtschaft**

Die deutschen Gesellschaften Ruhrgas und VEW kauften im Rahmen der Reform der ungarischen Energiewirtschaft für insgesamt rund 270 Mio. DM Anteile in Höhe von 39% und 50,1% an den zwei regionalen Gasversorgungsgesellschaften Fögaz (Budapest) und Ddgaz (Pecs). Die deutschen Gesellschafter verpflichteten sich dabei, in den nächsten Jahren Investitionen in Höhe von 50-60 Mio. DM pro Jahr für den Netzausbau vorzunehmen.[1]

Den Investoren waren im Gegenzug kostendeckende Energiepreise zugesagt worden. Die staatlich fixierten Endverbraucherpreise wa- *ren allerdings nicht kostendeckend. Zum Zeitpunkt des Verkaufs hatte man sich über die Methoden zur Festlegung der Preise nicht verständigt. Dies führte dazu, daß beide Unternehmen mit ihren 3.000 Beschäftigten 1995 einen Verlust von umgerechnet ca. 10 Mio. DM erwirtschafteten. Erst nach wiederholten Forderungen der westlichen Investoren ließ die ungarische Regierung durch das Energieamt die tatsächlichen Kosten der Gasversorger untersuchen, um zu entscheiden, welcher Preiszuschlag genehmigt werden sollte.*

---

[1]   *Frankfurter Rundschau, 1.6.96*

4.2.3.2 Regulierungsinstrumente

Zur Erreichung der Regulierungsziele stehen alternative Instrumente zur Verfügung, die die Kommerzialisierungs- bzw. die Monopolregulierungsinstitution in Abhängigkeit von der Ausgangssituation auswählt. Die beiden gebräuchlichsten Instrumente sind die Ertragsraten- bzw. Gewinnregulierung (auch 'rate of return'- bzw. 'cost of service'-regulation) sowie die Preisobergrenzenregulierung (auch 'incentive regulation'). Bei beiden Regulierungsformen werden den Unternehmen strikte finanzielle Vorgaben gemacht.

*Regulierungs-
objekte*

Die Ertragsratenregulierung ist ein traditionelles Instrument, das in den veschiedensten Bereichen - vom ÖPNV bis zur Elektrizitätsversorgung - Anwendung findet.[1] Bei dieser Regulierungsform wird den betroffenen Unternehmen eine feste Verzinsung ihres eingesetzten Kapitals zugebilligt. Ausgangspunkt der Ertragsratenregulierung ist die Feststellung der für die Erbringung der Versorgungs- oder Transportleistung notwendigen Betriebsaktiva (sog. rate base) durch die Regulierungsinstanz. In einem zweiten Schritt wird das Verhältnis von Eigen- und Fremdkapital ermittelt. Unter Berücksichtigung der wirschaftlichen Risiken der Unternehmenstätigkeit setzt die Regulierungsinstanz dann eine Rendite fest, die das Unternehmen

*Ertragsraten-
regulierung*

---

[1]   Zur Ertragsratenregulierung siehe etwa International Energy Agency: Electricity Supply Industry - Structure Ownership and Regulation, Paris 1994, S.48 f.

mit seinem Eigenkapital erwirtschaften darf. Aus der Summe der Fremd-kapitalzinsverpflichtungen, der operativen Kosten sowie des zugebilligten Gewinns lassen sich nun der erforderliche Umsatz des Unternehmens (revenue requirement) bestimmen. Daraus sowie aus der für den Untersu-chungszeitraum geschätzten Absatzmenge läßt sich dann der Preis errech-nen, den der Monopolist setzen darf.

Vorteile der Ertragsraten-regulierung

Für die Unternehmen erwächst aus dieser Regulierung der Vorteil, daß sie nach der Tarifvereinbarung mit einer festen Verzinsung ihres Kapitals rech-nen können. Die Investitionsplanung wird damit auf eine verläßliche Grund-lage gestellt. Da auch die Kosten von Investitionen und Qualitätssicherung gedeckt werden, wirkt sich die Gewinnregulierung in der Regel günstig auf die Qualität der Leistungen aus. Gleichzeitig verhindert die Begrenzung der Gewinne auf ein vereinbartes Maß, daß die Monopolunternehmen zu Lasten der Verbraucher übermäßige Renditen erwirtschaften können.

Nachteile

Die Hauptkritik an der Ertragsregulierung setzt bei den falschen Anreiz-wirkungen des Verfahrens an: Für die Unternehmen besteht kein Anreiz zur möglichst effizienten Leistungserstellung; dafür existiert allerdings ein An-reiz zur „Überkapitalisierung". Die Kunden des Monopolisten haben bei einer Überkapitalisierung ein größeres Anlagevermögen zu finanzieren (d.h. die Gebühren liegen höher), als zur Erstellung der jeweiligen Versorgungs-oder Transportdienstleistung volkswirtschaftlich sinnvoll ist. Weiterhin be-steht mit der Bestimmung einer 'angemessenen' und subjektiv als ‚fair' empfundenen Kapitalverzinsung ein potentieller Streitpunkt.

Kontrollintensiv und teuer

Das Verfahren erfordert außerdem einen hohen Informationsstand auf Sei-ten der Regulierer. Es ist kontrollintensiv und für die Verwaltung teuer. Ins-besondere in MOE und GUS wird diese Methode zudem durch mangelnde Kostenrechnung der Unternehmen erschwert. In Transformationsländern ist die Berechnungsbasis im Gegensatz zu den entwickelten Industriestaaten nicht bekannt. Die in regelmäßigen Abständen erforderliche Neufestsetzung der genehmigten Gewinne bewirkt eine regulierungsbedingte Zeitver-zögerung ('regulatory lag'). Die Festsetzung zukünftiger Gewinne anhand vergangenheitsorientierter Kostengrößen läuft der tatsächlichen Entwicklung hinterher. Insbesondere in den Ländern in MOE und GUS, in denen hohe Inflationsraten herrschen, ist eine Ertragsratenregulierung daher problema-tisch.

Preisobergrenzen-bzw. Anreiz-regulierung

Bei der Preisobergrenzenregulierung werden den betroffenen Unternehmen Obergrenzen für die jährliche Preisänderung - sogenannte 'price caps' - vorgegeben. Ziel dieser Regulierungsform ist die Ausnutzung von Kosten-senkungsspielräumen und die Durchsetzung von Produktivitätsteigerungen. Eine gebräuchliche Form der Regulierung anhand von Preisobergrenzen ist die sogenannte 'RPI - X' Methode. Dieses Verfahren wird unter ande-rem seit Ende der 80er Jahre in der britischen Versorgungswirtschaft ange-wendet. Der Faktor 'RPI' steht für die Verbraucherpreisentwicklung (retail price index), der die gesamtwirtschaftliche Preisentwicklung widergibt. Die Entwicklung der Kostensituation in den regulierten Unternehmen bleibt also zunächst unberücksichtigt. Von der Inflationsrate wird ein Faktor X als eine exogen bestimmte Größe abgezogen. In der einfachsten Form der Formel stellt 'X' die im voraus bestimmte prozentuale Produktivitätssteigerung dar, die der Regulierer von den Anbietern erwartet. Wird sie übertroffen, so bedeutet dies einen zusätzlichen Gewinn, wird sie unterschritten, ergibt sich ein Verlust für das Unternehmen. Sind - wie dies in MOE und GUS angesichts der Qualität der Versorgungs- und Transportleistungen zu erwarten ist - in größerem Maße Investitionen nötig, können zeitweise auch Tarifsteigerungen über die Inflationsrate hinaus zugestanden werden (RPI-X+K mit K>X; K stellt dabei den Indikator für Investitionen dar[1]).

---

[1]   In der britischen Wasserwirtschaft wurden die K-Faktoren für jedes Unternehmen und damit für jede Region einzeln festgelegt. Vgl.: Spelthahn, S.: Privatisierung natürlicher Monopole, Wiesbaden 1994, S. 193.

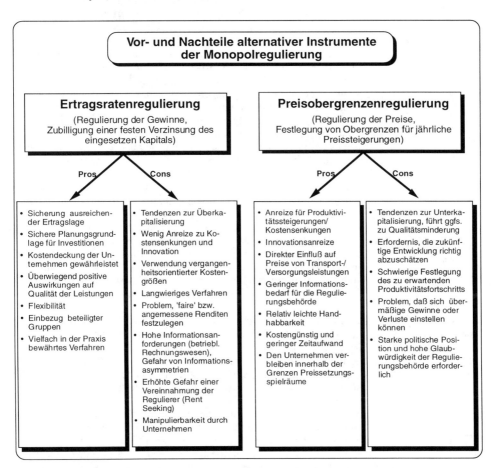

Abb. 4.8:   *Vor- und Nachteile alternativer Instrumente der Monopolregulierung*

Vorteile der Preis-obergrenzen-regulierung

Der entscheidende Vorteil der 'price cap'-Regulierung ist, daß Anreize zur Kostensenkung und Produktivitätssteigerung gesetzt werden. Die Anreizwirkung entfaltet sich dadurch, daß bei vorgegebenen Preisgrenzen sinkende (steigende) Kosten mit steigenden (sinkenden) Gewinnen einhergehen. Diese Vorteile sind insbesondere für Transformationsländer von Bedeutung, da in den meisten Wirtschaftsbereichen rasche Veränderungen der Produktionstechnologien bevorstehen. Um diese Anpassungsleistung besser zu bewältigen, sollten den Unternehmen frühzeitig die richtigen Anreize gesetzt werden. Angesichts der in MOE und GUS nicht kostendeckenden Ausgangspreisstrukturen kann die Anreizwirkung der Preisregulierung die erforderlichen Preissteigerungen zudem tendenziell geringer ausfallen lassen. Außerdem benötigt die Regulierungsinstitution bei der 'price cap'-Methode gegenüber der Ertragsregulierung wesentlich weniger Informationen. Insbesondere sind keine detaillierten Informationen über Kapitalstruktur und Kostenentwicklung der Unternehmen erforderlich, so daß das Verfahren für Verwaltungen in MOE und GUS leichter zu handhaben ist.

Nachteile

Allerdings kommt auch die Preisregulierung nicht gänzlich ohne unternehmensinterne Informationen aus: Sowohl zu Beginn des Verfahrens als auch in gewissen zeitlichen Abständen müssen die Tarife der tatsächlichen Kostensituation in den Unternehmen angepaßt werden. Würde dies im Falle außergewöhnlicher Kostensteigerungen unterbleiben, so müßten bei den regulierten Unternehmen unangemessen hohe Verluste toleriert werden. Andererseits besteht die Möglichkeit, daß Investoren bei unerwartet hohen Kostensenkungsspielräumen als unangemessen hochempfundene Gewinne erzielen. Implizit läuft somit die Price-Cap-Regulierung Gefahr, ähnlich gehandhabt zu werden wie die Ertragsratenregulierung und wirft dann identische Probleme auf. Zudem besteht bei preisregulierten Unternehmen die Tendenz zu einer Unterkapitalisierung: Da die Kosten nicht automatisch gedeckt werden, haben die Unternehmen einen Anreiz, erforderliche (Ersatz-)Investitionen hinauszuzögern. Dies kann negative Auswirkungen auf die Qualität der Leistungen oder die Sicherheit haben und sollte durch die Einführung und Überwachung entsprechender Standards verhindert werden. Wie die Gewinnregulierung wird auch die Preisobergrenzenregulierung durch die hohen Inflationsraten in manchen Ländern in MOE und GUS und den damit einhergehenden Verzerrungen der relativen Preise erschwert.

Neuere Regulierungs-instrumente

Da sowohl die Ertragsratenregulierung als auch die reine Preisregulierung jeweils spezifische Nachteile aufweisen, wurden in jüngerer Zeit Mischformen zwischen der Preis- und Gewinnregulierung entwickelt. Diese Regulierungsinstrumente versuchen die Nachteile der oben genannten Instrumente zu vermeiden, sind i.d.R. aber noch in der Erprobungsphase. So wird beispielsweise bei der Regulierung der amerikanischen Versorgungsindustrie eine Methode erprobt, die das mögliche Auftreten von Gewinnen oder Verlusten bei der Preisregulierung, die als nicht akzeptabel empfunden werden, kompensieren soll. Dabei wird für die Gewinnmarge der Unternehmen ein Grenzwert festgelegt, bei dessen Überschreiten ein Teil der Gewinne an die Verbraucher erstattet werden muß. Außergewöhnliche und nicht vorhersehbare hohe Verluste werden durch nachträglich gewährte Preiserhöhungen abgemildert.

In Abhängigkeit von dem gewählten Regulierungsinstrumentarium besteht die Notwendigkeit, daß neben den Preisen auch die Qualität der Leistungen beaufsichtigt werden muß. Es sind daher Qualitätsanforderungen anhand von Standards festzulegen und zu überwachen. Allerdings ist fraglich, ob die Monopolregulierungsbehörde neben ihren wirtschaftlichen auch solche technischen Aufgaben wahrnehmen sollte. Die Überwachung der Einhaltung von Qualitätsstandards kann für eine Übergangszeit beim Staat verbleiben, sollte aber generell einem Sachverständigen-Gremium obliegen. Häufig empfiehlt sich die Qualitätsüberwachung durch private, kompetente Stellen, wie beispielsweise durch technische Überwachungsvereine.[1]

Qualitäts-regulierung

Häufig verbleibt Monopolunternehmen trotz Regulierung der Gewine oder Preise sowie der Qualitätsüberwachung ein beachtliches Maß an Marktmacht. Dies gilt insbesondere für integrierte Monopolisten, die gleichzeitig in wettbewerblichen Bereichen aktiv sind. Dies ist beispielsweise in der Elektrizitätswirtschaft der Fall, wenn der Netzanbieter gleichzeitig in Konkurrenz zu anderen Unternehmen als Stromproduzent auftritt. In diesem Falle bestehen für Verbundunternehmen Anreize, Konkurrenten auf diesen von ihnen bedienten Wettbewerbsmärkten zu behindern. In Deutschland mußten sich kleine private Erzeuger von Windenergie den Zugang zu den Transportnetzen erst mühsam auf rechtlichem Wege erstreiten, da die großen Energieunternehmen das Recht auf Einspeisung zunächst verweigerten. Es ist daher insbesondere die Gleichbehandlung der Kunden eines Monopolisten in Bezug auf Zugangstarife und -bedingungen zu überwachen und durchzusetzen.

Regulierung des Netzzugangs

Eine Regulierung von Zugangstarifen ist beispielsweise im Verkehrssektor bei den Schienenwegen und bei Flughäfen erforderlich. Hier besteht die Gefahr, daß ein marktmächtiges Unternehmen andere Anbieter diskriminierend behandelt. Eine preisliche Diskriminierung liegt dann vor, wenn ein marktmächtiges Fahrdienstunternehmen einzelnen Wettbewerbern ungünstigere Tarife anbietet. Die Bestimmung der Tarife hat sich prinzipiell an den (Grenz-)Kosten zu orientieren, die die Inanspruchnahme verursacht. Werden von unterschiedlichen Wettbewerbern die gleichen Kosten hervorgerufen, so müssen diesen unter denselben Bedingungen auch gleiche Tarife gewährt werden. Sachlich gerechtfertigte Rabatte hingegen sind zulässig.

Regulierung der Zugangstarife

Darüber hinaus sind allen Marktteilnehmern prinzipiell gleiche Zugangsbedingungen zu gewähren. Eine Diskriminierung und Wettbewerbsverzerrung liegt dann vor, wenn zwar die gleichen Tarife gewährt werden, jedoch sachlich nicht gerechtfertigte Unterschiede bei den Konditionen für den Netzzugang gemacht werden. Eine selektive und damit diskriminierende Vertriebspolitik ist gegeben, wenn einem Unternehmen entweder gar

Regulierung der Zugangs-bedingungen

---

[1]   In Deutschland bietet der TÜV derartige Dienstleistungen zur Qualitäts- und Sicherheitsüberwachung an. Zahlreiche Unternehmen bieten zudem Vorbereitung und Zertifizierung nach den ISO-Qualitätsnormen an.

kein Zugang zu dem Netz erteilt wird, oder nur zu qualitativ abweichenden Anforderungen. Auch eine Gewährung unterschiedlicher Vertragslaufzeiten, für die kein objektiver Grund ersichtlich ist, kann wettbewerbsverzerrend wirken. Eine weitere Behinderung ist gegeben, wenn den Wettbewerbern ausschließlich Kopplungsverträge angeboten werden, wie etwa im Flugverkehr, wenn bestimmte Start- und Landerechte nur gemeinsam mit anderen Rechten erworben werden können.

Marktzugangsvoraussetzungen in der Flugverkehrswirtschaft

Im Jahre 1989 entschied das deutsche Bundeskartellamt in einem Fall von Behinderungsmißbrauch im Flugverkehrsmarkt zugunsten der Beschwerde eines „Newcomers". Die German Wings Luftfahrtunternehmen GmbH hatte gegen die Deutsche Lufthansa AG geklagt, da deren Verhalten diskriminierend sei und den Markteintritt von German Wings behindert habe.[1]

Im Mittelpunkt des Konflikts stand die Weigerung der Lufthansa, ein Interline-Abkommen mit der German Wings einzugehen, die mit insgesamt vier Maschinen den Flugbetrieb auf innerdeutschen und europäischen Linienstrecken aufnehmen wollte. Interline-Abkommen sind im Luftverkehr übliche Vereinbarungen, in denen sich die Vertragspartner verpflichten, gegenseitig die jeweils von der anderen Gesellschaft ausgegebenen Flugscheine anzuerkennen. Dies ermöglicht es dem Fluggast, im Falle einer Umbuchung auch die Flüge der anderen Gesellschaft zu nutzen. Für die Kunden, die ihre Flugzeiten dadurch wesentlich flexibler gestalten können, ist Interlining somit ein wichtiges Servicekriterium.

In einer Präzedenzentscheidung über die Bedeutung von Interline-Abkommen für den Wettbewerb im Flugverkehr urteilte die Wettbewerbsbehörde in Übereinstimmung mit

der Monopolkommission, daß die gegenseitige Anerkennung von Flugscheinen auf allen parallel beflogenen Strecken eine wichtige Voraussetzung für den Markteintritt in Flugverkehrsmärkte sei. Die damit ausgesprochene Verpflichtung der Lufthansa, mit Konkurrenzgesellschaften auf deren Anfrage hin zusammenzuarbeiten, bedeutet allerdings eine Einschränkung der (negativen) Vertragsfreiheit. Dieser Eingriff wurde jedoch damit begründet, daß in dem betreffenden Markt ein marktbeherrschendes Unternehmen - hier die Lufthansa - tätig ist und zudem der Markt weitgehend reguliert ist. Regulierungsbedingt können Marktneulingen daher beantragte Start- und Landerechte (Slots) nicht immer in gewünschter Zahl und Modalität zugeteilt werden. Deshalb geht das Bundeskartellamt davon aus, daß Wettbewerbskräfte in diesem Markt nicht ohne weiteres Zutun in ausreichendem Maße freigesetzt werden. Daher müssen zumindest die Zugangsvoraussetzungen - hier: Interline-Abkommen - durch staatlichen Eingriff offengehalten werden.

---

[1] *Siehe Monopolkommission: 8. Hauptgutachten 1988/89, Wettbewerbspolitik vor neuen Herausforderungen, Baden Baden 1990.*

4.2.4   Spezielle Aufsichts- und Regulierungsinstitutionen

Über die Wettbewerbsaufsicht und Monopolregulierung hinaus existieren weitere Aufsichtsaufgaben des Staates. Hierzu gehören:

Aufgabenüberblick

- Sicherung der Tarifeinheit im Raum bei flächendeckender Versorgung,
- Sicherheit, Qualität, Arbeitsbedingungen und Gesundheitsschutz,
- Umwelt- und Landschaftsschutz.

4.2.4.1   Sozialpolitischer Regulierungsbedarf

In vielen Ländern wird es aufgrund sozialpolitischer Erwägungen als unvermeidlich angesehen, eine flächendeckende Versorgung und einheitliche Tarife im Raum zu gewährleisten (sog. Universaldienst). Dies gilt sowohl für Versorgungs- und Transportleistungen von natürlichen Monopolen (materielle Netze) als auch von wettbewerblich organisierbaren Bereichen. Zur Durchsetzung der flächendeckenden Versorgung und einheitlicher Tarife stehen verschiedene regulatorische Optionen zur Auswahl.

Ziele der sozialpolitischen Regulierung

Der traditionelle Weg, um einheitliche Tarife im Raum zu gewährleisten, ist die Einrichtung eines sogenannten reservierten Dienstes. Hierbei handelt es sich um die Schaffung eines geschlossenen Versorgungsgebietes, in dem für einen monopolistischen Anbieter Bedienungs- und Anschlußpflicht besteht. Die Subventionierung der nicht lukrativen Versorgungsteilgebiete nimmt der Monopolist intern vor: Mit Überschüssen, die in den lukrativen Gebieten anfallen, werden Quersubventionen an die Zuschußbereiche finanziert. Ein Teil der Nutzer wird somit subventioniert, der andere indirekt besteuert. Die Höhe der Subventionen wird hierbei aber nicht transparent und Kosteneinsparungspotentiale werden möglicherweise aufgrund mangelnden Wettbewerbs nicht genutzt.

Geschlossene Versorgungsgebiete

Um Wettbewerb freisetzen zu können und gleichzeitig die Tarifeinheit im Raum zu sichern, wird traditionell die Geschlossenheit des Versorgungsgebietes aufrechterhalten und die Erbringung der Dienstleistung ausgeschrieben. Häufig wird eine regionale Unterteilung (Entflechtung) durchgeführt, um subventionsbedürftige Gebiete in Form von Konzessionen oder Leasing gesondert ausschreiben zu können. Es wird somit Wettbewerb *um* den Markt eingeführt. Wie das Beispiel aus Großbritannien auf der folgenden Seite zeigt, kann diese Form des Wettbewerbs bereits zu starken Kostensenkungen bzw. zu Subventionsabbau führen.

Einführung von Wettbewerb

Die Ausschreibung von geschlossenen Versorgungsgebieten stellt eine erste Liberalisierungsstufe dar und ist insbesondere für integrierte und natürliche Monopole der Transportwirtschaft eine wichtige Handlungsoption. Eine Möglichkeit, auch bei wettbewerblichen Bereichen weitere Liberalisierungsmaßnahmen durchzusetzen und gleichzeitig die Versorgungssicherheit und Tarifeinheit im Raum aufrechtzuerhalten, bietet die Einrichtung sogenannter Infrastrukturfonds. Dabei werden die politisch gewünschten Subventionen nicht intern von den Unternehmen, sondern über einen externen staatlichen Fonds vorgenommen. Gleichzeitig wird Wettbewerb

Gewährleistung von Tarifeinheit im Raum durch Infrastrukturfonds

im Markt wo möglich zugelassen und reguliert. Wie die Erläuterungen zu den ursprünglich für die Telekommunikation konzipierten Infrastrukturfonds zeigen, sind die Voraussetzungen für die erfolgreiche Einrichtung derzeit nur in den fortgeschritteneren und weiter entwickelten Ländern von MOE und GUS gegeben. Die Einrichtung derartiger Fonds in den weniger entwickelten Transformationsländern erscheint dagegen mit hohen Risiken des Scheiterns verbunden.

Privatisierung defizitärer Buslinien in Großbritannien

In Großbritannien wurde nach Inkrafttreten des Transport Act im Jahre 1980 der Busfern- und -nahverkehr dereguliert. Neuen Anbietern wurde der Zugang zu den bis dahin geschlossenen Märkten ermöglicht, was zu einr sprunghaften Erhöhung der Anzahl der Busgesellschaften führte. Zuschußbedürftige Linien wurden von den regionalen Verkehrsbehörden ausgeschrieben und jeweils dem Anbieter mit der geringsten Subventionsforderung zugeschlagen.

Im Ergebnis wurde - gemessen an den gefahrenen Buskilometern - eine insgesamt bessere Versorgung durch die privaten Betreiber erreicht. Die Qualität der erbrachten Leistungen hat sich mit Ausnahme bei den bisherigen Monopolunternehmen nicht verschlechtert. Es kam zu einer Zunahme der Buskilometer, nicht zuletzt wegen der Einführung kleinerer Busse (sogenannte Midi-Busse). Die Zahl der Fahrer blieb gleich, allerdings verschlechterte sich ihre Bezahlung real.

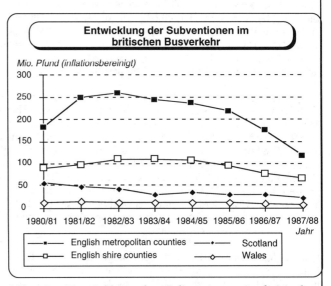

Abb. 4.9: *Entwicklung der Subventionen im britischen Busverkehr*

Gleichzeitig kam es zu einem starken Abbau des begleitenden Personals. Auch die Tarife wurden freigegeben, jedoch kam es dabei nicht zu einer Senkung der Fahrpreise für die Kunden, sondern zu einem Fahrpreisanstieg. Dies führte zusammen mit der verbesserten Betriebseffizienz zu einer Verringerung der erforderlichen Subventionen, vor allem in den Ballungsgebieten.

Problematisch ist jedoch der mit den Fahrpreiserhöhungen einhergehende Rückgang der Passagierzahlen, vor allem außerhalb Londons. Die Aufgabe der integrierten Fahrpreissysteme verstärkte diesen Trend weiter. Ein weiteres Problem liegt in der hohen Wettbewerbsintensität, die zu einem Verdrängungsprozeß führt, der die Fähigkeit der Busgesellschaften, auch langfristige Investitionen zu tätigen, einschränkt.

Infrastrukturfonds als Mittel zur Anregung von Wettbewerb

Die Funktionsweise von Infrastrukturfonds läßt sich in sieben Schritten veranschaulichen: [1]

1. *Der in Frage kommende Markt wird regional in einzelne Gebiete aufgeteilt.*

2. *Es wird ein politischer Preis für die in Frage kommende Dienstleistung festgelegt.*

3. *Der Markt für diese Dienstleistung wird für andere Anbieter geöffnet und gleichzeitig der Bedienungszwang für den etablierten bisherigen Monopolisten aufgehoben.*

4. *Neue Unternehmen dringen in die gewinnbringenden Teilmärkte ein, die Preise geraten unter Druck.*

5. *Als Folge der Konkurrenz wird das etablierte Unternehmen versuchen, den Preis in Randregionen anzuheben. Da dies wegen der politisch festgelegten Preisgrenze nicht möglich ist, droht die Leistungseinstellung.*

6. *Um das Angebot aufrechtzuerhalten, werden die defizitären regionalen Märkte öffentlich ausgeschrieben und zur minimalen Subventionsforderung vergeben.*

7. *Der Finanzbedarf zur Subventionierung der defizitären Randgebiete wird aus dem Infrastrukturfonds gedeckt.*

Infrastrukturfonds können über selektive Abgaben - ähnlich wie bei der Mineralölsteuer - finanziert werden. Damit werden gezielt die Nutznießer des Fonds mit Abgaben belastet. Alternativ kann der Fonds aus der allgemeinen Besteuerung über den Staatshaushalt finanziert werden. Dies ist insbesondere in MOE und GUS, deren administrative Fähigkeiten zur Einziehung von selektiven Steuern häufig gering sind, oftmals der einzig gangbare Weg.

Der Hauptvorteil eines Infrastrukturfonds liegt in der größeren Transparenz, da die vielfach kritisierte Quersubventionierung durch explizite Subventionen ersetzt wird. Zudem läßt sich die Höhe der erforderlichen Subventionen in stärkerem Maße als bei der Ausschreibung von reservierten Diensten die Höhe der erforderlichen Subventionen reduzieren: Durch die

Ausschreibungsverfahren wird ein Wettbewerb um die Subventionen in Gang gesetzt, der den erforderlichen Subventionsumfang minimiert.

Um die reibungslose Funktion zu gewährleisten, ist jedoch folgendes zu beachten:

• *Je niedriger der politisch festgelegte Preis ist, desto höher müssen die Abgaben sein, um den Infrastrukturfonds zu befähigen, die Verlustgebiete zu finanzieren.*

• *Es müssen genügend private Anbieter vorhanden sein, die an die Stelle oder neben den etablierten Anbieter treten könnten. Dies ist in MOE und GUS häufig nur in einigen Bereichen, z.B. bei der straßengebundenen Transportwirtschaft (Taxi, Busse), zu erwarten.*

• *Es muß eine wirksame Wettbewerbsaufsicht existieren.*

• *Die defizitären Teilgebiete innerhalb des gesamten Versorgungsgebietes müssen identifizierbar sein. Dies könnte in MOE-/GUS-Staaten Schwierigkeiten bereiten, da eine aussagefähige Kostenrechnung in den Unternehmen und damit die notwendige Transparenz vielfach nicht gegeben ist.*

• *Die einzelnen Versorgungsgebiete werden als isolierte Inseln betrachtet. Allerdings ist eine Verbindung dieser Inseln untereinander notwendig. Je mehr Anbieter sich am Markt befinden, desto aufwendiger wird diese Koordination und Abstimmung.*

• *Der Fonds erfordert qualifizierte administrative Kapazitäten.*

• *Die korrekte Verwendung der Mittel ist zu überwachen.*

• *Es besteht die Gefahr, daß Interessengruppen versuchen, sich mehr Leistungen über Infrastrukturfonds finanzieren zu lassen, als ursprünglich vorgesehen war.*

---

[1] *Vgl. Blankart, Ch. B.: Infrastrukturfonds als Instrumente zur Realisierung politischer Ziele, in: ZögU, Beiheft 19, 1996, S.51 ff.*

4.2.4.2 Sicherheit und technische Standards

Erfordernis der Einhaltung von Sicherheits- und Qualitätsstandards

In der Versorgungs- und Transportwirtschaft besteht die Notwendigkeit, die Qualität der erbrachten Leistungen zu überwachen, beispielsweise zur Sicherung von Kraftwerken oder zur Gewährleistung der Trinkwasserqualität. Zur Erreichung solcher Ziele besteht in MOE und GUS häufig eine Vielzahl von überalteten, sich widersprechenden und zudem wettbewerbsbehindernden Regeln und Vorschriften. Bei der Erstellung klarer, neuer und den Länderspezifika angepaßten technischen Normen sollten gleiche Voraussetzungen für alle Marktteilnehmer geschaffen werden. Die Übernahme von Normen und Standards, die bereits in anderen Ländern erfolgreich erprobt worden sind, ist unter Umständen eine pragmatische und sinnvolle Lösung. Dies gilt vor allem für den Fall, daß qualitäts- und sicherheitstechnische Regeln mit den Bestimmungen anderer Länder, wie Vorschriften für den Gefahrgütertransport, Abgase, Filter etc, in Übereinklang gebracht werden müssen.[1]

Institutionelle Ausgestaltung

Um die Schaffung der erforderlichen neuen Regeln strikt an den technischen Erfordernissen auszurichten, ist es zumindest in der Anfangsphase der Reform zweckmäßig, die Kompetenz zum Erlaß von Regulierungen einer unabhängigen Behörde zu übertragen. Hierdurch läßt sich nicht gerechtfertigte Einflußnahme politischer oder wirtschaftlicher Interessengruppen wirkungsvoll ausschließen. Die Durchsetzung und Überwachung der Einhaltung der neuen Regeln kann von dieser Spezialbehörde oder aber vom entsprechenden Fachministerium wahrgenommen werden. Um Bürokratisierungstendenzen und Überfrachtung der staatlichen Institutionen entgegenzuwirken, können auch privatwirtschaftlich organisierte Institutionen nach dem Beispiel des deutschen Technischen Überwachungsvereins (TÜV) mit diesen Aufgaben betraut werden.

Privatwirtschaftliche Prüfinstitutionen

Beim Einbezug privater Überwachungsinstitutionen sollte sichergestellt werden, daß diese ähnlich wie der deutsche TÜV eine Garantie für die von ihnen erbrachten Leistungen übernehmen. Sie haften somit, ähnlich einer Versicherung, für die Qualität ihrer Arbeit. Aufgrund dieser Gewährleistungsübernahme haben die deutschen TÜV's ein ausgeprägtes Eigeninteresse an der Durchführung qualitativ hochwertiger Prüfungsleistungen.

Überwachung der Regeln und Institutionen

In periodischen Abständen sind vom zuständigen Wirtschaftsregulierer oder dem Fachministerium die Grundlagen für die Regeln, ihre Ausgestaltung und Anwendung zu überprüfen, um unnötige Hemmnisse für den Marktzugang oder zur Produktdiversifizierung zu beseitigen. Zudem kann durch diese Kontrollfunktion gegebenenfalls auftretender Mißbrauch aufgedeckt werden. Dies setzt jedoch eine Trennung von wirtschaftlicher und technischer Regulierung voraus, wie sie beispielsweise in der Transportwirtschaft Argentiniens realisiert wurde.

---

[1] Die Harmonisierung mit EU-Recht und Verordnungen spielt für die Beitrittskandidaten in MOE eine besondere Rolle.

Arbeitsbedingungen, berufliche Standards und Einstellungsbedingungen können über entsprechende Gesetze und Verordnungen bestimmt werden. Die Einhaltung dieser Vorschriften kann von entsprechenden Fachministerien wie Arbeits- oder Erziehungsministerium und beauftragten Durchführungseinrichtungen überwacht werden.

Weitere sicherheitsrelevante Regulierungen

Sicherheitsregulierung in der neuseeländischen Transportwirtschaft

Vor Beginn der Deregulierungsmaßnahmen in den 80er Jahren wurde die Sicherheit der neuseeländischen Transportwirtschaft direkt vom Transportministerium durch Regulierung, Überwachung, und - wenn erforderlich - Zwangsmaßnahmen gewährleistet. Im Rahmen der Deregulierung wurde diese Aufgaben auf eigenständige, nicht-staatliche Institutionen für jeweils einen der drei Transportmodi transferiert: Civil Aviation Authority, Land Transport Safety Authority und Maritime Safety Authority. Darüber hinaus wurde eine Transport Accident Investigation Commission eingerichtet, die alle größeren Transportunfälle untersucht.

Die drei neu geschaffenen Aufsichtsinstitutionen haben die Aufgaben:

- *in Zusammenarbeit mit den Unternehmen Sicherheitsstandards zu setzen,*

- *Betreiber zu lizensieren und Standards durchzusetzen,*

- *den Sicherheitsauditierungsprozeß zu überwachen und*

- *die Kosten einer Änderung der Sicherheitsstandards zu quantifizieren.*

Jede der Agenturen hat eine Geschäftsführung, die vom Governor-General, einer Art regionaler Ministerpräsident, auf Empfehlung des Transportministers eingesetzt wird. Zwei der

fünf Mitglieder dieses Gremiums werden nach Rücksprache mit der Transportwirtschaft bestimmt. Die Durchsetzung von Sicherheitsstandards obliegt letztlich dem Direktor einer jeden Agentur, der gemäß Gesetz unabhängig verantwortlich für die Ausgabe und den Einzug von Lizenzen ist und das alleinige Durchführungsrecht hat.

Die Agenturen sind verpflichtet, formelle Tätigkeitsvereinbarungen mit dem Transportminister abzuschließen. In diesen Vereinbarungen müssen die Agenturen die Ziele der kommenden Periode angeben und Ergebnisse, Implikationen und Konsequenzen der von ihnen geplanten Maßnahmen darlegen. Zudem werden die erwarteten Einnahmen und Ausgaben der Agentur spezifiziert. Sämtliche Aktivitäten der Agenturen sind auf Möglichkeiten der Auslagerung aus der Agentur auszuleuchten. Da die nicht-staatlichen Agenturen sich selbst über direkte Gebühren von den Transportgesellschaften finanzieren müssen, entsteht seitens der Wirtschaft Druck, die direkten Kosten der Regulierung gering zu halten. Durch Benchmarking der Agenturen entsteht zusätzlicher Druck zu Einsparungen. Jede Änderung der Sicherheitsstandards wird zudem einer Kosten-Nutzen-Analyse unterzogen, so daß auch die indirekten Kosten der Regulierung gering gehalten werden.

4.2.4.3 Umweltpolitische und sonstige Regulierungen

Erfordernis
des Eingriffs

Unternehmen müssen einer umweltpolitischen Kontrolle unterliegen. Eine solche Regulierung erfordert spezielle Einrichtungen, die mit der Durchführung und Überwachung von Umweltstandards betraut werden. Aufgrund der Vielfalt der umweltpolitischen Aufgaben sollten diese von unterschiedlichen Organisationen wahrgenommen werden. Die polnische Umweltschutzgesetzgebung entspricht dieser Forderung: Das Ministerium für Umweltschutz, natürliche Ressourcen und Forstwirtschaft hat die Zuständigkeit für alle umweltpolitischen Belange. Es wird von verschiedenen Fachgremien, Ausschüssen und anderen - privaten und staatlichen - Institutionen beraten. Unternehmen und Haushalte werden, was die von ihnen verursachte Umweltbelastung betrifft, vom Staatlichen Umweltschutz-Aufsichtsamt überwacht. Dabei wird das Umweltaufsichtsamt von Einrichtungen auf regionaler Ebene (Wojewodschaft) unterstützt: Diese vergeben Lizenzen, nehmen Gebühren ein und führen konkrete Meß- und Überwachungsaufgaben aus.

Umweltschutz
und Privatisierung

Die Privatisierung der englischen Wasserwirtschaft hat besondere umweltpolitische Aufmerksamkeit hervorgerufen: In Folge der negativen öffentlichen Berichterstattung trank ein großer Anteil der Briten nach der Privatisierung nur noch Wasser in Flaschen oder kaufte Wasserfilter von zweifelhaftem Nutzen. Allerdings steht dies in deutlichem Kontrast zu den tatsächlich realisierten Ergebnissen und zu den verschärften Kontrollen der Regulierungsbehörden National Rivers Authority (NRA) und Drinking Water Inspectorate (DWI) im Rahmen eines beachtlichen Sanierungsprogramm, das von der privaten Wasserwirtschaft aufgelegt wurde.[1]

Trennung von
Kontrolle und
Betrieb

Vor der Privatisierung waren Regulierer und Schadstoffeinleiter aufgrund des integrierten Wasserwirtschaftsansatzes identisch. In England zählten daher bis in die 80er Jahre hinein die „Water Authorities" selbst zu den größten Umweltverschmutzern. Inzwischen hat sich die NRA zügig als eine der schärfsten Umweltbehörden in Europa etabliert.[2] Da die Beschäftigten fast ausschließlich von den ehemaligen „Water Authorities" übernommen wurden, verfügt die neue Behörde über genügend Insiderwissen, um die Wasserunternehmen effizient zu kontrollieren. Die NRA hat bislang mehrere Prozesse gegen industrielle Abwassereinleiter und auch gegen ein Wasserunternehmen eingeleitet. Insgesamt erweist sich die Trennung von Kontrolle und Betrieb der Wasserwirtschaft somit als wirksam.[3]

---

[1] Zudem wird jährlich ein umfangreicher Drinking Water Report erstellt und dem Umweltminister übergeben. Diese Dokumentation ist für jedermann zugänglich. Vgl. Spelthahn, S.: Privatisierung natürlicher Monopole, Wiesbaden 1994, S. 189 f.

[2] Die NRA konzentriert ihre Aktivitäten auf eine ständige Verschärfung der Umweltstandards - in Zusammenarbeit mit der EU. Sie steht dabei im Konflikt mit dem Office of Water Services, welches Umweltauflagen vorrangig als Kostentreiber betrachtet.

[3] Vgl. Spelthahn, S.: Privatisierung natürlicher Monopole, Wiesbaden 1994, S. 190.

Praxisorientierte Fortbildung im betrieblichen Umweltmanagement

Verbänden kommt eine wichtige Aufgabe bei der breiten Umsetzung von betrieblichem Umweltmanagement zu. Sie können über eine proaktive Vorgehensweise staatliche Umweltpolitik zudem dahingehend beeinflussen, daß sie sich mehr an den betrieblichen Realitäten orientiert.

Verbände können diese Rolle jedoch nur dann ausfüllen, wenn eine gewisse Anzahl von Unternehmen für betriebliches Umweltmanagement gewonnen wird und zunehmend in die Umsetzung umweltorientierter Unternehmensführung mündet. Damit diese gelingen kann, müssen Verbände den Unternehmen die ökonomischen Chancen des betrieblichen Umweltmanagements vermitteln und eine angepaßte Beratung anbieten können, die den organisatorischen, finanziellen und technischen Anforderungen der Unternehmen entspricht.

Die Einführung von Umweltmanagement im Unternehmen bietet konkreten Nutzen, wie Kostensenkung durch gezieltes Stoffstrommanagement, Risikoreduzierung durch verbessertes Monitoring betrieblicher Prozesse und Vermeidung von staatlichen Sanktionen durch Einhaltung rechtlicher Vorschriften und Standards. Darüber hinaus kann es zu Effizienzsteigerung aufgrund organisatorischer Verbesserungen und zur Motivationssteigerung bei Mitarbeitern (saubere Arbeitsplätze, sauberes Unternehmen) kommen. Schließlich bietet Umweltmanagement Marketingvorteile und kann zur Sicherung der Wettbewerbsfähigkeit beitragen.

Diesen Erkenntnissen wurde mit der Entwicklung internationaler Standards zum betrieblichen Umweltmanagement, wie ISO 14000 ff und EMAS, Rechnung getragen. Unternehmen in MOE und GUS müssen über die daraus resultierenden ökonomischen Chancen im Rahmen praxisorientierter Fortbildungsangebote zur Umsetzung des betrieblichen Umweltmanagements informiert werden.

Interessante Instrumente zur Wissensvermittlung sind Spielmodelle, die auf „action learning" basieren. Das GTZ-Projekt CEFE (Competency-based Economies through Formation of Enterprises) hat auf die betriebliche Realität zugeschnittene Lernmodelle zur Vermittlung von betriebswirtschaftlichen Kenntnissen erfolgreich eingesetzt. Computergestützte interaktive Lernprogramme sind weitere Medien, deren Möglichkeiten man sich im Rahmen der Umweltmanagementschulung zu Nutze machen kann. Ferner sind auch praxisorientierte Formen der Gruppenberatung, wie Unternehmerarbeitskreise, eine Alternative, die in der Umweltmanagementberatung einen höheren Stellenwert einnehmen sollte.

Sog. „Waste Minimization Circles", in denen kleine Unternehmergruppen mit intermittierender Beratung eigenständig Möglichkeiten zur Ressourceneinsparung erarbeiten, oder Unternehmergruppen, die mit einer externen Moderation gegenseitig ihre Unternehmen begehen und Verbesserungsvorschläge machen, sind zwei Möglichkeiten über die einmalige Beratung hinaus Strukturen aufzubauen, die in einen kontinuierlichen Prozeß des verbesserten Umweltmanagements münden können.

Wichtig für eine stärkere inhaltliche Berücksichtigung der umweltorientierten Unternehmensführung - unabhängig von eingesetzten Instrumenten und Medien - ist, daß Beratungs-Know-how bei lokalen Institutionen und Strukturen etabliert wird. Auf diese Weise ist eine langfristig nachhaltige Breitenwirkung über einzelne Pilotunternehmen hinaus zu gewährleisten. Dabei spielt die Einbindung von Interessensverbänden eine besondere Rolle, da staatliche Institutionen Unternehmen im Umweltmanagement meist keine bedarfsgerechte Unterstützung bieten. Umweltbehörden verstehen sich häufig nur als Vollzugsorgane des Gesetzgebers, welche die Durchsetzung von öffentlichen Vorgaben sicherstellen.

Grischka Schmitz

Defizite in der Administration

In MOE und GUS wird es häufig an den administrativen Kapazitäten fehlen, um vergleichbare Lösungen zu realisieren. Umweltbehörden verstehen sich zudem häufig nur als Vollzugsorgane und bieten wenig Unterstützung bei der konkreten Einführung betrieblicher Umweltmanagementsysteme. Wie das Beispiel auf der vorangegangenen Seite zeigt, können TZ-Projekte hier erfolgreich ansetzen.

Verhaltens-regulierung

Zusätzlich zu den bislang besprochenen ergebnisbezogenen Regulierungsformen, können in der Versorgungs- und Transportwirtschaft Methoden der Verhaltensregulierung (conduct regulation) angewandt werden. Beim sogenannten Least-Cost-Planning-Ansatz beispielsweise geht es um eine die Nachfrage- und Angebotsseite gleichwertig integrierende Ressourcenplanung (IRP) unter dem Kriterium der geringstmöglichen Kosten (Least Cost). Da diese Regulierung die Einflußnahme auf die Tarife von Versorgungs- und Transportmaßnahmen beinhalten kann, ist diese Aufgabe zweckmäßigerweise der Monopolregulierungsinstitution zuzuweisen. Bislang sind in MOE und GUS derartige Regulierungsinstrumente noch weitestgehend ungebräuchlich und wenig bekannt.

Least-Cost-Planning-Ansatz in der US-amerikanischen Elektrizitätswirtschaft

Kerngedanke des Least-Cost-Planning-Ansatzes[1] ist der Versuch vor einer Ausweitung des Energieangebotes die kosteneffektiven nachfrageseitigen Einsparpotentiale bei den Kunden auszuschöpfen, um hierdurch Energieressourcen einzusparen und die Umwelt zu entlasten.[2]

In der konkreten Regulierungspraxis bedeutet dies, daß die Kosten von Energieeinsparprogrammen vorab bei der Tariffestsetzung berücksichtigt werden. Mehr- oder Minderausgaben sind in aktuellen Ausgleichskonten festzuhalten und werden bei der nächsten Tarifermittlung verrechnet. Teilweise lassen sich auch bereits zukünftig erwartete Kosten anrechnen. Ziel dieser Kostenbehandlung ist es, den Versorgungsunternehmen eine verläßliche Grundlage für die Erstattung der Einsparkosten zu bieten und dadurch negative Anreize zu eliminieren. Zusätzlich werden in einigen Bundesstaaten der USA die durch erfolgreiche Einsparprogramme bedingten Erlösausfälle nachträglich erstattet. Andere Staaten wiederum bieten den Energieversorgungsunternehmen zusätzliche positive Anreize für die Durchführung von Energiesparprogrammen.

Als Grundmuster dieser Ansätze hat sich der sogenannte 'shared savings'-Ansatz herausge-bildet, bei dem der bei der Durchführung von Einsparprogrammen für die gesamte Gesellschaft anfallende Nettonutzen zwischen Stromkunden und Versorgungsunternehmen aufgeteilt wird. Der Nettonutzen ist definiert als die Differenz zwischen den vermiedenen Investitionen (Zubaukosten) auf der Angebotsseite und den Kosten auf der Nachfrageseite - beispielsweise für Wärmedämmung etc. Die Ermittlung dieser Kosten ist nicht unumstritten und wird daher meist von den unterschiedlichen Interessengruppen vor der Durchführung der Energiesparprogramme im Konsens festgelegt ('collaborative process'). Dies unterstreicht die Notwendigkeit von Interessengruppen, insbesondere auf der Nachfragerseite.[3]

---

[1] *Vgl. hierzu auch Leprich, U.: Least-Cost Planning und staatliche Aufsicht über Energieversorgungsunternehmen in der Bundesrepublik, in: Hennicke, P. (Hrsg.): Den Wettbewerb im Energiesektor planen, Least-Cost-Planning. Ein neues Konzept zur Optimierung von Energiedienstleistungen, Berlin u.a. 1991, S.45-76.*

[2] *Dieser Ansatz hat auch große Bedeutung für die Umweltpolitik (Siehe Kap. 3.4.3).*

[3] *Siehe hierzu Kap. 4.3.3.*

4.2.5 Transformation der Fachministerien

In der Zentralverwaltungswirtschaft erfüllten die nach Sektoren gegliederten Ministerien Planungs- und Kontrollaufgaben, die weit über rein politische Aufgaben (Sektorpolitik) hinausgingen. Dabei existierte in der Regel für jeden Sektor der Versrogungs- und Transportwirtschaft ein eigenes Ministerium. Die Ministerien waren häufig formal Eigner der Unternehmen und übernahmen bei der Steuerung der Unternehmen des jeweiligen Sektors eine zentrale Rolle. Dies erforderte einen immensen bürokratischen Apparat auf der Ebene der Ministerien, aber auch auf Unternehmensebene. Eine dezentrale Koordination der Leistungsbeziehungen der Unternehmen untereinander war weitgehend ausgeschlossen.

Die ursprüngliche Rolle der Fachministerien in MOE und GUS

In der ehemaligen DDR beispielsweise bestand ein zweistufiges Leitungssystem, wobei die Ministerien gegenüber den Kombinaten mit einer eindeutigen Weisungsbefugnis von oben nach unten ausgestattet waren (Kommandowirtschaft). Die einzelnen Sektorministerien unterstanden wiederum der Koordination durch eine zentrale Planungsbehörde (wie Gosplan in der UdSSR), die Fünfjahrespläne für die gesamte Volkswirtschaft aufstellte. Eine eindeutige Trennungslinie zwischen staatlichen Unternehmen und Sektorministerien bestand nicht. Vielmehr bildeten leitende Funktionäre in Betrieben und Ministerium eine Koalition. Die Betriebsleiter hatten nur eine ausführende Funktion, dabei verfolgten sie allerdings durchaus Eigeninteressen, was sich etwa im Aufstellen 'weicher' Pläne äußerte. Die direkte Überwachung der Produktion war somit für die Ministerien nicht nur mit einem erheblichen Planungsaufwand verbunden, sondern erforderte auch hohen Kontrollaufwand.

Planung und Kontrolle

Mit der Etablierung marktwirtschaftlicher Systeme werden die traditionellen Betriebssteuerungs- und -kontrollfunktionen der Ministerien überflüssig. Aufgabenverständnis, Organisation und Mitarbeiter müssen dem Rechnung tragen. Die Fachministerien müssen sich von den überflüssig gewordenen Aufgaben trennen und sich auf ihre neuen Kernaufgaben besinnen. Die Transformation der Ministerien sollte bei der Erarbeitung neuer Aufgabenprofile ansetzen, das die folgenden Aspekte umfassen sollte:

Wandel der Aufgaben der Fachministerien

- Entwicklung sektorpolitischer Leitlinien (Denkfabrik),

- Vermittlung und Sicherung der Umsetzung der verabschiedeten Konzepte (Controlling-Institution),

- Optimale Erfassung, Verarbeitung und Verteilung der in diesem Zusammenhang anfallenden Aufgaben (Informations-Zentrum).

Bei der Restrukturierung der Fachministerien und der Ausrichtung an neuen Aufgaben ergeben sich nicht selten erhebliche Probleme. Die Wandlungsfähigkeit dieser Institutionen und auch ihrer Mitarbeiter ist oft sehr begrenzt und das Beharrungsvermögen stark ausgeprägt. In den Fachministerien besteht häufig erheblicher Widerstand gegen die Abnahme ihres Einflusses bzw. des Staatseinflusses auf kommerzialisierte oder privatisierte Unternehmen und die Einführung von Wettbewerb im allgemeinen.

Widerstände bei der Transformation der Ministerien

Auflösung der Fachministerien?

Um diese Widerstände zu umgehen, können - wie in Estland geschehen - zu Beginn des Transformationsprozesses die bestehenden Fachministerien aufgelöst werden. Insbesondere für Ministerien, die für klassische Industriebereiche zuständig sind, ist dies eine gangbare Option. In der Versorgungs- und Transportwirtschaft gestaltet sich die Auflösung der Fachministerien erheblich schwieriger, ist in Teilgebieten allerdings ebenfalls möglich: So ordnete die argentinische Regierung zu Beginn der grundlegenden Wirtschaftsreformen 1991 das Ministerium für Verkehr und Öffentliche Dienstleistungen mit seinen Sekretariaten für Verkehr, öffentliche Bauten und Straßen dem allgemeinen Wirtschaftsministerium zu. Hierdurch wurde zum einen sichergestellt, daß die Reformen im Verkehrssektor mit der allgemeinen Wirtschaftsreform einherging. Zum anderen wurde die staatspolitische Sonderstellung dieses Sektors weitgehend abgeschafft und eine Grundlage für die Förderung seines, mit dem anderer Sektoren durchaus vergleichbaren, Dienstleistungscharakters geschaffen.

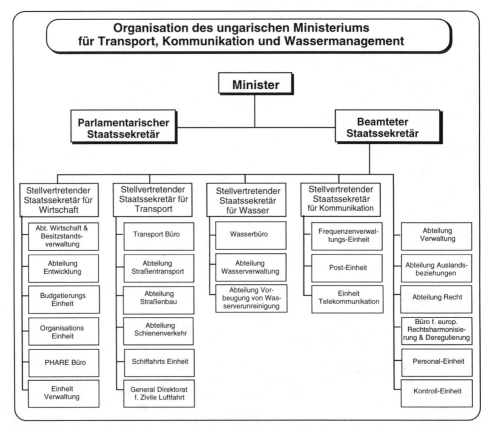

Abb. 4.10: Organisation des ungarischen Ministeriums für Transport, Kommunikation und Wassermanagement.

Die Versorgungs- und Transportwirtschaft spielt für die Entwicklung von Volkswirtschaften eine zentrale Rolle. Dem sollte auch bei der politischen Institutionenlandschaft Rechnung getragen werden. Eine prinzipielle Abschaffung der Fachministerien der Versorgungs- und Transportwirtschaft ist nicht sinnvoll. Vielmehr sollte geklärt werden, durch welche Organisationen die Aufgaben zweckmäßigerweise erfüllt werden. Die Kompetenzen können dabei grundsätzlich gebündelt oder auf mehrere Institutionen verteilt werden. Ob ein Land einen zentralisierten oder einen dezentralen Ansatz verfolgen sollte, hängt stark von den politischen Leitvorstellungen und den Rahmenbedingungen ab. In MOE gibt es Beispiele für beide Konzepte: Einen zentralisierten Ansatz findet man beim ungarischen Ministerium für Transport, Kommunikation und Wassermanagement, ein dezentraler Ansatz wurde in der tschechischen Energiewirtschaft verfolgt.

Zentralisierte versus dezentrale Organisation

Beispiel für ein zentralistisches Organisationskonzept:
Das ungarische Ministerium für Transport, Kommunikation und Wassermanagement

Nachdem im Rahmen der ungarischen Wirtschaftsreform die meisten Staatsunternehmen in eigenständige Gesellschaften überführt, der direkte Einfluß des Staates als Eigentümer zugunsten einer indirekten Sektorpolitik gewichen und den lokalen Behörden zunehmend Aufgaben und Kompetenzen übertragen waren, mußte auch die Funktion des Fachministeriums neu definiert werden.

Die ungarische Regierung entschied sich für den Aufbau eines Ministeriums, das nicht nur für mehrere Sektoren verantwortlich ist, sondern auch viele der staatlichen Aufsichts- und Regulierungsaufgaben übernehmen sollte.

Dieses „Infrastruktur-Ministerium" ist gleichzeitig verantwortlich für:[1]

- *Entwicklung und Durchsetzung sektoraler Konzepte,*

- *Entwicklung von Privatisierungsstrategien,*

- *Verfügungsrecht über die in Staatsbesitz befindlichen Unternehmensanteile,*

- *Marktregulierung,*

- *Vorantreiben des Prozesses der europäischen Integration,*

- *Subventionierung*

- *Qualitätssicherung und Standardisierung, Lizensierung von Unternehmen (bspw. auch internationale Frachtlizenzerteilung), Konzessionsvergabe, Gesundheits- und Sicherheitspolitik (bspw. Gefahrgütertransport), Erstellung und Überwachung von Betriebsbedingungen,*

- *Wissenschaftliche Forschung.*

Dem zuständigen Minister stehen ein parlamentarischer und ein beamteter Staatssekretär zur Seite. Vier stellvertretende Staatssekretäre sind jeweils zuständig für Wirtschaft, Transport, Wasser und Kommunikation. Insgesamt arbeiten in dem Ministerium ca. 350 Mitarbeiter. Ungefähr 60 Prozent der Mitarbeiter sind Fachleute wie Ingenieure, Rechtsanwälte und Ökonomen.

---

[1]   *Vgl. Ministry of Transport, Communication and Water management in Hungary: Introduction to the Ministry, Budapest, 1996.*

Vor- und Nachteile der Zentralisierung staatlicher Aufgaben in der Versorgungs- und Transportwirtschaft	
Vorteile	**Nachteile**
• Möglichkeit einer ganzheitlichen Entwicklungsstrategie aus einer Hand und mithin "aus einem Guß" • Bündelung der knappen Fachkräfte und Ressourcen, Schaffung *eines* "Centers of Competence"; fördert die qualifizierte Entscheidungsvorbereitung • Weniger Ressortstreitigkeiten, weniger Koordinationsaufwand, weniger Schnittstellen	• Sehr starke Konzentration von Macht; Gefahr des Machtmißbrauchs • Integration vieler Aufgaben, die zudem teilweise leicht miteinander konfligieren können • Verfolgung von Eigeninteressen, geringere Orientierung an wichtigen Sachfragen • Gefahr der Überlastung der Institution • Gefahr der Bürokratisierung

Abb. 4.11: Vor- und Nachteile der Zentralisierung staatlicher Aufgaben in der Versorgungs- und Transportwirtschaft

Vor- und Nachteile zentralisierter Aufgabenwahrnehmung

Die Bildung von "Super-Ministerien", die alle maßgeblichen staatlichen Aufgaben in der Versorgungs- und Transportwirtschaft übernehmen, weist spezifische Vor- und Nachteile auf, die in der obigen Abbildung zusammengefaßt sind. Aufgrund der zahlreichen Nachteile zentralistischer Organisationen hat die Tschechische Republik für ihre Energiewirtschaft einen eher dezentralen, arbeitsteiligen Ansatz verwirklicht.[1]

Defizite bei den internen Arbeitsabläufen

Die Neudefinition der Aufgaben der Sektorministerien erfordert naturgemäß auch eine Überprüfung der internen Arbeitsabläufe. Die Defizite vieler Ministerien liegen vor allem in:

- einer unbefriedigenden Politikfeldbündelung in den Ressorts,
- einer Überlastung mit obsoleten und/oder operativen Aufgaben
- einer unbefriedigende Arbeitssteuerung und
- einer mangelhaften Informationsversorgung

Die Ministerien konnten und können ihren Aufgaben nicht in ausreichendem Maße gerecht werden und gefährden die Umsetzung politischer Ziele.

Grundsätze

Die Restrukturierung der Ministerien sollte die Hauptakteure und deren Verantwortlichkeiten, sowie die Informations- und Weisungsbeziehungen in den Mittelpunkt stellen. Allgemeine Grundsätze zur Ausgestaltung von

---

[1]   Vgl. hierzu IEA: Energy Policies of the Czech Republic, 1994 Survey, Paris 1994.

Aufsichts- und Regulierungsinstitutionen wurden bereits im vorigen Kapitel angesprochen und gelten grundsätzlich auch für die Fachministerien (flache Hirarchien, Personalmanagement). Die Optimierung der organisatorischen Struktur eines Ministeriums darüber hinaus ist eine mehrdimensionale Aufgabe, da sich an folgenden Zielen orientieren sollte:

*   Umsetzung der politischen Leitvorstellungen,

*   Ermöglichen flexibler und schneller Reaktionen auf geänderte Bedingungen,

*   Verwirklichung organisatorischer Qualitätskriterien und

*   Erhöhung der Effizienz der Aufgabenerfüllung des Ministeriums.

Kompetenzverteilung auf mehrere staatliche Institutionen:
Das Beispiel der tschechischen Energiewirtschaft

Die Aufgaben des tschechischen Wirtschaftsministeriums, das auch umfassende energiepolitische Kompetenzen innehatte, wurden nach dem Auseinanderbrechen der ehemaligen Tschechoslowakei stark beschnitten. Für Energiefragen zuständig ist jetzt die Energieabteilung des Ministeriums für Industrie und Handel (MIT). Das MIT nimmt vor allem Aufgaben der allgemeinen Energiepolitik sowie der Regulierung wahr. Es verfügt über ca. 70 Mitarbeiter. Mit weiteren staatlichen Aufsichts- und Regulierungsaufgaben wurden folgende Institutionen betraut:

*   *Die Festlegung der Energiepreise wird vom Finanzministerium vorgenommen.*

*   *Die Entwicklung von Privatisierungsplänen sowie deren Durchführung und Überwachung ist Aufgabe des Privatisierungsministeriums.*

*   *Der Nationale Besitz-Fond (NPF) hält die Anteile der Staatsunternehmen. Seine Aufgaben sind bis auf Teilnahme an Aufsichtsratssitzungen der Unternehmen jedoch vorwiegend repräsentativer Natur.*

*   *Das Umweltministerium formuliert die Umweltpolitik und überwacht deren Einhaltung.*

*   *Das Wettbewerbsministerium übernimmt die Sicherung des Wettbewerbs.*

*   *Das Wirtschaftsministerium, spielt zwar keine aktive Rolle mehr in der Energiepolitik, hat nach wie vor aber einige Kompetenzen im Bereich Kohle und Bergbau sowie Öl- und Gasförderung.*

*   *Das Bergbau-Büro, das dem MIT und dem Wirtschaftsminsterium berichtet, ist für Bergbaufragen wie Sicherheit und ähnliches zuständig.*

*   *Die Verwaltung für Staatliche Materialressourcen (ASMR) hat die Verantwortung für den Handel mit sog. strategischen Materialien, beispielsweise Öl.*

*   *Das Staatsbüro für Nukleare Sicherheit (SONS) ist als die Nachfolgeorganisation der ehemaligen Tschechoslowakischen Atomenergiekommission für die Überwachung nuklearer Betriebe zuständig.*

*   *Das Tschechische Statistische Büro (CzSO) sammelt und bereitet Daten zur Energiewirtschaft auf.*

Zunehmend werden zentralstaatliche Aufgaben an lokale Gebietskörperschaften abgegeben und weitere, unabhängige Institutionen - wie beispielsweise Forschungsorganisationen - mit einzelnen Aufgaben betraut.

4.2.6 Dezentralisierung staatlicher Aufgaben und Kommunalisierung

Überblick

Die Reform der Transport- und Versorgungswirtschaft muß nicht nur das Verhältnis von Staat und Privaten neu definieren und die Schaffung oder Restrukturierung entsprechender staatlicher Aufsichts- und Regulierungsinstitutionen anstoßen, sondern auch klären, *welche* staatliche Ebene die neu festgelegten staatlichen Aufgaben übernehmen soll. Grundsätzlich stehen dabei zentralstaatliche, (über-)regionale und kommunale Institutionen zur Verfügung. Bedingt durch die Zentralisierungstendenz der Planwirtschaften sind viele Kompetenzen, die in wettbewerblichen Wirtschaftssystemen auf Gemeinde- oder Bezirksebene angesiedelt sind, zentralstaatlichen Ministerien zugeordnet gewesen. Es ist daher zu entscheiden, inwieweit Maßnahmen der Dezentralisierung vorgenommen werden sollen. Dies umfaßt einerseits Maßnahmen der Dekonzentration, d.h. der Übertragung von staatlichen Aufgaben auf untergeordnete Ebenen innerhalb einer staatlichen Institution und andererseits Maßnahmen der Kommunalisierung, d.h. der Übertragung von staatlichen Aufgaben von zentralen Institutionen auf kommunale Institutionen. In der Versorgungs- und Transportwirtschaft kommt insbesondere der Kommunalisierung eine große Bedeutung zu.

Beispiel in den neuen Bundesländern

In der ostdeutschen Stromwirtschaft bestanden vor 1990 das Kombinat Verbundnetze Energie mit angeschlossenen regionalen Energiekombinaten. Eine kommunale Stufe bestand nicht. In einer Übergangsphase wurden diese Unternehmen und die Vereinigte Kraftwerke AG Peitz zunächst in eine privatwirtschaftliche Rechtsform überführt, bevor sie 1994 endgültig privatisiert und kommunalisiert wurden. Heute existieren neben den Vereinigte Energiewerke AG 14 regionale Energieversorgungsunternehmen und auf kommunaler Ebene über 100 Stadtwerke.

Autonomie und Aufgabenkompetenz

Bei der Aufteilung der Verantwortlichkeiten zwischen zentralen und lokalen staatlichen Einheiten sind folgende Grundsätze zu beachten:

- *Aufgabenerfüllungskompetenz* - Nach ihr sollte bestimmt werden, welche Einheit die Aufgabe wahrnimmt.

- *Entscheidungskompetenz* - Werden den lokalen Stellen Pflichten zugeordnet, muß ihnen generell auf der anderen Seite im gleichen Maße das Recht zugestanden werden, über die Unternehmen und die Art der Leistungen (Umfang, Qualität) zu entscheiden.

- *Ausgabenkompetenz* - Im Hinblick auf die Verantwortung für die Ausgaben ist es erforderlich, daß der verantwortlichen Körperschaft auch die erforderlichen Mittel gesichert werden ('Der Aufgabe muß die Ausstattung folgen'). Insbesondere muß den lokalen Einheiten das Recht zugestanden werden, für die erbrachten Leistungen Einnahmen zu erzielen und über diese im Rahmen ihres Auftrages auch zu verfügen. Ohne die gleichzeitige Zuweisung von Finanzmitteln, d.h. Steuerquellen oder Zuweisungen, kann häufig eine autonome Aufgabenerfüllung nicht geleistet werden.[1]

Im Rahmen von Dekonzentrationsmaßnahmen wird versucht, die Wahr-nehmung von staatlichen Aufgaben innerhalb einer Institution möglichst auf regionalem oder lokalem Niveau zu organisieren. Dies ist beispielswei-se dann der Fall, wenn Regionalabteilungen eines Fachministeriums Auf-gaben übertragen werden, die bisher von übergeordneten, zentralen Abtei-lungen wahrgenommen wurden. Dekonzentration kann mit der Übertra-gung von Entscheidungskompetenzen auf regionale oder lokale Ebene einhergehen. Im Rahmen von Dekonzentrationsmaßnahmen sollten nicht nur formal Kompetenzen auf tiefere Ebenen verlagert (Top-down), sondern auch der Aufbau und die Stärkung lokaler bzw. regionaler institutioneller

Dekonzentration

---

[1] Die Aufteilung der insgesamt verfügbaren Finanzierungsquellen kann daher immer wieder zu Interessenkonflikten zwischen zentralen und nachrangigen Aufgabenträgern führen. In vielen Fällen wird daher die Kompetenzverteilung zwischen den staatli-chen Ebenen gesetzlich festgeschrieben. Die dezentralen Körperschaften haben somit ein Rechtsmittel, um für die ihnen zugewiesenen Aufgaben im Streitfall eine ausrei-chende Finanzierung einzuklagen.

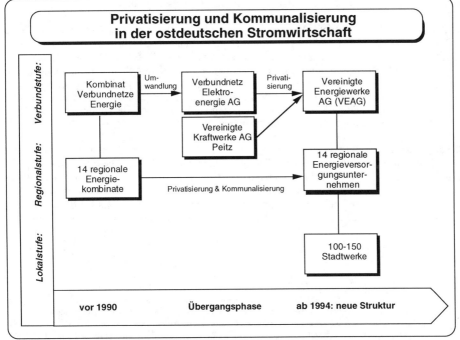

Abb. 4.12: Privatisierung und Kommunalisierung in der ostdeutschen Stromwirtschaft

Kapazitäten gefördert werden (Bottom-up, Entwicklung von unten). Dabei ist eine Stärkung der bestehenden und neu zu initiierenden Institutionen auf lokaler und regionaler Ebene von innen heraus anzustreben. Der Lokalverwaltung kommt in diesem Zusammenhang eine neue Bedeutung zu: Sie ist nicht nur eine Dienstleistungseinheit, sondern übernimmt zunehmend die Rolle eines Initiators von lokalen Entwicklungsaktivitäten, indem sie eng mit lokalen Basisgruppen, Unternehmen und anderen marktnahen Institutionen zusammenarbeitet.

Kommunalisierung

Maßnahmen der Kommunalisierung umfassen den Transfer von staatlichen Aufgaben von zentralen Institutionen auf unabhängige lokale Institutionen. Dies ist beispielsweise der Fall, wenn Kommunen im Rahmen der Reform der Versorgungs- und Transportwirtschaft die Autorität und Weisungsbefugnis für die Erbringung von Dienstleistungen erhalten, eine Aufgabe, die bisher von den Fachministerien wahrgenommen wurde. Prinzipiell können keine festen Regeln für den Grad des Einbezugs lokaler Verwaltungseinheiten gegeben werden, da dies von Land zu Land unterschiedlich zu beurteilen ist. In Deutschland beispielsweise wurde den Kommunen die Versorgung mit Wasser und die Entsorgung von Abwasser als Pflichtaufgabe übertragen. Auch bei der Bereitstellung regionaler Transportleistungen im Rahmen des ÖPNV besteht eine kommunale Verpflichtung. Kommunalisierung geht häufig einher mit der Übertragung von Teilen des Vermögens des Staates auf Gemeinden, Städte und Landkreise im Rahmen allgemeiner Privatisierungsprogramme.

Ausrichtung an den Nachfragerwünschen

Staatliche Versorgungs- und Transportleistungen aus kommunaler Hand bieten im Vergleich zu solchen aus zentralstaatlicher Hand bedeutende Vorteile: Lokale Einrichtungen können in der Regel die Dienstleistungen besser an den Anforderungen der Nachfrage ausrichten. Sie sind häufig eher dazu in der Lage, regionale Bedürfnisse zu erkennen und ein bedarfsgerechtes Angebot für die Nachfrager bereitzustellen. Zentrale, landesweit tätige Einrichtungen hingegen tendieren dazu, flächendeckend gleichförmige Dienste bereitzustellen.

Effizienzsteigerung durch Kommunalisierung

Kommunalisierungsmaßnahmen können zudem die Effizienz der Versorgungs- und Transportunternehmen erhöhen. Dies geschieht beispielsweise dadurch, daß unzufriedene Nachfrager - insbesondere Unternehmen - mit Abwanderung drohen.[1] Dieser Wettbewerb der Regionen oder Standorte motiviert die jeweiligen Gebietskörperschaften zur Erbringung solcher Leistungen, die in Bezug auf Qualität, Quantität und Preis am ehesten den Nachfragerwünschen entsprechen.

---

[1] Die Möglichkeiten der Nachfragerwanderung hängt jedoch von vielen Faktoren wie beispielsweise der lokalen Kultur und der geographischen Größe eines Landes ab. Insbesondere bei privaten Haushalten muß häufig eine gewisse Immobilität angenommen werden. Der größte Effekt einer solchen ‚Abstimmung mit den Füßen' ist innerhalb einer geschlossenen urbanen Gegend zu erwarten.

Ein wichtiges Kriterium für die Durchführbarkeit von Kommunalisierungsmaßnahmen ist der Grad der bisherigen Aufgabenteilung zwischen Zentralregierung und lokalen Einheiten. Erfolgreiche Kommunalisierung ist kaum zu erwarten, wenn lokale Einheiten noch keine praktische Erfahrung in diesem Bereich gewinnen konnten. Die erforderlichen Kompetenzen müssen dann erst sukzessive aufgebaut werden. Hier kann auf kommunaler Ebene im Rahmen der technischen Zusammenarbeit wirksame Hilfestellung zur Beseitigung der bestehenden Defizite in MOE und GUS gegeben werden.

Steuerungskapazität lokaler Verwaltungen und Parlamente

Eine breite Kommunalisierung wird erschwert, wenn die für die Erbringung der Versorgungs- und Transportleistungen notwendigen Fachkräfte im Bereich Technik und insbesondere im Bereich der Administration in den Regionen nicht vorhanden und dort auch nur schwer ansiedelbar sind. Dies ist beispielsweise der Fall, wenn ein Land starke regionale Disparitäten aufweist, die es für qualifizierte Fachkräfte unattraktiv machen, in abgelegenen Regionen zu arbeiten. In diesem Fall ist von einer völligen Aufgabenübertragung auf kommunale Ebene abzusehen. Dennoch sollte versucht werden, eine sinnvolle Arbeitsteilung zwischen zentralen und lokalen Institutionen zu realisieren, wobei wiederum ein möglichst großer Teil der Aufgaben von den lokalen Einheiten übernommen werden sollte. Um eine Duplizierung von Diensten und Aufgaben zu vermeiden, ist es von großer Bedeutung, die Kompetenzen der beteiligten Institutionen gegeneinander abzugrenzen und genaue Richtlinien zu entwickeln.

Regionale Disparitäten

Gebietskörperschaften sind nicht dazu in der Lage, am Kapitalmarkt zu ähnlich günstigen Bedingungen wie der Zentralstaat Kredite für erforderliche Investitionen aufzunehmen. Dieses Problem kann durch die Bildung spezialisierter Infrastrukturbanken, die kommunalen Trägern günstige Finanzierungsmöglichkeiten verschaffen oder durch zeitweilige Unterstützung der Zentralregierung - etwa durch Bürgschaften - umgangen werden.

Finanzierung

Kommunalisierung ist insbesondere unter den folgenden Bedingungen zweckmäßig:

- Die Größenvorteile bei der Erbringung von Transport- oder Versorgungsleistungen sind nur gering;[1]
- Es nehmen vornehmlich lokale Nachfrager die Leistungen in Anspruch;
- Die Nachfragerpräferenzen der betreffenden Region unterscheiden sich von denen anderer Gebiete;
- Die Nachfragerpräferenzen innerhalb der betreffenden Region sind in sich nicht homogen;
- Es existieren starke lokale Verwaltungen.

In welchen Bereichen ist Kommunalisierung sinnvoll?

---

[1] Es ist auch möglich, daß sich mehrere regionale Gebietskörperschaften zur Erfüllung von Versorgungs- oder Transportaufgaben zusammenschließen. Hierdurch ist - beispielsweise bei Kläranlagen - ein Erreichen der optimalen Betriebsgröße möglich. Zu dieser Problematik und solchen kommunalen Zweckverbänden siehe Kap. 3.

Kommunalisierung und Privatisierung der Wasserver- und -entsorgung in den neuen Bundesländern

Der Treuhandanstalt kam im Rahmen der Privatisierung der ehemaligen volkseigenen Betriebe und Kombinate auch die Aufgabe zu, den gemäß Kommunalvermögensgesetz anspruchsberechtigten Kommunen das ihnen zustehende kommunale Finanzvermögen - u.a. in der Wasserwirtschaft - zu übertragen.[1]

Die Wasserversorgung und Abwasserentsorgung wurde in der DDR durch 15 große Wasser- und Abwasserkombinate auf Bezirksebene wahrgenommen, die 1993 zusammen rund 20.000 Mitarbeiter beschäftigten. Einzelne Kombinate versorgten dabei bis zu 400 Städte und Gemeinden.

Um die überörtlichen Wasser- und Abwasserkombinate zu entflechten und den Gemeinden die jeweils zustehenden Anteile zuzuordnen, entwickelte die Treuhand das Modell 'Entflechtung im Verein'. Die Kommunen schlossen sich zunächst in Eigentümervereinen zusammen.

Diese übernahmen in einer ersten Stufe die in Kapitalgesellschaften umgewandelten Wasser- / Abwasser-Nachfolgeunternehmen. In einer zweiten Kommunalisierungsstufe hatten die Eigentümervereine dann die ihnen übertragenen regionalen Kapitalgesellschaften eigenverantwortlich zu entflechten und zu restrukturieren. Dabei mußten neue Aufgabenträger - z.B. Zweckverbände und Stadtwerke - geschaffen werden. Durch dieses Vorgehen sollte sichergestellt werden, daß die in den Eigentümervereinen zusammengeschlossenen Kommunen die Zuordnung der Betriebsteile gemäß den kommunalen Bedürfnissen vornehmen konnten.

---

[1] *Siehe Treuhandanstalt: Treuhand-Dokumentation 1990-1994, Band 3, Energiewirtschaft, S. 535 ff. Vgl. auch Schöneich, Michael: Die Kommunalisierung von öffentlichen Aufgaben in den neuen Bundesländern nach der Praxis der Treuhandanstalt, in: Verwaltungsarchiv, 84 (1993) Heft 3, S. 383-393.*

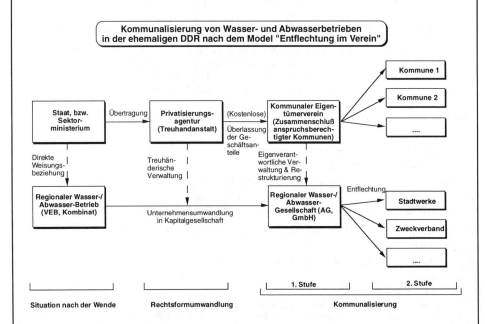

Abb. 4.13: *Kommunalisierung von Wasser- und Abwasserbetrieben in der ehemaligen DDR*

Neue Technologien erlauben die wirtschaftliche Produktion in zunehmend kleineren Einheiten, was gleichbedeutend mit einem Bedeutungsverlust von Größenvorteilen und einem wachsenden Potential an Kommunalisierung ist. Wasserver- und -entsorgung, Stadtstraßen, regionale Stromverteilung sowie ÖPNV werden in der Regel effizienter durch kommunale als durch zentralstaatliche Einheiten gemanagt. Nationale sowie überregionale Straßen lassen sich hingegen nur schlecht kommunalisieren.

Technologischer Fortschritt

Voraussetzung für die Übernahme der Bereiche Gas-, Fernwärme- und Stromversorgung durch die ostdeutschen Kommunen war die vorherige (regionale) Entflechtung der bis dahin überregional organisierten Versorgungsbereiche. Dies war jedoch nur gegen teilweise großen Widerstand der bisherigen Eigner durchzuführen. Unter anderem ging bspw. der Eigentumsübertragung - bzw. dem Kauf der Stromversorgung durch die jeweilige Stadt - eine Klage von 164 Städten voraus, die forderten, die Stromversorgung in kommunales Eigentum zu überführen. Auch die häufig überregionalen Fernwärmeunternehmen mußten aufgeteilt werden, um das jeweilige städtische Versorgungsgebiet ausgliedern zu können.

Vorbedingungen

Bei der Kommunalisierung stellt sich die Frage, auf welche Weise die Unternehmen vom Zentralstaat auf untergeordnete Gebietskörperschaften übertragen werden sollen. Prinzipiell sind hier ähnliche Maßnahmen denkbar wie bei der Übereignung von Unternehmen an Private: Unternehmen oder Anteile daran können an Kommunen verschenkt oder verkauft werden. Allerdings ist hier die Situation der Haushalte der jeweiligen Gebietskörperschaften in MOE und GUS zu berücksichtigen. Maßgebliches Entscheidungskriterium bei der Eigentumsübertragung sollte das Wohlergehen des Unternehmens und damit der Nachfrager sein.

Übertragung der Unternehmen an Kommunen

Insgesamt ist festzuhalten, daß wenn Versorgungs- und Transportleistungen durch staatliche Einheiten erstellt werden sollen, lokale und regionale Gebietskörperschaften so stark wie möglich einbezogen werden sollten. Allerdings bedeutet diese Übertragung von Unternehmen von einer zentralstaatlichen an eine lokale Gebietskörperschaft allein keine Verbesserung der Situation der Unternehmen. Vielmehr besteht weiterhin die Gefahr, daß es nur zu einer Verlagerung von finanziellen Belastungen auf lokale Haushalte kommt. Daher sind im Anschluß an eine Kommunalisierung Restrukturierungs- und Kommerzialisierungsmaßnahmen bis hin zur materiellen Privatisierung als weitere Schritte zu erörtern. In Polen blieb beispielsweise die dringend notwendige Restrukturierung zahlreicher kommunalisierter und teilweise auch formal privatisierter Unternehmen aus, da es an Finanzmitteln und Know-how fehlte.

Grundsatz

4.3   Förderung wichtiger marktnaher Institutionen

Überblick

Neben Institutionen, die staatliche Aufsichts- und Regulierungsaufgaben wahrnehmen, erfordert das reibungslose Funktionieren einer wettbewerblichen Organisation der Versorgungs- und Transportwirtschaft auch nichtstaatliche Institutionen, sogenannte Non-governmental Institutions (NGO's) im marktnahen Umfeld. Solche Institutionen übernehmen Aufgaben, die diejenigen der Unternehmen und der staatlichen Institutionen ergänzen, wie beispielsweise die Bündelung von Nachfrager- und Anbieterinteressen, die Finanzierung von Infrastrukturinvestitionen oder die Bereitstellung von Informationen. Häufig wirken diese Institutionen auch bei politischen Aufgaben unterstützend.

Aufbau und Förderung von Netzwerken

Im Rahmen der Reform der Versorgungs- und Transportwirtschaft in den Transformationsländern müssen einerseits solche nicht-staatlichen Organisationen gefördert bzw. teilweise erst ins Leben gerufen werden. Zum anderen müssen staatliche Stellen in MOE und GUS diese NGO's als Kooperationspartner erkennen und akzeptieren lernen. Mittel- bis langfristig soll auf diese Weise ein Netzwerk miteinander kooperierender staatlicher und nicht-staatlicher Organisationen geschaffen werden ('Trägermix'). Netzwerklösungen sind typische Sozialmuster jeder Gesellschaft. Sie spiegeln die gesellschaftliche Arbeitsteilung wider. Die Funktion solcher Netzwerke besteht darin, daß sich jede gesellschaftliche Gruppe auf die „Leistungen" spezialisiert, für die sie eine spezifische Kompetenz besitzt. Diese Komplementärfunktion gelingt allerdings nur, wenn sich die Akteure wechselseitig in ihrer jeweiligen Kompetenz anerkennen und nicht versuchen, Abhängigkeitsverhältnisse herzustellen. Die Arbeitsteilung zwischen Staat und NGO's kann so weit gehen, daß der Staat - in Übertragung des integrierten Ressourcen-Ansatzes auf seine Tätigkeit - weniger in die Ausweitung eigener, also staatlicher Dienstleistungen investiert, sondern vielmehr zusätzliche Mittel zur Förderung institutioneller Ausdifferenzierung bereitstellt. Dies hilft zum einen, Haushaltsprobleme des Staates zu lösen und stellt zum anderen eine politische und soziale Antwort des Staates auf die Forderung nach stärkerer Beteiligung breiter Bevölkerungsschichten an der gesellschaftlichen Entwicklung dar.

Technische Unterstützung

Angesichts der zentralisierten Ausgangssituation in MOE und GUS setzt eine solche Reform einen großen Umdenkprozeß staatlicher Stellen voraus. Häufig ist dies ohne Anregungen aus westlichen Ländern und den Einbezug internationaler Erfahrungen nicht erreichbar. Die Technische Zusammenarbeit kann durch Unterstützung und Förderung von nicht-staatlichen Trägerorganisationen wesentlich zum Gelingen der Reformen beitragen. Den zahlreichen Vorteilen, die NGOs aufweisen, stehen allerdings auch Nachteile gegenüber, wie in der folgenden Tabelle zusammenfassend dargestellt ist. Wichtig ist, daß die Möglichkeiten derartiger Organisationen nicht hoffnungslos überschätzt werden.[1]

---

[1]   Siehe hierzu auch Reichard, C., Sülzer, R.: „Organisationslandschaft" in der Technischen Zusammenarbeit, GTZ, aus der Abtl. 403, Nr. 10/d, Eschborn, November 1992.

Leistungsfähigkeit nicht-staatlicher Organisationen in der Versorgungs- und Transportwirtschaft	
Positive Aspekte	**Kritische Aspekte**
• Förderung von Demokratie und sozialem Wandel • Bessere Zielgruppen-Beziehungen, stärkerer Nutzer-Einbezug in Planung und Implementierung • Höhere Flexibilität, teilweise günstigere Kosten/Leistungs-Relationen als staatliche Stellen • Entlastung des staatlichen Budgets durch Mobilisierung eigener Ressourcen • Einsatz von leistungsbereitem sowie teilweise qualifizierterem Personal • Zumindest in der Anfangsphase noch geringer politischer Machtmißbrauch durch herrschende Eliten	• Gefahr der Vereinnahmung durch Eliten (Selbstprivilegierung, Korruption) • Gefahr des Verlustes an erworbener gesellschaftlicher Anerkennung und Legitimation, wenn Förderung durch den Staat stattfindet • Teilweise begrenzte technische und administrative Professionalität • Trend zu zunehmender Bürokratisierung im Zeitablauf • Teilweise begrenzte Dauerhaftigkeit und Nachhaltigkeit der Aktivitäten • Bevorzugung von Kleinprojekten und damit geringe Flächenwirkung • Mitunter starke Abhängigkeit von Auslandsmitteln

Abb. 4.14: Leistungsfähigkeit nicht-staatlicher Organisationen in der Versorgungs- und Transportwirtschaft

Im folgenden werden jeweils Aufgaben und Ausgestaltung von Organisationen auf der Anbieter- und Nachfragerseite betrachtet. Daran schließt sich eine zusammenfassende Betrachtung weiterer relevanter Institutionen im Unternehmensumfeld an. *Weiteres Vorgehen*

4.3.1 Wirtschaftsverbände

Wirtschaftsverbände haben eine zentrale Bedeutung für die Entwicklung von Volkswirtschaften: Einerseits dienen sie als Transmissionsriemen zwischen den Unternehmen und der Gesellschaft, andererseits wirken sie als Bindeglied zwischen den einzelnen Mitgliedsunternehmen selbst. In Transformationsländern können Verbände privatisierten und neu gegründeten Unternehmen die Anpassung an ein marktorientiertes Wirtschaftssystem erleichtern. *Bedeutung*

Eine maßgebliche Aufgabe von Verbänden besteht darin, ihren Mitgliedern Informationen über spezifische politische Entwicklungen und deren mögliche Auswirkungen zu vermitteln und stellvertretend für die Mitglieder mit der Politik in Dialog zu treten. Insbesondere in der Versorgungs- und Transportwirtschaft, in der Investitionen in großem Umfange und mit langen Zeithorizonten zu tätigen sind, ist Transparenz über die zukünftige *Information und Dialog*

```
╭─────────────────────────────────────────────────╮
│      ╭─────────────────────────────────────╮     │
│      │   Aufgaben von Wirtschaftsverbänden  │     │
│      ╰─────────────────────────────────────╯     │
│  ┌───────────────────────────────────────────┐   │
│  │ • Interessenvertretung der Mitgliedsunter- │  │
│  │   nehmen,                                   │  │
│  │ • Öffentlichkeitsarbeit,                    │  │
│  │ • Verbreitung und Weiterleitung von sektor- │  │
│  │   spezifischen Informationen,               │  │
│  │ • Zusammenarbeit mit Regulierungsinstitu-   │  │
│  │   tionen,                                    │  │
│  │ • Zusammenarbeit mit anderen Organisatio-   │  │
│  │   nen des Sektors,                           │  │
│  │ • Beratung und Unterstützung der Mitglieder, │  │
│  │   z.B. in rechtlichen Fragen,                │  │
│  │ • Gemeinsame Forschungsaktivitäten,          │  │
│  │ • Gemeinsame Standardisierungs- und Nor-    │  │
│  │   mungsanstrengungen,                        │  │
│  │ • Ausbildung: Seminare, Lehrgänge, Fach-    │  │
│  │   tagungen,                                   │  │
│  │ • Unterstützung von (Jung-)Unternehmern und │  │
│  │   Existenzgründern.                          │  │
│  └───────────────────────────────────────────┘   │
╰─────────────────────────────────────────────────╯
```

Aufgaben von Wirtschaftsverbänden

- Interessenvertretung der Mitgliedsunternehmen,
- Öffentlichkeitsarbeit,
- Verbreitung und Weiterleitung von sektorspezifischen Informationen,
- Zusammenarbeit mit Regulierungsinstitutionen,
- Zusammenarbeit mit anderen Organisationen des Sektors,
- Beratung und Unterstützung der Mitglieder, z.B. in rechtlichen Fragen,
- Gemeinsame Forschungsaktivitäten,
- Gemeinsame Standardisierungs- und Normungsanstrengungen,
- Ausbildung: Seminare, Lehrgänge, Fachtagungen,
- Unterstützung von (Jung-)Unternehmern und Existenzgründern.

Abb. 4.15: Aufgaben von Wirtschaftsverbänden

Politik eine wichtige Voraussetzung für unternehmerische Entscheidungen. Um die politische Arbeit der einzelnen Unternehmen zu koordinieren und mit „einer Zunge" sprechen zu können, ist eine Bündelung der Anstrengungen in Verbänden sinnvoll.[1]

Verbände erfahren in der Öffentlichkeit häufig nur geringe Wertschätzung, da sie im Rufe stehen, Politiker auf undurchsichtige Weise beeinflussen zu wollen. Ein Dialog zwischen Unternehmen und Politik ist jedoch für beide Seiten notwendig: Verbände oder Lobbyisten allgemein vertreten zwar ihre eigenen Interessen, doch sind sie für Politiker und Beamte Lieferanten von wertvollem Fachwissen und Informationen. Verbände tragen dazu bei, daß Gesetze und Verordnungen vor ihrer Verabschiedung auf Praktikabilität und möglicherweise von politischer Seite nicht bedachte negative Wirkungen geprüft werden. So hat beispielsweise die polnische ‚Gesellschaft der professionellen Elektrizitäts- und Heizkraftwerke', die 19 Kraftwerke in Polen vertritt, gemeinsam mit dem Handels- und Industrieministerium zwei Programme für Restrukturierungen von Elektrizitätswerken ausgearbeitet. Diese Dokumente sind nützliche Handlungsanweisungen für die interne Restrukturierung als auch für die anschließend geplante Privatisierung der Stromerzeuger.[2]

Zusammenarbeit von Staat und Anbieterverbänden

Die Zusammenarbeit zwischen Politik, Verwaltung und Verbänden findet zumeist in Konsultations- und Beratungsgremien des Parlaments (Hearings) oder des zuständigen Fachministeriums statt. Hier können sich Parlamentarier und Beamte über grundsätzliche Ansichten des jeweiligen Verbandes informieren. Die konkrete Vorbereitung von Gesetzen hingegen findet dann in kleineren, fachlich eingegrenzten Gruppen statt.

---

[1]   Vgl. auch Mock, M.: Verbände und Wirtschaftspolitik - Zur Funktion der Verbände in der Wirtschaftspolitik, Göttingen 1991.

[2]   Vgl.: Elektroenergetika VII, Warschau, 1996.

In MOE und GUS bestehen bereits - teilweise sogar seit langer Zeit - Unternehmensverbände. Allerdings handelt es sich hierbei um ehemals „gleichgeschaltete" Institutionen. Die langjährig eingespielten Organisationsmuster waren und sind zum Teil noch immer weniger auf Interessensvertretung der Unternehmen gegenüber dem Staat, sondern auf die Durchsetzung staat-licher Interessen gegenüber den Unternehmen ausgelegt. Damit diese Institutionen ihren neuen Anforderungen gerecht werden können, müssen sie reorganisiert werden. Es kann allerdings sinnvoll sein, diese Institutionen aufgrund ihrer politischen Vergangenheit von der Wahrnehmung neuer Aufgaben gänzlich auszuschließen und stattdessen Verbandsneugründungen vornehmen. Dies gilt auch vor dem Hintergrund, daß sowohl Anbieter- als auch Nachfragerverbände demokratisch legitimiert sein müssen, um ihre Funktionen wirklich wahzunehmen.

Anbieterverbände in MOE und GUS

Die Neugründung von Anbieterverbänden erfolgt in der Regel ohne staatliche Unterstützung, da die Unternehmen ein hohes Eigeninteresse an einer verbandsmäßigen Organisation haben. Gerade in Transformationsphasen, die durch ein institutionelles Vakuum geprägt sind, kann es spontan sogar zur parallelen Gründung von Verbänden mit nahezu identischer Ausrichtung kommen. Dies zeigt sich beispielsweise in der Güterkraftverkehrswirtschaft in Polen, in der es zur Bildung zweier Verbände der internationalen Straßengütertransporte kam (Arbeitsgesellschaft für internationale Straßengütertransporteure in Polen ZMPD sowie Polnischer Verband der internationalen Spediteure PZSM). Es genügt in der Regel somit, wenn die mit der Reform der Versorgungs- und Transportwirtschaft beauftragten Institutionen unterstützend einwirken und erst eingreifen, wenn sich Anbieterverbände nicht autark bilden.[1]

Entstehung von Verbänden

Probleme können auftreten, wenn ein Sektor durch sehr unterschiedliche Unternehmensformen und -größen geprägt ist. Dies ist beispielsweise bei der Produktion von Elektrizität möglich: Neben Großunternehmen (Kraftwerke) können relativ kleine Gasturbinenanlagen oder Industrieunternehmen, die Strom als Abfallprodukt ihrer Produktion erzeugen, als Anbieter auftreten. In dem Maße, wie eine Differenzierung der Marktteilnehmer auf der Anbieterseite vorliegt, ist letztendlich auch eine Ausdifferenzierung der Interessenverbände sinnvoll. Aus Sicht der Unternehmen ist es unter dem Aspekt der politischen Überzeugungskraft ihrer Verbände zweckmäßiger, wenn nur ein starker Verband exisitiert. Aus Sicht der Politik hingegen bewirkt die Existenz mehrerer, eventuell konkurrierender Verbände eine größere Möglichkeit, unverfälschte Informationen zu erhalten.

Ausdifferenzierung der Institutionenlandschaft

Hinsichtlich der internen Organisation von Verbänden ist vor allem die Frage der Form der Mitgliedschaft von Bedeutung. In dem Maße wie ein Verband vornehmlich Repräsentations- und Koordinationsaufgaben wahrnimmt, kann

Organisation und Finanzierung

---

[1]   Maßnahmen zur Förderung der Entstehung und Entwicklung von Verbänden werden dargestellt in Klenk, J., Philipp, Ch., Reineke, R.-D., Schmitz, N.: Privatisierung in Transformations- und Entwicklungsländern, Wiesbaden 1994, S. 117 ff.

eine freiwillige Mitgliedschaft gewählt werden (britisches Modell). Die Unternehmen, die nicht Mitglieder werden, haben keinen Einfluß auf die Verbandspolitik. Das britische Modell wird insbesondere von kleineren Unternehmen befürwortet, da es für diesekostengünstiger ist. Allerdings fördert ein solches System ein Free-Rider-Verhalten der Unternehmen. Wird hingegen ein Verband auch mit staatlichen Aufsichtsaufgaben betraut - etwa ähnlich wie im Falle der deutschen Industrie- und Handelskammern im Bereich der beuflichen Bildung - kann eine Zwangsmitgliedschaft angebracht sein. Eine Überfrachtung der Unternehmensverbände mit Aufgaben sollte jedoch vermieden und im Interesse einer transparenten Ausgestaltung ein dezentraleres institutionelles Arrangement gewählt werden. In diesem Falle können staatliche Zwangsmaßnahmen bei der Einrichtung und Finanzierung von Anbieterverbänden entfallen.

Interne Probleme

Besondere Probleme der Verbände entstehen aufgrund inadäquater Organisationsstrukturen, fehlender Rechtsgrundlagen, begrenzter finanzieller Ressourcen und mangclndcm Interesse seitens der zu vertretenden Wirtschaft. Die Rolle von Verbänden ist häufig nicht klar und eindeutig definiert. In der Stärkung der Strukturen von Verbänden zur wirksameren Wahrnehmung ihrer Service- und Vertretungsfunktionen liegen Ansatzpunkte für die die Technische Zusammenarbeit.

4.3.2 Nachfrager- und Verbraucherorganisationen

Benachteiligung von Verbrauchern

In marktlichen Systemen ist es nicht immer automatisch gewährleistet, daß die Präferenzen der Konsumenten hinreichend berücksichtigt werden. Insbesondere schwächeren Gruppen wie privaten Verbrauchern in der Versorgungs- und Transportwirtschaft gelingt es vielfach nicht, ihre Interessen geltend zu machen. Dies kann zu einer systematischen Benachteiligung der Verbraucher führen und dazu beitragen, daß an den wahren Präferenzen der Nachfrager von Versorgungs- und Transportleistungen vorbei gewirtschaftet wird. Nachfragerverbände und Verbraucherorganisationen sollen diese Situationen verhindern. Sie bilden somit das Gegenstück zu Wirtschaftsverbänden. Ein großer Bedarf an Beteiligung und Partizipation der Nachfrage besteht zudem, wenn ökonomische Entscheidungen nicht über Marktbeziehungen sondern durch Aushandlungsprozesse getroffen werden. Dies gilt insbesondere im Falle der Regulierung von Preisen und Gewinnen bestimmter Unternehmen.

Gegenseitige Kontrolle von Interessenverbänden

Eine große Gefahr bei der Zusammenarbeit von Interessenverbänden und Politik bzw. Verwaltung liegt darin, daß die Verbände, die aufgrund des direkteren Zugangs zu ihren Mitgliedern über eine bessere Informationsbasis verfügen, diese nur gefiltert und einseitig an ihren Interessen ausgerichtet weitergeben. Dieses Problem läßt sich auch durch entsprechend qualifizierte Mitarbeiter in den staatlichen Einrichtungen nicht vollständig umgehen. Da in der Regel keine Konkurrenz zwischen Verbänden mit identischer Ausrichtung vorliegt, die helfen könnte, dieses Problem zu umgehen, ist es für die betroffenen Entscheidungsträger in Politik und Verwaltung wichtig, nicht nur einzelnen etablierten Verbänden Gehör zu gewähren, sondern auch Verbände mit unterschiedlicher Klientel und Zielrichtung zu beteiligen. In der Versorgungs- und Transportwirtschaft sind dies Verbände der gegensätzlichen Marktseite, also Nachfrager- und Anbieterverbände. Möglich ist jedoch auch der Einbezug von Bürgerinitiativen. Für die an der politischen Willensbildung beteiligten Verbände entsteht somit Druck, Informationen möglichst unverzerrt mitzuteilen, da sie bei Widerspruch durch andere Verbände einen Glaubwürdigkeitsverlust zu befürchten haben. Für das gesamte politisch-administrative System bedeutet dies, daß aufgrund der Konkurrenzsituation zwischen den Verbänden die Informationsversorgung ausgewogener und besser wird.

Aufgaben von Organisationen auf der Nachfrageseite

- Vertretung der Interessen der Nachfrager, Lobbyaktivitäten,
- Bündelung der Nachfragerinteressen,
- Ansprechpartner für nachfrageseitige Aktivitäten (Stichwort: Integrated Resources Management im Rahmen des Least-Cost-Planning),
- Partizipation der Nutzergruppen in Infrastrukturprojekten,
- Geltendmachen der Nachfragerinteressen im Regulierungsprozeß,
- Verbraucher in ihrer Funktion als 'kritische Kontrolleure',
- Information und Aufklärung.

Abb. 4.16: Aufgaben von Organisationen auf der Nachfrageseite

Die Nachfrager der Versorgungs- und Transportwirtschaft sind keine homogene Gruppe: Zu den Nachfragern von Energie beispielsweise zählen neben privaten Haushalten auch industrielle Großverbraucher. Letztere lassen sich - ähnlich den Anbieterverbänden - in der Regel schneller organisieren. Ein gutes Beispiel hierfür ist der deutsche Bundesverband der Energieabnehmer, der es versteht, sich in der energiepolitischen Diskussion regelmäßig Gehör zu verschaffen und so seine Interessen wirksam zu vertreten. Private Verbraucher lassen sich in der Regel schlechter in Verbänden organisieren als Unternehmen. Ursache hierfür ist zum einen die große Zahl an Personen, die sich organisieren müssen, zum anderen der häufig geringe Nutzen, der dabei für den Einzelnen abfällt („Pfennigsbeträge“). Zudem besteht meist die Möglichkeit zu Free-Rider-Verhalten, für den einzelnen Verbraucher gibt es somit wenig Anreize Mitglied in einem entsprechenden Verband zu werden. In vielen Ländern werden daher entsprechende Nachfragerorganisationen mit staatlicher Unterstützung ins Leben gerufen. In Großbritannien beispielsweise werden die Nachfragerverbände in den Bereichen Gas, Elektizität und Wasser staatlich gefördert. Die sogenannten Consumer Committees nehmen vielfältige Aufgaben der Interessenvertretung wahr und wirken vor allem bei der Erarbeitung von Regulierungskonzepten mit. *Organisierbarkeit von Verbrauchern*

Eine weitere Möglichkeit zur Überwindung der schlechten Organisierbarkeit von Verbraucherinteressen - insbesondere von privaten Konsumenten - kann die Gewährung von bestimmten Vorteilen oder selektiven Anreizen einer *Anreize für Mitgliedschaft*

Mitgliedschaft in einem Verband sein. Dieser Zusatznutzen kann sich sogar zum Hauptanreiz für eine Mitgliedschaft in einer Verbraucherorganisation auswachsen. Ein Beispiel hierfür ist die deutsche Verkehrswirtschaft: Der ADAC bietet seinen Mitgliedern neben dem Produkt Interessenvertretung einen umfangreichen Service an. Die Spannbreite der angebotenen Dienstleistungen umfaßt den Kundendienst (Pannen-Service), die Vermittlung von Versicherungen und Reisen, den Verkauf von Auto-Zubehör, Verbraucherinformation, etc. Dieses Beispiel läßt sich auf andere Bereiche der Versorgungs- und Transportwirtschaft übertragen.

Einbindung in Entscheidungsprozesse

Im Gegensatz zur Organisation von privaten Verbrauchern in Verbänden lassen sich - wie das folgende Beispiel der Verkehrsbetriebe der Stadt Köln zeigt - Nachfrager in Unternehmensentscheidungen relativ einfach einbinden.

Stärkere Partizipation der Nachfrager im ÖPNV

Die Verkehrsbetriebe der Stadt Köln (KVB) führen regelmäßig Befragungen der Kunden durch und betreiben zudem eine intensive Öffentlichkeitsarbeit. Um die Beteiligung der Fahrgäste weiter zu erhöhen und unterschiedliche Nutzergruppen in die Unternehmensentscheidungen einzubeziehen, richteten die Kölner Verkehrsbetriebe zusätzlich einen Fahrgastbeirat ein.

Dieser Fahrgastbeirat ist ein beratendes Gremium, das direkt dem Vorstand berichtet. Der Beirat setzt sich aus 20 repräsentativ gewählten Mitgliedern zusammen, die einen Querschnitt der unterschiedlichen Fahrgäste ausmachen. Dabei wird darauf geachtet, daß die

Mitglieder nicht als Vertreter bestimmter Einzelinteressen und politischer Parteien auftreten. Insbesondere sollen jüngere und ältere Fahrgäste, Vielfahrer und Wenigfahrer sowie männliche und weibliche Fahrgäste vertreten sein. Frauen sind in der Regel stärker auf den ÖPNV angewiesen, da sie weniger häufig ein eigenes Fahrzeug besitzen und aufgrund ihrer täglichen Wegstrecken oft ein anderes Nutzerverhalten aufweisen.

Der Beirat tritt auf eigenen Wunsch viermal jährlich, in der Regel zum Quartalsende zusammen. Der Beirat unterbreitet dem Vorstand Vorschläge, welche die Nutzersicht recht umfassend widerspiegeln.

4.3.3 Weitere Institutionen im Unternehmensumfeld

Industrie- und Handelskammern, Handwerkskammern, spezielle Finanzierungsinstitutionen, Raumordnungsverbände und grenzüberschreitende kommunale Organisationen (z.B. Euregio - kommunale Zusammenarbeit im deutsch-niederländischen Grenzraum) sind Beispiele für weitere Institutionen, die auf der Meso-Ebene für die Transport- und Versorgungswirtschaft wichtige Funktionen ausüben können. Hierzu zählen insbesondere:

Weitere Aufgaben von Institutionen der Meso-Ebene

- Finanzierung von Investitionen in der Versorgungs- und Transportwirtschaft

- Informationsdienste,

- Aufgaben in Umweltschutz, Verbraucherschutz, öffentlicher Sicherheit,

- Prüfungswesen, Gutachtertätigkeit, Zertifizierung,

- Ausbildung.

In MOE und GUS existieren viele Institutionen wie Kammern und Kommunalverbände, die bereits zu sozialistischen Zeiten bestanden haben. Allerdings waren diese Einrichtungen in der Regel über Zwangsmitgliedschaft und Pflichtbeiträge organisiert. Die interne Organisation war zumeist streng hierarchisch und die Besetzung der einzelnen Positionen durch Parteipolitik vorgegeben. Seit diese Institutionen im Rahmen der politischen Reformen zu einer demokratischen und freiwilligen Organisation gezwungen sind, werden sie häufig durch Mitgliederschwund und Finanzknappheit empfindlich geschwächt. Es empfehlen sich somit Umstrukturierungen und Neuorganisationen damit diese Einrichtungen ihre Aufgaben wirksam wahrnehmen können.

Parteipolitisch geprägt

Unzureichende Möglichkeiten der Beteiligungs- und Fremdkapitalfinanzierung gehören zu den zentralen Hemmnissen für die Entfaltung privater Initiativen in Transformationsländern. Im Rahmen von Kommerzialisierungen und Privatisierungen wirken sich die Schwächen der heimischen Finanzmärkte besonders negativ aus, denn häufig kann das notwendige Kapital zum Unternehmenskauf oder zur Sanierung nicht beschafft werden. Das Finanzierungsproblem tritt in der Versorgungs- und Transportwirtschaft verstärkt zutage, da diese Bereiche sehr hohe Investitionen erfordern[1].

Kapitalmangel

---

[1] So ist beispielsweise nur für die Fertigstellung des Steinkohlekraftwerks Plomin 2 auf der kroatischen Halbinsel Istrien, dessen Bau 1992 unterbrochen wurde, ein Investitionsvolumen von 350 Mio. DM erforderlich. An dem 210 MW-Kraftwerk, das schon zur Häfte fertiggestellt ist, wird sich die RWE Energie AG maßgeblich beteiligen. Vgl. o.V.: RWE kooperiert bei Kraftwerk in Kroatien, in: Handelsblatt v. 4.11.1996, S. 23. In den neuen Bundesländern wurde der Investitionsbedarf allein für die Sanierung der Wasserver- und -entsorgung auf über 100 Mrd. DM geschätzt. Vgl. Spelthahn, S.: Privatisierung natürlicher Monopole, Wiesbaden 1994, S. 219.

*Verbesserung
der Finanzierung*

Die Förderung bzw. Neueinrichtung entsprechender Institutionen zur Verbesserung der Finanzierungsmöglichkeiten kann daher zur Kommerzialisierung und Privatisierung von Unternehmen erheblich beitragen.

Situation der Finanzmärkte vieler Transformationsländer

- Fehlende finanzielle Ressourcen privater Unternehmer und institutioneller Investoren mit negativen Folgen für Übernahme und Restruktuierung bestehender Unternehmen sowie Gründung neuer Unternehmen und Entwicklung von Unternehmerpersönlichkeiten;

- Geringe Sparquoten, was nicht nur auf mangelndes Potential (u.a. kulturell bedingt), sondern auch auf ein unzureichendes Netz von Bankniederlassungen zurückzuführen ist;

- Kapitalflucht: Die schmale Oberschicht mit hohem Einkommen und Sparvermögen bringt häufig ihr Kapital außer Landes;

- Schwierigkeiten der Banken, die Vergabe und Verwaltung von Krediten nach ökonomischen Kriterien durchzuführen. Dies ist eine Ursache von oftmals hohen Finanzierungskosten für die Bankkunden;

- Beschränkter Zugang zu nationalem und internationalem Kapital, nicht zuletzt aufgrund mangelnder lokaler intermediärer Institutionen. Die Entwicklung eines starken Privatsektors erfordert eine entsprechende finanzielle Infrastruktur, bestehend aus Banken und Sparkassen mit einem Netz von Zweigstellen. Diese müssen einerseits in der Lage sein, Spargelder aufzunehmen, um das im Land vorhandene Sparpotential zu mobilisieren und andererseits eigenverantwortlich Kredite ausgeben können;

- Keine oder unzureichend organisierte Börsen;

- Entwicklungsbanken sind zwar sehr wichtige Einrichtungen, können diese Defizite allein aus quantitativen Gründen nicht ausgleichen.

Abb. 4.17: Situation der Finanzmärkte vieler Transformationsländer

*Spezielle
Finanzierungs-
institutionen*

In Ungarn beispielsweise wurde 1989 neben dem normalen Staatshaushalt ein sogenannter Straßenfond gegründet. Dieser Fonds hat die Aufgabe, den Unterhalt, den Betrieb sowie den Ausbau des 30.000 km langen nationalen Straßennetzes zu übernehmen. Finanziert wird der Fonds vor allem durch zweckgebundene Anteile der Mineralölsteuer. Ein anderes Beispiel für spezielle Finanzierungsinstitutionen ist die polnische Umweltschutzbank (Bank Ochrony Srodowiska), die Aktivitäten im Bereich Umwelt- und Wasserschutz sowie Maßnahmen zur Steigerung der Energieeffizienz finanziert. Neben der direkten oder indirekten Bereitstellung von Krediten können entsprechende Institutionen allgemein in Finanzierungsfragen beratend wirken. Dies kann die Suche nach ausländischen Investoren einschließen.[1]

---

[1] Darüber hinaus kann der Staat im Bereich der Infrastrukturfinanzierung durch die Vergabe staatlicher Bürgschaften und Garantien unterstützend wirken.

Die Verfügbarkeit von Informationen spielt für die Wettbewerbsfähigkeit einer Volkswirtschaft eine große Rolle, mittlerweile gelten sie schon als Produktionsfaktor. In westlichen Ländern existieren vielfältige Organisationen, die sich mit der Beschaffung, der Verarbeitung und der Weitergabe von speziellen Informationen befassen. In MOE und GUS hingegen wurden - systembedingt - Informationen nur sehr gezielt und „geplant" weitergegeben. Hier bestehen Defizite, die Ansatzpunkte für Unterstützung im Rahmen der Technischen Zusammenarbeit bieten, wie die folgenden Beispiele aus Polen zeigen.

Informationsdienste

In Polen ist mit der Unterstützung von drei US-amerikanischen Hilfsorganisationen[1] die Non-Profit-Gesellschaft ‚*Polnischer Fonds für Energieeffizienz*' (FEWE) ins Leben gerufen worden. FEWE führt Studien über Energieeinsparungspotentiale durch, versorgt politische Entscheidungsträger mit Informationen und unterstützt sie bei der Entwicklung von Sektorprogrammen. Dies erfolgt vor allem durch Kommentierung von Gesetzesentwürfen sowie durch die Zusammenarbeit mit lokalen Behörden. Als weitere Institution ist der *Energiesparfonds* in Polen gegründet worden. Er ist Teil der Polish Development Bank, einer vom polnischen Staat ins Leben gerufenen Entwicklungsbank. Auch dieser Fonds ist eine Non-profit-Organisation. Seine Haupttätigkeitsfelder liegen im Bereich Energieeinsparung und rationeller Energieverwendung sowie erneuerbarer Ressourcen. Aktivitäten des Fonds sind zumeist Informationskampagnen, Ausbildung und Lizensierung von Energie-Effizienz-Prüfern (Auditoren). Die erforderlichen finanziellen Mittel stammen von heimischen und ausländischen Banken, dem Staat, Energieausrüstern und Energiedienstleistern.

Non-Profit-Gesellschaften im Energiebereich

Wichtige Aufgaben können zudem von folgenden Organisationen im Bereich Informationsdienstleistung wahrgenommen werden:

Weitere Beispiele

- Verbraucher-Beratungszentren (z.B. Energie),

- unabhängige Forschungseinrichtungen,

- Bibliotheken, Dokumentationsstellen,

- Informationsdienste wie z.B Wasserrundbriefe,

- Journalistische Vereinigungen (z.B. Arbeitskreis Umweltpresse),

- Fachzeitschriften,

- Institutionalisierte Gesprächskreise.

Angesichts mangelnder Erfahrungen mit wettbewerblichen Wirtschaftssystemen in MOE und GUS wird es zudem häufig erforderlich, Gesellschaften zur Förderung der Privatwirtschaft - wie beispielsweise das Business Communication Center in Kasachstan - einzurichten. Förderungsmaßnah-

Förderung der Privatwirtschaft

---

[1]   Dies sind USAID, Environmental Protection Agency und Pacific Northwest Laboratory.

men können aber auch für einzelne Regionen durchgeführt werden (Regionale Wirtschaftsförderung). Den schwierigen Rahmenbedingungen, vor allem in den GUS-Staaten, trägt das Konzept der Entwicklungsgesellschaften Rechnung, das nachfolgend beschrieben wird. Bei der Einrichtung solcher Institutionen kann die Technische Zusammenarbeit wertvolle Unterstützung leisten.[1]

---

[1] Vgl. hierzu Klenk, J., Philipp, Ch., Reineke, R.-D., Schmitz, N.: Privatisierung in Transformations- und Entwicklungsländern, Wiesbaden 1994, S. 116 ff.

Entwicklungsgesellschaften als Träger von Förderungsprogrammen in GUS

Die schwierige politische und administrative Situation in Rußland hat zur Entwicklung neuer Konzepte für die Durchführung von Förderprogrammen geführt. Ein Beispiel hierfür sind deutsch-russischer Entwicklungsgesellschaften, die als Nukleus für privatwirtschaftliche Kooperationen erfolgreich ins Leben gerufen wurden. Erste Erfahrungen zeigen, daß diese „Entwicklungsagenturen" in Staaten mit extrem unstetigen und/oder schwachen staatlichen Verwaltungen durchaus wirtschaftliche Entwicklung initiieren und betroffene Gruppen erreichen können.

Die Idee zu der Entwicklungsgesellschaft wurde von der Abt. 425 der GTZ aus der Not heraus geboren. Die Unterstützung des Reformprozesses in den GUS-Staaten hatte gezeigt, daß sich die staatlichen Institutionen als organisatorische Basis für eine Entwicklungsförderung nicht eigneten. Institutionelle Beratung beschränkte sich allzu oft auf die Empfehlung zur Übertragung westeuropäischer Ansprüche und Vorgehensweisen in einem völlig anders gearteten sozialem und kulturellem Umfeld. Unsicherheit resultierte zudem aus der unklaren Rechtslage sowie der Unstetigkeit staatlicher Verwaltungen.

Entwicklungsgesellschaften können von staatlichen oder privaten Unternehmen, von Kolchosen und Sowchosen, Verbänden und anderen Beteiligten gegründet werden. Sie sind im Prinzip Kapitalgesellschaften und auch ausländischen Mitgliedern zugänglich.

Für die erste deutsch-russische Entwicklungsgesellschaft wählte man als Rechtsträgerform das Joint Venture, da dies die Möglichkeit der Kontrolle der eingesetzten Mittel nach westlichen Vorstellungen erlaubt.

Das wichtigste Ziel, das mit der Gründung einer Entwicklungsgesellschaft verfolgt wird, ist die Schaffung von rechtlichen Voraussetzungen, die einen Handlungsspielraum eröffnen und u.a. eine Kontrolle der eingebrachten Sachmittel und eine flexible Verwendung des Kapitals erlauben. Die Entwicklungsgesellschaft ist dabei Keimzelle für das weitergreifende Konzept: Sie ist der Nukleus, von dem aus weitere Entwicklungs-Kooperationen identifiziert und implementiert werden sollen.

Diese neuen Aktivitäten sind von Beginn an als eigenständige Wirtschaftsgebilde zu konzipieren und später auch entsprechend zu entwickeln. Sobald sie eine gewisse betriebswirtschaftliche Eigenständigkeit besitzen, sollten sie ausgelagert und in die Eigenverantwortung entlassen werden.

4.4 Schaffung eines Institutionennetzwerks

Kommerzialisierungs- und Privatisierung von öffentlichen Transport- und Versorgungsunternehmen sind komplexe Prozesse und erfordern die Zusammenarbeit verschiedener Institutionen. Vieles spricht für eine Vernetzung der am Prozeß beteiligten Akteure, um einerseits die Konzentration auf vordringliche Maßnahmen zu ermöglichen und andererseits den vertikalen Einfluß von Organisationen im unternehmensrelevanten Umfeld optimal zu nutzen. Die einfachste Form der Vernetzung ist die Etablierung von Diskussionsforen. In diesen Dialogrunden können Entscheidungsträger zusammengebracht und - möglicherweise unter Anleitung des Beraters - Wissen vermittelt sowie Reformen vorangebracht werden.

Der Komplexität Rechnung tragen

Beispiele für die Zusammenarbeit von Institutionen der Mesoebene sind der Einbezug von Verbänden und Kammern in die Erarbeitung von Kommerzialisierungs- und Privatisierungsstrategien durch die Kommerzialisierungsagentur oder die Kooperation der Agentur mit Investmentfonds oder Investitionsförderungseinrichtungen. So arbeitet beispielsweise die litauische Investitionsagentur (LIA) mit der Privatisierungsagentur (LSPA) bei der internationalen Vermarktung von Staatsunternehmen zusammen. Dies hat für LIA den wichtigen Vorteil, daß bei Vermarktungsaktivitäten im Ausland nicht nur allgemein die guten Investitionsbedingungen in Litauen dargestellt, sondern den Interessenten konkrete Investitionsobjekte angeboten werden können. Die LSPA ihrerseits, die nicht über ein eigenes Budget für internationales Privatisierungsmarketing verfügt, erhält so wertvolle Unterstützung.[1]

Kooperation

Der Aufbau von Netzwerken dieser Art führt zu einer größeren Einbindung dieser Organisationen in den Kommerzialisierungs- und Privatisierungsprozeß sowie zur Berücksichtigung unterschiedlicher Interessen. Die notwendigen strukturellen Veränderungen der gesamten Volkswirtschaft können konsequent vorangetrieben werden und reibungsloser ablaufen. Netzwerke dienen vor allem der Koordination verschiedener Organisationen der Mesoebene, insbesondere im Hinblick auf die gemeinsam angestrebte Entwicklung des betreffenden Landes durch einen wettbewerbsfähigen Privatsektor.

Vorantreiben struktureller Veränderungen

Eine mögliche Umsetzung der Zusammenarbeit von Institutionen der Mesoebene besteht im Aufbau eines Forums, in dem regelmäßig Fragen und Probleme aus der Transport- und Versorgungswirtschaft erörtert werden. Eine weitere Möglichkeit ist der Aufbau eines gemeinsamen Spitzeninstituts der Unternehmen eines Sektors. Ein solches Institut sollte sich sich als Datenbank, Diskussionsforum, Fortbildungsinstitution und Vermittler verstehen. Ein intensiver Dialog mit öffentlichen und privaten Sektor führt zu einem einfachen und ungezwungenen Austausch von Informationen, Wünschen, Sorgen und Ansichten. Allerdings sollte aus einer derartigen Zusammenarbeit kein Aushandeln von Privilegien hervorgehen.

Datenbank, Diskussionsforum, Fortbildungsinstitution und Vermittler

---

[1] Vgl. Schmitz, N.: Die Regierung drückt jetzt auf das Tempo, Handelsblatt, Litauen-Beilage, Nr. 115, 19.6.1997, S. 26.

Anhang A1: Verwendete und weiterführende Literatur

Aberle, Gerd; Brenner, Andrea: Bahnstrukturreform in Deutschland: Ziele und Umsetzungsprobleme, in: Beiträge zur Wirtschafts- und Sozialpoltitik, Institut der deutschen Wirtschaft Köln, Nr. 230, 1996.

Armstrong, Mark; Cowan, Simon; Vickers, John: Regulatory Reform: Economic Analysis and British Experience, Cambridge, Mass. 1994.

Blankart, Charles B., Knieps, Günter: Netzökonomik, in: Jahrbuch für Neue Politische Ökonomie, Bd. 11, 1992, S.73-87.

Blankart, Charles B.; Knieps, Günter: Infrastrukturfonds als Instrumente zur Realisierung politischer Ziele, in: ZögU, Beiheft 19, 1996, S. 51 ff.

Barkovich, Barbara: Regulatory Interventionism in the Utility Industry: Fairness, Efficiency, and the Pursuit of Energy Conservation, New York u.a., 1989.

Borrie, Gordon u.a.: Regulation: How to Regulate the Privatised Utilities, in: Economic Affairs, 11.1990/1991, Nr. 5, S. 12-18.

Bouttes, Jean-Paul: Competition and Regulation in Europe's network industries - from theoretical approach to sectorial application, in: Utilities Policy, H. 5, 1995, S. 127-146.

Brandt, M.: LCP und Energiedienstleistungsunternehmen, in: Den Wettbewerb im Energiesektor planen, hrsg. v. P. Hennicke, Berlin u.a., 1991.

Breithaupt, M., Der Staat in seiner Funktion als „Regulatory Authority" im Rahmen einer liberalisierten Transportwirtschaft, Konzepte, Erfahrungen und Problembereiche, Eschborn, 1996.

Burges, Giles: The Economics of Regulation and Antitrust, New York, 1995.

Dill, Günter; Kanitz, Horst: Grundlagen praktischer Kommunalpolitik, Veröffentlichung der Konrad-Adenauer-Stiftung, Heft 6, Sankt Augustin 1994.

Elektroenergetika, Heft No. VII, Warschau, 1996.

Eickhof, Norbert: Versorgungswirtschaft und Wettbewerbsordnung, in: Ordo, Bd. 37, 1986, S. 201-218.

Freeman, Jeff: Hungarian Utility Privatization Moves Forward. in: Transition vom 3. Mai 1996, S. 27-29.

Hennike, P. (Hrsg.): Den Wettbewerb im Energiesektor planen, Least-Cost Planning, Ein neues Konzept zur Optimierung von Energiedienstleistungen, Berlin u.a., 1991.

IEA: Energy Policies of the Czech Republik, 1994 Survey, Paris 1994.

IEA: Energy Policies of Poland, 1994 Survey, Paris 1995.

IEA: Electricity Supply Industry - Structure, Ownership and Regulation, Paris 1994, S.48f

Ionin, Leonid: Nach der Liberalismusidee das Bewußtwerden der Verlorenheit, Zur Soziologie und Psychologie des Übergangs zur Marktwirtschaft in Rußland, in: Energieversorgung nach der Planwirtschaft, hrsg. v. Robert Gerwin, Stuttgart 1993.

Kibat, Klaus-Dieter: Wasserverbände als Träger der Gewässergütepolitik, in: ifo-Studien zur Umweltökonomie 7, München 1988.

Kirsch, Guy: Neue politische Ökonomie, 3. Aufl., Düsseldorf 1994.

Klenk, Jürgen; Philipp, Christine; Reineke, Rolf-Dieter; Schmitz, Norbert: Privatisierung in Transformations- und Entwicklungsländern, Wiesbaden 1994

Knieps, Günter: Neuere Entwicklungen in der Regulierungsdiskussion, in: WiSt, H. 12, Dezember 1995, S. 617-622.

Lageman, Bernhard u.a.: Aufbau mittelständischer Strukturen in Polen, Ungarn, der Tschechischen Republik und der Slowakischen Republik, Untersuchungen des RWI, H. 11, 1994.

Leprich, Uwe: Least-Cost Planning und staatliche Aufsicht über Energieversorgungsunternehmen in der Bundesrepublik, in: Hennicke, Peter (Hrsg.): Den Wettbewerb im Energiesektor Planen, Least-Cost-Planning. Ein neues Konzept zur Optimierung von Energiedienstleistungen, Berlin u.a. 1991, S.45-76.

Ministry of Transport, Communication and Water management in Hungary: Introduction to the Ministry, Budapest, 1996.

Mock, Mathias: Verbände und Wirtschaftspolitik - Zur Funktion der Verbände in der Wirtschaftspolitik, Göttingen 1991.

Monopolkommission, 8. Hauptgutachten 1988/89, Wettbewerbspolitik vor neuen Herausforderungen, Baden Baden 1990.

Monopolkommission: Mißbrauchsaufsicht über Gas- und Fernwärmeunternehmen: Wettbewerb zwischen Systemen im Wärmemarkt; Sondergutachten, Baden-Baden 1991.

Monopolkommission, Zehntes Hauptgutachten 1994, Sonderuntersuchung zum Thema "Konzentration und Wettbewerb in der leitungsgebundenen Energiewirtschaft".

Ordover, Janusz A., u.a.: Competition Policy for Natural Monopolies in a Developing Market Economy, in: Economics of Transition, Vol. 2(3) 1994, S. 317-343.

Olson, Mancur: Die Logik des kollektiven Handelns, 2. Aufl., Tübingen 1985.

o.V.: Kein Wegezoll für Telefonleitungen. Der Weg für die Verabschiedung des Telekommunikationsgesetzes ist frei. Der Postausschuß des Bundestages hat sich auf einen Kompromiß über die Struktur der künftigen Regulierungsbehörde geeinigt. in: Handelsblatt vom 7./8..6.1996, S.14.

o.V.: Least-Cost Planning, Position des Verbandes kommunaler Unternehmen, in: Der Städtetag 5/95, S. 367-372.

o.V.: Lang pulls the plug, in: The Economist, 27.04.1996.

Paul, Simon: Strengthening Public Service Accountability: a Conceptional Framework, World Bank Diskussion Papers 136, Washington 1991.

Pittmann, R.: Some Critical Provisions in the Antimonopoly Laws of Central and Eastern Europe, in: International Lawyer, No. 2 (1992), S. 485 - 503.

Reichard, C.; Sülzer, R.: „Organisationslandschaft" in der Technischen Zusammenarbeit, GTZ, Aus der Abtlg. 403, Nr. 10/d,Eschborn, November 1992.

Riesner, W.: 4. Zittauer Seminar zur energiewirtschaftlichen Situation in den Ländern Osteuropas. Eine Auswertung in Thesen, in Energiewirtschaftliche Tagesfragen, 45. Jg., 1995, H.1/ 2, S. 98.

Robinson, Colin: Regulation as a Means of Introducing Competition, Surrey Energy Economics Discussion Paper Series, 80, 1995.

Schalast, Christoph: Energierechtsreform in Osteuropa. Das Beispiel Slowenien, in: Energiewirtschaftliche Tagesfragen, 45. Jg., H. 10, 1995, S. 653-656.

Scheele, Ulrich: Privatisierung der britischen Wasserwirtschaft, in: ZögU., Bd. 14, Heft 4, 1991, S. 346-362.

Schmidt, Eberhardt: Zur Entwicklung des polnischen Verkehrswesens, in: Internationales Verkehrswesen, 47 (1995) 6, S. 361 ff.

Schmidt, Götz: Methode und Techniken der Organisation, in: Schriftenreihe „Der Organisator", Band 1, 6. Auflage, Gießen, 1986.

Schmitz, Norbert: Die Regierung drückt jetzt auf das Tempo, Handelsblatt, Litauen-Beilage, Nr. 115, 19.6.1997, S. 26.

Schöneich, Michael: Die Kommunalisierung von öffentlichen Aufgaben in den neuen Bundesländern nach der Praxis der Treuhandanstalt, in: Verwaltungsarchiv, 84 (1993) Heft 3, S. 383-393.

Schürmann, Heinz: Spielraum für flexible Anpassung. Sowohl in Brüssel als auch in Bonn wird die Liberalisierung der Elektrizitätsversorgung großgeschrieben. Die Rahmendaten für einen diskriminierungsfreien Wettbewerb in der Stromwirtschaft bedürfen aber noch der Konkretisierung, in: Handelsblatt 24./25.05.1996, S.18.

Schulz, Bettina: Die ungeliebten Kontrolleure, Marktaufsicht in Großbritannien, in: FAZ 7.6.1996, S. 17.

Seibel, Wolfgang: Funktionaler Dilettantismus: Erfolgeich scheiternde Organisationen im 'Dritten Sektor' zwischen Markt und Staat. Baden-Baden 1992.

Shirley, Mary; Nellis, John: Public Enterprise Reform. The Lessons of Experience, in: EDI Development Studies, The World Bank, Washington 1991.

Spelthahn, Sabine: Privatisierung natürlicher Monopole, Wiesbaden 1994.

Stern, John: Economic Regulation in Central and Eastern Europe, in: Economics of Transition, 1994, Nr. 3, S. 391 ff.

Sülzer, Rolf: The role of local governments in managing communal infrastructure. A new public management perspective, Eschborn, 1996.

Steinacker; Freiherr H. C. von: Haben Wasser- und Bodenverbände noch eine Zukunft? in: Zeitung für Kulturtechnik und Flurbereinigung 29, 1988, S. 71-77.

Tirole, Jean: Western Prudential Regulation: Assessment and Reflection on its Application to Central and Eastern Europe, in: Economics of Transition, 1994, Nr. 2, S. 129-150.

Welfens, P.J.J.; Graack, C.: Deregulierungspolitik und Wettbewerb in Netzindustrien: Bedeutung und Optionen für osteuropäische Transformationsländer, Berlin 1995.

Welfens, P.J.J., Yarrow, G. (Eds.): Telecommunications and Energy in systemic Transformation, Berlin, 1997.

Weltbank: The World Bank's Role in the Electric Power Sector. Policies for effective Institutional, Regulatory, and Financial Reform. Washington 1994.

Weltbank: Weltentwicklungsbericht 1994, Infrastruktur und Entwicklung, Kapitel 4 und 5, Washington 1994.

Weltbank: 19. Weltentwicklungsbericht 1996, From Plan to Market, Washington 1996.

Wesolowsky, Wlodzimierz: The Destruction and construction of Interests Under Systemic Change: A Theoretical Approach, in: Polish Sociological Review, H. 4 (108) 1994.

Wirtschafts-Markt Polen, 2/1997, S. 9, Gorzow, 1997.

Wirtschaftrat der CDU e.V.: Privatisierung in Hamburg. Eine Studie des Wirtschaftsrates der CDU e.V., Landesverband Hamburg, Hamburg 1996.

5 Handlungsoptionen auf der Mikroebene

5.1 Vorgehen auf der Mikroebene

Grundlage von Maßnahmen der Kommerzialisierung und Privatisierung auf der mikroökonomischen Ebene sollte eine umfassende Analyse des in Betracht kommenden Unternehmens und des relevanten Umfeldes sein. Nur so können konsistente und bedarfsgerechte Lösungen für Unternehmen gefunden werden. Die isolierte Bearbeitung von Einzelproblemen hingegen ist nicht zielführend. Der Zusammenhang zwischen Analyse und Optionen bei der Kommerzialisierung und Privatisierung ist im folgenden Schaubild dargestellt. Die weitere Gliederung des Kapitels orientiert sich an dieser Darstellung und den darin aufgeführten Optionen.

Vorgehensweise

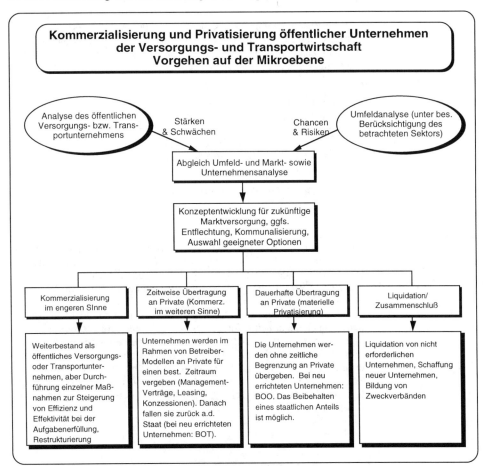

Abb. 5.1: Kommerzialisierung und Privatisierung öffentlicher Unternehmen der Versorgungs- und Transportwirtschaft: Vorgehen auf der Mikroebene

5.1.1 Die Unternehmensanalyse

Gründliche Ein-schätzung komple-xer Gebilde

Transport- und Versorgungsunternehmen sind i.d.R. große und komplexe Gebilde und so stellt sich auch deren Analyse als eine schwierige Aufgabe dar. Die gründliche Einschätzung der spezifischen Lage des Unternehmens erfordert die Analyse und Bewertung der Absatz- und Beschaffungsmärkte, bestehender Industriestrukturen, möglicher Wettbewerber, Technologien, Kostenpositionen etc. Wichtig ist die klare Identifizierung der Schlüssel-probleme und der Hauptstärken, eine Einschätzung der Chancen und Risi-ken und der zu erwartenden zukünftigen Stellung auf den Märkten. Darauf aufbauend wird bei intensiver Komunikation mit den Beteiligten und ihrer enger Mitwirkung die geeignete Strategie entwickelt, die dann schrittweise umgesetzt werden sollte.

Arbeitsgebiete

Um alle relevanten Aspekte, die die Auswahl der geeigneten Kommerziali-sierungs- und Privatisierungsstrategie beeinflussen, entsprechend berück-sichtigen zu können, bietet sich eine Untergliederung des Untersuchungs-gegenstandes in folgende Arbeitsgebiete an:

- Umfeld
- Strategie und Unternehmensplanung
- Leistungserbringung
- Marketing und Vertrieb
- Finanzen und Rechnungswesen
- Materialwirtschaft und Logistik
- Management und Personalwesen
- Organisation und Informationstechnik

Leistungserstellung und Vertrieb

Ausgehend von der Umfeldanalyse[1] sollte die Untersuchung der Leistungs-erbringung (Produkte und Dienstleistungen) des Unternehmens erfolgen. Dabei werden qualitative Aussagen über den technischen Standard der An-lagen, die Leistungsfähigkeit, das Qualitätsniveau sowie über erforderliche Investitionen für Sanierung / Leistungssteigerung etc. gemacht. Transport- und Versorgungsunternehmen in MOE und GUS sind technisch veraltet und nur unzureichend gewartet, so daß im Regelfall beträchtliche Moder-nisierungsmaßnahmen erforderlich sind. Zudem sind die Leitungsnetze meist in einem schlechten Zustand, was zu hohen Verlusten beim Transport führt. Ein weiteres typisches Defizit liegt in der mangelhaften Verbrauchs-erfassung, oft ist aufgrund des Fehlens von Meßgeräten der Verbrauch von Wasser oder Strom gar nicht meßbar. Preise sind zudem politisch vorgege-ben und decken meist nicht die Kosten der Leistungserstellung und -bereitstellung.

---

[1] Siehe hierzu Kap. 3 einschließlich der Checklisten.

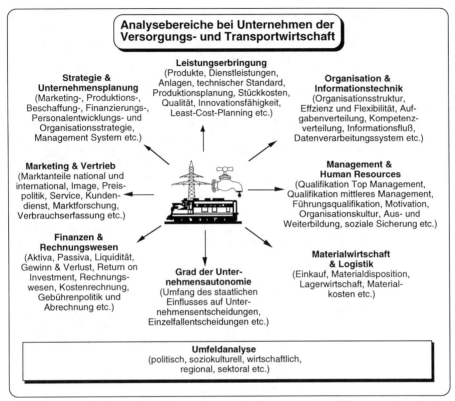

Analysebereiche bei Unternehmen der Versorgungs- und Transportwirtschaft

Strategie & Unternehmensplanung
(Marketing-, Produktions-, Beschaffung-, Finanzierungs-, Personalentwicklungs- und Organisationsstrategie, Management System etc.)

Leistungserbringung
(Produkte, Dienstleistungen, Anlagen, technischer Standard, Produktionsplanung, Stückkosten, Qualität, Innovationsfähigkeit, Least-Cost-Planning etc.)

Organisation & Informationstechnik
(Organisationsstruktur, Effzienz und Flexibilität, Aufgabenverteilung, Kompetenzverteilung, Informationsfluß, Datenverarbeitungssystem etc.)

Marketing & Vertrieb
(Marktanteile national und international, Image, Preispolitik, Service, Kundendienst, Marktforschung, Verbrauchserfassung etc.)

Management & Human Resources
(Qualifikation Top Management, Qualifikation mittleres Management, Führungsqualifikation, Motivation, Organisationskultur, Aus- und Weiterbildung, soziale Sicherung etc.)

Finanzen & Rechnungswesen
(Aktiva, Passiva, Liquidität, Gewinn & Verlust, Return on Investment, Rechnungswesen, Kostenrechnung, Gebührenpolitik und Abrechnung etc.)

Grad der Unternehmensautonomie
(Umfang des staatlichen Einflusses auf Unternehmensentscheidungen, Einzelfallentscheidungen etc.)

Materialwirtschaft & Logistik
(Einkauf, Materialdisposition, Lagerwirtschaft, Materialkosten etc.)

Umfeldanalyse
(politisch, soziokulturell, wirtschaftlich, regional, sektoral etc.)

Abb. 5.2:   *Analysebereiche bei Unternehmen der Versorgungs- und Transportwirtschaft*

Die Analyse der Unternehmensorganisation sollte Klarheit über die bestehenden Aufbaustrukturen schaffen und aufzeigen, ob Teilbereiche bei der Privatisierung abgetrennt und separat veräußert werden können. Bei der notwendigen Fokussierung auf das Kerngeschäft können geschäftsfremde Unternehmensteile ausgegliedert werden. Eine Analyse der Organisation sollte aber auch Hinweise auf mögliche Effizienzsteigerungen geben, die sich wertsteigernd auswirken können. In MOE und GUS steht vor allem die organisatorische Entflechtung der großen Unternehmen in mehr oder weniger unabhängige Einheiten („Profit Center") im Mittelpunkt. Dies ist auch für Transport- und Versorgungsunternehmen eine wichtige Voraussetzung für die Steigerung der Leistungsfähigkeit der Gesamtorganisation.

Organisationsanalyse

Im Bereich von Materialwirtschaft und Logistik zeigen sich in Osteuropa ebenfalls Besonderheiten: Geprägt durch die Erfahrungen der Mangelwirtschaft sind überdimensionierte Vorratshaltung und Lagerwirtschaft in vielen Unternehmen an der Tagesordnung. Die angesammelten und nicht

Besonderheiten aufgrund Mangelwirtschaft

benötigten Materialbestände sollten schnellstmöglich veräußert werden, um die Liquidität der Unternehmen kurzfristig zu verbessern. Kostengünstige Beschaffungsmöglichkeiten sind zu identifizieren und zu bewerten. Auch die Fertigungstiefe ist kritisch zu analysieren („make or buy") und meist zu reduzieren. Teilbereiche von Transport- und Versorgungsunternehmen - z.B. Werkstätten - können auch ausgegliedert und beispielsweise an Mitarbeiter veräußert werden (Employee-Buy-Out).

Qualifikation und Vergütung

Besonderes Augenmerk sollte auf den Untersuchungsbereich Management und Personalwesen gelegt werden, denn Führungskräfte und Mitarbeiter stellen das wichtigste Kapital eines Unternehmens dar. Bei Privatisierungen wird der Mitarbeiterstamm meist neu strukturiert, um die im Markt erforderliche Produktivität zu erreichen. Wichtig sind aber auch Maßnahmen zur Förderung der Qualifikation und Motivation (Leistungsanreize) der Mitarbeiter. Ein entscheidendes Kriterium ist dabei die Vergütung. Oft ist sie nicht leistungsorientiert und führt zu einem niedrigen Niveau an unternehmerischer Aktivität und Kreativität der Beschäftigten. Leistungsorientierte Entlohnung kann jedoch beträchtliche Produktivitätssteigerungen ermöglichen.

Übernahme persönlicher Verantwortung

In MOE und GUS muß berücksichtigt werden, daß den Führungskräften die Erfahrung in der Übernahme persönlicher Verantwortung für eine marktgerechte Produktentwicklung und entsprechend aktive Vermarktung, für einen gut kalkulierten Einkauf oder eine kostengünstige Fertigung in der Regel fehlen. Ebenfalls fehlt es an betriebswirtschaftlich orientierter Führungspraxis: Zentral geplante und politisch motivierte Vorgaben lagen über Jahrzehnte den Entscheidungsprozessen in den Unternehmen zugrunde. Markt- und rentabilitätsorientierte Unternehmensführung müssen viele Führungskräfte erst noch erlernen.

Mangelhafte Aussagequalität des Rechnungswesen

Das Finanz- und Rechnungswesen ist in Transformationsländern nur bedingt aussagefähig, da es dem Anspruch, die wirtschaftliche Situation des Unternehmens abzubilden, meist nicht genügt. Bei den betriebsinternen Informationen werden selbst zu Standardgrößen wie Umsätze, Kosten und Überschüsse bzw. Gewinne nur sehr ungenaue und widersprüchliche Daten zur Verfügung gestellt. Auch für die weiter unten beschriebene Unternehmensbewertung sind die Daten aus dem Finanz- und Rechnungswesen nur mit Einschränkungen tauglich; der Bewerter muß die Sinn- und Stichhaltigkeit nachprüfen und gegebenenfalls korrigieren.

Umfeldanalyse und Zusammenfassung der Ergebnisse

Im Bereich der Strategie und Unternehmensplanung werden alle Erkenntnisse aus der Unternehmensanalyse zusammengetragen und mit bereits vorhandenen unternehmensinternen Strategien verglichen. Dabei sind besonders zu berücksichtigen der Grad der Autonomie des Unternehmens und der Umfang der staatlichen Einflußnahme sowie das relevante regionale, sektorale und wirtschaftliche Umfeld. Mit einer „maßgeschneiderten" Gesamtstrategie, entwickelt auf der Basis der externen und internen Analyseergebnisse, werden die Anforderungen an die Kommerzialisierung und Privatisierung der Versorgungs- und Transportunternehmen definiert.

**5.1.2   Zulassen unternehmerischer Unabhängigkeit
            und Rechtsumwandlung**

Die Leistungsfähigkeit von Unternehmen ist in hohem Maße vom Grad ihrer Unabhängigkeit von Staatseinfluß abhängig. Dies bestätigt auch eine unter Federführung der Weltbank gemeinsam mit deutscher Beteiligung (KfW und GTZ) erstellte EPUES-Studie[1], die eine wichtige Grundlage für Reformen im Elektrizitätssektor, aber auch in den anderen hier betrachteten Bereichen bietet. Die Studie definiert u.a. Minimalanforderungen an staatliche Akteure bei der Kontrolle von Versorgungsunternehmen:

Unabhängigkeit von Versorgungs- und Transportunternehmen

• Definition von klaren, nicht widersprüchlichen Grundsätzen für die Durchführung der Unternehmensaufgaben.

• Den Unternehmen muß die Erhebung adäquater Tarife zugebilligt werden.

• Die Unternehmen sind in möglichst große Unabhängigkeit zu entlassen.

• Der ausreichende Zugang zu konvertibler Währung - abgestimmt auf die Bedürfnisse des Unternehmens - muß gewährleistet sein.

• Von Personalfragen sollten staatliche Stellen grundsätzlich Abstand halten. Je nach Grad der Kommerzialisierung / Privatisierung kann sich staatliche Mitsprache allerdings auf die Besetzung des Top-Managements erstrecken.

Wichtiger Bestandteil einer autonomen Unternehmensführung ist, daß die Unternehmen von gemeinwirtschaftlichen Aufgaben befreit werden. So erbringt beispielsweise die Deutsche Bahn AG im ÖPNV nur noch Leistungen, wenn entsprechende Aufträge der verantwortlichen Gebietskörperschaften vorliegen, ist dazu jedoch nicht mehr verpflichtet. Die Bahn kann somit aufgrund eigener Wirtschaftlichkeitsberechnungen entscheiden, ob sie die geforderten Transportleistungen zu den gegebenen Konditionen übernehmen will.

Befreiung von gemeinwirtschaftlichen Aufgaben

Voraussetzung für eine Kommerzialisierung im engeren Sinne wie auch eine Übertragung von Unternehmen an Private ist die Umwandlung des staatlichen Eigentums in privatrechtliche Formen. In vielen Transformationsländern sind die Unternehmen der Transport- und Versorgungswirtschaft den jeweiligen Branchenministerien rechtlich zugeordnet, teilweise han-

Rechtsumwandlung

---

[1]   Vgl. Core Report of the Electric Power Utility Efficiency Improvement Study (EPUES), World Bank Energy Series Paper No. 46, September 1991. Siehe auch: BMZ: Energie in der deutschen Entwicklungszusammenarbeit, Entwicklungspolitik Materialien Nr. 96, Bonn, 1997, S. 46.

delt es sich auch um Eigenbetriebe.[1] Hier bedarf es der Gründung von Gesellschaften entsprechend dem jeweils gültigen Wirtschaftsrecht. Für Transport- und Versorgungsunternehmen wird aufgrund ihrer Größe oft die Form der Aktiengesellschaft gewählt, so daß diese mit anderen privatwirtschaftlichen Gesellschaften auf eine gleiche Stufe gestellt werden. Die Aufgabe einer rechtlichen und wirtschaftlichen Sonderpositionen und der Inanspruchnahme von Sonderregelungen ist Voraussetzung für eine freie Leistungserstellung.

---

[1] Ein Eigenbetrieb ist ein wirtschaftliches Unternehmen, das keine Rechtspersönlichkeit besitzt. Es ist eine organisatorische Einheit des öffentlichen Rechts, ähnlich einem Amt, auf Basis einer speziellen Landesverordnung. Im Unterschied zum Eigenbetrieb handelt es sich bei einem Regiebetrieb hier um den Teil eines Amtes. In Deutschland ist diese Form nur erlaubt, wenn private Unternehmen die jeweilige Aufgabe nicht erfüllen können. Vgl. hierzu auch Pluge, W.: Struktur und Markt der deutschen Versorgungswirtschaft, in: Der Kaufmann in der Energie- und Wasserversorgung, 3. Aufl., Bonn, 1992.

Rechtlich selbständige Betreibergesellschaft für den Flughafen Taschkent

Im Rahmen eines Beratungsprojektes wurden durch die GTZ Vorschläge für die Restrukturierung des staatlichen Taschkenter Flughafens erarbeitet. Die Zielsetzung bestand darin, den Flughafen Taschkent als „Fenster Usbekistans zur Welt" auf internationale Anforderungen auszurichten und für den Wettbewerb mit anderen Flughäfen in Zentralasien zu rüsten.

Eine wichtige Voraussetzung für die Neuausrichtung des Flughafens war die Überführung der Gesellschaft in eine rechtlich und betriebswirtschaftlich unabhängige Gesellschaft. Dabei ergaben sich allerdings beträchtliche praktische Schwierigkeiten. Insbesondere war die nur formalrechtlich exisitierende „Taschkenter Flughafengesellschaft" (TAE) de-facto ein Teil der „National Aviation Company" (NAC), zu der auch die Fluggesellschaft „Uzbekistan Airlines" gehört. Zum einen konnte die TAE ihre Flughafengebühren nicht autonom festsetzen und bspw. an den Preisen anderer zentralasiatischer Flughäfen orientieren. Zum anderen muß die TAE jährlich einen Großteil ihrer Einnahmen an ihre Muttergesellschaft abführen. Die Einnahmen der TAE werden zur Quersubventionierung anderer, stark defizitärer Teile der NAC genutzt.

Vor diesem Hintergrund waren weder private Investoren noch internationale Entwicklungsgesellschaften und Banken bereit, in die erforderliche Modernisierung des Flughafens zu investieren.

Diese Situation erforderte daher konsequenterweise eine Ausweitung der Beratungsaktivitäten über den ursprünglich geplanten Einzelprojekt-Ansatz hinaus, sollte die Restrukturierung und Modernisierung des Taschkenter Flughafens Erfolg haben. Es sollte eine grundlegende Umstrukturierung der NAC durchgeführt werden, wobei unter dem Dach der Holding sechs unabhängige Gesellschaften operieren sollten. Die NAC selbst verbleibt zu 100% in Staatsbesitz und überwacht die Privatisierung der einzelnen Gesellschaften. Bei einigen defizitären Bereichen, wie den Regionalflughäfen, wird eine Kommerzialisierung derzeit allerdings noch nicht erwogen.

Um allerdings diese strukturellen Änderungen durchzuführen, ist eine Vielzahl bürokratischer Prozeduren zu durchlaufen: Insbesondere ist ein entsprechender Beschluß des Ministerkabinetts erforderlich.

Während die Gründung privatrechtlicher Gesellschaften einen formalen, im Regelfall problemlosen Vorgang darstellt, kann es im Vorfeld zu nicht unbeträchtlichen Schwierigkeiten kommen. Viele Staatsunternehmen in MOE und GUS sind hochgradig verschuldet und die Gläubiger haben entsprechende Verträge abgeschlossen, die eine Veräußerung des Unternehmens oder von Unternehmensanteilen nur nach deren Zustimmung erlauben. Der Staat wird als Garant für die Rückzahlung der Verbindlichkeiten gesehen. Ohne Verhandlungen und Einigung mit diesen Gläubigern ist eine Privatisierung nicht möglich. Mitarbeiter von Transport- und Versorgungsunternehmen befürchten zudem den Verlust des „sicheren" staatlichen Arbeitsplatzes oder von Privilegien; hier bedarf es entsprechender Verhandlungen mit den Arbeitnehmervertretern um eine Blockade der anstehenden Maßnahmen zu verhindern.

Rechtliche Eigenständigkeit als Vorbedingung für Finanzierungen

Die Entflechtung von Unternehmen und ihre rechtliche und operative Unabhängigkeit ist häufig die Grundlage für Investitionen. So können ausländische Kreditgeber und Investoren zu Investitionen in Flughäfen nur bereit sein, wenn der Flughafen und sein Betrieb sowohl von der Fluggesellschaft als auch von der ministeriellen Flugverkehrsverwaltung getrennt ist. Die Bildung eigenständiger Gesellschaften schafft Klarheit über die Vermögenslage und die tatsächlichen Betriebskosten. In vielen Ländern der GUS sind diese Voraussetzungen jedoch noch nicht erfüllt,[1] wie auch das Beispiel des Flughafens Taschkent zeigt.

Mitarbeiter und Verbindlichkeiten

5.1.3   Entscheidung für Kommerzialisierung oder Privatisierung

Bei der Kommerzialisierung und Privatisierung von Unternehmen der Transport- und Versorgungswirtschaft bestehen grundsätzlich die folgenden Optionen:

Bandbreite der Optionen

*   Restrukturierung durch den Staat unter Ausschluß Privater (Kommerzialisierung i.e.S.),

*   Zeitlich befristete Übertragung an Private, was auch als Kommerzialisierung im weiteren Sinne bezeichnet wird (Konzessionen, Leasing, BOT-Modelle),[2]

*   Dauerhafte Übertragung an Private (materielle Privatisierung, BOO).

---

[1]   Vgl. hierzu auch: o.V.: Ukrainische Flughäfen modernisieren nur langsam, in: DVZ vom 03.12.96, S. 14.

[2]   Häufig werden diese Maßnahmen auch als Public-Private-Partnership bezeichnet, ähnlich wie auch das eher unter den Begriff materielle Privatisierung zu fassende Beibehalten eines staatlichen Anteils an einem zu privatisierenden Unternehmen. Vgl.: Tettinger, Peter: Die rechtliche Ausgestaltung von Public-Private Partnership, in: Die Öffentliche Verwaltung - September 1996, Heft 18, S. 764-770

*Entscheidungs-
kriterien für die
Optionenauswahl*

Grundsätzlich gilt, daß je stärker die Unternehmen entflochten und je mehr Wettbewerb eingeführt werden soll, umso mehr Private sollten zugelassen werden. Denn privatwirtschaftliche Organisationen sind am stärksten den selbstregulierenden Anreizwirkungen des Marktes ausgesetzt. Dies führt schließlich zu Vorteilen für die Verbraucher, wie das Beispiel Großbritannien zeigt: In Folge der Restrukturierung und Privatisierung sind die Nutzerpreise in der britischen Telekommunikationswirtschaft um 40 Prozent und in der Gaswirtschaft um 23 Prozent gesunken. In der Elektrizitätswirtschaft ergaben sich reale Preissenkungen in Höhe von 7 Prozent.[1]

---

[1] Burns, H.: Privatisation of Utilities: The British Experience, in: Konferenzdokumentation: Privatisation and Investment Opportunities in Estonia, Tallinn, 1996, S. S.3.

Kriterien für die Bildung von Prioritäten der Kommerzialisierung und Privatisierung öffentlicher Versorgung- und Transportunternehmen

Die Entscheidung, welche Unternehmen der Versorgungs- und Transportwirtschaft wann kommerzialisiert, bzw. privatisiert werden sollen, ist aufgrund der makroökonomischen und sektorspezifischen Status-Quo Analyse zu treffen. Die Prioritätenfestlegung berücksichtigt vor allem die Notwendigkeit und die Machbarkeit von Veränderungen. Die Ergebnisse einer solchen Prüfung können bereits Hinweise über die notwendigen Restrukturierungsmaßnahmen geben. Im Rahmen der Unternehmensanalyse wird anschließend analysiert, welche spezifische Kommerzialisierungs- bzw. Privatisierungsmaßnahme angewandt werden soll.

Kriterium
Notwendigkeit der Veränderung
• Leistungsfähigkeit, Effizienz • Notwendigkeit der Subvention • Grad der Wettbewerbsfähigkeit • Grad der Kundenorientierung • Qualität der Organisation
Schwierigkeiten, die mit einer Veränderung verbunden sind
• Umfang der erforderlichen Umstrukturierung • Größe (Versorgungsgebiet, quantitative Personalsituation) • Qualifikationsniveau des erforderlichen Personals • Verfügbarkeit des erforderlichen Personals • Für die Veränderung erforderliche Zeit (z.B. wegen der Notwendigkeit der Entflechtung) • Umfang und Art der erforderlichen Investition • Mögliche Attraktivität der angestrebten Veränderungen für externe Investoren • Wahrscheinlichkeit für die Unterstützung von Seiten der Kapitalmärkte • Soziale und Beschäftigungsimplikationen • Umfang und Bedeutung möglicher umweltpolitischer Implikationen • Umfang und Bedeutung möglicher strukturpolitischer Implikationen • Durchsetzbarkeit von Maßnahmen

Abb. 5.3:   Kriterien für die Bildung von Prioritäten der Kommerzialisierung und Privatisierung

---

In Abbildung 5.3 sind maßgebliche Entscheidungskriterien für eine Kommerzialisierung oder Privatisierung aufgeführt. Bei der Auswahl der Optionen sind die konkreten Möglichkeiten der Kommerzialisierung und Privatisierung sowie die Bedürfnisse des jeweiligen Unternehmens zu berücksichtigen. Mögliche Fragestellungen hierzu sind:

Konkreten Bedarf der Optionswahl zugrundelegen

- Kann das Management des Unternehmens selbst Restrukturierungsmaßnahmen ergreifen und durchführen oder ist externe Unterstützung erforderlich?

- Welchen Restrukturierungsbedarf hat das Unternehmen?

- Wie groß ist die Notwendigkeit für eine Veränderung? Hier sind insbesondere von Bedeutung die Personalsituation, Leistungsfähigkeit, Effizienz, Grad der Wettbewerbsfähigkeit und Kundenorientierung sowie die Qualität der Organisation.[1]

- Wie sind die mit einer Veränderung verbundenen Schwierigkeiten zu bewerten? Sind insbesondere in großem Umfang Investitionen zu tätigen, die aus eigener Kraft nicht bewältigt werden können?

Während Dienstleistungen auf der Infrastruktur aufgrund ihrer wettbewerblichen Organisierbarkeit zunehmend an Private vergeben werden, wird bei den entsprechenden Netzen häufig anders verfahren. Das zugrundeliegende Netz von Versorgungs- und Transportunternehmen soll, da es sich um ein natürliches Monopol handelt, in der öffentlichen Hand verbleiben. In Polen wird beispielsweise das überregionale (Hochspannungs-) Netz nicht privatisiert, es verbleibt überwiegend in staatlicher Hand.[2] Bei der Privatisierung der lettischen Eisenbahn wird die Infrastruktur (Schienen, Gebäude etc.) in Staatshand bleiben und kommerzialisiert, wohingegen Transportleistungen auf diesem Netz von Privaten unter wettbewerblichen Bedingungen erbracht werden sollen.[3]

Unterschiedliche Behandlung der Infrastruktur und wettbewerblicher Bereiche

Bei der Kommerzialisierung und Privatisierung von Versorgungs- und Transportunternehmen ist stets auch das Problem sicherheitstechnischer oder hoheitlicher Aufgaben zu beachten. Hoheitliche Aufgaben grundsätzlicher Art wie innere oder äußere Sicherheit, Überwachung der Wirtschafts- und Währungsordnung, der Gerichtsbarkeit und Abgabeneinziehung sind vom

Hoheitliche Aufgaben

---

[1]   Weitere Punkte sind in der Checkliste im Anhang angesprochen.

[2]   An der Netzgesellschaft will der Staat aus strategischen Gründen einen Aktienanteil behalten, der ein Vetorecht ermöglicht (‚goldene Aktie‘). Siehe: Rzeczpospolita, 05.03.1996.

[3]   Vigo Legzdins, Ministry of Transport Latvia: Ventspils Port Modernisation Programme: Consolidating the Position of Ventspils as a hub of the Transport and distribution network, S. 6, in: Seminardokumentation - Infrastructure in the Baltic States, 28th-29th April 1997, Copenhagen.

Staat zu erbringen.[1] So wurde bspw. die Flugsicherung in Deutschland zwar formell privatisiert, also in privatrechtliche Form umgewandelt, allerdings weiterhin in bundeseigener Verwaltung geführt. Im Rahmen ihres Auftrages wird die „Deutsche Flugsicherungs-GmbH" mit Exekutivbefugnissen beliehen.[2]

Konkurs des privaten Betreibers

Ein Problem, das häufig bei der Übertragung von Infrastrukturunternehmen an Private auftritt, ist der Fall des Konkurses des privaten Unternehmers. Ähnlich wie bei Nicht-Infrastrukturunternehmen ist jedoch auch im Falle der Versorgungs- und Transportwirtschaft die Erbringung der Leistung dann nicht gefährdet:[3]

- Der private Anbieter ist (natürlicher) Monopolist

  Im Falle eines Konkurses geht zwar das Unternehmen in Konkurs, das die Infrastrukturleistungen erbringt, allerdings bleibt die Infrastruktur selbst weiterhin bestehen. Für den Fall des Konkurses müssen mithin geeignete Regeln implementiert werden, die den weiteren Betrieb gewährleisten.

- Der private Anbieter ist Wettbewerb ausgesetzt

  In diesem Falle ist der Konkurs das Ergebnis des Marktes: Ineffiziente Unternehmen oder Anbieter, die Leistungen nicht entsprechend den Nachfragerpräferenzen erbringen, werden aus dem Markt verdrängt. Die verbliebenen Unternehmen übernehmen mithin den Marktanteil des ausscheidenden Anbieters.

Kommerzialisierung vor Privatisierung?

Das Verhältnis von Privatisierung zur Kommerzialisierung ist von zentraler Bedeutung und die zeitliche Abfolge ist immer wieder Gegenstand von Diskussionen. Häufig ist die Kommerzialisierung von Unternehmen nur die

---

[1] Aufgrund des expliziten Gemeinwohlbezuges der Versorgungs- oder Transportwirtschaft kann sich der Staat zur Gewährleistung bestimmter Aktivitäten verpflichten: Dies bedeutet, daß bspw. Transport- und Versorgungsleistungen von der entsprechenden statlichen Ebene zu garantieren sind, aber nicht von ihr selbst zu erbringen sind. Der Staat kann die Aufgabe gemäß Subsidiaritätsprinzip mithin von privaten Unternehmen erfüllen lassen. Dies würde eine zeitweilige Übertragung von Aufgaben an Private nach sich ziehen. Schuppert, G. F.: Rückzug des Staates?, in: Die Öffentliche Verwaltung - September 1995, Heft 18, S. 765. Diese zeitweise Übertragung von Aufgaben an Private wird häufig auch als funktionale Privatisierung bezeichnet. Vgl.: Schoch, F.: Privatisierung von Verwaltungsaufgaben, in: DVBl vom 1. September 1994, S. 962-977.

[2] Blanke, Th.; Sterzel, D.: Probleme der Personalüberleitung im Falle einer Privatisierung der Bundesverwaltung (Flugsicherung, Bahn und Post, in: Arbeit / Recht, Zeitschrift für Arbeitsrechtspraxis, Jg. XLI, September 1993.

[3] Vgl. bspw. Moehlen, J.: Privatisierung von Abwasserreinigung oder städtischer Betrieb, in: Kommunalwirtschaft 09/94, S. 353.

Vorstufe für ihre folgende Privatisierung. Diese Strategie wurde auch bei den frühen Privatisierungen der 70er und 80er Jahre befürwortet. Dies war beispielsweise bei den britischen Privatisierungen der Thatcher-Ära und den umfangreichen Privatisierungen in Chile der Fall. Man befürchtete, andernfalls keine hinreichende private Kaufbereitschaft mobilisieren zu können. Auch Polen hat bei der Reform der Energiewirtschaft bereits zu Beginn festgelegt, daß sämtliche Stromproduzenten und regionale Stromnetze zunächst im engeren Sinne kommerzialisiert und nachfolgend vollständig materiell privatisiert werden sollen.[1] Mit dieser verbindlichen Ankündigung der nachfolgenden Privatisierung wird ein Beitrag geleistet zur Überwindung von Widerständen gegen eine grundlegende Kommerzialisierung. Das jeweilige Unternehmensmanagement hat hier unter anderem folgende Voraussetzungen zu erfüllen:

- Vorlage strategischer Entwicklungs-, Modernisierungs- und Investitionspläne,

- Durchführung interner Restrukturierungsmaßnahmen,

- Erreichen einer guten finanziellen Lage,

- Vorlage eines Privatisierungskonzeptes.

Zur Erreichung dieser Voraussetzungen wurde den Unternehmen eine Frist bis Ende 1998 gesetzt. Dann müssen sämtliche polnische Kraftwerke auch Absichtserklärungen (Letters of Intent) potentieller Käufer vorweisen.

Britische Erfahrung

Auch der Privatisierung von British Airways (BA) gingen, wie das folgende Beispiel zeigt, umfangreiche Kommerzialisierungsmaßnahmen voraus.[2] BA wurde 1987 privatisiert und entwickelte sich in der Folgezeit zu einer der profitabelsten Fluggesellschaften der Welt. Die Privatisierung von BA war Teil eines umfassenden Programms der britischen Regierung unter Margret Thatcher, das auf den Einbezug des Privatsektors in Schlüsselindustrien gerichtet war. Für die Luftfahrtindustrie bedeutete dies auch die Privatisierungen von British Aerospace (Flugzeugbau), Rolls-Royce (Fahrzeuge, Triebwerke) und Royal Ordonance Factories (Waffen) bis hin zur British Airport Authority (Flughafenbetreiber).

Nachteile der vorangehenden Kommerzialisierung

Eine Kommerzialisierung vor Privatisierung wird häufig kritisiert, da unwirtschaftliche Erhaltungssubventionen befürchtet werden. Unternehmen neigen dann dazu, ihre Fortexistenz mit den alten Strukturen zu sichern, statt sich den Härten einer umfassenden Restrukturierung auszusetzen. Hier wird auch eine grundlegende Problematik deutlich: Wie können die der Privatisierung vorausgehenden Entscheidungen von politischen Einflüssen und Rücksichtnahmen freigehalten werden? Wie kann verhindert werden, daß die Kommerzialisierungsbemühungen zu Dauersubventionen für die aus eigener Kraft nicht lebensfähigen Unternehmen werden? Eine weitere

---

[1]   Rzeczposzpolita, 05.03.1996.
[2]   Shibata, Kyohei: Privatisation of British Airways: Its Management and Politics 1982-1987, EIU Working Paper EPU No. 93/9, Florence 1993.

Kommerzialisierung von British Airways als Vorschritt zur Privatisierung

Die Privatisierung der Fluggesellschaft British Airways (BA) stellt eine Erfolgsgeschichte in der Luftfahrtindustrie dar. Der eigentlichen Privatisierung in 1987 gingen jedoch zahlreiche Kommerzialisierungsmaßnahmen voraus.

BA war 1981/1982 in einer sehr schwierigen Situation: Die Veröffentlichung des Jahresabschlusses wurde ungewöhnlich lange aufgeschoben und ergab schließlich, daß BA langfristige Verbindlichkeiten von über 1 Mrd. britische Pfund hatte. Trotz staatlicher Zuschüsse in der Zeit von 1975-81 in Höhe von 10 Mio. Pfund p.a. war das Eigenkapital der Gesellschaft negativ. Auf der anderen Seite erforderten dringend erforderliche Restrukturierungsmaßnahmen (Reorganisation, Zahlungen an zu entlassende Mitarbeiter etc.) Finanzmittel in Höhe von 1,5 Mrd. Pfund.

Die Maßnahmen, die beginnend in 1981 durchgeführt wurden, umfaßten im wesentlichen drei Teilbereiche:

- Rationalisierung und Reduzierung der Unternehmensgröße

Im Rahmen dieser Maßnahmen wurde die Zahl der Mitarbeiter von insgesamt 53.000 in 1981 auf 37.500 Anfang 1983 reduziert. Abgebaut wurde das Personal, das nicht direkt in den Flugbetrieb und Instandhaltungaufgaben involviert war. Darüber hinaus wurde nach der Erlaubnis der Regulierungsbehörde Civil Aviation Office die Anzahl der Flugverbindungen reduziert. Unwirtschaftliche Flugzeuge (22 von insgesamt 181) wurden ausgemustert und verkauft.

- *Reorganisation und Einführung einer Profit Center Struktur*

Im Rahmen von Dezentralisierungsmaßnahmen wurde eine stärkere Ausrichtung der einzelnen Bereiche an finanz-wirtschaftlichen Kennzahlen und mithin die Erhöhung ihrer Eigenverantwortlichkeit gefördert. Drei Hauptabteilungen wurden gebildet: Interkontinentalflüge, Europa (einschließlich Binnenmarkt) und Gatwick Dienstleistungsstation (Charterflüge). Diese Bereiche wiederum wurden in einzelne Profit Center mit Ergebnisverantwortung unterteilt. Um das Management zu motivieren, wurde es am Gewinn beteiligt.

- *Erhöhung der Kundenorientierung*

Während Rationalisierung und Reorganisation zu Kostensenkungen durch Effizienzsteigerungen führten, wurde gleichzeitig erheblich in Maßnahmen zur Erhöhung der Kundenorientierung investiert. Entsprechende Mitarbeiter-Trainings führten zu höherer Dienstleistungsqualität. Über Werbung wurde das neue Qualitätsniveau dem Kunden kommuniziert.

Bereits 1984, nur zwei Jahre später, hatte sich die Position von BA maßgeblich verbessert. Dank der Kommerzialisierungsmaßnahmen einerseits, die zu einer erheblichen Verbesserung der Kostensituation geführt hatten, und stark steigender Nachfrage nach Flugleistungen andererseits erwirtschaftete die Gesellschaft fast 200 Mio. Pfund Gewinn.

Je profitabler BA wurde, desto stärker wurden die Rufe der Wettbewerber nach Privatisierung, insbesondere von den privaten britischen Luftverkehrsgesellschaften. Zwar war das Unternehmen bereits im Herbst 1984 bereit zur Privatisierung, allerdings wurde aufgrund der zu diesem Zeitpunkt schlechten Lage an den Börsen sowie der anstehenden Privatisierung der British Telecom von einem Verkauf vorläufig abgesehen. Hierzu kam es erst im Januar 1987: Rund 720 Mio. Aktien wurden nationalen und internationalen Investoren sowie Kleinanlegern zum Verkauf angeboten. Die Ausgabe war insbesamt fast zehnfach überzeichnet.

Problematik liegt in der Finanzierung: Große Transport- und Versorgungsunternehmen sind in MOE und GUS oft so heruntergewirtschaftet, daß sie erhebliche Verluste realisieren und beträchtlichen Modernisierungsbedarf aufweisen. Für die Einleitung der erforderlichen teuren Maßnahmen fehlen dem staatlichen Träger die Mittel.

Ein weiterer Grund gegen eine Kommerzialisierung im Sinne einer Sanierung vor der Privatisierung ist, daß der zukünftige private Investor das Unternehmen ohnehin nach eigenen Vorstellungen umgestalten will. Voraussetzung für eine erfolgreiche Kommerzialisierung ist die Erarbeitung und Umsetzung einer glaubhaften unternehmerischen Konzeption, die aufzeigt, wie sich das Unternehmen in Zukunft mit seinem Leistungsprogramm eigenständig am Markt behaupten kann. Privaten Eignern wird eine erfolgreiche Restrukturierung eher zugetraut, da eine dezentrale Steuerung durch die Marktkräfte erfolgt und somit weniger Fehler gemacht werden als bei der Kommerzialisierung durch eine staatliche Superbehörde. Das Motto lautet dann „Kommerzialisierung durch Privatisierung".

Kommerziali-
sierung/Sanierung
durch
Privatisierung

Gegenüberstellung: Kommerzialisierung vor Privatisierung

Vorteile

- Steigerung der Attraktivität des Unternehmens für potentielle Investoren

- Chance für bessere Verkaufserlöse

- Möglicherweise kurzfristige Vermeidung sozialer Härten

- Überwindung von Widerständen gegen eine grundlegende (sofortige) Privatisierung

- Stufenweiser (und kontrollierbarer) Einbezug des Privatsektors in wichtige Bereiche der Infrastrukturausstattung

Nachteile

- Staat weiterhin involviert, keine Entpolitisierung

- Privatisierung wird hinausgezögert

- Gefahr unwirtschaftlicher Erhaltungssubventionen

- Neuer Besitzer kennt für ihn wichtige Sanierungsbereiche am besten

- Sanierung ist teuer und belastet den Staatshaushalt

- Wirksamkeit staatlich geführter Sanierung zweifelhaft

- (Unerwünschte) Erhaltung von Staatsholdings

- Mangelnde Transparenz

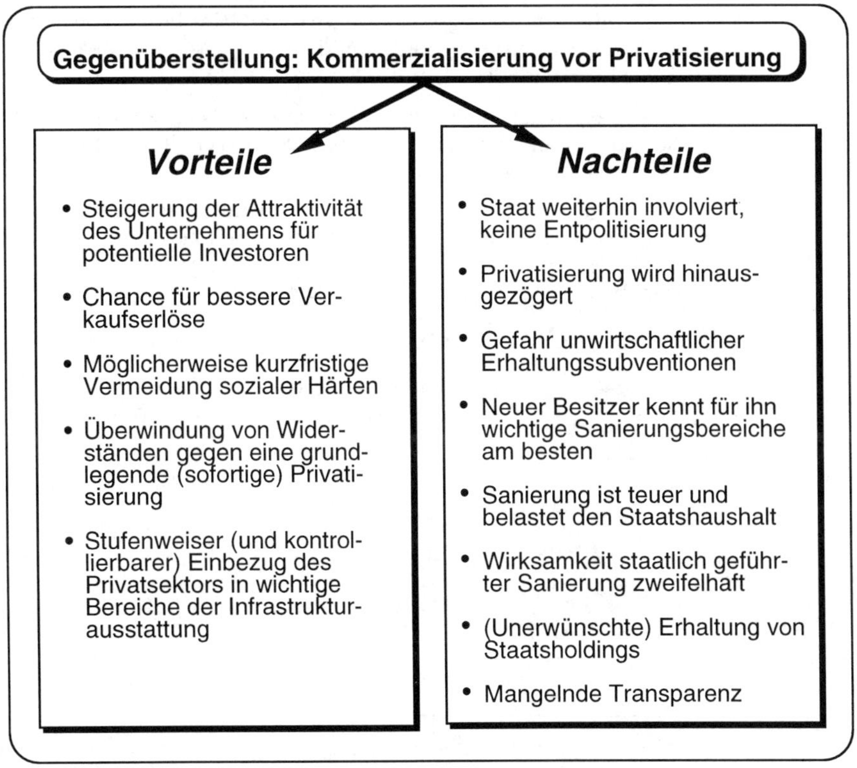

Abb. 5.4:   Gegenüberstellung: Kommerzialisierung vor Privatisierung?

Entpolitisierung durch private Beteiligung

Insbesondere die Übertragung an Private - sei es zeitlich begrenzt oder unbegrenzt - führt zu einer Entpolitisierung des Versorgungs- und Transportsektors. Dies bietet die Möglichkeit, wirtschaftlich erforderliche aber politisch nur schwer durchsetzbare Maßnahmen, bspw. Preisanpassungen um Kostendeckung zu erzielen, durchzuführen. Dies ist sowohl einzelwirtschaftlich wie volkswirtschaftlich positiv zu bewerten, da eine optimale Ressourcenallokation gefördert wird.

Anforderungen privater Unternehmen

Bei der Beurteilung der Kommerzialisierungs- und Privatisierungsoptionen muß mit ins Kalkül gezogen werden, daß Investitionsmittel knapp sind und der weltweite Wettbewerb der Standorte um Investoren immer stärker zunimmt. Private Unternehmen stellen bestimmte Anforderungen an Kommerzialisierungs- oder Privatisierungsprojekte, bevor sie sich zur Übernahme von Verantwortung entscheiden. Dies sind vor allem:[1]

- Alle regulatorischen Maßnahmen und Bedingungen (Preise, Mengen und Qualitäten) sollten weitestgehend spezifiziert sein.

- Die technischen Anforderungen sollten genau vorgegeben sein und möglichst wenig Spielraum für politische Entscheidungen lassen.

- Die Schlichtung von Unstimmigkeiten sollte klaren Prozeduren folgen. Falls keine unabhängige Justiz gewährleistet ist, sollten internationale Schiedsgerichtsbarkeiten zuständig sein.

- Die Preispolitik sollte Kostendeckung ermöglichen. Tarifanpassungen sollten u.a. aufgrund von Änderungen der Kosten, Inflation und evtl. Wechselkursschwankungen möglich sein.

- Die Zahlungswilligkeit der Nachfrager (bei kostendeckenden Preisen) sollte hoch sein. Der Betreiber muß geeignete Maßnahmen bei einer Zahlungsverweigerung ergreifen können, bspw. Abkopplung von der Versorgung oder Zugriff auf eine andere Zahlungsquelle.

---

[1]　Richard, B. und Triche, T.: Reducing regulatory barriers to private-sector participation in Latin America's water and sanitation sector, Washington D.C.: World bank, Policy research Working Paper No. 1322, 1994.

5.2   Kommerzialisierung von Unternehmen

5.2.1 Überblick

Bei der Kommerzialisierung soll durch geeignete innerbetriebliche Maßnahmen die Wirtschaftlichkeit der jeweiligen Unternehmen erhöht werden. In der Regel führt eine einzelne der nachfolgend aufgeführten Maßnahmen nicht zu einer Steigerung der Wirtschaftlichkeit von Versorgungs- und Transportunternehmen, vielmehr ist eine zielgerichtete Bündelung von Maßnahmen in allen betrieblichen Funktionsbereichen erforderlich. Patentrezepte können nicht angeboten werden. Ähnlich dem Baukastenprinzip müssen im Einzelfall die geeigneten Maßnahmen ausgewählt und zu einem ganzheitlichen Ansatz kombiniert werden.

Ganzheitlicher Ansatz

Bei der Kommerzialisierung von Unternehmen der Versorgungswirtschaft wurden die folgenden Faktoren als besonders wichtig identifiziert:[1]

Kritische Erfolgsfaktoren

• Restrukturierung der Unternehmen und Ausrichtung an (privatwirtschaftlichen) effizienten Managementmethoden,

• Gut ausgebildetes Top-Management und stabiles Mittelmanagement,

• Finanzielle Stärke und das Setzen von vollkostendeckenden Tarifen,

• Schaffen einer guten Beziehung zum Kunden,

• Nutzung aussagefähiger Kostenrechnungs- und Controllingsysteme.

Die in der folgenden Übersicht aufgeführten Schritte stellen grundsätzliche Restrukturierungsmaßnahmen dar. Sie sind nicht nur im Falle des Verbleibs der Unternehmen in öffentlichem Besitz unabhängig von der staatlichen Ebene (Kommune oder Zentralstaat) relevant, sondern können auch bei zeitweiliger oder zeitlich unbegrenzter Überlassung der Unternehmen an Private durchgeführt werden. Hier können nicht sämtliche möglichen Maßnahmen aufgeführt und umfassend erläutert werden. Vielmehr handelt es sich hier um eine komprimierte Darstellung ausgewählter Bereiche und Maßnahmen.

Weitere Vorgehensweise

---

[1] Je nach Definition des Begriffes ‚Kommerzialisierung' und je nach Ausgangspunkt des jeweiligen Landes werden die oben aufgeführten Punkte teilweise auch als Vorbedingungen für eine Kommerzialisierung aufgeführt. Diese Punkte sind die Ergebnisse eines Vergleiches erfolgreicher Wasserver- und -entsorgungsunternehmen in Lateinamerika mit französischen und spanischen Betrieben, lassen sich jedoch prinzipiell auf sämtliche hier betrachteten Sektoren übertragen. Siehe: Yepes, G.: Management and operational practices of municipal and regional water and sewerage companies in Latin America and the Carribean. Infrastructure and Urban Infrastructure Development Dept. Report No. INU 61, World Bank, Washington D.C., 1990.

Wichtige Elemente der Kommerzialisierung von Unternehmen der Versorgungs- und Transportwirtschaft im Überblick

Leitbild und strategische Führung	Organisation und informations-technologie	Marketing und Vertrieb	Finanz- und Rechnungswesen	Leistungs-erbringung	Materialwirtschaft und Logistik	Personalwesen
• Vision und Unternehmens-politik	• Organisations-analyse und Stärken/Schwächenprofil	• Marketingorientierte Buchhaltung und Organisation	• Einführung Finanzbuchhaltung und Bilanz	• Abschätzung Kapazitätsaus-nutzung	• Optimierung der Lagerbestände, dadruch Senkung der Lagerhaltungs-kosten	• Personalbeurteilung
• Gesamtstrategie und Strategie f.d. Geschäfts-einheiten	• Reorganisation (Aufgabenerfüllung und Nutzung der Potentiale)	• Marktforschung	• Kostenrechnung	• Nachfrage-management		• quant. und qual. Personal-bemessung
• Direktiven	• Profit-Center-struktur	• Einsatz des absatzpolitischen Instrumentariums	• Controlling	• Least Cost Planning	• Verbesserung der inner- und überbetrieblichen Logistik	• Personal-entwicklung
• Organisations-grundsätze	• Outsourcing	• Kunden- und Serviceorientierung	• Statistiken	• Modernisierung		• Anreizsysteme
• Unternehmens-kultur	• Insourcing	• Tarifstruktur-entwicklung	• Planungsrechnung	• Rationalisierung	• Einführung von Just-in-time-Konzepten	• sozialverträgliches Freisetzen von Mitarbeitern
• Corporate Identity	• Unternehmenskultur	• Verbrauchs-messung	• Installation	• Instandhaltungs-management	• Make-or-buy-Entscheidungen	• Personal-beschaffung (Management)
• Fortschritts-kontrolle und Strategie-überwachung	• Informationstech-logie-Masterplan und Implementie-rung	• Nachfrage-management	• Aufbau empfänger-orientiertes Berichtswesen (intern und extern)	• Umweltschutz-management		• Personalüber-führung (arbeitsrechtlich)
		• Marketingstrategie	• Liquiditätsplanung	• Qualitätssicherung		
		• Public Relations	• Identifikation von Kostensenkungs-potentialen	• Produktionsplanung und -sicherung		

Abb. 5.5:   *Wichtige Elemente der Kommerzialisierung von Unternehmen*

5.2.2 Leitbild und strategische Führung

Die Versorgungs- und Transportunternehmen in MOE und GUS stehen vor einer Vielzahl von Herausforderungen. Sie sehen sich Veränderungen der makroökonomischen, politischen und sozialen Rahmendaten sowie teilweise einer vollkommen veränderten Wettbewerbssituation gegenüber. In der Vergangenheit waren die Unternehmen vor allem produktionsorientiert und betrieben ihre Anlagen entsprechend staatlichen Planungsvorgaben. Nunmehr muß die Orientierung am Kunden und seinen Bedürfnissen vorangetrieben werden und die Unternehmen erhalten größere Unabhängigkeit und Verantwortung. Diese Herausforderungen verlangen eine strategische und organisatorische Neuausrichtung. Eine gute Grundlage hierfür ist die Entwicklung eines (neuen) Unternehmensleitbildes, auf dem - wie in der folgenden Graphik dargestellt - eine entsprechende Unternehmensstrategie und -organisation aufbaut. Sämtliche Systeme, wie etwa das DV-System oder das Controlling, müssen an Leitbild und Strategie sowie an der daraus abgeleiteten Organisation ausgerichtet werden.

Entwicklung eines
Leitbildes

RWE Energie: Unternehmensleitbild, Ziele und Maßnahmen

Leitbild:	Unternehmensziele:	Maßnahmen:
• sichere Versorgung mit preiswerter Energie unter maximal mögl. Schonung der Primärenergie-ressourcen und Umwelt	• sichere, umweltverträgl. & kostengünstige Energie- & Wasserversorgung	• Sicherung eigener Marktposition mittels Marketingmaßnahmen & verstärkter Kundenorientierung
• Entwicklung & marktge-rechte Anwendung umweltschonender Energieumwandlungs- & -transportsysteme	• Beratung und techn. Weiterentwicklung zum Wasser- & Energiesparen	• Effizienz bei Herstellung & Verteilung elektrischer Energie und sonstiger Versorgungsleistungen
• Zielmarkt auch außerhalb traditioneller Gebiete & nationaler Grenzen	• qualitatives Wachstum in ertragreichen Geschäftsfeldern	• Diversifikation in Geschäftsfelder mit Affinität zum Stammgeschäft zur Verbreiterung der Unternehmensbasis
• in Zeiten des Wandels Rang als bedeutendes Energieversorgungsunter-nehmen wahren	• Kompetenzwahrung zur Sicherung des Bestandes und Unternehmens-weiterentwicklung & Förderung der Akzeptanz	
• Verfolgung gemeinsamer Ziele & Anpassung an veränderte Anforde-rungen durch MItarbeiter & Unternehmensführung	• Kundenzufriedenheit bzgl. Versorgungs-, Beratungs- und anwen-dungsorientierter Dienstleistung	

Quelle: Jäger, Gerhard, RWE AG Essen: Organisationsentwicklung in der Versorgungswirtschaft am Beispiel der RWE Energie AG, in: Seminarunterlagen: Lean Management in der Versorgungswirtschaft, Bonn, Juni 1995.

Abb. 5.6: Unternehmensleitbild, Ziele und Maßnahmen bei RWE Energie

Unternehmensleitbild der Deutschen Bahn AG

Die Deutsche Bahn bereitet sich auf die Privatisierung vor und versucht konsequent sich dem wachsenden Wettbewerbsdruck anderer Verkehrsmodi zu stellen. Dies drückt sich auch in der Formulierung der Unternehmensziele aus, die im folgenden ausschnittsweise dargestellt sind.[1]

Grundsätzliche Ziele: *„Als überdurchschnittlich wachsender Dienstleister will die Deutsche Bahn auf (... folgenden) Märkten erfolgreich sein (...): Personen- und Güterverkehr, Touristik und Logistik. Die Bahn wird dabei ihre besonderen ökologischen Vorteile konsequent nutzen. "*

Kundenorientierung: *„Voraussetzung für mehr Verkehr auf der Schiene ist die volle Orientierung der Deutschen Bahn auf ihre Kunden. Modernisierung der Arbeitsabläufe, Steigerung der Produktivität und Verbesserung des Angebotes stehen letztendlich im Dienst absoluter Kundenorientierung. "*

Neue Geschäftsfelder und Kooperationen: *„Wir werden (...) zukünftig Dienstleistungen*

um die Reise und während der Reise anbieten, die Anreiz und Mehrwert für unsere Kunden darstellen. (...) Durch separate Unternehmenseinheiten können wir diese Dienstleistungen in Konkurrenz zu Dritten teilweise besser erbringen. Dies gilt z.B. bei der Telekommunikation, beim Stückgutverkehr (...). Grundsätzlich wollen wir diese Einheiten selbst betreiben, der Einschluß von Partnern, die know-how, Kapital, Marktanteile und Marktkenntnisse mitbringen, kann aber sinnvoll sein. "

Mitarbeiter: *„(...) Die Deutsche Bahn mißt ihrem Humankapital entscheidende Bedeutung bei. Die besondere Verantwortung des Unternehmens für seine Mitarbeiter zeigt sich gerade jetzt, in der Phase des chancenreichen, zuweilen aber auch schwierigen und unbequemen Wandels der Bahn zu einem modernen, europäischen Dienstleistungskonzern. "*

---

[1] *Deutsche Bahn: Personal- und Sozialbericht 1995, Berlin, 1996.*

Funktion und Teile eines Leitbildes

In einem Unternehmensleitbild werden die wirtschaftliche und gesellschaftliche Funktion und Stellung der Unternehmung und die daraus abzuleitenden Sinnzusammenhänge und Wertbezüge des Managements abgebildet. Ein solches Leitbild stellt ein als vernünftig und verantwortlich angesehenes Grundkonzept unternehmerischen Planens und Handelns dar. Dem Leitbild kommt normativer Charakter zu und ist insofern als Soll-Zustand zu verstehen. Eine solche Zielvorstellung ist jedoch nicht nur schriftlich zu fixieren, sondern selbstverständlich auch zu leben. Bei der Erstellung eines Leitbildes sind insbesondere Fragen zu beantworten nach

- *dem Unternehmenszweck*
  - Strategische Geschäftsfelder: Auf welchen Gebieten will das Unternehmen tätig sein
  - Zielgruppen: Welche Kundengruppen sollen angesprochen werden
  - Absatzgebiete: Welche Gebiete sollen versorgt werden

- *dem Unternehmensziel*
  - Leistungswirtschaftliche Ziele (Leistungsprogramm, Versorgungssicherheit, Kundennähe)

- Finanzwirtschaftliche Ziele (Rentabilität, Kapitalbedarf und -struktur
- Soziale Ziele (Arbeitszufriedenheit, Umweltbewußtsein)

• *der Unternehmensidentität*
- Führung und Mitarbeiter (Arbeitsplatzsicherheit und Karriere-chancen, Umgang miteinander)
- Unternehmen und Gesellschaft (Ansehen in der Öffentlichkeit, Öffentlichkeitsarbeit, mögliches soziales Engagement).

Die Erfolgsaussichten der Kommerzialisierung eines Versorgungs- oder Transportunternehmens steigen in dem Maße, in dem systematisch und gleichzeitig alle Komponenten der Führung entwickelt werden. Erfolgreiche Unternehmen besitzen ein klares Leitbild, in dem sich die unternehmerische Vision und die Unternehmenspolitik wiederspiegeln. Dieses Leit-

Komponenten der strategischen Führung

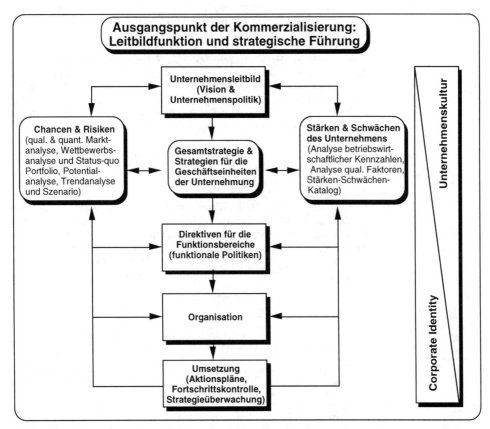

Abb. 5.7:	*Ausgangspunkt der Kommerzialisierung: Leitbildfunktion und strategische Führung*

bild soll in der gelebten Unternehmenskultur seinen Niederschlag finden. Das erfolgreiche Unternehmen verfolgt kohärente Strategien in seinen Geschäftseinheiten und fördert die Handlungsfreiheit der Führungskräfte mit Hilfe von aus den Strategien abgeleiteten Direktiven. Die Organisation sollte so gestaltet sein, daß sich die Mitarbeiter motiviert und engagiert einsetzen. Über die Corporate Identity werden Leitbild und Strategien sowohl intern wie auch extern kommuniziert. Die Komponenten der strategischen Führung sind untereinander verbunden und bilden eine Ganzheit, deren Qualität vom schwächsten Element des Systems bestimmt wird.[1]

5.2.3 Leistungserbringung

Ausgangspunkt

Die leistungswirtschaftlichen Bereiche von Versorgungs- und Transportunternehmen in MOE und GUS sind im Regelfall geprägt durch veraltete, teilweise überdimensionierte und schlecht gewartete Anlagen und Maschinen, mangelhafte Steuerung und Koordinierung der Leistungserstellung sowie einer unzureichenden Qualifikation der Beschäftigten. Zudem werden negative Umweltwirkungen der Leistungserstellung nicht berücksichtigt. Hier bedarf es der Konzeption und Einführung umfassender Veränderungsprozesse, um nachhaltige Verbesserungen zu erzielen. Die Prozesse müssen analysiert, hinterfragt und im Sinne eines ganzheitlichen, durchgängigen, effizienten, ziel- und kundenorientierten Flusses neu gestaltet werden. Verbesserungen sollten dabei an den Kriterien Kundennutzen, Kosten, Qualität und Durchlaufzeit gemessen werden.[2]

Instandhaltung und Produktionssteuerung

Über organisatorische Maßnahmen sollten kurzfristig integrierte Instandhaltungssysteme etabliert werden, damit ein weiterer Rückgang der Leistungsfähigkeit von Anlagen und Maschinen vermieden sowie eine bessere Produktivität der Mitarbeiter erreicht werden kannn. Über vorbeugende Instandhaltung wird die Maschinenausfallzeit reduziert und die Lebensdauer der Maschinen erhöht. Damit wird die Wirtschaftlichkeit der Anlagen verbessert. Ein weiterer wichtiger Schritt zur unmittelbaren Verbesserung der Situation ist im Regelfall die Einführung umfassender Produktionsplanungs- und Steuerungssysteme. Die zügige Implementierung kann durch die Nutzung entsprechender PPS-Software erleichtert werden.[3]

---

[1] Vgl. Hinterhuber, H. H.; Winter, Lothar G.: Unternehmenskultur und Corporate Identity, in: Organisationskultur, hrsg. v. E. Dülfer, 2. Aufl., Stuttgart, 1991, S. 190.

[2] Ggfs. ist bei der Optimierung der leistungswirtschaftlichen Seite ein „Process Reengineering"-Ansatz zweckmäßig. Die systematische Überprüfung und Neugestaltung wird dadurch erleichtert. Vgl. hierzu Hammer, M.; Champy, J.: Reengineering the Corporation, New York 1993.

[3] Module von PPS-Systemen sind üblicherweise: Grunddatenverwaltung, Absatz- und Leistungsgrobplanung, Produktionsplanung, Materialbedarfsplanung, Kapazitätsplanung, Produktionssteuerung, Qualitätsmanagement, Produktionscontrolling, Kalkulation.

Über Instandhaltung und Produktionssteuerung hinaus bedarf es der Investition in moderne Maschinen und Anlagen um Betriebskosten und Störanfälligkeit zu senken sowie Bedienbarkeit und Wartbarkeit zu erhöhen. Je leichter zum Beispiel ein ÖPNV-Fahrzeug, desto weniger Energie wird zum Beschleunigen der Fahrzeugmasse benötigt. Der Einsatz neuer, leichter Werkstoffe bis hin zum faserverstärktem Kunststoff bei gleichzeitigem Verzicht auf traditionell schwere Rahmenkonstruktionen kann zu erheblichen Verbesserungen führen.

Modernisierung von Maschinen und Anlagen

Ein anderes Beispiel für technischen Fortschritt stellen die Bremsen von Schienenfahrzeugen dar: Die Zeit der auf dem Radreifen geräuschvoll bremsenden und verschleißenden Bremsklötze ist schon länger vorbei. Allein die Möglichkeit der Rückspeisung der beim Bremsen anfallenden Energie in das elektrische Netz führt zu Einsparungen. Bremsscheiben aus Aluminium führen zu geringerem Beleg- und Scheibenverschleiß und damit zu geringeren Wartungsaufwendungen. Moderne Bremssysteme erhöhen zudem die Sicherheit, da sie im Vergleich zu bislang üblichen Auslegungen eine um den Faktor 3 größere Bremsverzögerung ermöglichen. Schließlich sei noch auf die Wechselwirkung zwischen Schienenfahrzeug und Gleis hingewiesen. Leichte Fahrzeuge strapazieren das Gleis weniger als schwere, damit kann ein Beitrag zur Senkung der Unterhaltungskosten für die Trasse geleistet werden.[1]

Beispiele für technischen Fortschritt

Bei der Planung derartiger Investitionen in neue Technik sollten mögliche Auswirkungen des Nachfragemangements auf die Leistungsinanspruchnahme berücksichtigt werden. Insbesondere ist zu überprüfen, ob beispielsweise tatsächlich ein Ausbau bestehender Kapazitäten - verbunden mit hohen Investitionskosten - erforderlich ist. Alternativ hierzu können auch Investitionen auf der Nachfragerseite ergriffen werden, die bspw. zu einer Reduzierung der Nachfrage führen. Dies hört sich zwar zunächst paradox an, kann betriebswirtschaftlich jedoch sinnvoll sein: Ist etwa in der Energiewirtschaft die (angebotsseitig wirkende) Investition in eine bestimmte Produktionsanlage teurer als die (nachfrageseitig wirkende) Investition in energiesparende Installationen in Haushalten, dann ist die nachfrageseitige Investition vorzuziehen (Siehe Least Cost Planning (LCP), S. 222). Auch Maßnahmen zur Reduzierung von Stromdiebstahl, ungenauen Verbrauchsmesungen und anderen nicht-technischen Verlusten sowie zur Verbesserung des Rechnungseinzuges gehören zum Nachfragemanagement.[2]

Investitionen und Nachfragemanagement

---

[1]   Vgl. Körber, J.: Intelligente Konzepte für die Zukunft der Schiene, in: Handelsblatt, Sonderbeilage „Regionalisierung im Nahverkehr, 13.12.1995, S. B 4.

[2]   BMZ: Energie in der deutschen Entwicklungszusammenarbeit, Entwicklungspolitik Materialien Nr. 96, Bonn, 1997, S. 58.

```
╭─────────────────────────────────────────────────────────────╮
│      ╭──────────────────────────────────────────────╮        │
│      │   Nachfrageseitige Maßnahmen zur Senkung der  ╲        │
│      │   Angebotskosten in der Energie- und Wasserwirtschaft  │
│      ╰──────────────────────────────────────────────╯        │
│                                                               │
│  Nicht-Preisliche Maßnahmen      │  Preisliche Maßnahmen      │
│                                  │                            │
│  • Informationprogramme          │  • Setzung tageszeitgebundener │
│                                  │    Tarife (insbesondere für Unternehmen, │
│  • Beratungs- und Serviceprogramme: │  sog. time-of-use-tarifs) │
│    - Vor-Ort-Beratung            │                            │
│    - Weiter- und Fortbildungsprogramme │ • Verbesserte Tarifstruktur │
│                                  │    (bspw. für Haushalte und Unter- │
│  • Ressourcenprogramme:          │    nehmen)                 │
│    - Anreiz- und Prämienprogramme │                           │
│    - Finanzierungsprogramme      │                            │
│    - kostenlose Dienstleistungsprogramme │                    │
│                                  │                            │
│  • Demonstrationsprogramme       │                            │
│                                  │                            │
│  • Datenerhebungs-, Meß und Evaluie- │                        │
│    rungsprogramme als Grundlage für │                         │
│    Maßnahmen bzw. Informations-  │                            │
│    programme                     │                            │
╰─────────────────────────────────────────────────────────────╯
```

Abb. 5.8:   *Nachfrageseitige Maßnahmen zur Senkung der Angebotskosten in der Energie- und Wasserwirtschaft*

Rationalisierung und Abbau von Überkapazitäten

Oftmals kann auf teure Sachinvestitionen verzichtet werden, wenn durch Rationalisierungs- und Restrukturierungsmaßnahmen bestehende Leistungs-reserven im Unternehmen genutzt werden können. Zudem ist zu berück-sichtigen, daß im Transformationsprozeß in MOE und GUS aufgrund der sinkenden Nachfrage viele Transport- und Versorgungsunternehmen Über-kapazitäten vorhalten. Diese können abgebaut werden, was zu einer Redu-zierung der Fixkosten führt. Bei einer Untersuchung der bulgarischen Eisen-bahn wurde aufgrund geringerer Nachfrage und durch Optimierung des Streckennetzes ein Einsparpotential von insgesamt 48% der Personen-waggons ermittelt.[1] Ähnliche Rationalisierungspotentiale wurden auch im ÖPNV in Warschau ermittelt: Die Auslastung der Busse und Bahnen be-trug 70% im Vergleich zu 90% von gutorganisierten westeuropäischen Unternehmen. Der Personalbestand pro Fahrzeug war mit 5-8 Mitarbeitern im Vergleich zu 3-4 im Westen etwa doppelt so hoch. Zudem lag die durch-schnittliche Fahrtgeschwindigkeit von Straßenbahnen trotz freier Strecken und Vorfahrtsrechten bei nur 15 km/h.[2]

---

[1]   Vgl. Cobbett, D.: Restructuring of Bulgarian Railways, in: 21st Summer Annual Mee-ting, Proceedings of Seminar G of the PTRC on European Transport, Highways and Planning, University of Manchester Institute of Science and Technology, 1993.

[2]   Vgl. World Bank, Energy, Environment, Transportation and Telecommunications Di-vision: Poland Urban Transport Review, Report No. 12962-POL, Washington D.C., 1995, S. ii.

Je nach Land weicht die Nachfrage, beispielsweise nach Strom, im Tages-
verlauf in unterschiedlich starkem Maße vom Durchschnittswert ab. Während diese Abweichung beispielsweise in Frankreich relativ gering ist
(system load factor von 91%), weist Pakistan erheblich höhere Abweichungen auf (system load factor von 64%).[1] Energieunternehmen bemühen sich,
die Spitzen der Nachfragekurve abzuflachen, da sie die Angebotskosten in
die Höhe treiben: Sie erhöhen die Verlustrate bei der Transmission und
Verteilung von Strom und machen zudem die Vorhaltung von nur zu Spitzenlastzeiten genutzten Kapazitäten (Warm- und Kaltreserve) erforderlich.
Durch derartige Maßnahmen ergeben sich auch gesamtwirtschaftliche Vor-

Auslastung

---

[1]   Vgl. World Bank: Power and Energy efficiency - Status report on the Bank's policy
       and IFC's activities, Washington D.C., 1994, S. 17 ff.

**Möglichkeiten und Probleme des Nachfragemanagements
bei der Fernwärmeversorgung in Twer**

*In der russischen Stadt Twer wurde im Rah-
men des TACIS-Programmes eine Modellstudie
über die Möglichkeiten der Energieeinsparung
in der Fernwärmeversorgung erstellt. Neben
erforderlichen (angebotsseitigen) Modernisie-
rungsinvestitionen wurde besonderes Augenmerk auf das Aufzeigen nachfrageseitiger
Einsparungspotentiale gelegt.[1]*

*Fernwärme hat in Rußland eine lange Traditi-
on. In der 460.000 Einwohner zählenden Stadt
Twer werden ca. 85% aller Wohnungen, die
meisten öffentlichen Gebäude sowie ein großer Anteil der Industrie durch ein Fernwärme-
verbundnetz versorgt. Unzureichende Außen-
isolierung sowie die Zugabe von agressivem
Zusatzwasser führten zu einer großen inneren
und äußeren Korrosion der Leitungen. Weitere Schwachstellen sind das Fehlen von Wärme-
zählern und die pauschale Abrechnung, die im
Verbund mit subventionierten Preisen zu einem
verschwenderischen Verhalten der Verbraucher
führt. Wegen fehlender Regler haben viele Nutzer auch keinen Einfluß auf ihren Verbrauch.
Die Heizkraftwerke sind zudem veraltet und
verursachen hohe Instandhaltungskosten.*

*Zur Verbesserung der Situation wurde eine
Vielzahl von möglichen Maßnahmen untersucht: Einrichtung von Verbrauchsmessung
und Regelungstechnik, technische Gebäude-*

*ausrüstung bei bestehenden Gebäuden,
Rohrleitungsdämmungen, Wärmedämmungen
und verbesserter Wärmeschutz-Neubau. Vom
Investitionsvolumen in Höhe von 1,4 Mrd. DM
sollten 45% für eine neue Heizkraftanlage und
13% für die Rohrleitungserneuerungen verwendet werden. Darüber hinaus sollten allein
30% des Gesamtvolumens in die Nachrüstung
bestehender Gebäude fließen, also direkt
nachfrageseitig wirksam werden.*

*Die Wärmebedarfsprognosen wurden in zwei
Szenarien durchgerechnet: einerseits Fort-
schreibung des Status quo, andererseits Durchsetzung der angesprochenen Energiesparmaßnahmen. In der Energiesparversion
ergab sich für das Jahr 2010 ein Wärmebedarf
von 2,6 Mrd. Kwh. Das waren rund 1,7 Mrd.
Kwh weniger als im ‚Nichts-Geschieht'-Sze-
nario. Dies führte zu deutlich verringerten
erforderlichen Neubaukapazitäten von 0,6 Mrd.
Kwh. Allerdings erwies sich keine der unter-
suchten Maßnahmen beim Energiepreisniveau
in Twer (April 1994) als wirtschaftlich trag-
bar. Bei Zugrundelegung von Weltmarktprei-
sen in der Kalkulation sind fast alle Investitionen wirtschaftlich.*

---

*1   Vgl. Konstantin, P.; Laubach, J.: Energiekonzept
      für die Stadt Twer, in: Energiewirtschaftliche Ta-
      gesfragen, 46. Jg., 1996, Heft 1/2, S. 66-73.*

teile durch Brennstoffersparnisse, da normalerweise in der Spitzenlast, also der Zeit der größten Energienachfrage, die unwirtschaftlichsten Kraftwerke eingesetzt werden müßten. Diese Nachfragespitzen können durch angebotsseitige Investitionen wie Rundsteueranlagen abgedeckt werden.[1]

Least-Cost-Planning

Mit Hilfe des Least-Cost-Planning-Ansatzes (LCP) kann aus Unternehmenssicht überprüft werden, ob es beispielsweise sinnvoll ist, eine bestimmte Energiemenge nicht herzustellen sondern einzusparen.[2] Kosten und Nutzen der beiden Alternativen werden wie bei einer Investitionsrechnung systematisch gegenübergestellt und bewertet („Maßnahmen vor und hinter dem Zähler"). LCP wird insbesondere in der Energiewirtschaft angewendet, kann allerdings auch in anderen Bereichen der Versorgungs- und Transportwirtschaft eingesetzt werden.[3]

Vorteile

Der LCP-Ansatz

- bedeutet eine langfristig sichere Bereitstellung von Versorgungsleistungen zu minimalen volkswirtschaftlichen bzw. gesellschaftlichen Kosten. Wichtig ist die Erbringung bestimmter Leistungen unter der Nebenbedingung, möglichst wenig Ressourcen hierfür zu verwenden;

- beinhaltet die systematische Abwägung von Angebots- und Nachfrageseite;

- ist gleichermaßen ein Planungskonzept der Versorgungsunternehmen als auch ein Aufsichtsinstrument der Behörden oder anderer Kontrollinstanzen;

- ist ein sanftes Reformkonzept. Denn was ökologisch notwendig und volkswirtschaftlich vorteilhaft ist, soll auch betriebswirtschaftlich machbar und vorteilhaft sein. Ziel ist es insbesondere, Unternehmen als Akteure zu gewinnen, die vorhandene volkswirtschaftliche Einsparpotentiale erschließen ohne eigene wirtschaftliche Nachteile zu erleiden.

Anwendbarkeit des LCP-Ansatzes auf MOE und GUS

Nachfrageorientierte Kostensenkungsansätze und Investitionsmöglichkeiten sind in MOE und GUS noch weitestgehend ungebräuchlich und wenig bekannt. Allerdings gibt es bereits erste Beispiele für LCP-Programme in den Transformationsländern. (Siehe hierzu das Beispiel der Budapester Gaswerk AG auf Seite 123).

---

[1]   Vg. Brand, Michael: Least-Cost-Planning und Energiedienstleistungsunternehmen, in: Den Wettbewerb in Energiesektor planen, P. Hennicke (Hrsg.), Berlin u.a., 1991. Sowie Öko-Institut e.V.: Least-Cost-Planning in der Wasserwirtschaft, im Auftrag des Umweltministeriums Baden-Würtemberg, Freiburg, August 1995.

[2]   Lovins prägte hierfür den Begriff ‚Negawatt'. Vgl. Lovins, A.B.: Making Markets in Resource Efficiency. Beitrag für eine Festschrift zum 50. Geburtstag von E.U. v. Weizsäcker, 25.06.89. Zu Least-Cost-Planning siehe auch Kapitel 4.2.4.3.

[3]   Vgl. Öko-Institut e.V.: Least-Cost-Planning in der Wasserwirtschaft, im Auftrag des Umweltministeriums Baden-Würtemberg, Freiburg, August 1995.

Gemäß LCP-Ansatz sind nicht nur die angebots- und nachfrageseitigen Kosten der Bereitstellung von Versorgungs- oder Transportleistungen zu beachten, sondern ebenfalls die Kosten aufgrund von Umweltverschmutzung. Für einzelne Unternehmen bieten sich zahlreiche Möglichkeiten, umweltbezogene LCP-Maßnahmen durchzuführen. Dies ist insbesondere dann der Fall, wenn es sich - wie im Falle von Stadtwerken - um integrierte Unternehmen handelt, die Anbieter verschiedener Energieformen sind. So haben

Umwelt-implikationen beachten

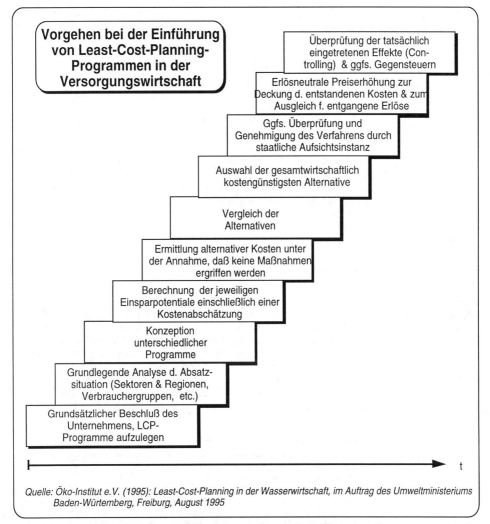

Vorgehen bei der Einführung von Least-Cost-Planning-Programmen in der Versorgungswirtschaft

- Überprüfung der tatsächlich eingetretenen Effekte (Controlling) & ggfs. Gegensteuern
- Erlösneutrale Preiserhöhung zur Deckung d. entstandenen Kosten & zum Ausgleich f. entgangene Erlöse
- Ggfs. Überprüfung und Genehmigung des Verfahrens durch staatliche Aufsichtsinstanz
- Auswahl der gesamtwirtschaftlich kostengünstigsten Alternative
- Vergleich der Alternativen
- Ermittlung alternativer Kosten unter der Annahme, daß keine Maßnahmen ergriffen werden
- Berechnung der jeweiligen Einsparpotentiale einschließlich einer Kostenabschätzung
- Konzeption unterschiedlicher Programme
- Grundlegende Analyse d. Absatzsituation (Sektoren & Regionen, Verbrauchergruppen, etc.)
- Grundsätzlicher Beschluß des Unternehmens, LCP-Programme aufzulegen

t

Quelle: Öko-Institut e.V. (1995): Least-Cost-Planning in der Wasserwirtschaft, im Auftrag des Umweltministeriums Baden-Würtemberg, Freiburg, August 1995

Abb. 5.9:   *Vorgehen bei der Einführung von Least-Cost-Planning-Programmen in der Versorgungswirtschaft*

beispielsweise die Stadtwerke Frankfurt a.d. Oder, die Fernwärme, Strom und Gas anbieten, eine neue Anlage geplant, die Wärme und Strom gekoppelt erzeugt. Zudem soll Kohle bei der Verfeuerung durch Gas substituiert werden. Zum einen erfüllt dieses Vorhaben das Kriterium der Wirtschaftlichkeit für das Unternehmen. Zum anderen sollen hierdurch gemäß Schätzungen des Öko-Institutes im Vergleich zu Ausgangslage in 1993 bis zum Jahre 2010 eine drastische Verringerung der gesamten Emissionen von ca. 34% (CO_2) bis 97% (Staub) erreicht werden.[1]

Möglichkeiten zur Abschätzung von Umweltwirkungen

Die GTZ hat gemeinsam mit dem Öko-Institut eine Software (Environment Manual EM) entwickelt, die auf Unternehmensebene eine Ermittlung von Emissionen bei der Bereitstellung von Strom und Wärme zuläßt und eine entsprechende Evaluierung von Investitionsprojekten erlaubt.[2] Eine umfassende Umweltdatenbasis hilft bereits bei der Vorauswahl von Projekten, die Auswirkungen von Brennstoffextraktion, Transport und Energieumwandlung abzuschätzen. Alternativen können geprüft und Projekte anhand gegebener Umweltstandards evaluiert werden. Effekte von Umweltschutzmaßnahmen können bei bestimmten Projektvarianten simuliert werden. In einer ersten Näherung können für die Politikentscheidung zudem Vermeidungskosten von relevanten luftgetragenen Schadstoffen und Treibhausgasen von Stromerzeugungsanlagen ermittelt werden. Die Ergebnisse dieser Analyse können bei der Tarifgestaltung berücksichtigt werden. Im Rahmen eines Weltbankprojektes wurde das Programm zur Analyse von Fernheizungs-Alternativen in Polen eingesetzt.

5.2.4 Marketing und Vertrieb

Marketing-orientierte Denk-haltung

Typischerweise ist die Dienstleistungsqualität öffentlicher Versorgungs- und Transportunternehmen in MOE und GUS stark verbesserungsbedürftig. Markt- und Kundenorientierung existieren nicht, es herrscht oftmals eine „Schaltermentalität" vor, das Auftauchen von Kunden wird als lästige Störung des Tages empfunden. Um derartige Mißstände zu beseitigen, bedarf es umfassender interner Restrukturierungsmaßnahmen, in deren Mittelpunkt die Einführung eines unternehmensweiten Marketings stehen sollte. Im Interesse der Erreichung der Unternehmensziele müssen alle betrieblichen Aktivitäten konsequent auf die gegenwärtigen und künftigen Erfordernisse

---

[1] Vgl. Öko-Institut: Umsetzungsstrategien für Einsparungen in der Energieversorgung durch die Anwendung des Least-Cost-Planning-Prinzips bei den Stadtwerken in Frankfurt (Oder), Freiburg, 1996, S. 31 ff.

[2] Das Projekt wurde maßgeblich von der Bundesregierung finanziert, beteiligt waren allerdings auch die Niederlande und Großbritannien. Die Weltbank hat das Gesamtprojekt koordiniert. Das Programm kann kostenfrei über Internet (http://www.worldbank.org/html/fdp/EM/) abgerufen werden. Vgl. BMZ: Energie in der deutschen Entwicklungszusammenarbeit, Entwicklungspolitik Materialien Nr. 96, Bonn, 1997, S. 35ff.

der Märkte ausgerichtet werden. Dies erfordert zunächst die Entwicklung und Einführung einer marketingorientierten unternehmerischen Denkhaltung, die die Grundlage für die Unternehmensorganisation und -führung sowie für den Einsatz des absatzpolitischen Instrumentariums ist.

Nach der Übertragung der argentinischen Eisenbahn an private Konzessionäre begannen diese unmittelbar mit der Marketing-Einführung.[1] Zunächst wurden Führung und Mitarbeiter im Hinblick auf Markt- und Kundenorientierung geschult. Das Serviceangebot wurde verbessert und die Tarifstrukturen an der Nachfrage orientiert. Schließlich wurden die Fahrpläne mit denen der Zubringerbusverkehre koordiniert, so daß Fahrt- und Wartezeiten für die Kunden verringert werden konnten.

Marketing bei Eisenbahnen

Bei einer empirischen Untersuchung in Deutschland wurde festgestellt, daß für drei Viertel der Befragten bei der Beurteilung des ÖPNV Schnelligkeit, Zuverlässigkeit und Komfort die entscheidenden Kriterien sind[2]. Verbesserte Umsteigepunkte sind genauso wie eine technisch gestützte hohe Reisegeschwindigkeit derartige qualitative Aspekte. Funktionelle, ästhetisch getaltete Fahrzeuge und Haltestellen sowie ein hohes Maß an Sauberkeit sind wichtige Komfort-Kriterien. Geschätzt wird auch der freundlich-kompetente Umgang der Mitarbeiter mit den Kunden. Von großer Bedeutung ist die Gestaltung eines abgestimmten Fahrplans. Als Beispiel sei hierfür der „Integrale Taktfahrplan" der Deutschen Bahn erwähnt. Damit werden im Nahverkehr alle bedienten Orte einer Region über den ganzen Tag und während der ganzen Woche in festen, leicht merkbaren Takten miteinander verbunden. Die Takte sind so gehalten, daß es optimierte Anschlüsse zum Fernverkehr und möglichst auch zum Bus gibt.[3] Bahnfahren soll damit so einfach wie möglich werden. Bahn und Busse sollen damit ähnlich verfügbar werden wie das Auto. Die Abbildung auf der nächsten Seite zeigt beispielhaft den Marketing-Kreis für Verkehrsunternehmen.

Marketing-Kreis für Verkehrsunternehmen

Märkte, Kunden und Wettbewerber müssen permanent vom Versorgungs- oder Transportunternehmen analysiert werden, um auf diesen Erkenntnissen aufbauend die geeigneten absatzpolitischen Instrumente auswählen zu können. Die Marktanalyse sollte vor allem beinhalten:

Marktanalyse und Marktbearbeitung

*   eine vergangenheitsorientierte Feststellung des Umfanges nachgefragter Leistungen pro Unternehmensbereich, unterteilt nach Kunden oder Kundengruppen und Konkurrenzbeobachtung (bei Modal Split oder Dienstleistungen auf Netzen)

---

[1] Vgl. Knechtel, K.: Die Privatisierung der argentinischen Eisenbahnen, in: Internationales Verkehrswesen 45 - 9, 1993, S. 491.

[2] Im September 1996 befragte infas Sozialforschung 3000 Bürger (Kunden und Nicht-Kunden des ÖPNV). Vgl. Werner, P.: Ist der Nahverkehr seinen Preis wert? In: Sonderbeilage Nahverkehr FAZ vom 03.06.97

[3] Vgl. Daubertshäuser, K.: Wettbewerb in Partnerschaft, in: Handelsblatt, Beilage „Regionalisierung im Nahverkehr", 13.12.1995, S. B 2.

- das Feststellen der Leistungsqualität anhand konkreter Kriterien sowie Ermittlung des subjektiven Kundenempfindens (z.B. durch Kundenbefragungen)

- Prognosen über die zukünftige Nachfrage nach Leistungen (Art, Menge, Qualität, Preise, unterteilt nach Kunden oder Kundengruppen).

Unzureichende Möglichkeiten zur Abschätzung der Nachfrageentwicklung

Bei der Marktanalyse in MOE und GUS ergibt sich das besondere Problem, daß die zukünftig erwartete Nachfrage nach Versorgungs- und Transportdienstleistungen nur in begrenztem Maße aus den Vergangenheitswerten abgeleitet werden kann. Durch die Systemtransformation werden wesentliche Parameter der Volkswirtschaften erheblich verändert. Zwischen den einzelnen Faktoren sind dabei Wechselwirkungen zu berücksichtigen. Beispielsweise hat sich in Warschau der Anteil der Pkw-Besitzer in nur vier Jahren mehr als verdoppelt. Er stieg von 147 je 1.000 Einwohner in 1989 auf 345 in 1993.[1] Dennoch ist aufgrund der hohen Kraftstoffpreise die Nachfrage nach ÖPNV-Leistungen nicht nennenswert zurückgegangen.

---

[1]   Vgl. Styles, G: Assessing the Feasibility of Modernising existing Infrastructure, Networks to justify further investments, S. 4ff., in: Seminardokumentation - Infrastructure in the Baltic States, 28th-29th April 1997, Copenhagen.

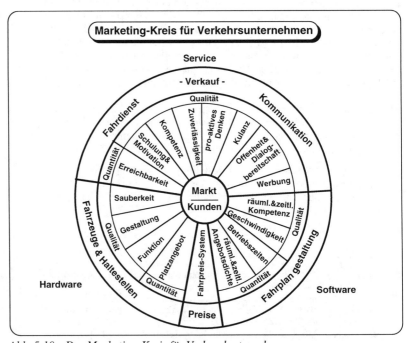

Abb. 5.10: Der Marketing-Kreis für Verbundunternehmen

Bei der Marktbearbeitung sind die folgenden grundsätzlichen Arbeitsbereiche zu unterscheiden:

• Pflege der Kundenbeziehungen: Information an die Kunden, Mitteilung wichtiger Veränderungen, Werbemaßnahmen, Public Relations, Imagepflege des Unternehmens, Kundenkontaktstelle („hot line"),

• Tarifstrukturentwicklung,

• Identifizierung und Entwicklung neuer Produkte und Dienstleistungen aufbauend auf den Marktanalysen,

• Förderungen von Kooperationen und strategischen Partnerschaften, insbesondere im Vertrieb und der Distribution, der Nutzung neuer Quellen/Netze etc.

Die Versorgungs- und Transportwirtschaft in MOE und GUS ist in Bezug auf die Tarifgestaltung gekennzeichnet durch zu niedrige Preise sowie einer internen, versteckten Subventionierung, insbesondere zugunsten der Privatkunden. So lagen bspw. im Jahre 1994 in Bulgarien die Wasserabgabepreise für Haushalte rund 30 Prozent unter den Durchschnittskosten der Versorgungsunternehmen. Die daraus resultierenden Defizite wurden, zumindest zum Teil, durch höhere Wasserpreise für Firmenkunden quersubventioniert.

Grundsätzlich sollten die Struktur und Höhe der Tarife von Versorgungs- und Transportunternehmen an folgenden Kriterien ausgerichtet werden:[1]

• Die jeweiligen Tarife haben sich an den tatsächlichen (Grenz-)Kosten zu orientieren.

• Inflationsanpassung muß in regelmäßigen Abständen- beispielsweise vierteljährlich - möglich sein.

• Im Zeitablauf sollte die traditionell unterschiedliche Behandlung von Privat- und Firmenkunden (und damit verbundene versteckte Subventionierung von privaten Haushalten) abnehmen.

• Leichte Handhabbarkeit für sowohl Anbieter als auch Nachfrager. Gute Verständlichkeit der Tarifstruktur.

• Aktueller und zukünftiger Investitionsbedarf - sowohl zur Erweiterung wie zum Ersatz - sind zu berücksichtigen. Der Investitionsbedarf in MOE und GUS ist aufgrund mangelhafter Instandhaltung und veralteter Anlagen meist beträchtlich.[2]

• Die Schuldentilgungsfähigkeit der Unternehmen muß gewährleistet sein.

---

[1] Zu der Diskussion über die Möglichkeiten der Preisregulierung siehe Kap. 4.2.3.2.

[2] Aber auch in westlichen Ländern erfordern Modernisierungen bei Versorgungs- und Transportunternehmen beträchtliche Investitionen. Die Deutsche Bahn AG beispielsweise investiert über einen Zeitraum von fünf Jahren sieben Milliarden DM in neue Nahverkehrsfahrzeuge um sich damit dem Wettbewerb im Nahverkehr zu stellen. Bis zum Jahr 2000 soll der Fuhrpark weitestgehend erneuert bzw. grundlegend modernisiert sein. Vgl. Daubertshäuser, K.: Wettbewerb in Partnerschaft, in: Handelsblatt, Beilage „Regionalisierung im Nahverkehr", 13.12.1995, S. B 2.

Vorbedingungen für eine Preisfindung

Bei der Orientierung der Tarife an den tatsächlichen Kosten ergeben sich Schwierigkeiten daraus, daß der Verbrauch bestimmter Nachfrager oder Nachfragergruppen nicht gemessen werden kann. Strom- und Wasserverbrauch können aufgrund fehlender Meßgeräte nicht ermittelt werden. Zudem ist die illegale Leistungsinanspruchnahme weit verbreitet. Es bedarf vermehrter Kontrollen und der breiten Einführung von Verbrauchsmeßgeräten sowie einer Verbesserung der Inkassofunktion der Transport- und Versorgungsunternehmen.

Politische Widerstände bei der Preisbildung

In der Versorgungs- und Transportwirtschaft sind politische Entscheidungen im Regelfall Ursache nicht kostendeckender Preise. Aus Sicht der Unternehmen ist es wichtig, die Zahlungsfähigkeit und -willigkeit der Nachfrager richtig einzuschätzen. Für die Wasserwirtschaft in Entwicklungsländern wurden hierzu Schätzungen in Bezug auf private Haushalte durchgeführt. Sie ergaben, daß die Obergrenze bei ca. 5% des Haushaltseinkommens liegt.[1] Bei einer Testumfrage des Gasversorgungsunternehmens Enron in den USA wurde herausgefunden, daß 80% der Bürger bereit wären, für „grünen" Strom aus Sonne oder Wind 20 bis 25% mehr zu bezahlen.[2]

Produkt- und Tarifgestaltung

Präferenzen und Zahlungswilligkeit der Nutzer in MOE und GUS dürften von denen in den USA oder in klassischen Entwicklungsländern erheblich abweichen. Entsprechende Untersuchungen in den Transformationsländern sollten von den Transport- und Versorgungsunternehmen durchgeführt werden, um Grundlagen für die Produkt- und Tarifgestaltung zu schaffen sowie Argumente für die politische Diskussion bereitzustellen.[3]

Nachfragemanagement durch Tarifgestaltung

Ein wichtiges Element des Marketings ist das Nachfragemanagements, da damit die Vorhaltekosten für das Leistungsangebot der Unternehmen gesenkt werden können. In allen Bereichen der Transport- und Versorgungswirtschaft tritt das Problem stark schwankender Nachfrage auf. Die Tarifstruktur sollte so gestaltet werden, daß die Spitzennachfrage gedämpft wird. In Hongkong beispielsweise wird für die Nutzung von innerstädtischen Straßen mit Hilfe eines elektronischen Überwachungssystems eine Gebühr erhoben. Die Höhe dieser Gebühr richtet sich kurzfristig und direkt nach der Verkehrssituation: Je stärker die Verkehrsbelastung, desto höhere Gebühren werden eingefordert.[4] In der brasilianischen Stromwirtschaft wurden, wie das folgende Beispiel zeigt, ähnliche Maßnahmen ergriffen.

---

[1] Vgl. McPhail, A.A.: The five per cent rule for improved water service: can households afford more? World Development Vol.21, No. 6, 1993, S. 963-973.

[2] Vgl. o.V.: Amerikas Energiewirtschaft ist Deutschland um Jahre voraus, in: FAZ, 14.04.97, S.19.

[3] In Tschechien wurden beispielsweise zum 1. Juni 1997 die Fahrpreise für die Bahnen drastisch um 40% erhöht. Derartige Maßnahmen bedürfen der politischen Rückendeckung und einer vorausgehenden Prüfung der Nachfrageelastizität. Vgl. o.V.: Statt Privatisierung werden Nebenbahnen stillgelegt, in: Nahverkehrs-Nachrichten, 1997, H. 6.

[4] Vgl. Midgley, P.: Urban Transport in Asia, An operational Agendda for the 1990s, World bank Technical Paper No. 224, 1994, S. 55.

Tarifgestaltung und Nachfragemanagement in der Stromwirtschaft Brasiliens[1]

Brasilien ergriff im Rahmen seiner Energie-wirtschaftsreform eine Reihe von sowohl preis-lichen wie nicht-preislichen Maßnahmen. Die Energieeinsparungsstrategie startete mit einer Tarifanpassung: Die Preise für Strom wurden an den tatsächlichen Grenzkosten der Erzeu-ger ausgerichtet. Um arme Bevölkerungs-schichten nicht übermäßig zu belasten, sahen die neuen Tarife niedrige Preise bei niedrigen Nachfragemengen vor. Über einen Zeitraum von fünf Jahren verringerte sich die Nachfrage-spitze um ca. 2.000 MW, was gleichbedeutend mit einer Hinauszögerung von Investitionen in Höhe von US$ 2 Mrd. war.

In einem nächsten Schritt wurden die Tarife ab-hängig von der Tageszeit der Nachfrage (time-of-use-pricing) gestaltet. Damit wurden finan-zielle Anreize bzw. Strafen insbesondere für die Nachfrage großer Unternehmen geschaffen. Diese sollten von den Spitzenlastzeiten zurück-gedrängt werden. Innerhalb von knapp fünf Jahren gelang hiermit die Reduzierung der Nachfragespitze um weitere 1.000 MW.

Zeitgleich mit der Einführung der neuen Tari-fe wurde ein nationales Programm zur Energie-einsparung (PROCEL) durchgeführt. PROCEL kombinierte die angebots- und nachfrage-seitigen Maßnahmen und schuf Anreize für

Stromversorgungsunternehmen in Verlust-reduzierung und Optimierung der bestehenden Anlagen zu investieren. Mit einer Investition von US$ 23 Mio. konnten so weitere 200 MW während der Hauptspitze der Nachfrage ein-gespart werden. Insgesamt erhöhte sich der System Load Factor[2] der brasilianischen Stromwirtschaft von 73% in 1982 auf 85% in 1991.

Allerdings zeigt das Beispiel Brasiliens auch klar auf, wie wichtig die Anpassung der Tarife an die Inflation ist. Ungenügende Indexierung der Preise führte dazu, daß die Mehrzahl der brasilianischen Unternehmen der Energiewirt-schaft in eine finanzielle Krise gerieten. Ange-sichts der realen, also inflationsbereinigten Preissenkungen für Energie wurden zudem fal-sche Anreize an die Nachfrager ausgesandt.

---

[1] *Siehe hierzu Power and Energy Efficiency Status Report on the Bank's Policy and IFC's Activities, 1994, S. 34.*

[2] *Der System load factor ist die Varianz in der Ener-gienachfrage an einem typischen Tag. Je mehr der Wert an 1 heranreicht, desto gleichmäßiger ist der Nachfrageverlauf und desto effizienter arbeitet ein Energieversorger. Vgl. World Bank: Power and Energy efficiency - Status report on the Bank's policy and IFC's activities, Washington 1994, S. 17 ff.*

5.2.5   Finanz- und Rechnungswesen

Das Rechnungswesen faßt sämtliche Verfahren zusammen, deren Aufgabe es ist, alle im Betrieb auftretenden Geld- und Leistungsströme mengen- und wertmäßig zu erfassen und zu überwachen. Das Rechnungswesen dient der Kontrolle der Wirtschaftlichkeit und der Rentabilität der betrieblichen Prozesse und stellt der Unternehmensleitung damit Informationen für die auf die Zukunft gerichteten Planungsüberlegungen bereit. Schließlich er-füllt das Rechnungswesen eine externe Informationsaufgabe; Anteilseig-ner und Gläubiger sowie weitere Partner der Unternehmen sollen über die Vermögens-, Finanz- und Ertragslage informiert werden.

Aufgaben des Rechnungswesens

Alleine bei der Definition des Begriffes Wirtschaftlichkeit (oder auch häu-fig: Eigenwirtschaftlichkeit) der Unternehmen bestehen allerdings beträcht-liche Ermessensspielräume. Beim ÖPNV in Wuppertal beispielsweise wer-

Wirtschaftlichkeit der Unternehmen

---

den die gesamten Kosten einschließlich Infrastrukturkosten bei der Beurteilung der Wirtschaftlichkeit des Betriebs zugrundegelegt. Bei den Hannoverschen Verkehrsbetrieben AG Üstra[1] wird dagegen nur eine Kostendeckung für den laufenden Fahrbetrieb ohne Infrastrukturkosten angestrebt.[2]

Defizite bei öffentlichen Unternehmen

Das Rechnungswesen öffentlicher Unternehmen in MOE und GUS ist in der Regel abrechnungs- und verwaltungsorientiert gestaltet. Teilweise werden kameralistische Buchführungssysteme verwendet, die lediglich Einnahmen und Ausgaben verzeichnen und diese mit Budgetzahlen vergleichen. Derartige Systeme stellen nicht die Grundlagen für unternehmerische Entscheidungen bereit. Vielmehr bedarf es einer Finanzbuchhaltung

---

[1] „Üstra" steht für Überlandstraßen.

[2] Girnau, G.: Verband deutscher Verkehrsunternehmen Köln: Notwendige Entwicklungen im ÖPNV vor dem Hintergrund der neuen Gesetzeslage. Vortrag in Berlin, 06./07.03.1997. Zu beachten ist hierbei der nicht unerhebliche Bewertungsspielraum und die Frage, welche Kosten durch den eigentlichen Betrieb gedeckt werden sollen. Dies setzt i.d.R. umfassende Verhandlungslösungen voraus. Zur Problematik der Definition relevanter Kosten am Beispiel Eisenbahn siehe: Anderson, P.: Understanding the costs of commercial railways, in: Infrastructure Notes of the World Bank Transportation, Water and Urban Development Dept., No. RW-10, Washington D.C., Februry 1995.

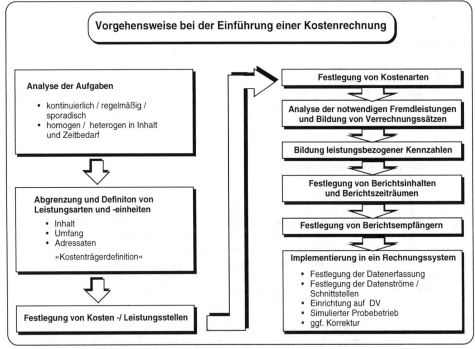

Abb. 5.11: Vorgehensweise bei der Einführung einer Kostenrechnung

und Bilanz, einer Kostenrechnung, betriebswirtschaftlicher Statistiken und Vergleichsrechnungen sowie der Planungsrechnung. Damit wird Transparenz über die betrieblichen Prozesse geschaffen.

Auf der Basis des betrieblichen Rechnungswesens werden Controllingsysteme für alle Belange der Managementunterstützung benötigt. Controllingsysteme dienen vor allem der Sicherung der Koordinierungsfähigkeit der Unternehmen sowie der Erhöhung der Flexibilität. In Zeiten zunehmender Wettbewerbsintensität und schneller Veränderungen der Markt- und Umweltbedingungen spielen sie eine besondere Rolle für die Sicherung der wirtschaftlichen Überlebensfähigkeit der Unternehmen. Controlling ist ein das Management unterstützendes Subsystem, das für die zielorientierte Steuerung ein Planungs- und Kontrollsystem sowie ein Informationssystem definiert und organisatorisch durchsetzt sowie für die Durchführung entsprechende Instrumente bereithält.[1] Das Controllingsystem stellt also mit hinreichendem Genauigkeits- und Verdichtungsgrad dem Führungssystem die für die Wahrnehmung und Optimierung seiner Aufgaben benötigten Informationen zur Verfügung. Mithin ist eine Einnahmen- und Ausgabenrechnung, dem Jahresbudget gegenübergestellt, nicht ausreichend. Vielmehr sind Daten zu erheben, die eine Steuerung des Unternehmens erlauben. In Abbildung 5.11 sind die einzelnen Schritte der Einführung eines Kostenrechnungssystemes als Grundlage für ein funktionsfähiges Controlling dargestellt.

Controlling als Führungskonzept

Aufgabe des Controlling in Verbindung mit der Einführung von Profit-Centern ist es, eine Bewußtseinsänderung herbeizuführen: Vom „Alles ist verfügbar und nahezu kostenlos" zum „Keine Leistung ohne ausdrückliche Bestellung, keine Leistung ohne Bezahlung". Das System sollte die folgenden Komponenten enthalten:[2]

Komponenten des Controlling-Systems

• Kosten- und Leistungsrechnung mit interner Leistungsverrechnung,

• Berichts- und Kennzahlensystem,

• Strategisches Controlling (insbesondere Marktdaten),

• Personalcontrolling,

• Finanz- und Investitionscontrolling.

Eine wichtige Voraussetzung für ein leistungsfähiges Controlling ist die kontinuierliche Fortbildung und Schulung des mit Controlling betrauten Personals.

---

[1]   Vgl. Biethan, Jörg; Huch, Burkhard (Hrsg.): Informationssysteme für das Controlling, Berlin - Heidelberg 1994, S. 4.

[2]   Siehe hierzu auch: Albus, Michael: Management Information Systems in Technical Co-operation, Deutsche Gesellschaft für Technische Zusammenarbeit (GTZ) GmbH, OE 423, Eschborn 1996, S. 14 ff.

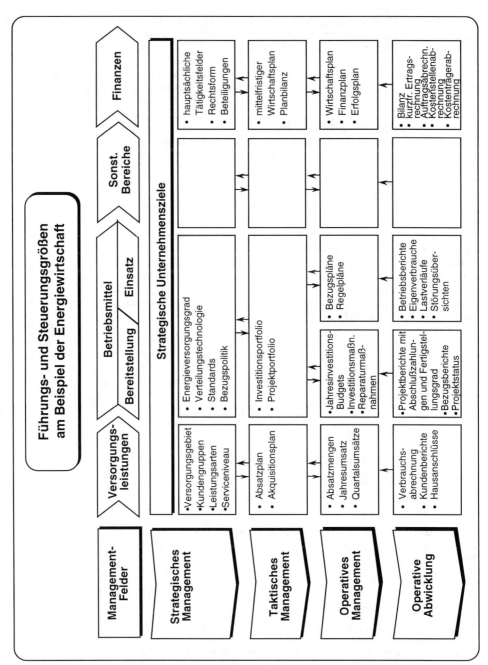

Abb. 5.12: Führungs- und Steuerungsgrößen am Beispiel der Energiewirtschaft

Damit über Controlling die zielorientierte Steuerung des Unternehmens möglich wird, bedarf es der zuverlässigen und regelmäßigen Bereitstellung der entsprechenden Informationen an die Entscheidungsträger im Unternehmen. Dabei ist der Informationsbedarf unterschiedlich. So bereitet die Bewag (Berliner Kraft- und Licht-AG) ihre Daten zu internen Zwecken in drei Formen auf:[1]

Berichtswesen

- *Monatsberichte*

  Sie enthalten Informationen wie bspw. spezifische und absolute Erzeugungskosten, den Strom- und Wärmeabsatz, die Beschaffung, eine Budgetübersicht für den Vorstand sowie Angaben über die aktuellen Außenstände.

- *Quartalsberichte*

  Hier werden neben den Quartalsergebnissen insbesondere eine Investitionsübersicht gegeben sowie Budgetabweichungen dargestellt.

---

[1]   Vgl. Cramer, H-J-: BEWAG 2000, Die tiefgreifende Umstrukturierung eines Energieversorgungsunternehmens, in: Konferenzdokumentation: Lean Management in der Versorgungswirtschaft, Bonn, Juni 1995.

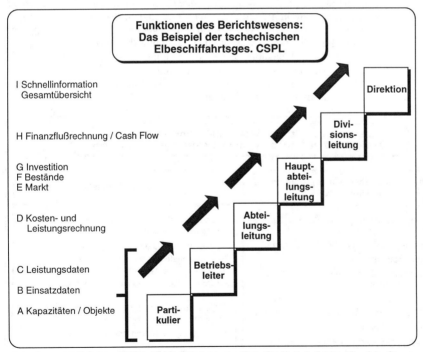

Abb. 5.13: Funktionen des Berichtswesens: Das Beispiel der tschechischen Elbeschiffahrtsgesellschaft CSPL

Desweiteren werden verschiedene Kennzahlen (Spezifische Kosten, Identifikation von Kostentreibern, spezifische Investitionen und aktuelle Personalentwicklungen) dargestellt.

• *Jahresergänzungen*

Hier werden, über die üblichen, nach außen gerichteten Informationen wie Jahresabschluß etc. hinaus Angaben über Auslastungen sowie Kapitaleinsatz gemacht.

Hierbei gilt grundsätzlich, daß Langfrist-Informationen wie bspw. Investitionen und daraus erzielbare Ergebnisse den langfristigen Berichten zugeordnet werden müssen.

Struktur des Berichtssystems

Es empfiehlt sich ein pyramidenförmiges Berichtssystem, das je nach Hierarchiestufe unterschiedlich detaillierte bzw. aggregierte Managementinformationen liefert. Abbildung 5.13 zeigt die Struktur des von KDS bei der tschechischen Binnenschiffahrtgesellschaft CSPL (Tschechische Elbe-Schiffahrts-AG, Decin) eingeführte Berichtswesen.

Liquiditätsplanung und Kostensenkung

Für viele Unternehmen in MOE und GUS ist die Sicherung einer ausreichenden Liquidität das zentrale Thema der kurzfristigen Überlebenssicherung. Liquiditätsplanung und -steuerung kommt damit entsprechende Bedeutung zu. In diesem Zusammenhang sind auch kurzfristige Maßnahmen zur Kostensenkung zu sehen. Sie tragen zu einer Verbesserung der Liquiditätssituation sowie zu einer Erhöhung der Wirtschaftlichkeit bei. Strategische Maßnahmen zur Kostensenkung greifen dagegen erst mittel- bis langfristig. Das Finanz- und Rechnungswesen muß für die Liquiditätsplanung wie für das Aufdecken von Kostensenkungspotentialen die notwendigen Informationen bereitstellen.

Kurzfristige und strategische Maßnahmen zur Senkung der Kosten von Transport- und Versorgungsunternehmen	
Kurzfristige Kostensenkungsprogramme im Status quo	**Strategische Maßnahmen**
Verzicht und Reduzierung von Aufgaben/ Leistungen	Abbau hierarchischer Ebenen in der Organisationsstruktur
Zusammenlegung von Aufgaben/Leistungen	Neustrukturierung der Prozesse
Abbau von Doppelarbeiten	Fertigungstiefe reduzieren, dadurch Wertschöpfung optimieren
Rationalisierung in der Leistungserstellung mit und ohne Investitionen	Breite und Tiefe des Leistungsangebots reduzieren
Neuorganisation von Abläufen und Schnittstellen	Effizienz und Qualität der Leistungserstellung erhöhen
Eliminierung von verzichtbaren Verlustbereichen	Überprüfung der Standorte, ggfs. Konzentration
Übertragung von Leistungen auf Externe	
Reduzierung der Einkaufspreise und Bestände	

Abb. 5.14: Kurzfristige und strategische Maßnahmen zur Kostensenkung

5.2.6 Materialwirtschaft und Logistik

Materialwirtschaft und Logistik stellen das Versorgungssystem eines Unternehmens mit den Teilfunktionen Einkauf, Lager sowie betriebsinternem und -externem Transport dar. Diese Funktion hat sicherzustellen, daß die Bereitstellung, die Lagerung und der Transport von Material und Gütern sowie die Erbringung von Dienstleistungen in der benötigten Menge und Qualität zum vorgegebenen Termin, am Bedarfsort und zu den günstigsten Kosten durchgeführt werden kann.

Aufgaben von Materialwirtschaft und Logistik

Die Vorgabe möglichst niedriger Kapitalbindung wird erschwert durch die vom System der Mangelwirtschaft geprägte Situation in MOE und GUS: Da die ständige Versorgung mit Rohstoffen wie bspw. Kohle für die Verstromung oder mit Ersatzteilen für Maschinen und Anlagen nicht hinreichend gewährleistet war, stellte das übermäßige Ansammeln von Vorräten eine traditionell notwendige Vorsichtsmaßnahme dar. Die Lagerhaltung ist deshalb oftmals überdimensioniert und in den Köpfen der Mitarbeiter herrscht ein Vorratsdenken vor. Die übermäßige Kapitalbindung und die negative Auswirkung auf die Liquidität wird dagegen kaum berücksichtigt. Durch eine Verringerung der Vorratshaltung auf das betrieblich Notwendige kann die Liquiditätslage des Unternehmens verbessert werden.

Probleme der Versorgungs- und Transportwirtschaft in MOE und GUS

Als Grundlage für Restrukturierungen im Bereich der Materialwirtschaft sind daher die Lager- und Materiallisten (Inventurverzeichnisse und -entwicklungen, Ein- und Ausgangsverzeichnisse) zu erstellen und der Materialverbrauch auf folgende Kriterien hin zu untersuchen:

Auswertung des Materialbestandes

• *Zeitliche Verbrauchstruktur*

Werden Materialien in konstanter Menge pro Zeiteinheit verbraucht, liegen konjunkturelle Schwankungen vor oder existiert kein regelmäßiges Verbrauchsmuster? Eine ausgedehnte Vorratshaltung ist nur im Falle unvorhersehbaren Verbrauchs erforderlich. Allerdings ist auch hier zu überprüfen, ob bspw. im ÖPNV aus Sicherheitsgründen eine Vielzahl von Bussen oder Straßenbahnen stets auf Lager gehalten werden müssen oder ob der Bestand nicht auf ein Minimum reduziert werden kann. Die Umschlagshäufigkeit im Lager kann bei einer stabilen Verbrauchsstruktur maximiert werden.

• *Art-Mengen-Wert-Verhältnis (ABC-Analyse)*

Eine standardmäßige Materialbewertung wird im Rahmen einer ABC-Analyse vorgenommen: Der Anteil bestimmter Materialien an der Gesamt*menge* des bewirtschafteten Materials wird in Verhältnis gesetzt zum prozentualen Verbrauchs*wert* am Gesamtwert. Es werden drei Klassen gebildet (A, B, C), wobei in der Regel ein wertmäßig großer Warenanteil auf nur einen geringen Mengenanteil entfällt (A-Materialien) bzw. umgekehrt, d.h. ein relativ großer Mengenanteil von Materialien entfällt auf Güter, die nur einen geringen Wertanteil aufweisen (C-Materialien). In der Folge ist der Einsatz von präzisen und entsprechend aufwendigen Verfahren zur Planung und Kontrolle von Bereitstellungsprozessen am ehesten bei Materialien der A-Klasse erforderlich. In der folgenden Darstellung werden typische Mengen-Wert-Verhältnisse einer ABC-Analyse in der Versorgungs- und Transportwirtschaft aufgezeigt.

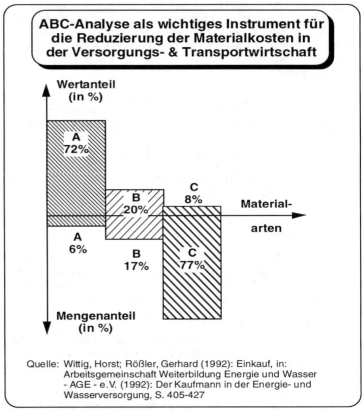

Abb. 5.15: *ABC-Analyse als Instrument zur Reduzierung der Materialkosten*

Maßnahmen

Die ABC-Analyse zeigt für A-Artikel (teilweise auch B-Güter) eine hohe Kapitalbindung. Daher sollten bei der Beschaffung möglichst exakt bedarfsgerechte Mengen, kurze Lieferzeiten, gut verhandelte Preise und präzise Terminverfolgung angestrebt werden. Es bietet sich oftmals der Abschluß von Rahmenverträgen mit kurzfristigen Abrufmöglichkeiten oder der Errichtung von Konsignationslägern an. Bei C-Artikeln sollte jeweils der Bedarf größerer Zeiträume in Bestellungen zusammengefaßt werden. Bestelltermine können automatisiert über DV-gesteuerte Lagersysteme generiert werden. Preise sollten über einen längeren Zeitraum mit den Lieferanten ausgehandelt und das Bestell- und Rechnungslegungsverfahren administrativ vereinfacht werden. Schließlich sollte die Anzahl der Artikel auf ein Minimum reduziert und nicht erforderliche Materialien veräußert werden.

5.2.7   Qualitätsmanagement

Je stärker ein Unternehmen sich an den Nachfragerwünschen orientiert, desto klarer kann es seine Produktpalette bestimmen und mittelfristig auch seine Gewinne maximieren bzw. Verluste minimieren. Dies bedingt häufig die Etablierung von unternehmensinternen Qualitätsstandards und die Überprüfung durch unabhängige Stellen.[1] Zwar ist eine Zertifizierung bspw. gem. ISO 9000 ff. nicht unbedingt notwendig, jedoch sollte schon kurzfristig mit der Einführung von Qualitätssteigerungsmaßnahmen begonnen werden. Dazu zählen insbesondere:

Qualitätssicherungs- maßnahmen

- die schriftliche Festlegung von Qualitätszielen,

- Übertragung von Verantwortung auf die Mitarbeiter,

- Ständige Qualitätskontrolle und

- kontinuierliche Feststellung des Zielerreichungsgrades (Bonus-/Malus-Regelungen).

Die Qualität der erbrachten Leistung kann durch externe technische Experten beurteilt werden. Ein anderer Weg ist die Beurteilung der Qualität durch Kundenbefragungen.[2] Damit kann auch öffentlichkeitswirksam auf eine Änderung der Unternehmenspolitik hingewiesen werden. Den Kunden wird durch Befragungen - wie im Beispiel der Schwedische Eisenbahn auf der folgenden Seite - das Gefühl vermittelt „Es tut sich etwas" und „Deine Meinung ist uns wichtig". Damit wird ein wichtiger Beitrag zur Kundenbindung geleistet.

Den Kunden zur Qualität befragen

Mit der Einführung eines neuen Kundenbarometers hat der Münchner Verkehrs- und Tarifverbund (MVV) ein wichtiges Instrument zur Beurteilung und Verbesserung der Kundenzufriedenheit geschaffen. Ziel des Barometers ist eine möglichst repräsentative Bewertung der Kundenzufriedenheit. Dazu wurde ein Fragebogen mit insgesamt 34 ausgewählten Serviceleistungen entwickelt. Die Kriterien reichten von der Pünktlichkeit der Verkehrsmittel, der Personalauswahl, dem Platzangebot bis hin zur Struktur des Tarifsystems und des dazugehörigen Preis-Leistungsverhältnisses. Die MVV erhoffen sich dadurch, ihr Dienstleistungsangebot gezielter, kostensparender und damit effizienter und kundenorienter gestalten zu können.[3]

Erfassung der Kunden- zufriedenheit

---

[1]   Siehe hierzu auch Kap. 4.

[2]   Beispielsweise sind laut empirischen Untersuchungen in Deutschland zu Beginn 1997 letztlich nur etwas über die Hälfte der Kunden vorbehaltlos zufrieden mit dem ÖPNV-Angebot in ihrer Region. Das Potential für Verbesserungen ist damit beträchtlich. Vgl. Bogner, Wolfgang; Plotheger, Michael: Qualitätsbewußtsein der Kunden wächst, in: FAZ, Sonderbeilage Öffentlicher Personennahverkehr, 2.6.1997, S. B5.

[3]   Vgl. Krietemeyer, H.t: Lieber Infos als billige Tickets!, in FAZ, Sonderbeilage Öffentlicher Nahverkehr, 2.6.1997, S. B10.

**Überwachung der Leistungsziele: Kundenbefragungen
im schwedischen ÖPNV-Zugverkehr**

Die Qualität der im Rahmen von Ausschreibungen vergebenen Zugstreckenbedienung wird in Schweden insbesondere durch die Kriterien Pünktlichkeit, Information und Reinlichkeit abgefragt. Die Einhaltung sämtlicher Kriterien wird entsprechend registriert. Liegen die Werte ober- oder unterhalb dieser Zielwerte, wird ein Bonus gezahlt bzw. es ist ein Bußgeld pro Zug zu zahlen. Wird ein Bonus gezahlt, wird ein Teil des Geldes unter die Mitarbeiter verteilt, die in diesen Verkehr mit einbezogen waren. Eine Verrechnung der Bonuszahlungen mit Bußgeldern ist nicht möglich.[1]

Um auch die subjektiv empfundene Qualität der Fahrleistungen durch die Kunden zu erfassen, werden über diese meßbaren Ergebnisse hinaus zweimal jährlich Meinungsumfragen

durchgeführt. Die Fahrgäste werden zu insgesamt 17 Punkten befragt, die sich beziehen auf:

- *die wahrgenommene Pünktlichkeit,*
- *das Verhalten des Fahrers gegenüber dem Fahrgast,*
- *Informationen, Lautsprecherdurchsagen und Haltestelleninformationstafeln,*
- *Zustand der Fahrzeuge - innere und äußere Reinigung sowie Belüftung.*

Ist z.B. die Meinung der Kunden über ein bestimmtes Kriterium besser als in den Zielen gefordert, wird ebenfalls ein Bonus gezahlt, im umgekehrten Fall wird ein Bußgeld verhängt.

---

[1] *Vgl. Hylen, Bertil: Konzessionierte Eisenbahnverkehre in Schweden, in: Public Transport International 1997, H. 1, S.74-78.*

---

*Qualitätssicherungs-
maßnahmen*

Im Anschluß an die Identifizierung von möglichen Problemen sind Maßnahmen zur Qualitätssteigerung und dauerhaften -sicherung zu ergreifen. Hierbei sind folgende Grundsätze zu berücksichtigen:

- Der Kunde als zentrales Element: Kundenorientierte Ausrichtung aller Mitarbeiter und Unternehmensbereiche,

- Verantwortung der Führungskräfte: Etablierung des Qualitätsbewußtseins im Unternehmen durch Top-Management,

- Jeder ist für die Qualität seiner Arbeit verantwortlich: Qualitätssicherung ist nicht nur Aufgabe von Qualitätsbeauftragten, sondern aller Mitarbeiter,

- Ständiges Lernen und kontinuierliche Verbesserung: Qualitätsmanagement muß als Lernprozeß verstanden und gelebt werden,

- Prozeßorientierung: Aufgabe des traditionellen Bereichsdenkens zugunsten einer prozeßorientierten Zusammenarbeit aller Arbeitsbereiche,

- Prävention: Abbau der reinen Endkontrolle bei der Erbringung von Leistungen zugunsten einer prozeßsteuernden und -begleitenden Überwachung. Ziel ist es, Fehler gar nicht erst entstehen zu lassen.

Interdepenzenden

In der folgenden Übersicht ist das Vorgehen bei Qualitätsmanagementmaßnahmen typisiert dargestellt. Diese Maßnahmen zeigen die enge Verflechtung des Qualitätsmanagements mit sämtlichen anderen Funktionen des Unternehmens auf, so insbesondere mit den Bereichen Marketing, Management und Personalwesen.

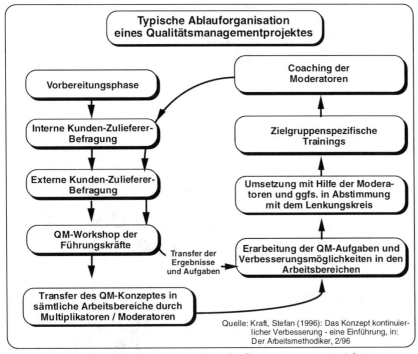

Abb. 5.16: Typische Ablauforganisation eines Qualitätsmanagementprojektes

5.2.8 Management und Human Resources

Bei der Kommerzialisierung von Transport- und Versorgungsunternehmen in MOE und GUS sind im Personalwesen die folgenden Hauptaufgaben zu bearbeiten: *Hauptaufgaben*

• Quantitative und qualitative Personalbemessung (incl. Management)

• Personalentwicklung

• Entwicklung von Anreizsystemen

• ggfs. sozialverträgliche Freisetzung von Mitarbeitern

• Personalüberführung bei neuen unternehmensrechtlichen Formen.

Meist sind Versorgungs- und Transportunternehmen personell überbesetzt. Der aktuelle und erwartete zukünftige Personalbedarf muß quantifiziert und mit den derzeitigen Ist-Zahlen verglichen werden. Auch auf der Führungsebene muß der tatsächliche Bedarf ermittelt werden. Qualitative Aspekte sollten über Beurteilungen (Assessments) ermittelt werden.   *Personalbemessung*

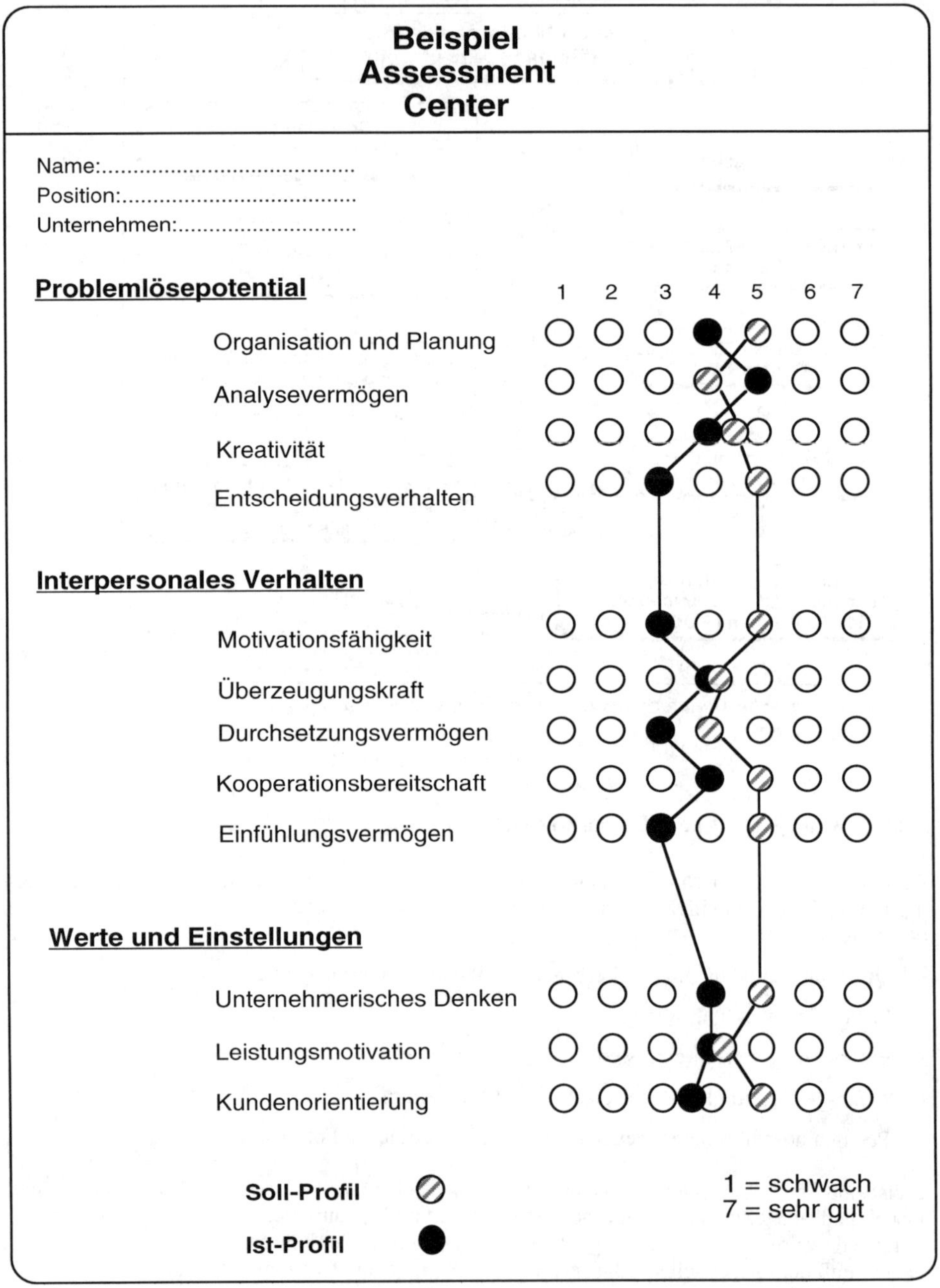

Beispiel
Assessment
Center

Name:..

Position:......................................

Unternehmen:............................

Problemlösepotential

	1	2	3	4	5	6	7
Organisation und Planung							
Analysevermögen							
Kreativität							
Entscheidungsverhalten							

Interpersonales Verhalten

Motivationsfähigkeit

Überzeugungskraft

Durchsetzungsvermögen

Kooperationsbereitschaft

Einfühlungsvermögen

Werte und Einstellungen

Unternehmerisches Denken

Leistungsmotivation

Kundenorientierung

Soll-Profil ⊘

Ist-Profil ●

1 = schwach
7 = sehr gut

Abb. 5.17: Beispiel für ein Assessment Center

Bei wachsender Verantwortung und Entscheidungskompetenz des Managements wie auch der einzelnen Mitarbeiter ist der wirtschaftliche Erfolg von Unternehmen entscheidend abhängig von der Qualifikation und Motivation der Mitarbeiter. Dies gilt umso mehr bei schwierigen Umfeldbedingungen, wie es für Versorgungs- und Transportunternehmen in MOE und GUS der Fall ist. Zielgerichtete Personalentwicklung soll die Mitarbeiter befähigen, erfolgreich in einem dynamischen technischen, wirtschaftlichen und gesellschaftlichen Umfeld zu agieren.[1] Aufgaben der Personalentwicklung sind damit in erster Linie:

*Personal-
entwicklung*

- Anpassung der Kenntnisse aller Mitarbeiterinnen und Mitarbeiter an die aktuellen und zukünftigen Anforderungen ihres Aufgabengebietes

- Sicherung des Fach- und Führungskräftebedarfs

- Förderung der Motivation aller Führungskräfte sowie der Mitarbeiter.

Punktuelle Qualifizierungsmaßnahmen reichen in der Regel nicht aus, damit die Mitarbeiter den neuen und gestiegenen Anforderungen gerecht werden können. Das Anforderungsprofil der jeweiligen Stelle ist in einem ersten Schritt mit den tatsächlichen Qualifikationen des Stelleninhabers zu vergleichen. Aus den festgestellten Defiziten ergibt sich der Qualifizierungs-

*Systematisches
Vorgehen*

---

[1]   Vgl. hierzu etwa Balzereit, B.: Neuorientierung des Führungsprofils in EVU, in: Energiewirtschaftliche Tagesfragen, 46. Jg. (1996), H. 3, S. 134-143.

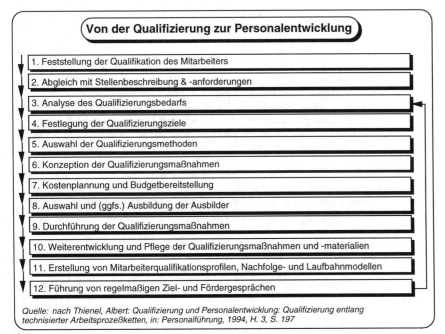

Abb. 5.18: Von der Qualifizierung zur Personalentwicklung

bedarf, der dann über entsprechende Schulungsmaßnahmen gedeckt werden sollte. Weitere wichtige Elemente der Personalentwicklung sind regelmäßige Ziel- und Fördergespräche sowie das Aufzeigen von Entwicklungsmöglichkeiten (Karriere) der Mitarbeiter.

Qualifizierungs-
programme

Bei Personalentwicklungsmaßnahmen sind neben der Förderung von Führungsverhalten (Übernahme Entscheidungskompetenzen und Verantwortung, Kommunikation, Team-orientierte Ansätze, etc.) betriebswirtschaftliche, technische und sektorspezifische Themen zu bearbeiten:

- *Betriebswirtschaft*

  Sämtliche Funktionalbereiche, insbesondere Marketing und Vertrieb, Finanzplanung, Rechnungswesen / Controlling, Kundenorientierung und Qualtitätsmanagement, Personalmanagement u.a.

- *Leistungserstellung und Anwendung neuer Technologien*

  Produktionsplanung und -steuerung, Verkehrsflußoptimierung, Kraft-Wärme-Kopplung etc.

- *Sektorspezifische Aspekte*

  Bspw. Verkehrsleitsysteme, Luftverkehrskontrolle, Emissionsrichtlinien für Kraftwerke u.a.

Wer sollte
teilnehmen?

Von besonderer Bedeutung ist, daß Qualifizierungsmaßnahmen Hand in Hand gehen müssen mit der Restrukturierung bzw. Kommerzialisierung. Prinzipiell sollten Weiterbildungsaktivitäten die gesamte Belegschaft umfassen. Zunächst ist jedoch das Top Management zu berücksichtigen. Hierdurch soll das Unternehmen für die anstehenden Aufgaben sensibilisiert und ‚trickle-down-Effekte' erzielt werden. Wenn auf der obersten Managementebene jedoch keine Effekte erzielt werden, versickern Entwicklungsmaßnahmen auf der zweiten und dritten Ebene in der Regel.[1] Allerdings dürfte es nicht immer leicht sein, Manager zu überzeugen, ihre Zeit in Weiterbildungsaktivitäten zu investieren. Zudem haben die Manager, die die meiste Zeit erübrigen können, nicht immer unbedingt die maßgeblichen und einflußreichsten Positionen inne.

Entwicklung von
Anreizsystemen

Über Anreizstrukturen können Führungskräfte und Mitarbeiter entsprechend den Unternehmenszielen gesteuert und motiviert werden. Die Gewährung von größeren Entscheidungsspielräumen und ergebnisorientierte Bonuszahlungen[2] haben sich dabei als erfolgreich erwiesen. Ein wichtiger Anreiz

---

[1]   Vgl. hierzu bspw.: Solcova, I., Ministry of Transport of the Czech Republic: An assessment of training needs in the Czech transport sector, in: 21st Summer Annual Meeting, Proceedings of Seminar G of the PTRC on European Transport, Highways and Planning, University of Manchester Institute of Science and Technology, Manchester 1993.

[2]   Weit verbreitet ist heute die sog. 80:20-Regelung: 80% des Gehalts ist fix, 20% wird in Abhängigkeit vom Erreichen bestimmter Ziele gezahlt.

ist zudem die Übertragung von Anteilsscheinen (Aktien) oder Optionen an Führungskräfte und Mitarbeiter. Für die Ausgestaltung von Zielsystemen sollten folgende Regeln beachtet werden:[1]

• Das Zielsystem sollte als Element des Führungssytems konzipiert werden und nicht primär als Instrument der Entgeltfindung.

• Es ist die Akzeptanz der Betroffenen sicherzustellen und nicht gegen sie zu entwickeln.

• Das Zielsystem ist in das gesamte Anreizsystem zu integrieren und nicht als ein zusätzliches, isoliertes Vergütungssegment zu betrachten.

• Das Zielsystem ist unternehmensspezifisch zu konzipieren und sollte nicht einfach von anderen Unternehmen kopiert werden.

In Südkorea werden Leistungsvereinbarungen mit den Managern geschlossen, die ihnen bei Erreichen bestimmter Zielwerte finanzielle Gratifikationen einbringen. Leistungsindikatoren sind z.B. Rentabilität und Produktivität - basierend auf internationalen Erfahrungen - sowie Reichweite des Angebots oder mengenmäßiger Ausstoß. Qualitative Indikatoren sind bspw. Unternehmensstrategie, Forschung und Entwicklung, interne Kontrollsysteme etc. Zudem werden sie in Presseveröffentlichungen erwähnt, was

Leistungs-
vereinbarungen für
südkoreanische
Manager

---

[1]   Vgl. Evers, H.; Hören, M. v.: Bonussysteme als Umsetzungshebel zielorientierter Unternehmensführung, in: Personal, Heft 9/1996.

Abb. 5.19: Leistungseinschätzung und Leistungserstellung

einen erheblichen Prestigegewinn bedeutet. Als Folge verbesserte sich innerhalb von drei Jahren die Managementleistung in mindestens 60% der Betriebe beträchtlich. Im Fall der Energie- und Telekommunikationsindustrie stieg die Kapitalrentabilität öffentlicher Unternehmen von unter 3% in 1984 auf über 10% Ende der 80er Jahre.[1]

Personal-
überleitung

Eine Kommerzialisierung öffentlicher Unternehmen geht in der Regel einher mit einer Umwandlung der Rechtsform. Dies kann - in Abhängigkeit von der rechtlichen Situation im jeweiligen Land - personalpolitische Probleme aufwerfen. Insbesondere ist der rechtliche Status der beamteten Mitarbeiter fraglich: Sind sie weiterhin (Staats-) Beamte oder werden sie in den Status des privaten Angestellten überführt? Häufig geht mit dem Verlust des Beamtenstatus ein Verlust bestimmter Privilegien wie Pensionsansprüche, Unkündbarkeit etc. einher. Die besonderen beamtenrechtlichen Regelungen in Deutschland legen zwei grundsätzliche Lösungsansätze nahe, die in der Praxisbox auf der folgenden Seite am Beispiel der deutschen Flugsicherung und der Deutschen Bundesbahn dargestellt sind.

Sozialverträgliche
Maßnahmen des
Personalabbaus

Bei dem oftmals erforderlichen Personalabbau sollte auf zügige Lösungen gedrängt werden, damit die Unsicherheit unter der verbleibenden Belegschaft reduziert wird. Auf der anderen Seite sollte der Personalabbau möglichst sozialverträglich gestaltet werden.

Auffang- oder
Beschäftigungs-
gesellschaften

Eine Möglichkeit des Personalabbaus besteht in der Überführung der freizusetzenden Mitarbeiter in Auffang- oder Beschäftigungsgesellschaften. Der Zweck dieser Gesellschaften besteht darin, die im eigentlichen Unternehmen nicht mehr benötigten Mitarbeiter rechtlich weiterhin in einem Beschäftigungsverhältnis zu halten. Für die (ehemaligen) Mitarbeiter liegt der Vorteil darin, daß in der Regel ein hoher Prozentsatz des ursprünglichen Gehaltes weitergezahlt wird. Bei den Auffang- oder Beschäftigungsgesellschaften kann es sich um ausgegliederte Teile des alten Unternehmens handeln oder um Neugründungen. Zu den Aufgaben solcher Gesellschaften gehören meist Umschulungen und Ausbildung, manchmal aber auch die Produktion bestimmter Güter oder Leistungen. Allerdings ist in der Regel fraglich, ob diese Gesellschaften über die Ausstattung und das Know-how verfügen, um ihren Aufgaben qualifiziert gerecht werden zu können.[2]

Vor- und Nachteile von Beschäftigungs- und Auffanggesellschaften	
Vorteile	**Nachteile**
• Sozialverträglicher Abbau von nicht tatsächlich beschäftigten Mitarbeitern • Entlastung der ursprünglichen Gesellschaften von Personalausgaben • Evtl. Möglichkeiten der Weiterbildung der Mitarbeiter in den Gesellschaften	• Halten von Arbeitnehmern in rein auf Beschäftigungsziele orientierte Gesellschaften • In der Regel keine produktive Tätigkeit der Arbeitnehmer • Nur in Abhängigkeit von der konkreten Gesetzeslage insgesamt u.U. finanziell günstigere Alternative zur Entlassung von Mitarbeitern

Abb. 5.20: Vor- und Nachteile von Beschäftigungs- und Auffanggesellschaften

---

[1] *Vgl. Weltentw.bericht 1994, S. 55.*

[2] *Vgl. Klanberg, F.; Prinz, A.: Arbeitsmarktpolitik in den neuen Bundesländern: Mehr Irrwege als Auswege, in: Wirtschaftsdienst 1991/VIII.*

Um ihren zu hohen Personalbestand sozialverträglich abzubauen hat die Deutsche Bahn AG eine eigene Personalvermittlungsabteilung gegründet. Aufgabe dieser Einheit ist es zum einen, überzählige Mitarbeiter auf freie Arbeitsplätze im Bahngeschäft zu vermitteln und für sie neue Perspektiven zu entwickeln. Zum anderen werden sie vorübergehend mit Aufgaben beschäftigt, die nicht unmittelbar zum Bahngeschäft gehören, aber einen sinnvollen Beitrag zur Entwicklung der Bahn insgesamt leisten (unternehmensinterne Beschäftigungsgesellschaften). Aufgaben der Mitarbeiter umfassen bspw. Verbesserungs- und Verschönerungsarbeiten an Bahnhöfen, die Durchführung von Altlastensanierungen und Abbrucharbeiten sowie Reisenden-

Beispiel Deutsche Bahn AG

Personalüberleitung bei der Deutschen Flugsicherung und der Deutschen Bundesbahn

Die beiden staatlichen Gesellschaften Deutsche Bundesbahn und Flugsicherung wurden in die privatrechtlichen Formen der AG und der GmbH überführt.[1] Um den Personalbestand und mithin den Betrieb aufrechterhalten zu können, war eine Überleitung des verbeamteten Personals in die neuen Gesellschaften erforderlich.

Die denkbar einfachste Lösung wurde in der Flugsicherung gewählt: Die Beschäftigungsverhältnisse der Deutschen Flugsicherungs-GmbH wurden derart attraktiv ausgestaltet, daß die ca. 2.900 Beamten freiwillig aus dem Dienst ausschieden und Arbeitnehmer der neuen Gesellschaft wurden. Die für die Nachversicherung in der gesetzlichen Rentenversicherung aufzubringenden Summen waren vergleichsweise gering.[2]

Bei der Deutschen Bundesbahn hingegen gestaltete sich die Personalüberleitung erheblich schwieriger: Für den Zeitraum 1995 bis 1999 wurden erhöhte Personalkosten von ca. 58 Mrd. DM errechnet. Dies ist zum einen auf Lohnsteigerungen und zum anderen auf Personalkostenerstattungen für unkündbare übernommene Arbeitnehmer der DB AG zurückzuführen, die aus Rationalisierungsgründen nicht mehr beschäftigt werden können.[3] Diese Verbindlichkeiten wurden auf den Staat überwälzt. Die im Dienste des Bundes stehenden Beamten werden weiterhin als Bundesbeamte geführt, die ihre Arbeitsleistungen in den jeweiligen AGs erbringen. Der

beamtenrechtliche Dienstherr ist das Bundeseisenbahnvermögen BEV, der dienstliche Vorgesetzte ist die Deutsche Bahn AG.[4]

Mit beiden hier dargestellten Möglichkeiten wurde das Ziel erreicht, die Beschäftigten des öffentlichen Unternehmens von den Zwängen des öffentlichen Dienstes zu befreien. Dies stellt eine entscheidende Voraussetzung der Restrukturierung der beiden Unternehmen dar. Allerdings ist die Überleitung im Falle der DB AG zu einer unerwartet hohen Belastung für das Bundeseisenbahnvermögen und letztlich für den Staatshaushalt geworden.

[1]   *Die deutsche Flugsicherung sollte nur kommerzialisiert werden, da sie hoheitliche (luftpolizeiliche) Aufgaben wahrnimmt. Die Deutsche Bundesbahn hingegen soll im Anschluß an die Restrukturierung privatisiert werden.*

[2]   *Vgl. Blanke, T.; Sterzel, D.: Probleme der Personalüberleitung im Falle einer Privatisierung der Bundesverwaltung (Flugsicherung, Bahn und Post), in: Arbeit und Recht, September 1993, Jg. XLI, S. 265-275.*

[3]   *Vgl. Engels, G.; Müller, Ch.; Mauß, Y.: Ausgewählte arbeitsrechtliche Probleme der Privatisierung - aufgezeigt am Beispiel der Bahnstrukturreform, in: Arbeits-/Sozialrecht, H. 9, 1994, S. 473-479, Vgl. auch Aberle, G.; Brenner, A.: Bahnstrukturreform in Deutschland, in: Beiträge zur Wirtschafts- und Sozialpolitik, Institut der Deutschen Wirtschaft, Nr. 230, Köln 1996.*

[4]   *Vgl. Ronellenfitsch, M.: Privatisierung und Regulierung des Eisenbahnwesens, in: Die Öffentliche Verwaltung, Dezember 1996, H. 24, S. 1028-1037.*

zählungen. Sie bilden aber auch wettbewerbsfähige Einheiten, die sich auf eine spätere wirtschaftliche Eigenständigkeit vorbereiten. Innerhalb der DB AG bieten diese Abteilungen Leistungen zu marktgerechten Preisen an. Zum Jahreswechsel 95/96 waren etwa 5.000 Mitarbeiter in 118 Beschäftigungseinheiten beschäftigt.[1]

Abfindungszahlungen erleichtern Personalabbau

Um den in der Regel erforderlichen Personalabbau bei Versorgungs- und Transportunternehmen in MOE und GUS friktionsloser zu gestalten, sollte die Gewährung von Abfindungszahlungen erwogen werden. So hat beispielsweise die argentinische Eisenbahn 30.000 Mitarbeitern, die freiwillig in den Vorruhestand traten, eine Abfindungszahlung in Höhe von jeweils ca. zwei Jahreslöhnen gezahlt. Diese Maßnahme wurde durch die Weltbank finanziert und erhöhte in starkem Maße die Glaubwürdigkeit des Reformprozesses und minderte den Widerstand der Gewerkschaften. Hierdurch wurde zudem der Weg für weitere, nun staatlich finanzierte Beschäftigungsabbaurunden bereitet. Insgesamt traten in einem Zeitraum von zwei Jahren ca. 60.000 von 95.000 Mitarbeitern in den Ruhestand.[2]

5.2.9 Organisation und Informationstechnik

Vorgehen

Aufbauend auf dem Unternehmensleitbild ist die bestehende Aufbauorganisation an den neuen Anforderungen sowie Zielen auszurichten und umzustrukturieren. Es gilt, die Organisation derart zu gestalten, daß eine wirksame und produktive Aufgabenerfüllung mit einer hochgradigen Nutzung des Mitarbeiterpotentials ermöglicht wird.[3] Dies ist bei Transport- und Versorgungsunternehmen in MOE und GUS in der Regel nicht der Fall. Vielmehr sind diese Organisationen gekennzeichnet von starren und steilen Hierarchien, geringer Effizienz, mangelhafter Nutzung vorhandener Ressourcen, unzureichender Berücksichtigung von Marktinterdependenzen und wenig ausgeprägter Dispositionsfähigkeit. Entsprechend gering ist die Motivation der Mitarbeiter aufgrund nicht oder nur kaum existierender Anreiz- und Identifikationsmechanismen.

Neuausrichtung der Organisation

Bei der Reorganisation muß daher zunächst ein Umdenken in den Köpfen der Mitarbeiter veranlaßt werden: Weg von ‚Funktionen' und ‚hierarchischem Aufbau' , hin zu ‚Geschäftsprozessen' und ‚Abläufen'. Ziel ist

---

[1]   Personalbestand des Konzerns am 31.12.95 insgesamt: ca. 313.000 Mitarbeiter. Siehe: Deutsche Bahn: Personal- und Sozialbericht 1995, Berlin 1996, S. 11.

[2]   Siehe Weltentwicklungsbericht 1994, S. 52. Das Personalproblem der Argentina Railways war sehr groß: Ende der 80er Jahre erwirtschaftete die Argentina Railways ein jährliches Defizit von ca. 1% des BIP. Allein die Lohnsumme überstieg stets die Gesamteinnahmen der Gesellschaft.

[3]   Bei Maßnahmen zur organisatorischen Gestaltung ist zu unterscheiden zwischen Koordinationsinstrumenten (Entscheidungskompetenzen, Kommunikationsbeziehungen) und Motivationsinstrumenten (Anreiz- und Identifikationsmechanismen).

es, aufgabengerechte und flexiblere Strukturen mit Anreizen für die Mitarbeiter zu schaffen, die sich schnell an neue Entwicklungen anpassen können. Neben den bereits weiter oben dargestellten Kriterien sind die folgenden Aspekte bei der Reorganisation von Unternehmen beim Übergang von der Zentralverwaltungswirtschaft zur Marktwirtschaft zu berücksichtigen:[1]

- Die Organisation stellt die Leitlinie dar, an der sich die Personalpolitik orientieren muß. Aufbauorganisatorische Entscheidungen sollten nicht ausschließlich nach dem Kriterium „Erhalt von Arbeitsplätzen" getroffen werden.

- Die neuen Arbeitsinhalte sind zu definieren und umzusetzen. Betriebliche Einheiten sind nicht nur lediglich umzubenennen (‚Absatz‘ in ‚Marketing‘ oder ‚Hauptbuchhaltung‘ in ‚Controlling‘) und im Organigramm zu verschieben.

- Dezentralisieren soweit möglich. Ziel ist die Aufgabenerledigung am Ort des Geschehens und der Fachkompetenz.

- Schaffen von Prozeßhoheit in stark an Prozessen ausgerichteten Einheiten zur Reduktion von Schnittstellen.

- Verbesserung der Entscheidungsqualität und -geschwindigkeit durch direkten Informationszugang.

- Vermeidung von Doppelarbeit, Sicherstellen des Informationsflusses.

- Schaffen kostenmäßig klar gegliederter Einheiten. Einbringen von Marktdruck durch Weiterverrechnung von innerbetrieblichen Leistungen dieser Einheiten.

- Abflachen der Organisation durch Konzentration auf die Kernaufgaben und Erhöhung der Führungsspanne.

- Transparenz und Identifikation sowie Motivation der Mitarbeiter mittels durchschaubarer Entscheidungen.

- Stärkere Konzentration der Unternehmensleitung auf strategische, beratende und begleitende Arbeit.

Grundsätze der Organisation

Basierend auf diesen Grundsätzen der Gestaltung der Aufbau- und Ablauforganisation sind die folgenden Restrukturierungsmaßnahmen bei Versorgungs- und Transportunternehmen in MOE und NUS besonders wichtig:

- Dezentralisierung und Bildung von eigenverantwortlichen Einheiten,

- Outsourcing und Fremdbezug von Leistungen (Verringerung der Fertigungstiefe),

- Nutzen von Insourcingmöglichkeiten.

Wichtige Restrukturierungs- maßnahmen

---

[1]   Siehe hierzu u.a. Kretzschmar, K.: Gestaltung der Aufbauorganisation von Unternehmen beim Übergang von der Zentralverwaltungsgesellschaft in die Marktwirtschaft, in: ZfO 1/1992, S. 15-18. Jäger, G.: Organisationsentwicklung in der Versorgungswirtschaft am Beispiel der RWE Energie AG, in: Seminarunterlagen Theorie und Praxis des Lean Managements in der Versorgungswirtschaft. Bonn, 1995.

*Dezentrale
Organisation
durch Bildung von
Profit-Centern*

Dezentralisierung in der Organisation kann durch die Einführung von Profit-Centern im Unternehmen erzielt werden. Insbesondere bei integrierten Unternehmen, bspw. Stadtwerken oder integrierten regionalen Monopolisten einer Sparte, empfiehlt sich die Unterteilung in zumindest abrechnungstechnisch getrennte Einheiten wie bspw. die Bereiche Strom, Wasser und ÖPNV.[1] Diesen Profit-Centern wiederum arbeiten Stabseinheiten zu (sog. funktionale Stab-Linien-Organisation). Stäbe sind Leitungsassistenzstellen: Sie beraten und unterstützen andere Einheiten bei ihrer Funktion, haben jedoch selbst keine originären Entscheidungs- und Weisungsbefugnisse gegenüber den Linienstellen. Generalisierte Stabstellen sind bspw. die Bereiche Direktionsassistenz, spezialisierte Stabstellen dahingegen die Bereiche Recht und Arbeitssicherheit. Daneben erbringen eigenständige Service-Center für sämtliche Geschäftsbereiche oder Profit-Center Leistungen, so z.B. bei Energieversorgungsunternehmen die Zählerinstandsetzung, der Gasgerätewartedienst oder Bauabteilungen.[2]

*Praktische
Ausgestaltung*

Je nach Unternehmen werden Begriffe unterschiedlich belegt und Funktionen unterschiedlich aufgeteilt. Hier kann und soll selbstverständlich keine allgemeine, für alle Versorgungs- und Transportunternehmen gültige Organisationsform dargestellt werden. Diese hängt ab von den Länder- und Sektorspezifika, den erbrachten Leistungen, dem historischen Aufbau der Gesellschaft sowie den rechtlichen Rahmenbedingungen etc. Der deutsche Energieversorger RWE beispielsweise ist in die folgenden, dem Vorstand unterstellten, ergebnisverantwortlichen Ressorts unterteilt:

- Kraftwerke (Stromerzeugung),

- Verbund/Energiewirtschaft (v.a. Überregionale Stromübertragung) sowie

- Regionalversorgung (Lokale Netze und Vertrieb von Strom Gas, Wasser und Fernwärme)

Ein Zentralbereich nimmt sämtliche betriebswirtschaftlichen Aufgaben wahr.[3]

Als weiteres Beispiel ist in der folgenden Graphik der Organisationsplan des Nahverkehrsunternehmens Üstra in Hannover abgebildet.[4]

---

[1] Siehe hierzu auch den Exkurs zu den Stadtwerken Frankfurt a.d. Oder in Kap. 5.4, Das Stadtwerke-Modell.

[2] Siehe hierzu etwa Roithmeier, A.: Organisation und Information, in: Der Kaufmann in der Energie- und Wasserversorgung, 1992, S. 301-343.

[3] Vgl. Jäger, G.: Organisationsentwicklung in der Versorgungswirtschaft am Beispiel der RWE Energie AG, in: Seminarunterlagen Theorie und Praxis des Lean Managements in der Versorgungswirtschaft. Bonn, Juni 1995.

[4] Mit dem Begriff Service-Center werden typische administrative oder betriebswirtschaftliche Stellen belegt. Bei der Betrachtung der Profit-Center ist zu beachten, daß die Sparte Fahrweg und Anlagen eigentlich ein Cost-Center ist. Da die Verluste aus diesem Bereich jedoch kommunal abgedeckt werden, wurde hier ein eigenständiges Profit-Center eingerichtet.

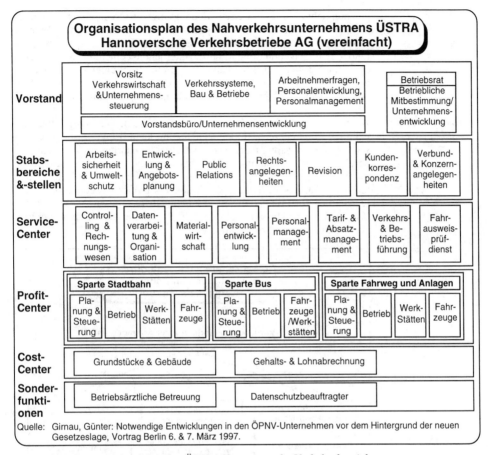

Abb. 5.21: Organisationsplan der ÜSTRA Hannoversche Verkehrsbetriebe

Die Unternehmensleitung hat eine steuernde Funktion. Führung bleibt notwendig, bekommt jedoch andere Aufgaben. Es ist weniger die Kontrolle der einzelnen Bereiche und Leitung bis in das Tagesgeschäft erforderlich sondern vielmehr die Entwicklung von Leitlinien für die Geschäftsentwicklung: Ziele sind zu setzen und neue Wege sind einzuschlagen. Dem einzelnen Profit-Center wächst Entscheidungskompetenz zu. Dies stellt höhere Anforderungen an die jeweiligen Führungskräfte und erfordert Lernen, Training und geistiges Umdenken in der gesamten Organisation.

*Kompetenz-
verteilung zwischen
Unternehmenslei-
tung und Profit-
Centern*

Sinn einer solchen Profit-Center-Organisationsform ist es, das Unternehmen nach marktwirtschaftlichen Kriterien auszurichten. Diese Struktur sollte mit einem ergebnisorientierten Controllingsystem hinterlegt werden. Der wichtige Vorteil ist, daß bislang als selbstverständlich empfundene Leistun-

*Bewertung von
Profit-Centern*

gen nunmehr hinterfragt werden. Zudem steigt die Orientierung des Unternehmens, bzw. der jeweiligen Einheit, am internen und externen Markt.[1] Allerdings drohen bislang existierende kollegiale Kontakte sowie übergreifender Teamgeist und Solidarität im Unternehmen einem neuen Bereichsegoismus zu weichen. Dies kann im Extremfall zu einer Unterdrückung von Informationen und einer Abschottung der Bereiche voneinander führen. Dies kann Nachteile für das Gesamtunternehmen schaffen.

Outsourcing und Fremdbezug von Leistungen

Auch im Falle des Verbleibs eines Unternehmens in staatlicher Hand oder bei einer Unternehmenskommerzialisierung kann der Privatsektor eingeschaltet werden, bspw. in Form von Outsourcing bestimmter Unternehmensbereiche. Hiermit kann und sollte, abgestuft von der Art dieser Bereiche, möglichst früh Gebrauch gemacht werden, um die positiven Seiten privaten Wirtschaftens zu nutzen. Von besonders großer Bedeutung kann das Outsourcen von (Teil-) Leistungen sein (auch genannt: Service Contract[2]). Wie die folgende Darstellung zeigt, ist hier ein unterschiedlich starker Einbezug Externer und Privater möglich.

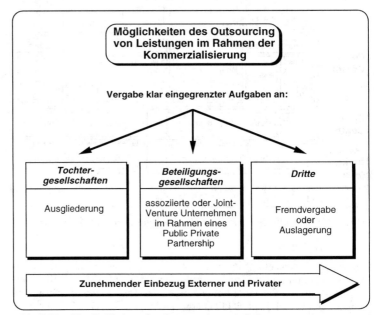

Abb. 5.22: Möglichkeiten des Outsourcing von Leistungen

---

[1]   Jäger, Gerhard: Organisationsentwicklung in der Versorgungswirtschaft am Beispiel der RWE Energie AG, in: Seminarunterlagen Theorie und Praxis des Lean Managements in der Versorgungswirtschaft. Bonn, Juni 1995.

[2]   Service Contract bezeichnet allgemein den Bezug von Leistungen von anderen Unternehmen, unabhängig von der Frage, ob es sich beim Anbieter dieser Leistung um einen ehemaligen Teil des Auftraggebers handelt.

Oftmals ist die Auslagerung von Leistungen an private Dritte kosteneffizienter als die unternehmensinterne Erbringung bei öffentlichen Unternehmen. Dritte können tatsächlich fremde Firmen sein oder aber auch ehemalige, nunmehr ausgelagerte und privatisierte Teile des auftraggebenden Unternehmens. So hat beispielsweise British Rail die British Rail Engineering-Gesellschaft (BREL Ltd.) privatisiert, die Fahrzeuge in Wettbewerb mit anderen Firmen herstellt und wartet.[1] Um zum einen eine derartige grundsätzliche make-or-buy-Entscheidung fällen zu können sowie zum anderen möglichst große dauerhafte Effizienzgewinne von Outsourcingmaßnahmen zu erzielen, sollten diese Service Contracts im Rahmen von wettbewerblichen Ausschreibungen vergeben werden.[2] Der öffentliche Dienstleister setzt bestimmte Zielkriterien für die externen Bewerber, wählt die Anbieter aus und überwacht die Einhaltung der Kriterien anschließend.

Möglichkeiten des Outsourcing

Ein großes Problem bei öffentlichen Versorgungsunternehmen in MOE und NUS ist der Einzug der Gebühren. Aus diesem Grunde hat beispielsweise die öffentliche Wasserversorgungsgesellschaft der Stadt Medan in Indonesien den Aufgabenbereich der Rechnungsversendung und des Gebühreneinzugs an eine private Gesellschaft im Rahmen eines Fünf-Jahres-Vertrages vergeben. Der private Vertragspartner erhält 0,75% der Gebühren, wenn er 70% der ausstehenden Rechnungsbeträge eintreibt. Dieser Satz kann bis auf 4% steigen, wenn er 100% der Rechnungen eintreibt. Aufgund dieser Anreize lag der durchschnittliche Erfolgsgrad des privaten Unternehmen bei ca. 95% zwischen 1988 und 1992.[3]

Beispiel: Outsourcen des Gebühreneinzugs

In Brasilien konnten infolge von Outsourcing die Kosten für Straßeninstandhaltung um 25% bei unveränderter Leistungsqualität verringert werden. Ein weiterer Nutzen solcher Verträge besteht darin, daß in öffentlicher Hand verbliebene Einrichtungen zu größerer Effizienz angehalten werden, wenn sie mit privaten Unternehmen konkurrieren müssen. Insbesondere die Auslagerung von Leistungen kann das Entstehen eines neuen Privatsektors fördern und auch zusätzlich Beschäftigungsmöglichkeiten schaffen. Längerfristige Wartungsverträge sollten abgeschlossen werden, wenn teure Ausrüstungsgüter durch den privaten Partner angeschafft werden müssen.

Chancen durch Outsourcing

Grundsätzlich geeignet zur Auslagerung sind Bereiche, die operative Unterstützungsfunktionen wahrnehmen. Im technischen Bereich sind dies klassischerweise Wartungs- und Instandhaltungseinheiten, im administrativen Bereich hingegen der Gebühreneinzug bei Straßen oder das Zähler-

Welche Bereiche sind geeignet?

---

[1]   Galenson, A.; Thompson, L. S.: Forms of Private Sector Participation in Railways, Infrastructure Notes of the Transportation, Water and Urban Development Dept. of the Worldbank, No. RW-5, Washington June 1993, S. 3.

[2]   Problematisch ist hier der Wettbewerb zwischen öffentlichen und privaten Anbietern, da die öffentlichen Unternehmen häufig nicht aussagefähige Kostenrechnungssysteme besitzen, ihre Preiskalkulation mithin u.U. nicht die tatsächlichen Kosten reflektieren.

[3]   Vgl. Development Administration Group, University of Birmingham: The Role of Government in Adjusting Economies, Paper 7, Urban Water Supply Sector Review, Birmingham, 1996, S. 15.

ablesung in der Stromwirtschaft. Europäische Fluggesellschaften lassen beispielsweise in Billiglohnländern wie Indien Buchführungsarbeiten durchführen. Aber auch im eigentlichen Kerngeschäft können Aufgaben an Dritte abgegeben werden. Der Kölner Verkehrsverbund hatte in 1995 über 30% der insgesamt erbrachten Wagenkilometer von angemieteten Busunternehmern erbringen lassen.[1] In der Regel weniger geeignet sind Bereiche mit strategischer Bedeutung für die Unternehmensentwicklung. Allerdings können auch diese Bereiche, zumindest teilweise, ausgelagert werden: In Chile bspw. läßt die öffentliche Wasserversorgungsgesellschaft in Santiago Teile der 25-Jahresplanung mit Hilfe von externen Beratern erarbeiten. Auch Feasibility-Studien für neue Projekte wurden zwischen 1990-1994 mit einem Beratungsvolumen von US$ 5 Mio. und US$ 100 Mio. Investitionen von Externen erstellt.[2] Im Rahmen der Kommerzialisierung des australischen Stromversorgers in Viktoria wurden ganze Unternehmensteile ausgelagert und verkauft. Dies beinhaltete zunächst Wartungsarbeiten in Kraftwerken und im Tagebau sowie die Veräußerung der Lkw-Flotte. Die größte Einzelmaßnahme war jedoch der Verkauf einer Mehrheitsbeteiligung an einem noch in Bau befindlichen neuen Braunkohlekraftwerk an eine amerikanische Gesellschaft. Ziel dieses Umstrukturierungsprozesses war primär die Steigerung der eigenen Produktivität und der Ertragskraft.[3]

Ausgestaltung der Outsourcing- Verträge

Der entsprechende „Service Contract" spezifiziert die Leistungen üblicherweise in Form eines Rahmenvertrages über den jeweiligen Zeitraum. Service-Verträge sollten, um die Vorteile von Wettbewerb nutzen zu können, regelmäßig neu ausgeschrieben werden.[4] In Bezug auf die Zahlungsweise sind verschiedene Varianten gängig:[5]

• *Festpreisvereinbarung (lump sum)*

Der Vertragsnehmer erhält für eine klar beschriebene Aufgabe einen bestimmten Pauschalbetrag. Diese Variante ist bei recht eindeutiger Vorhersehbarkeit der Aufgaben zu empfehlen.

---

[1] Siehe Girnau, G.: Verband deutscher Verkehrsunternehmen Köln: Notwendige Entwicklungen im ÖPNV vor dem Hintergrund der neuen Gesetzeslage. Vortrag in Berlin, 06./07.03.1997.

[2] Vgl. Development Administration Group, University of Birmingham: The Role of Government in Adjusting Economies, Paper 7, Urban Water Supply Sector Review, Birmingham, 1996, S. 14.

[3] Vgl. Scholl, R.: Reform der Elektrizitätsindustrie in Australien, das Beispiel der State Electricity Commission of Victoria, in: Energiewirtschaftliche Tagesfragen, 45. Jg., 1995, H.. 6, S. 386-392.

[4] Bei der Organisation von Ausschreibungen gelten grundsätzlich die gleichen Prinzipien wie in Kapitel 5.7.1 ‚Grundlagen der zeitweiligen Übertragung von Unternehmen an Private' dargestellt.

[5] Vgl. Lethbridge, J. R.: The use of outside contractors for port maintenance, Infrastructure Notes ot the Transportation, Water and Urban Development Dept. of The Worldbank, No. PS-2, Washington D.C., November 1990, S. 4.

- *Preis für aufgewendete Zeit und Materialien*

  Dies ist die gebräuchlichste Vertragsform: Der Vertragsnehmer wird entsprechend seinem Aufwand zu vorher festgelegten Preisen für Einzelleistungen (bspw. Tagessätze) entlohnt. Allerdings erfordert dies in starkem Maße eine Überwachung der Tätigkeiten des Vertragsnehmers.

- *Cost Plus*

  Hier wird der Vertragsnehmer für seine tatsächlichen Kosten zuzüglich einer explizit genannten Gewinnmarge entlohnt. Aufgrund der hiermit verbundenen Überwachungsproblematik (wie beim vorigen Modell) empfiehlt sich diese Variante nur bei größeren, nicht genau abschätzbaren Aufgaben.

Im Rahmen der Unternehmensrestrukturierung ist zu erwarten, daß Arbeitsplätze abzubauen und ein mehr oder minder großer Teil des Betriebes stillzulegen ist. Um mögliche Härten des Wandels abzufedern, kann versucht werden neue Geschäftsfelder zu erschließen.[1] Dadurch können interne Potentiale des Unternehmens genutzt werden. Bei der Bestimmung derartiger neuer Geschäftsfelder sollte darauf geachtet werden, daß:

Chancen des Insourcing und Entwicklung neuer Geschäftsfelder

- sie nahe am Stammgeschäft liegen,

- vorhandenes Know-how genutzt werden kann,

- vorhandene Ausrüstung oder Infrastruktur genutzt werden kann,

- sie ein Gegengewicht zum Personalabbau darstellen.

Hierbei ist jedoch zu beachten, daß es zu keinem unproduktiven Halten von Arbeitsplätzen über längere Zeit kommt. Zwar muß neuen Geschäftsfeldern eine gewisse Entwicklungszeit zugestanden werden bis sie Erträge erwirtschaften. Es ist jedoch immer darauf zu berücksichtigen, daß sich die neuen Bereiche mittelfristig selbständig und ohne unternehmensinterne Quersubventionen am Markt behaupten.

Orientierung an Rentabilität

Die Deutsche Bahn AG hat mit der Mannesmann AG ein Gemeinschaftsunternehmen gegründet. Das unter der Bezeichnung „Arcor" operierende Unternehmen hat das Ziel, auf der Basis der bestehenden Bahn-Telefonnetzinfrastruktur Telekommunikations-Dienstleistungen anzubieten.

Erschließung neuer Märkte am Beispiel Deutsche Bahn

Die Organisation bildet den Ausgangspunkt für eine Entscheidung über die zu verwendende Informationstechnologie. Der Forderung nach mehr Kundenorientierung, besserer interner und externer Information und der Fähigkeit zur Nutzung von Kostensenkungspotentialen kann nur entsprochen werden, wenn eine adäquate technikgestützte Informationsverarbeitung realisiert wird.

Bedeutung der Informationstechnologie

---

[1] Beispielsweise hat das Unternehmen RWE im Leitbild definiert: „Diversifikation in Geschäftsfelder mit Affinität zum Stammgeschäft zur Verbreiterung der Unternehmensbasis."

Das Informationssystem NUMIS als Grundlage für Kunden- und Serviceorientierung

Gemeinsam mit neun Versorgungsunternehmen wurde 1995 im Auftrag der holländischen Regierung ein modernes und anwenderorientiertes Informationssystem erarbeitet.[1]

Der Funktionsumfang und die Anwendungsarchitektur des Systems wurde wie folgt bestimmt:

- *Offenheit und Modularität des Gesamtsystems zur Unterstützung prozeßorientierter Abläufe,*

- *Objektbezogene Informationen zur Vorbereitung und Durchführung von Kundenberatungsmaßnahmen,*

- *Lauffähigkeit auf allen gängigen Plattformen, Datenbanken, Schnittstellen zu bestehenden Informatikstrukturen, damit das System auf breiter Basis eingesetzt werden kann.*

Die konkrete Ausgestaltung integriert die im Rahmen des Projektes identifizierten Anwenderbedürfnisse und enthält unter anderem die in der Übersicht dargestellten, miteinander vernetzten Ebenen.

[1] *Vgl. Ebenberger, A.: Kurswende vom Energieversorger zum Energiedienstleister, Ansätze für eine kunden- und serviceorientierte Informatik-Strategie, in: Verwaltung, Organisation und Personal 4-1995.*

Teile des Informationssystems NUMIS für die Versorgungswirtschaft

Abb. 5.23: Teile des Informationssystems NUMIS für die Versorgungswirtschaft

In Management-Informationssystemen (MIS) werden alle Verfahren der Informations- und Datenverarbeitung so zusammengefaßt und kompatibel gestaltet, daß Informationen in unterschiedlicher Form und in unterschiedlicher Dichte verschiedenen Führungsebenen einer Organisation schnell und kostengünstig zur Entscheidungsfindung zur Verfügung gestellt werden können.[1]

Management-Informations-systeme

Hier kann ein Versorgungs- oder Transportunternehmen auf eine Vielzahl von Standardprogrammen zurückgreifen, die an die konkreten Bedürfnisse des jeweiligen Unternehmens angepaßt werden können.[2] In der folgenden Praxisbox auf der vorherigen Seite wird ein von der holländischen Regierung initiiertes Kundeninformations- und Energieverrechnungssystem dargestellt, das in enger Zusammenarbeit mit Versorgungsunternehmen v.a. aus den Bereichen Strom, Gas und Wasser entwickelt wurde.

Unternehmens-spezifische Lösungen für MIS

5.3   Maßnahmen bei der Übertragung von Unternehmen an Private

5.3.1   Investorenmarketing

Soll ein Unternehmen gesamt oder teilweise, zeitlich begrenzt oder unbegrenzt an Private übertragen werden, dann müssen - entsprechend den Bedürfnissen sowie den strategischen Vorstellungen über die weitere Entwicklung des jeweiligen Unternehmens - potentielle Investoren identifiziert und angesprochen werden. Da es sich bei öffentlichen Versorgungs- und Transportunternehmen in der Regel um sehr große Gesellschaften handelt, kommen häufig vor allem ausländische Unternehmen als potentielle Erwerber in Betracht: Sie verfügen über entsprechendes Kapital und das erforderliche Know-how. Darüber hinaus kommt dem Investorenmarketing die wichtige Aufgabe des Reputationsaufbaus für das jeweilige Land und den betrachteten Sektor zu.

Bedeutung des Investoren-marketings

Es sollte eine Kombination verschiedener Vermarktungsinstrumente eingesetzt werden, um möglichst großes Interesse potentieller Investoren zu wecken. Unkoordinierte Einzelmaßnahmen führen selten zum gewünschten Erfolg. Eine zielgerichtete Vermarktungsstrategie wird dagegen eher das erforderliche Interesse wecken und damit auch das notwendige Kapital bringen. Zur Vermarktung von Versorgungs- und Tranportunternehmen stehen sowohl breit gestreute Aktivitäten sowie die zielgenaue Identifizierung und Direktansprache potentieller Investoren zur Verfügung.

Vermarktungs-maßnahmen

---

[1]   Zur Nutzung von Management-Informationssystemen in Energie-, Transport- und Wasserprojekten vgl. GTZ: Management-Informationssysteme, Ergebnisse einer Umfrage der Fachabteilungen Wasser (OE 414) und Energie und Transport (OE 415), Eschborn 1997.

[2]   Die Fa. SAP beispielsweise bietet modular aufgebaute Progamme an, die den gesamten technischen und betriebswirtschaftlichen Bereich von Transport- und Versorgungsunternehmen abdecken.

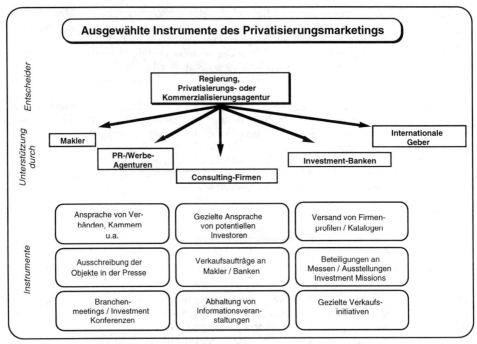

Abb. 5.24: Ausgewählte Instrumente des Privatisierungsmarketings

Breit gestreute Aktivitäten

Informationen über anstehende Privatisierungen können über eine Vielzahl von Kanälen gestreut werden:

- Schaltung von Anzeigen,

- Teilnahmen an Messen und anderen sektor- oder landesspezifischen Veranstaltungen,

- allgemeine PR-Arbeit (Pressemitteilungen und Artikel),

- Elektronische Medien - Internet. Durch die Einrichtung einer Homepage mit Informationen über die zu privatisierenden Unternehmen können Informationen einer großen Anzahl von Interessenten direkt zugänglich gemacht werden.

Direktansprache

Neben oder im Anschluß an eine breite Streuung von Informationen über das Privatisierungsobjekt hinaus sollten potentielle Investoren direkt angegangen werden. Dies ist insbesondere in der Transport- und Versorgungswirtschaft eine gute Möglichkeit, da die Zahl der möglichen Interessenten aufgrund des Investitionsvolumens sowie des geforderten Know-hows relativ gering ist. Diese Methode beinhaltet insbesondere gezielte Mailings sowie Telefon-Aktionen und persönliche Gespräche.

Vermarktung über das Internet:
Die Homepage der litauischen staatlichen Privatisierungsagentur (LSPA)

Seit Anfang 1997 ist die LSPA unter www.privatisation.lt im Internet präsent. Die LSPA ist die durchführende Instanz für der Privatisierung litauischer Unternehmen. In diesem Zusammenhang ist sie auch für die internationale Vermarktung der Unternehmen verantwortlich. Die LSPA wird im Rahmen des deutschen Transform-Programms von Kienbaum Development Services GmbH im Auftrag der GTZ unterstützt.

Die Homepage bietet den interessierten Besuchern allgemeine Landesinformationen, konkrete Informationen zum Privatisierungsprozeß

und die relevanten Gesetze sowie schließlich Profile der zum Verkauf stehenden Unternehmen. Schnelle und problemlose Orientierung für die Benutzer waren wichtige Kriterien bei der Konzeption der Seiten. Eingerichtet wurde auch ein Formular, mit dem Nutzern die Interessensbekundung erleichtert wird.

Während die Einrichtung der Homepage von Kienbaum Development Services GmbH organisiert und durchgeführt wurde, wird die laufende Betreuung inkl. regelmäßiger Aktualisierungen der Homepage von der LSPA wahrgenommen.

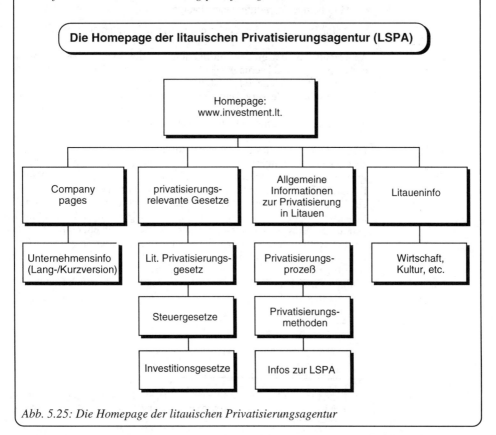

Abb. 5.25: Die Homepage der litauischen Privatisierungsagentur

Unterstützende
Unterlagen

Interessenten sollten neben Gesetzen - insbesondere dem regulativen Rahmen - und allgemeinen Landesinformationen Unterlagen über die zu privatisierenden Unternehmen und deren Potentiale zur Verfügung gestellt werden. Solche Unternehmensprofile sollten umfassen:

- Name des Unternehmens

- Ort/Region

- Branche

- Firmenüberblick, Hintergrund und Unternehmensstatus

- Produktprogramm, Märkte und Kunden

- Maschinelle Ausstattung, Kapazitäten, Beschaffung, Umweltschutz und Energie

- Ausgewählte finanzwirtschaftliche Kennzahlen

- Gelände und Verkehrsanbindung

- Mitarbeiter, Verwaltung und Management

- Anforderungen an den/die Investor(en) und Zeitplan der Privatisierung

Weitergabe
sensibler
Informationen

Angesichts des sehr großen Informationsbedarfes sowie der Komplexität und Größe der Privatisierungsobjekte im Transport- und Versorgungsbereich können weitergehende Informationen auch gegen ein Entgelt oder eine Aufwandspauschale vergeben werden. Hierdurch läßt sich der Kreis der Nachfrager der Unterlagen, die zudem häufig sensible Daten enthalten, auf die wirklich interessierten Unternehmen einschränken.

Durchführende
Organisationen

Diese Maßnahmen des Investorenmarketing können, wenn sie einzelfallbezogen sind, von international erfahrenen Beratern durchgeführt werden. Prinzipiell könnten Vermarktungmaßnahmen auch von der jeweiligen Kommerzialisierungs- oder Privatisierungsagentur durchgeführt werden, eine Grundvoraussetzung hierfür ist jedoch entsprechende internationale Erfahrung. Wenn es sich um eine größere und längerfristige Vermarktungsaktion von bspw. vielen Versorgungsunternehmen handelt, empfiehlt sich die Einrichtung einer eigenständigen und spezialisierten Investment-Promotion-Agentur. Ein Beispiel hierfür ist das New German Länder Industrial Investment Council, das mit einer Lebenszeit von drei Jahren und einem Budget von 50 Mio. DM internationale Investoren in die neuen Bundesländer locken soll.[1]

---

[1] Zu beachten ist hierbei jedoch, daß keine Doppelarbeit wahrgenommen wird und möglicherweise ein Konkurrenzverhältnis zu normalen Wirtschaftsförderungsgesellschaften ensteht.

5.3.2 Ausschreibungen und Vertragscontrolling

Grundsätzlich sollte der zukünftige Eigentümer oder Verwalter bei allen Optionen der Übertragung des Unternehmens an Private durch einen Ausschreibungsprozeß ermittelt werden. Konkurrenz belebt dabei das Geschäft. Daher sollte versucht werden, möglichst viele private Unternehmen für die Ausschreibung zu interessieren.[1] Um die mit diesem Wettbewerb um einen Markt verbundenen Vorteile zu erreichen, sind folgende Kriterien für Ausschreibungen zu beachten:

Wettbewerb durch Ausschreibungen

• Shortlist-Auswahl aufgrund guter Marktkenntnis

• Ausreichende Zeit für die Angebotserstellung einplanen

• Transparenz der Ausschreibung

• Klare und neutrale Spezifikationen und Evaluierungskriterien

• Angemessene Vergütung in Aussicht stellen

• Gleichbehandlung aller Bieter, insbesondere in- und ausländischer Bieter

• Zuschlagserteilung an den Anbieter, der die technischen Anforderungen am besten erfüllt und ein preislich akzeptables Angebot abgegeben hat.

Anwendung bei allen privatisierungsfähigen Leistungsbereichen

Privatisierungsfähige Leistungen, die nicht materiell privatisiert werden, sollten in regelmäßigen Abständen ausgeschrieben werden, um die positive Wirkung eines dynamischen Wettbewerbs sicherzustellen.[2] Den bisherigen Leistungserbringern sollte die Möglichkeit gegeben werden, an diesen Ausschreibungen teilzunehmen. Dies wirkt möglichen Anreizen, das übertragene Unternehmen zugunsten kurzfristiger Gewinne ‚herunterzuwirtschaften‘, entgegen. Allerdings sollte diese Möglichkeit der Vertragserneuerung oder -fortführung nicht zu angestammten Rechten oder zu einem Automatismus führen. Die Länge des Ausschreibungsturnus ist i.d.R. abhängig von der Kapitalintensität der übernommenen Aufgabe zu gestalten: Je höher die erforderlichen Investitionen, desto länger der erforderliche Rückzahlungszeitraum und der Vergabezeitraum.

---

[1] Die Weltbank stellte im Bereich Straßenbau bei Ausschreibungen in der GUS ein umgekehrtes Verhältnis zwischen der Anzahl der Bieter und der Höhe des jeweils erzielten Angebotspreises pro km Autobahn fest. Dies läßt sich tendenziell auch auf den Betrieb von Unternehmen übertragen. Vgl.: Queiroz, Cesar; Bousqut, Franck: Introduction of competitive bidding for road works in the Former Soviet Union, in: TWU-Dept. of the World Bank, Transport No. RD-19, Washington D.C., 1995.

[2] Durch ihr Verhalten befindet sich der öffentliche Besitzer des Versorgungs- oder Transportunternehmens somit auch im Wettbewerb, und zwar im Wettbewerb um den preisgünstigsten privaten Anbieter. Steigt beispielsweise aufgrund des wechselhaften Verhaltens des öffentlichen Eigners das Risiko für private potentielle Investoren/Betreiber, wird dies beim Preis in einem Risikoaufschlag - mithin einem höheren kalkulierten Gewinn für den Privaten - resultieren.

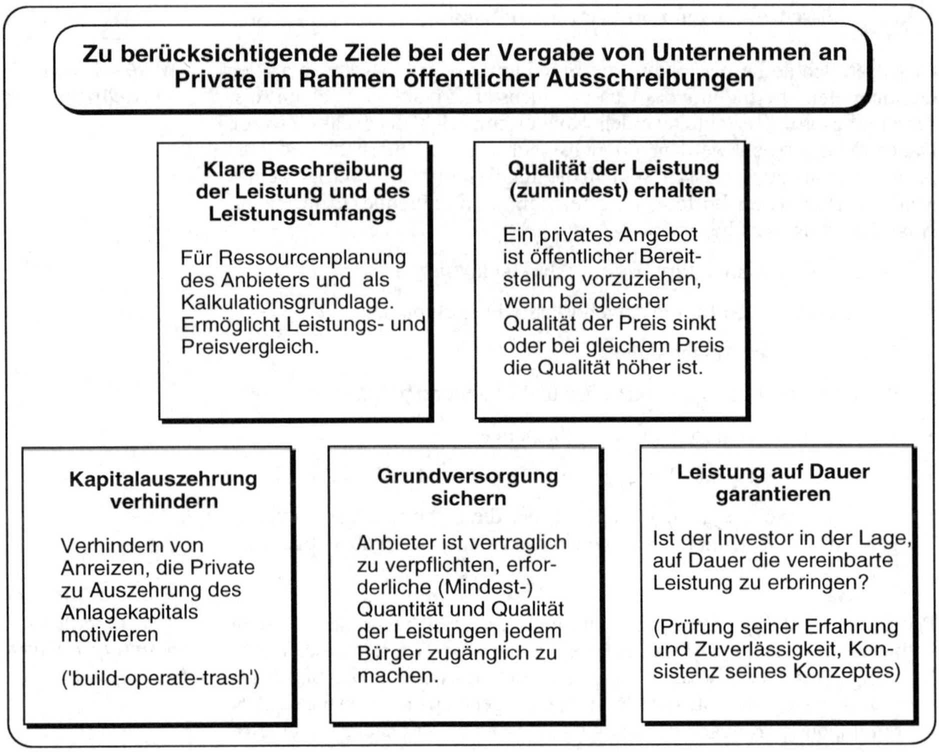

```
╭─────────────────────────────────────────────────────────────╮
│   Zu berücksichtigende Ziele bei der Vergabe von Unternehmen an │
│      Private im Rahmen öffentlicher Ausschreibungen           │
╰─────────────────────────────────────────────────────────────╯
```

Klare Beschreibung der Leistung und des Leistungsumfangs	**Qualität der Leistung (zumindest) erhalten**
Für Ressourcenplanung des Anbieters und als Kalkulationsgrundlage. Ermöglicht Leistungs- und Preisvergleich.	Ein privates Angebot ist öffentlicher Bereitstellung vorzuziehen, wenn bei gleicher Qualität der Preis sinkt oder bei gleichem Preis die Qualität höher ist.

Kapitalauszehrung verhindern	**Grundversorgung sichern**	**Leistung auf Dauer garantieren**
Verhindern von Anreizen, die Private zu Auszehrung des Anlagekapitals motivieren ('build-operate-trash')	Anbieter ist vertraglich zu verpflichten, erforderliche (Mindest-) Quantität und Qualität der Leistungen jedem Bürger zugänglich zu machen.	Ist der Investor in der Lage, auf Dauer die vereinbarte Leistung zu erbringen? (Prüfung seiner Erfahrung und Zuverlässigkeit, Konsistenz seines Konzeptes)

Abb. 5.26: Zu berücksichtigende Ziele bei der Vergabe von Unternehmen an Private im Rahmen öffentlicher Ausschreibungen

Grundlagen der öffentlichen Ausschreibung

Vor einer Ausschreibung des Unternehmens bzw. der Erbringung einer bestimmten Versorgungs- oder Transportaufgabe sind die Aufgaben für den Anbieter genau zu spezifizieren.[1] Die Angebote müssen mit den gestellten Anforderungen bezüglich Quantität, Qualität und Leistungssicherung übereinstimmen. Nur so ist ein konkreter Preis-Leistungs-Vergleich möglich.

Ablauf von Ausschreibungen

Ausgehend von der Aufgabenbeschreibung, in der auch bereits eventuelle Vorgaben zur Investitionshöhe, Anzahl der zu haltenden Mitarbeiter o.ä. mitgeteilt werden können, wird eine Vorauschreibung durchgeführt. Potentiell interessierte Unternehmen mit guter Leistungsfähigkeit sind gezielt anzusprechen. In dieser Qualifizierungsphase sind auf der Basis der tech-

---

[1] Prinzipiell ist eine solche Aufgabenspezifikation auch zu erstellen, wenn das Unternehmen im Rahmen einer Kommerzialisierung dem direkten staatlichen Einfluß entzogen wird.

nischen, administrativen und finanziellen Kapazität der Anbieter Entscheidungen über die Aufforderung zur Angebotsabgabe erforderlich. Die aufgeforderten Unternehmen erhalten umfangreiche Informationen über das Ausschreibungsobjekt. Nach Ablauf der Bietfrist werden die eingegangenen Angebote zunächst in technischer Hinsicht bewertet. Anhand eines Punkterasters kann der Grad der Erfüllung der einzelnen, vorgegebenen Kriterien überprüft werden. Anschließend werden die Angebote, die in technischer Hinsicht den Anforderungen entsprechen, in finanzieller Hinsicht geprüft. Sollten keine Nachverhandlungen erforderlich sein, erhält der preisgünstigste Kandidat mit der höchsten technischen Gesamtpunktzahl den Zuschlag.

Bei der Analyse der eingehenden Angebote sind insbesondere die vorgeschlagenen Betriebs-, Wirtschafts- und Finanzpläne zu prüfen. So wurde bspw. bei der Konzessionsvergabe für Dienstleistungen auf dem Netz der argentinischen Eisenbahn ein detailliertes Bewertungsschema angewandt, in dem folgende Kriterien eine maßgebliche Rolle spielten:[1]

Bewertung eingehender Angebote

• Gegenwartswert der beabsichtigten Neuinvestition,

• Gegenwert der Vergütungen für die Nutzung der staatl. Infrastruktur,

• Anzahl der Beschäftigten, die der Konzessionär übernimmt,

• vorgeschlagenes Personalaus- und Weiterbildungsprogramm und

• geplante Serviceverbesserungen.

---

[1] Vgl. auch: Knechtel, K.: Die Privatisierung der argentinischen Eisenbahnen, in: Internationales Verkehrswesen 1993, 45 - 9, S. 483-492., S. 487.

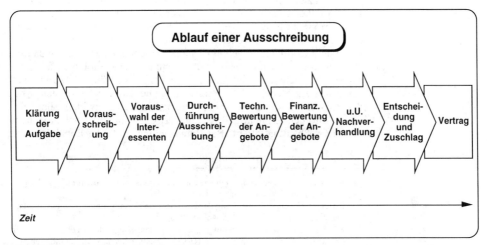

Abb. 5.27: Ablauf einer Ausschreibung

Probleme der
Angebotsbewertung

Zu beachten ist, daß insbesondere die Höhe der durchzuführenden Investitionen oder die Anzahl der Mitarbeiter, die langfristig gehalten werden sollen, zu Überinvestitionen bzw. zu Ineffizienzen führen kann. Dies wiederum kann hohe Nutzerpreise bzw. niedrigere Gewinne und Steuereinnahmen des Staates nach sich ziehen.[1] Andererseits kann insbesondere die Verpflichtung Privater zur Übernahme einer großen Mitarbeiterzahl die Akzeptanz des neuen Betreibers unter den Mitarbeitern stark erhöhen.

Zeithorizont für
Ausschreibungen

Da es sich in der Versorgungs- und Transportwirtschaft üblicherweise um sehr große Unternehmen handelt, erfordert die Vorbereitung der Ausschreibung einen entsprechenden zeitlichen Rahmen. So nahm der Ausschreibungsprozeß für die Wasserversorgung in Buenos Aires von der Vorbereitung über die Erstellung des entsprechenden rechtlichen Regulierungswerkes bis zum Zuschlag knapp zwei Jahre in Anspruch. Etwa 30 nationale und internationale Berater benötigten neun Monate für die Bewertung des Systems, die Entwicklung eines grundsätzlichen Investitionsplanes und die Vorbereitung der Auschreibungsdokumente. Ungefähr ein Jahr verging dann zwischen der Vorauswahl und dem Zuschlag an einen Bieter.[2]

Vertragliche
Absicherung

Den Zuschlag erhält der Investor, dessen Konzept die definierten Komponenten des Zielsystems am besten erfüllt. Um dieses zu gewährleisten, werden in die Verträge Sicherungsklauseln eingebaut. Ein schuldhaftes Abweichen einer der Vertragsparteien führt zu näher zu bestimmenden Sanktionsmaßnahmen. Dabei müssen die Vertragsklauseln in Abhängigkeit vom Grad des Einbezuges Privater ausgestaltet werden: Je länger Private das Unternehmen übertragen bekommen, desto stärker müssen die Sicherungsmaßnahmen für den Staat sein bzw. je weniger Private einbezogen werden, desto weniger Risiko werden sie bereit sein zu tragen.

Vertragsklauseln
zur Sicherung
spezifischer Ziele

Häufig verpflichtet sich der Käufer, innerhalb eines Zeitraumes eine festgelegte Anzahl von Vollarbeitsplätzen zu schaffen, zu sichern und zu besetzen. Wird die vereinbarte Zielgröße unterschritten, hat der private Investor eine Vertragsstrafe an den Verkäufer, üblicherweise berechnet pro Arbeitsplatz, zu bezahlen. Ein weiteres typisches Ziel ist die vertagliche Absicherung von Investitionszusagen. Im Rahmen der Tätigkeit der Treuhandanstalt bspw. mußten private Investoren durchschnittlich ca. ein Drittel der zugesagten, aber nicht investierten Summe an die THA abführen.[3] Darüber hinaus wurde zur Sicherung des Kaufpreises und der einzelnen Raten neben der Bonitätsprüfung des Investors eine unbefristete, unwiderrufliche, auf erstes Anfordern zahlbare selbstschuldnerische Bankbürgschaft einer namhaften Großbank gefordert. Bei Ratenzahlung sollte die Bankbürgschaft

---

[1] Vgl. auch Werner, P.: Ist der Nahverkehr seinen Preis wert? Marketing: Eine Aufgabe für das gesamte Unternehmen, in: FAZ: 03.06.97.

[2] Knechtel, K.: Die Privatisierung der argentinischen Eisenbahnen, in: Internationales Verkehrswesen, 1993, 45 - 9, S. 483-492., S. 487 ff.

[3] Küpper, H.-U-: Vertragsgestaltung und Vertrgsmanagement der Treuhandanstalt; in: Fischer, W.; Hax, H.; Schneider, H. (Hrsg.): Treuhandanstalt - Das Unmögliche wagen, Berlin, 1993, S. 315-354.

auch die zwischen-zeitlich anfallenden Zinsen abdecken. Eine zusätzliche Sicherungsmaßnahme kann hier in der sofortigen Zwangsvollstreckung des greifbaren Vermögens des Investors bestehen. Mit einer Spekulationsklausel läßt sich darüber hinaus eine planwidrige Veräußerung oder Verpachtung der erworbenen Geschäftsanteile oder des Immobilienvermögens innerhalb einer Mindestfrist verhindern. Hier kann ein vertraglich definierter Prozentsatz des Mehrerlöses an den Verkäufer abgeführt werden.

Allerdings verlangen auch Käufer Gewährleistungen, seitens des Verkäufers, verbunden mit der Möglichkeit von Schadenersatzforderungen. Diese Gewährleistungsforderungen zur Absicherung vor Risiken sind i.d.R. umso größer, je weniger Prüfungsmöglichkeiten der Investor hatte. Da bspw. die Treuhandanstalt potentiellen Käufern nahezu vollständige Einsicht in die Unternehmen bot, gewährleistete sie i.d.R. nur, daß:

Gewährleistungen des Verkäufers

- die Gesellschaft rechtwirksam besteht,

- sie Eigentümerin der Geschäftsanteile ist und über sie verfügen kann,

- die Anteile nicht mit Rechten Dritter belastet sind,

- kein Gesamtvollstreckungsverfahren eröffnet wurde und

- sie Eigentümerin des verkauften Grund und Bodens ist.

5.3.3 Bewertung von Unternehmen der Versorgungs- und Transportwirtschaft

Insbesondere bei der zeitlich unbegrenzten Überlassung von Unternehmen an Private, also der materiellen Privatisierung von staatlichen Unternehmen der Transport- und Versorgungswirtschaft kommt der Wertermittlung eine zentrale Bedeutung zu. Unter dem Unternehmenswert versteht man den potentiellen Preis eines Unternehmens. Ein solcher Wert kann verstanden werden als der tatsächliche Preis (der wirklich gezahlt wird) oder als ein potentieller Preis (ein bloß möglicher Preis). Der Unternehmenswert gibt Anhaltspunkte für den Preis, letzterer ist aber immer das Ergebnis von Verhandlungen, wird also letztendlich vom Markt bestimmt. In Anbetracht der Komplexität von Bewertungen, der wirtschaftlichen Tragweite von Bewertungsfehlern und der oftmals hohen politischen Brisanz - gerade bei großen Unternehmen der Versorgungs- und Transportwirtschaft - ist bei der Wertermittlung mit besonderer Sorgfalt vorzugehen.[1]

Unternehmenswert ist Anhaltspunkt für den Preis

---

[1]   Vgl. zur Wertermittlung im Transformationskontext insbesondere: Sieben, G.: Zur Wertfindung bei der Privatisierung von Unternehmen in den Neuen Bundesländern durch die Treuhandanstalt, in: Der Betrieb, 45. Jg., 1992. Standardliteratur zur ordnungsmäßigen Unternehmensbewertung ist: Institut der deutschen Wirtschaftsprüfer: Grundsätze zur Durchführung von Unternehmensbewertungen, HFA 2/1983, in: Die Wirtschaftsprüfung, 1983.

Preis entscheidend für Rentabilität der Investition

Der Preis ist für den Erwerber - sei er ein Privater oder eine Kommune - für die Rentabilität seiner Investition von grundlegender Bedeutung. Den gemeinhin „richtigen" Unternehmenswert gibt es nicht, vielmehr ist der letztendlich erzielte Preis ein Ergebnis von Verhandlungen des Verkäufers mit potentiellen Käufern, mithin ein Marktergebnis. Käufer wie Verkäufer haben in der Regel verschiedene Alternativen: Der potentielle Käufer hat die Wahl verschiedener Standorte und Investitionsmöglichkeiten, der Verkäufer kann u.U. zwischen mehreren Interessenten auswählen.

Besondere Schwierigkeiten der Bewertung

Die Bewertung an sich ist bereits ein komplexes Gebiet, in der Versorgungs- und Transportwirtschaft kommen noch zusätzliche Schwierigkeiten hinzu, insbesondere bei der Bewertung veralteter Anlagen und bei der Schätzung des Investitionsbedarfs oder bei der Erfassung und Bewertung der Verbindlichkeiten (wie etwa bei der hochverschuldeten Deutsche Bahn AG). Berücksichtigt werden muß auch die Abschätzung der „Umwelt-Verbindlich-

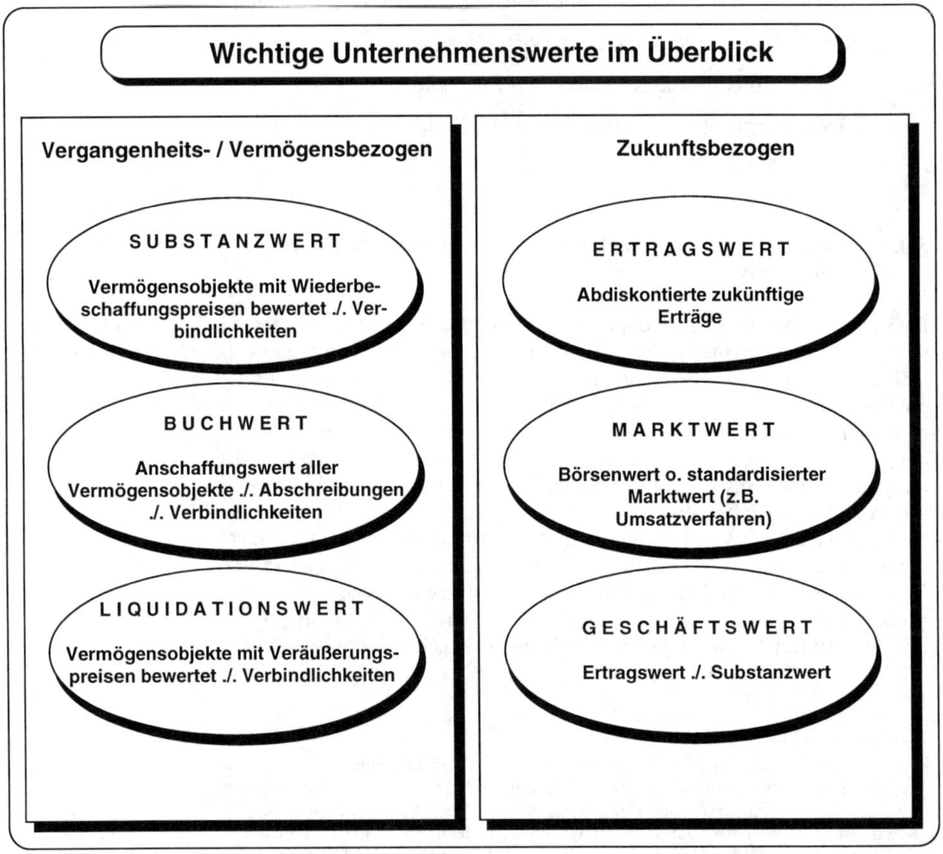

Abb. 5.28: Wichtige Unternehmenswerte im Überblick

keiten" - in zahlreichen Ländern gibt es keine klare Umweltgesetzgebung - sowie der möglichen Belastungen im personellen Bereich (z.B. Kosten Sozialplan).[1] Schließlich sind die Forderungen zu bewerten; insbesondere in der Versorgungs- und Transportwirtschaft ist das Problem hoher, nicht einbringbare Forderungen von bspw. bereits zahlungsunfähigen Firmenkunden sehr verbreitet.[2]

Wertermittlungen dienen sehr unterschiedlichen Zwecken. Der „richtige" Unternehmenswert ist der jeweils zweckdienliche. Daher existiert eine Vielzahl von Bewertungsverfahren, die entsprechend ihrer Methodik zu unterschiedlichen Unternehmenswerten führen. Eine allgemein anerkannte, einzig gültige Bewertungsmethode bei der Veräußerung von Staatsunternehmen gibt es nicht. In Polen hat beispielsweise der Minister für Privatisierung per Erlaß verfügt[3], daß bei der Bewertung von Unternehmen mindestens zwei der nachfolgenden Werte angewandt werden müssen: Ertragswert (Discounted Cash Flow-Methode), Rekonstruktionswert, Netto-Buchwert und Liquidationswert. Ein kurzer Überblick über die unterschiedlichen Bewertungskonzepte und über geeignete Bewertungsverfahren bei der Privatisierung von Versorgungs- und Transportunternehmen folgt.[4]

Zweckorientierung der Bewertung

Ein wichtiger, weil immer wieder von Verkäufern aufgeführter Wert, ist der Substanzwert. Unter dem Substanzwert versteht man grundsätzlich die Summe der mit ihren Wiederbeschaffungspreisen angesetzten einzelnen Vermögensobjekte abzüglich der Schulden. Die Substanzwertermittlung orientiert sich an der Vorstellung einer Unternehmensreproduktion: Man fragt, welcher Betrag aufzuwenden wäre, wenn das zu bewertende Unternehmen „nachgebaut" werden müßte. Dies ist allerdings eine Fragestellung, die im Rahmen von Privatisierungen nicht im Vordergrund steht. Entsprechend dem Zweckadäquanzprinzip ist der Substanzwert damit weniger für die Wertermittlung bei Veräußerung von Staatsunternehmen geeignet.

Substanzwert

Ebenfalls weniger geeignet für die Wertermittlung beim Verkauf von Staatsunternehmen ist der Netto-Buchwert. Er ist die Summe aller in der Bilanz erfaßten Vermögensgegenstände, erfaßt mit ihrem jeweiligen Buchwert (An-

Netto-Buchwert

---

[1] Die Treuhand hat zur Klärung der Unsicherheiten bei der Behandlung von Altlasten den folgenden Weg gewählt: Der Erwerber mußte einen vorher fixierten Festbetrag für die Altlastenbeseitigung selbst tragen, die diesen Betrag übersteigenden Kosten trug die Treuhandanstalt

[2] Auch bei Privatkunden kann dies kritisch sein: Aufgrund der großen Bedeutung von Versorgungsleistungen für die Grundversorgung der Bevölkerung ist angesichts schlecht entwickelter Abrechnungs- und Inkassosysteme der Entzug von Leistungen von hoher politischer Brisanz und wird daher auch bei hohen aufgelaufenen Forderungen nicht durchgesetzt.

[3] Erlaß vom 20.2.1990.

[4] Sowohl in diesem Text als auch in dem dargestellten Schaubild sind nur die wesentlichen Methoden und Werte dargestellt. Auf weitergehende Betrachtungen, z.B. die Darstellung von Kombinationsverfahren wie dem Mittelwertverfahren, soll an dieser Stelle verzichtet werden. Der interessierte Leser sei auf die Literaturempfehlungen verwiesen.

schaffungswert minus Abschreibungen) abzüglich der Verbindlichkeiten. Vermögensgegenstände werden abgeschrieben, um ihre Anschaffungskosten auf die Nutzungsdauer zu verteilen. Der jeweilige Buchwert sagt damit wenig aus über den möglichen Veräußerungspreis des betreffenden Wirtschaftsgutes. So kann beispielsweise ein auf den Erinnerungswert von einer DM abgeschriebene Maschine bei der Veräußerung noch einen beträchtlichen Preis erzielen. Weiterhin ist bei der Unternehmensbewertung zu berücksichtigen, daß das Ganze mehr ist als die Summe seiner Teile. Es dürfte damit offensichtlich sein, daß der Netto-Buchwert als Orientierungswert bei der Veräußerung von Transport- und Versorgungsunternehmen nicht zweckadäquat ist.

Liquidationswert

Streng vom reproduktionswertorientierten Substanzwert zu trennen ist der Liquidationswert. Bei der Liquidationswertermittlung wird gefragt, welcher Betrag aus einer Unternehmensauflösung zu erlangen wäre. Charakteristisch für den Liquidationswert ist nicht der Wiederbeschaffungswert, sondern der Veräußerungspreis aller erfaßten einzelnen Objekte. Der Liquidationserlös ist bei den (natürlichen) Monopolbereichen schwer zu ermitteln, da sunk costs wie bspw. Schienenwege oder Wasserleitungen i.d. R. nicht handelbare Güter sind.[1] Der Liquidationswert kann bei der Privatisierung von Unternehmen als Preisuntergrenze für die verkaufende Agentur oder Anstalt betrachtet werden: Eine Liquidation des Unternehmens ist dann vorzunehmen, wenn keine Kaufofferten über dem Liquidationswert vorliegen. Dies gilt für Unternehmen der Versorgungs- und Transportwirtschaft allerdings nur dann, wenn die Grundversorgung der Bevölkerung dadurch nicht gefährdet wird.

Geschäftswert oder Goodwill

Der Substanzwert repräsentiert die „greifbaren" Teile des Unternehmens. Die „nicht-greifbaren" und deshalb ungewissen Posten werden dagegen im Geschäftswert (oder Goodwill) verkörpert. Der Geschäftswert bezeichnet den Differenzbetrag von Ertrags- und Substanzwert.

Vergütung zukünftiger Erträge

Ertragswertverfahren bestimmen den Wert eines Unternehmens auf der Basis zukünftig erwarteter Erträge des Unternehmens. Der potentielle Käufer vergütet allein diejenigen Erträge, die ihm vom Übernahmezeitpunkt an zufließen, und der potentielle Verkäufer stellt nur auf Erträge ab, die er vom Übergabezeitpunkt an verliert. Die gebräuchlichste Methode ist das „Discounted Future Cash Flow"-Verfahren. Dabei wird der zukünftig zu erwartende Cash flow zwischen Unternehmen und Investor auf die Gegenwart abgezinst, und zwar zu einem Zinssatz, der die Opportunitätskosten und das Risiko des eingesetzten Kapitals berücksichtigt.

---

[1] Allerdings ließen sich auch für bspw. Stromnetze Käufer aus anderen Branchen finden, so z.B. aus der Telekommunikationsindustrie.

So selbstverständlich dieses Prinzip der Zukunftsbezogenheit bei der Wertermittlung indessen erscheinen mag, so wenig darf übersehen werden, daß über Zukunftserträge nur höchst unvollkommene Informationen vorliegen und daß die Vergangenheitserträge infolgedessen nützliche Bausteine zur Schätzung der gesuchten Zukunftserträge darstellen können. Eine Vergangenheitsanalyse gewährt Anhaltspunkte über gewisse, in der Vergangenheit wirksam gewordene Ertragsdeterminanten. Eine sorgfältige Vergangenheitsanalyse der Erträge gibt Anhaltspunkte darüber, welche Ertragsbeeinflussungen sich künftig wiederholen könnten.

Den einfachsten Zugang zu den in den Vergangenheit wirksam gewordenen Ertragsdeterminanten bildet die Ermittlung von absoluten und relativen Änderungen der Ertragskomponenten, d.h. der Umsatz- und Aufwandsarten. Umsätze und Aufwandsarten werden aufgegliedert und Mengen- und Preisbasis isoliert betrachtet. Im Zeitverlauf lassen sich Preis- und Mengenveränderungen beobachten. Oft werden auf diese Weise die wirksam gewordenen Ertragsdeterminanten unmittelbar erkennbar. Hier gilt der Satz: Die Zukunft ist das Kind der Gegenwart und das Kindeskind der Vergangenheit. Die Analyse bezieht sich auf das Unternehmen selbst, aber natürlich auch auf das politische und makroökonomische sowie auf das engere unternehmensrelevante Umfeld, wie Absatz- und Beschaffungsmärkte.

Die Ertragserwartungen privater Investoren werden wesentlich durch staatliche Vorgaben geprägt. Die Chance auf eine angemessene Rendite und mittel- bis langfristige Planungssicherheit durch klare regulatorische Vorgaben steigern die Attraktivität des Privatisierungsobjektes und erhöhen den Wert des Unternehmens.

Ein weiteres Bewertungskonzept setzt die Existenz von entwickelten Kapitalmärkten voraus: Hier wird das zu bewertende Objekt einem vergleichbaren, börsennotierten Unternehmen gegenübergestellt. Der Börsenwert des Vergleichsunternehmens kann dann der Bewertung zugrundegelegt werden, wobei Besonderheiten zu berücksichtigen sind. Auch dieses Konzept legt bei der Bewertung letztlich zukünftige Ertragserwartungen zugrunde.

Die Kunst der Unternehmensbewertung besteht im Kern in der zutreffenden Kopplung von Vergangenheits- und Zukunftsanalyse. Die Informationen, die aus den in der Vergangenheit aufgetretenen Ertragsdeterminanten stammen, also auf der „Rückschaustufe" gewonnen wurden, werden auf der Vorschaustufe berücksichtigt. Sie prägen gemeinsam mit den erst auf der Vorschaustufe erlangten Informationen das Bild der Ertragserwartungen. So koppelte bspw. die Treuhandgesellschaft die Vergangenheits- mit der Zukunftsanalyse bei der Bewertung der Gasspaltgesellschaften: Zunächst wurde ein vergangenheitsorientierter Mindestpreis festgesetzt. Nach einigen Jahren der Betriebsführung durch den Käufer kann dieser Preis im nachhinein durch eine Nachbewertung gemäß Ertragswertmethode nach oben korrigiert werden.

Bewertung in Transformations-ländern	Die Ertragsbewertung stößt gerade in Transformationsländern auf besondere Schwierigkeiten. Die Frage der Relevanz der Vergangenheitsanalyse stellt sich hier besonders: Inwieweit können historische Zahlen überhaupt Hinweise auf die zukünftigen Erträge des Unternehmens geben, wenn die gesamte Wirtschaftsstruktur des Landes im Umbruch ist? Hinzu kommt das Problem der mangelhaften Datenbasis; unternehmensinterne wie externe Daten sind nur unvollständig oder veraltet vorhanden und erschweren damit die Bewertung.
Berücksichtigung rechtlicher und wirtshaftlich bedingter Risiken	Insbesondere aus der Unsicherheit über die Entwicklung des Immobilienmarktes können Nachbewertungsklauseln in Vertäge aufgenommen werden. Wird durch eine Nachbewertung der verkauften Immobilie eine Wertsteigerung festegestellt, können diese ganz oder teilweise an den Verkäufer abgeführt werden. Ein weiterer wichtiger Punkt ist die Behandlung von Altlasten. Die Treuhandanstalt bspw. bestand hier auf einer Aufteilung der finanziellen Belastung durch Beseitigung zwischen ihr und dem privaten Investor, wobei

- der Investor i.d.R. einen Sockelbetrag übernahm,

- die den Sockelbetrag übersteigenden Kosten zwischen Verkäufer und Investor aufgeteilt werden können,

- ab einem bestimten Deckelbetrag das weitere Risiko auf den Verkäufer abgewälzt wird.

Transparenz und Objektivität	Um genügend Transparenz und Objektivität zu gewährleisten, haben einige Regierungen auch Privatisierungskomitees gebildet (z.B. Litauen), in denen Gremien, bestehend aus unabhängigen Mitgliedern, die Bewertung und auch die Veräußerung von Staatsunternehmen überwachen.
Zweckorientierung	Die Ausführungen haben gezeigt, daß die Bewertung ein äußerst komplexes und schwieriges Thema ist. Einen einzig richtigen Wert und ein einzig richtiges Bewertungsverfahren gibt es nicht. Oberstes Prinzip muß die Zweckorientierung sein; sofern sich der Bewerter daran hält und die Grundlagen der Bewertung transparent macht, kann er das zur Verfügung stellen, was erforderlich ist: Entscheidungshilfen für den potentiellen Käufer oder Entscheidungshilfen für die verkaufende Agentur. Der letztlich erzielte Preis ist das Resultat von Verhandlungen. Auf diese Verhandlungen kann der Bewerter durch Bereitstellung von Informationen, die die Verhandlungsposition seines Mandanten stärken, einwirken.

5.4   Zeitweise Übertragung der Unternehmen an Private

5.4.1   Überblick

Unternehmen können im Rahmen von Zeitverträgen an Private übertragen werden. Unterschiede existieren dabei vor allem hinsichtlich Grad der Verantwortung und Risikoübernahme durch die Privaten, Vertragslaufzeit und rechtliche Stellung gegenüber Dritten sowie Handhabung der erforderlichen Investitionen. Entsprechend können Management-, Leasing- und Konzessionsverträge, aber auch BOT- und BOOT-Regelungen unterschieden werden. Zur Anwendung können derartige Verträge sowohl in wettbewerblichen Bereichen wie bei natürlichen und integrierten Monopolen kommen. In diesem Abschnitt werden die charakteristischen Merkmale der einzelnen Optionen sowie die Vor- und Nachteile erörtert.

Definition und Abgrenzung

Abb. 5.29: Das Grundprinzip der zeitweisen Übertragung von Unternehmen an Private

Betreiberverträge	In der Regel haben staatliche Stellen relativ genaue Vorstellungen über die Quantität und Qualität der zu erbringenden Leistungen sowie über den entsprechenden Preis. Potentielle Anbieter dieser Leistungen werden identifiziert und zur Abgabe eines Leistungsangebotes aufgefordert. Beide Parteien beziehen dabei für ihre Entscheidungsfindung wichtige Informationen aus ihren internen Kostenrechnungssystemen.
Ungleiche Informationen	Hierbei taucht das Problem auf, daß die Unternehmen bzw. die Betreiber von Unternehmen in der Regel über dezidiertere Informationen verfügen als außenstehende Gruppen. Vor der Überlassung von Unternehmen an Private haben somit staatliche Stellen einen Informationsvorsprung. Nach einer Überlassung an Private hingegen liegt dieser Informationsvorteil bei den Privaten. Beide Seiten haben aufgrund dieses auch als Informationsasymmetrie bezeichneten Sachverhaltes Anreize, sich zuungunsten des mit weniger Informationen ausgestatteten Verhandlungspartners zu verhalten.
Möglichst große Offenheit	Diesem Anreizproblem sollte in der Phase des erstmaligen Einbezuges Privater durch möglichst große Offenheit des Staates reagiert werden. Auf der anderen Seite sollten die beiden Partner mit Abschluß eines Betreibervertrages ebenfalls regeln, welche Informationen das Unternehmen an staatliche Regulierungs- oder Aufsichtsstellen weitergeben soll. Als Mindestmaß empfiehlt sich hier die Verpflichtung des Unternehmens zu auditierten Jahresabschlüssen, die gegebenenfalls um weitere, nur an den Regulierer zu gebende Informationen ergänzt werden können. Dies verdeutlicht die Bedeutung einer unabhängigen Regulierungsinstitution, die gleichsam als Schiedsinstitution fungiert und das Wohl aller Beteiligten im Auge haben muß: auf der einen Seite das berechtigte Interesse der Betreiber, Gewinne zu erwirtschaften sowie auf der anderen Seite das im positiven Fall durch die lokale Vertretung geäußerte Interesse der Bevölkerung und Wirtschaft an preiswerten Versorgungs- und Transportleistungen in bestimmter (Mindest-) Qualität.[1]
Vergütung für den Betreiber	Grundsätzlich existieren mehrere Optionen, wie der Private für seine Aufwendungen und Leistungen entschädigt werden kann.[2] Hier können - in Abhängigkeit von der Rentabilität des übernommenen Unternehmens - Zahlungen vom Staat an den privaten Betreiber oder auch umgekehrt vereinbart werden. Wenn es sich bei dem Versorgungs- oder Transportunternehmen um einen klassischen Subventionsempfänger handelt, muß der Staat in der Regel (zumindest kurzfristig) Zuzahlungen an den privaten Betreiber leisten. Die eigentliche Leistungsvergütung sollte neben einer Fixkom-

---

[1] Zu diesem Problem siehe auch Kap. 4.
[2] Im sog. Brutto-Verfahren beispielsweise erhält der Betreiber seine Kosten zuzüglich eines vorher vereinbarten Gewinnes. Im Gegenzug erhält der Staat sämtliche Einnahmen aus dem Betrieb des Unternehmens. Im Netto-Verfahren behält der private Betreiber die Einnahmen ein und erhält darüber hinaus einen bestimmten Betrag oder Prozentsatz. Vgl. Shaw, L. N.; Gwilliam, K. M.; Thompson, L. S.: Concessions in Transport. The World Bank Transport Division, Discussion Paper, Washington D.C., 1996, S. 9 f.

ponente auch ein erfolgsabhängiges Element enthalten. In der Regel gilt jedoch, daß je weniger Einfluß der private Betreiber auf die Geschäftspolitik und konkrete Ausgestaltung des Leistungsangebotes hat, desto mehr wird er die Zahlung fixer, nicht erfolgsabhängiger Beträge verlangen. Es ist auch möglich, daß keine Zahlungen zwischen Staat und Privaten fließen. In diesem Fall muß der private Betreiber seine Kosten alleine aus den Gewinnen des übertragenen Unternehmens decken. Dies ist insbesondere bei längerfristiger Übertragung und größerer Verantwortung des Privaten wie bei BOT-Verträgen der Fall.

Von besonderer Bedeutung bei der zeitweiligen Übertragung von Transport- oder Versorgungsunternehmen an Private ist der Preis für die erbrachten Leistungen, der von den Nachfragern gezahlt werden muß. Bei nur geringer Beteiligung Privater wie im Falle von Management-Verträgen werden die Preise weiterhin politisch gesetzt. Je stärker jedoch der private Betreiber Verantwortung übernimmt, desto stärker wird er Einfluß auf die Preissetzung nehmen wollen. Die konkreten Möglichkeiten und Rahmen-

Leistungspreise

	Management-Verträge	Leasing	Konzessionen	BOT/BOOT
Eigentum am überlassenen Unternehmen	öffentlich	öffentlich	öffentlich	erst privat, dann öffentlich
Finanzierung d. Umlaufkapitals	öffentlich	privat	privat	privat
Finanzierung v. Investitionen	öffentlich	großteils öffentlich	privat	privat
Vertragsbeziehungen zu Kunden	öffentl. Sektors	privater Sektor	privater Sektor	privater Sektor
Autonomie des priv. Sektors	gering	mittel	hoch	hoch
Finanz. Risiko des priv. Sektors	gering	mittel	hoch	hoch
Vertragslaufzeit (in Jahren)	3-5	5-10	15-25	20-30
Preissetzung	öffentl. Sektor	gem.Vertrag	gem.Vertrag	gem.Vertrag
Hauptgründe für den Einbezug Privater	Verbesserung der Effizienz	Verbesserung der Effizienz	Verbesserung der Effizienz & Mobilisierung priv. Kapitals	Verbesserung der Effizienz & Mobilisierung priv. Kapitals

Zeitweilige Überlassung von Unternehmen an Private - Charakteristische Merkmale der Optionen -

Abb. 5.30: Zeitweilige Überlassung von Unternehmen an Private: Charakteristische Merkmale der Optionen

bedingungen werden daher in der Regel im Betreibervertrag fixiert und bilden somit die Grundlage seiner Kalkulationen. Handelt es sich bei dem übertragenen Unternehmen um ein (natürliches) Monopol, kann die Entwicklung der Preise durch externe Regulierung bestimmt werden.

Verteilung der Privatisierungs- 'Gewinne'

Welche Vereinbarung im konkreten Fall getroffen wird, hängt von den Vorstellungen der beiden Verhandlungspartner ab. Bei der Konzessionserteilung für die Eisenbahnen in Mexiko, Brasilien und Argentinien erhielt der Bieter den Zuschlag, der den höchsten Betrag an den Staat zu zahlen bereit war. Der ‚Gewinn' dieser Privatisierung fiel somit ausschließlich beim Staat an. Die Einnahmen konnten für andere Zwecke genutzt werden. Bei der Vergabe von Buskonzessionen in Santiago, Chile, hingegen war das bestimmende Auswahlkriterium die Höhe der Nutzerpreise: Den Zuschlag erhielt hier der Bieter mit den niedrigsten Preisen. Der Gewinn der Privatisierung lag hier direkt bei den Nutzern.[1]

Im folgenden werden die maßgeblichen möglichen Formen der zeitweisen Übertragung von Unternehmen an Private dargestellt und erörtert.[2]

5.4.2 Management-Verträge

Einbezug externer Manager

Ist die Unternehmensleitung nicht in der Lage, die erforderlichen Restrukturierungsmaßnahmen zur Verbesserung der Qualität und Wirtschaftlichkeit sowie zur Modernisierung durchzuführen, kann die Leitungsfunktion an externe Führungskräfte übertragen werden. Das öffentliche Eigentum am Unternehmen wird davon nicht berührt. Die Übertragung der Leitungsfunktion an eine private Gesellschaft stellt oftmals die Vorstufe für eine spätere tatsächliche Privatisierung dar, nicht zuletzt deshalb, weil damit politisch der geringste Zündstoff verbunden ist.

Übergangslösung

Management-Verträge sind insbesondere als Übergangslösungen nützlich, da sie sowohl öffentlichen Stellen als auch privaten Unternehmen erlauben, Erfahrungen mit solchen Partnerschaften zu sammeln, bevor umfassendere Verträge wie Leasing- oder Konzessionsverträge geschlossen werden. Sie können auch zur Überbrückung von Zeiträumen dienen bis regulatorische Rahmenbedingungen geschaffen worden sind. Häufig wird diese Methode in Bereichen eingesetzt, in denen es schwierig ist, private Investoren anzulocken. Ein weiterer Vorteil liegt in der relativ schnellen Umsetzbarkeit von Managementprivatisierungen und somit in der Möglichkeit einer schnellen Realisierung von Effizienzgewinnen.

---

[1]   Shaw, L. N.; Gwilliam, K. M.; Thompson, L. S.: Concessions in Transport. The World Bank Transport Division, Discussion Paper, 1996, S. 14f.

[2]   Es sei an dieser Stelle darauf hingewiesen, daß die Übergänge zwischen einzelnen Optionen fließend sein können und zudem in der Praxis die Begriffe nicht immer eindeutig belegt sind.

In Management-Verträgen wird die zeitlich befristete Übertragung wichtiger Führungsfunktionen an Mitarbeiter privater Gesellschaften geregelt. Die Verträge können unterschiedlich weit gefaßt sein, ausgehend von Teilen eines Unternehmens wie dem Betrieb oder der Wartung der Produktionsanlagen bis hin zur Übertragung der gesamten Leitung eines Unternehmens in die Hände privater Vertragsnehmer. Die Kunden bleiben rechtlich an das weiterhin in öffentlichem Besitz befindliche Unternehmen gebunden, das Geschäftsrisiko verbleibt beim bisherigen Eigentümer. Typischerweise werden solche Verträge für eine Dauer von drei bis fünf Jahren abgeschlossen.

Ausgestaltung von Management-Verträgen

Vor- und Nachteile von Management-Verträgen

Vorteile	Nachteile
• Schnell realisierbare Übergangslösung	• Unternehmerische Verantwortung bleibt bei der öffentlichen Hand, das Tagesgeschäft aber bei den Privaten
• Professionalisierung des Managements	• Ggfs. Verlustübernahme durch öffentliche Hand erforderlich
• Kurzfristig mögliche Verbesserung der Kosten- und Erlössituation	• Erfolg abhängig von Qualität und Akzeptanz der entsandten Führungskräfte
• Geringe politische Auswirkungen	• Finanzierung von Investitionen problematisch
• Möglichkeit zur "Ansanierung", dadurch Steigerung der Attraktivität für eine materialle Privatisierung	• Gefahr der Verselbständigung, dadurch ggfs. Vermeidung der materiallen Privatisierung

Abb. 5.31: Vor- und Nachteile von Management-Verträgen

Ein Großteil der unternehmerischen Verantwortung bleibt in öffentlicher Hand. Das Management trägt keine finanziellen Risiken. Auftretende Verluste müssen vom Staat übernommen werden, obwohl dieser keinen Einfluß auf das Tagesgeschäft hat. Allerdings liegt die Entscheidung über größere Investitionen nach wie vor im Verantwortungsbereich des öffentlichen Sektors. Daher empfiehlt es sich, Management-Verträge mit Anreizen zur Effizienzsteigerung auszugestalten, etwa durch eine leistungsorientierte Vergütung. Die Zahlung der variablen Vergütungskomponente sollte mit dem Erreichen wichtiger Ziele verbunden werden, wie betriebswirtschaftliches Ergebnis, Minimierung der Wasserverluste, Steigerung der Anzahl der Anschlüsse und Kostensenkung bei der Leistungsbereitstellung.[1]

Zusammenspiel zwischen Staat und Privaten

---

[1] Vgl. auch Kessides, C.: Institutional Options for the Provision of Infrastructure, World Bank Discussion Papers No. 212, World Bank, Washington D.C, 1993, p.29 ff.

Internationale Anwendung und Probleme in MOE und GUS

Management-Verträge sind in einer Vielzahl von Ländern und Sektoren gebräuchlich. So erbringen beispielsweise einige US-amerikanische Eisenbahnunternehmen im Rahmen von Management-Verträgen Dienstleistungen für industrielle Kunden und Kommunen.[1] Dagegen sind Management-Verträge in der Versorgungs- und Transportwirtschaft in MOE und GUS noch nicht sehr gebräuchlich. Wie das folgende Beispiel zeigt, stellen sie jedoch auch hier eine durchaus gangbare Möglichkeit dar. Allerdings sind die genaue Ausgestaltung der Verträge und eine realistische Voreinschätzung der Situation von besonderer Bedeutung.

---

[1]   Galenson, A.; Thompson, L. S.: Forms of Private Sector Participation in Railways, in: Infrastructure Notes of the Transportation, Water and Urban Development Dept., World Bank, Washington, 1993, Transport No. RW-5, S. 3.

Management-Verträge in Kasachstan

In Kasachstan wurde die Form der Privatisierung über Management-Verträge gewählt um Großunternehmen, für die sich keine in- oder ausländischen Investoren finden ließen, unter Einbezug ausländischen Know-hows zu sanieren.[1]

Durch die Übertragung der Management-Funktion an Private konnte zunächst sichergestellt werden, daß die Unternehmen weiter produzieren und Arbeitsplätze erhalten werden konnten. Zudem sollte durch den Einbezug des Know-hows aus der Privatwirtschaft (und teilweise auch Kapital) die betriebliche Effizienz gesteigert und die Höhe der erforderlichen Erhaltungssubventionen stark reduziert werden. Für den neuen Partner sollte weiter die Möglichkeit eröffnet werden, die kasachischen Unternehmen ohne größeres Risiko kennenzulernen. Damit sollten Kaufentscheidungen nach Ablauf der Verträge erleichtert werden.

In Kasachstan ergaben sich bei der Durchführung dieser Maßnahmen allerdings beträchtliche Schwierigkeiten:

• *Auswahl der Vertragspartner*

  Es ist von großer Bedeutung, für derartige Vorhaben bekannte Unternehmen mit internationaler Erfahrung und dem erforderlichen Know-how zu gewinnen. Dies war in Kasachstan zumindest nicht immer der Fall; vielmehr hatten einige der privaten Vertragsnehmer einen zweifelhaften Ruf.

• *Unklare Spielregeln für die ausländischen Vertragspartner*

  Die ausländischen Vertragspartner mußten sich zum Teil verpflichten, die Zahlung von Verbindlichkeiten des kasachischen Unternehmens zu gewährleisten (Steuern, Löhne und Sozialabgaben, Umweltkosten etc.). Hierbei kam es jedoch immer wieder zu Schwierigkeiten, da deren Höhe häufig nicht fest bestimmt war und das wahre Ausmaß erst nach Übernahme der Vertrages offenbar wurde. Einige Unternehmen hatten daher bis zu vier verschiedene Managements innerhalb nur kurzer Zeit, da entweder die ausländischen Beteiligten oder aber das Privatisierungskomitee die Verträge aufkündigten. Zudem luden nur mäßige Gewinnbeteiligungen die Vertragsnehmer dazu ein, sich über interne Verrechnungspreise schadlos zu halten.

Diese Probleme führten dazu, daß von 44 Unternehmen, die im Rahmen von Management-Verträgen an Private vergeben wurden, innerhalb von weniger als zwei Jahren fast die Hälfte wieder zurückgegeben wurde.

---

[1]   *Vgl. Privatisierungskomitee Kasachstan: Über die Arbeit der unter Management-Verträgen betriebenen Unternehmen, Almaty, 1996. EBRD: Kazakhstan, Country Profile, prepared on behalf of the Kazakhstan Govt. for presentation at the time of the 1996 EBRD Annual Meeting in Sofia, Bulgaria.*

5.4.3   Leasing

Im Rahmen dieser Privatisierungsmethode schließt der Staat als Leasinggeber mit einem privaten Leasingnehmer einen Vertrag über die gewerbliche Nutzung eines öffentlichen Unternehmens auf Zeit (auch Miete, Pacht).
Der Staat erhält hierfür eine Gebühr. Alle Kosten, mit Ausnahme der
Investitionskosten, gehen zu Lasten des Leasingnehmers.[1] Auch das Geschäftsrisiko liegt beim privaten Vertragspartner. In vielen Verträgen sind
die Leasinggebühren an die Profitabilität des Unternehmens geknüpft, so
daß das Management Anreize hat, die Kosten zu senken.

Definition

Durch Leasingverträge werden zahlreiche Nachteile von Management-Verträgen aufgehoben. Grundsätzlich werden in größerem Umfang Rechte und
Pflichten an den Privaten übertragen. Der Leasingnehmer hat mehr Kontrolle über das Unternehmen und trägt auch finanzielle Risiken. Die Nutzer
der Versorgungs- oder Transportleistung sind auch rechtlich Kunden des
privaten Unternehmens. Zudem ist der Leasingnehmer für alle mit dem
Betrieb verbundenen Verpflichtungen haftbar. Allerdings besteht die Gefahr, daß Leasingverträge nur eine vorübergehende Lösung darstellen, denn
oft fordern die politischen Autoritäten mehr Einfluß, wenn das Unternehmen
wieder rentabel ist. Darüber hinaus besteht die Gefahr, daß in geleasten
Unternehmen notwendige Investitionen unterlassen werden.

*Vergleich zu
Management-
Verträgen*

Vor- und Nachteile von Leasingverträgen

Vorteile	Nachteile
• Rechte und Pflichten werden stärker auf Private übertragen	• Gefahr, daß notwendige Investitionen zur Zukunftssicherung unterlassen werden
• Privater trägt das Geschäftsriskio	• Gefahr der politischen Forderungen, sobald das geleaste Unternehmen profitabel wird (Ansprüche auf Gewinne)
• Rechtliche Haftung für den Betrieb liegt beim Privaten	
• Liquidität des Privaten wird aufgrund gleichmäßiger Leasingraten geschont (kein Kaufpreis)	
• Anreize für Effizienzgewinne	
• Option für späteren Kauf kann vertraglich vorgesehen werden	

Abb. 5.32: Vor- und Nachteile von Leasingverträgen

---

[1]   Über Preisgleitklauseln werden im Regelfall feste Vereinbarungen getroffen für den
Fall von Erhöhungen der Kosten. Diese Preisgleitklauseln werden alle fünf bis zehn
Jahre revidiert.

Vorteile	Betriebswirtschaftlich ist das Leasing eine Investition, die jedoch mit dem Vorteil verbunden ist, daß die Liquidität des übernehmenden Unternehmens gerade zu Beginn des Leasingvertrages geschont wird. An die Stelle der Zahlung des Kaufpreises treten die im allgemeinen gleichmäßig über die Vertragszeit laufenden Leasingraten (Miet- oder Pachtzahlungen). Häufig ist ein Optionsrecht vorgesehen, das dem Leasingnehmer ein Kaufrecht nach Ablauf der Vertragsdauer einräumt.
Zunehmende Verbreitung	Leasing ist seit langer Zeit insbesondere in der Wasserver- und -entsorgung in Spanien und Frankreich gebräuchlich. In Frankreich sind bei der Trinkwasserversorgung fast die Hälfte aller Verträge mit Privaten Leasing-

---

Sukzessive Übertragung an Private in Mexiko

Bei der Wasserversorgung der 16 Millionen-Metropole Mexiko City wurde eine abgestufte Vorgehensweise beim Einbezug Privater in die Leistungserstellung gewählt. Hierdurch sollte dem privaten Investor die Möglichkeit gegeben werden, die betrieblichen und finanziellen Probleme der Anlagen zu verstehen, bevor er eine längerfristige Verpflichtung eingeht. Ausgangspunkt war ein dringender Verbesserungsbedarf vor allem in den Bereichen Wasserverteilung und Nachfragemessung (metering) sowie Abrechnung.[1]

Das Projekt wurde in drei Phasen unterteilt:

- *In der ersten Phase (zwei Jahre) wurden die privaten Vertragspartner mit der Analyse des Distributionssystems, der Aktualisierung der Nachfragerverzeichnisse, der Erfassung von nicht abgerechnetem Wasserverbrauch, der Identifizierung von notwendigen Reparaturmaßnahmen und illegaler Wasseranschlüsse und der Anbringung von Verbrauchsmessern für alle Nutzer beauftragt.*

- *Zentrales Element der zweiten Phase war die Einführung strikter Verbrauchsmessung und die Sicherstellung eines korrekten Gebühreneinzugs für den Verbrauch der Nutzer.*

- *Der Abschluß von Leasingverträgen in der dritten Phase führte zur Übertragung von*

Verantwortung für die Wasserverteilung und sämtliche damit verbundenen kommerziellen Aktivitäten an private Gesellschaften. Dies schloß die Instandsetzung und -haltung des bestehenden Distributionssystemes ein.

Bei den ersten beiden Phasen handelte es sich um das Outsourcing der entsprechenden Leistungen („fee-per-task service contract"), die dritte Stufe erfolgte in Form eines Leasingvertrages. Obwohl die kurzfristig kostengünstigste Variante die Vergabe der Dienste an einen Privaten bzw. an ein privates Konsortium gewesen wäre, entschied sich die mexikanische Regierung für eine Aufteilung des Versorgungsgebietes in vier Regionen. Diese Regionen wurden an sowohl in- als auch ausländische Konsortien vergeben. Hierdurch sollen zum einen Vergleiche der Leistungsfähigkeit der einzelnen Betreibergesellschaften ermöglicht und indirekter Wettbewerb zwischen ihnen gefördert werden. Zum anderen sollte bei ungenügender Leistung eines privaten Betreibers die Leistung von einem anderen erbracht werden können.

---

[1] *Vgl. Development Administration Group, University of Birmingham, The Role of Government in Adjusting Economies, Paper 7, Urban Water Supply Sector Review, Birmingham, 1996, S. 23.*

verträge[1]. Darüber hinaus findet Leasing in der Energieversorgung, bei Häfen[2], im ÖPNV und bei Eisenbahnen zunehmende Anwendung. Die Vertragsdauer beträgt in Abhängigkeit von den Amortisations- bzw. Abschreibungsfristen der vom Leasingnehmer zu tätigenden Investitionen im Normalfall zwischen fünf und zehn Jahren.[3]

Prinzipiell sollten Leasingverträge über Ausschreibungen vergeben werden: Der Vertrag wird mit demjenigen Unternehmen geschlossen, das das beste Angebot macht. Allerdings kann ein Leasingvertrag auch mit privatisierten und in die Unabhängigkeit entlassenen Einheiten, die bereits vor den Reformen entsprechende Leistungen erbracht haben, geschlossen werden. Dieses Vorgehen wurde beim Hafen von Ventspils in Lettland angewandt.

Materielle Privatisierung in Verbindung mit Leasingverträgen

Typischerweise bleibt in Leasingverträgen der öffentliche Eigentümer des Unternehmens für die Finanzierung von Investitionen und den Schuldendienst verantwortlich. Die Aufgabe des privaten Vertragsnehmers besteht im Regelfall in der Finanzierung des Umlaufkapitals und dem Austausch von kurzlebigen Aktiva, wie beispielsweise in der Wasserwirtschaft dem Ersatz von defekten Wasserrohren mit kleinerem Durchmesser. Der Vertragsnehmer nimmt direkt den Gebühreneinzug vor und führt einen vorher ausgehandelten Teil der Einnahmen an die staatliche Stelle in Form einer Miete oder Leasinggebühr ab. Der Gewinn des Privaten besteht somit in der Differenz zwischen Bruttoeinnahmen auf der einen, und den Gebühren sowie Betriebskosten auf der anderen Seite. Dies bedeutet, daß eventuelle Gewinne durch Effizienzsteigerungen an den privaten Leasingnehmer fallen und damit Anreize für eine betriebswirtschaftliche und technische Optimierung geschaffen werden. Allerdings ist die Aufgabenverteilung zwischen Staat und Privaten - wie das folgende Beispiel des Hafens von Ventspils zeigt - vom Einzelfall abhängig und fließend.

Anreize für betriebswirtschaftliche und technische Optimierung

Ein Problem von Leasingverträgen sowie in noch stärkerer Form von Management-Verträgen besteht darin, daß die privaten Vertragsnehmer häufig keinen direkten Einfluß auf die Entscheidung über größere Investitionen zur Zukunftssicherung haben. Mehr Einfluß und mehr Verantwortung wird im Rahmen von Konzessionen an private Gesellschaften übertragen.

Mangelnde Einflußmöglichkeiten privater Vertragsnehmer?

---

[1]   Vgl. Spelthahn, S.: Privatisierung natürlicher Monopole. Theorie und internationale Praxis am Beispiel Wasser und Abwasser, Wiesbaden 1994, S. 143.

[2]   Peters, H. J.: Private Sector Involvement in East and Southeast Asian Ports, An Overview of Contractual Arrangements, in: Infrastructure Notes of the Transportation, Water and Urban Development Dept., World Bank, Washington 1995, Transport PS-10.

[3]   Development Administration Group, University of Birmingham, The Role of Government in Adjusting Economies, Paper 7, Urban Water Supply Sector Review, Birmingham, 1996, S. 17.

Leasingverträge im Hafen von Ventspils in Lettland

Der Hafen Ventspils war zu sowjetischen Zeiten mit einem Umschlagsvolumen von rd. 35 Mio. t p.a. einer der Hauptumschlagsplätze für Massengüter an der Ostsee. Nach der Unabhängigkeit sackte der Güterumschlag jedoch auf ca. 22 Mio. t p.a. ab.

Um dieser Enwicklung entgegenzuwirken, wurden in großem Umfang Leistungen des Hafens im Rahmen von Leasingverträgen an Private vergeben. Damit sollten die Attraktivität und die Wettbewerbsfähigkeit des Hafens verbessert werden. Dieses Ziel wurde auch erreicht: In 1996 erreichte Ventspils mit einer Güter-um-schlagsmenge von 35,7 Mio. t wieder das ursprüngliche Niveau.[1]

Gemäß dem 1994 verabschiedeten „Hafengesetz" wurde eine staatliche Hafengesellschaft gegründet, die die Hafenentwicklung verantwortlich vorantreiben sollte. Grund und Boden sowie die darauf befindliche Infrastruktur (Uferbefestigungen, Piere, Umschlagseinrichtungen, Schiffskanäle etc.) wurden dieser Gesellschaft übertragen. Der ehemalige staatliche Betreiber der Hafenanlagen „Ventspils Commercial Port" wurde in einzelne Gesellschaften aufgeteilt und privatisiert.

Diese Gesellschaften erhielten gemeinsam mit zwei neu gegründeteten Ölterminal-betreibern im Rahmen eines Leasingvertrages das Recht zum Betrieb der Hafenanlagen. Vertraglich wurde eine Laufzeit von bis zu 30 Jahren vorgesehen. Gleichzeitig wurde vereinbart, daß bei Vornahme von Investitionen in Höhe von mehr als 50 Mio. US$ durch die privaten Gesellschaften die Vertragsdauer auf bis zu 99 Jahren verlängert werden kann.[2]

In Ventspils wurde eine klare Aufgabentrennung zwischen Staat und Privaten in bezug auf die zu tätigenden Investitionen vorgenommen. Um den Hafen auf eine Umschlagskapazität von ca. 80 Mio. t p.a. (derzeit ca. 45 Mio. t p.a.) aufzurüsten, wurden Investitionen in Höhe von ingsgesamt 250 bis 300 Mio. US$ geplant.

Pflichten der staatlichen Hafengesellschaft bestehen insbesondere in der Modernisierung der Infrastruktur, etwa der Errichtung eines Tiefwasserbeckens, der Vertiefung und Erweiterung der äußeren Schiffskanäle und der Wiederherrichtung von Ölkais. Die Pflichten der privaten Terminalbetreiber hingegen bestehen in der klar definierten Modenisierung und dem Aubau neuer Terminals. Ziel dieser Investitionen sind insbesondere die Anlagen zum Öl- und Chemikalienumschlag.

---

[1] Vgl. Vigo Legzdins, Ministry of Transport Latvia: Ventspils Port Modernisation Programme: Consolidating the Position of Ventspils as a hub of the Transport and distribution network, S. 4ff, in: Seminardokumentation - Infrastructure in the Baltic States, Copenhagen, 28th-29th April 1997.

[2] Aufgrund dieser Vertragslänge und den Investitionsverpflichtungen für Private entspricht diese Vereinbarung de facto eher einer Konzession als einem Leasingvertrag. Die Übergänge zwischen diesen Vertragsformen sind fließend.

5.4.4   Konzessionen

Bei Konzessionen übernimmt ein privates Unternehmen von einer staatlichen Stelle bestimmte Einrichtungen und betreibt diese verantwortlich. Das Eigentum an den Anlagen bleibt formal bei der staatlichen Stelle. Im Gegensatz zum Leasingvertrag übernimmt der Betreiber aber die Verpflichtung zu Kapitalinvestitionen, beispielsweise zur Erweiterung oder Erneuerung bestehender Netze.[1] Die entsprechenden Investitionspläne sind entweder zu Beginn des Vertragsverhältnisses festzulegen oder können zu einem späteren Zeitpunkt entsprechend der Bedarfslage zwischen staatlicher Stelle und Konzessionär vereinbart werden. Aus den Verkaufserlösen deckt der Konzessionär die aufgebrachten Investitionskosten und Betriebsaufwendungen.[2] Die übliche Vertragslaufzeit liegt zwischen 15 und 25 Jahren. Nach Ablauf der Vertragslaufzeit wird das Unternehmen vom Konzessionär an die staatliche Stelle zurückgegeben, sofern der Vertrag nicht verlängert wird.

Charakteristische Merkmale

Bezüglich der Ausgestaltung der Rechte der Konzessionärs, insbesondere in Bezug auf die Sicherung seiner Einnahmen, besteht in Abhängigkeit von seinen Pflichten unterschiedlich weitgehender Gestaltungsspielraum. So hat beispielsweise ein internationales Konsortium um den französischen Dienstleister Lyonnaise des Eaux einen Konzessionsvertrag über die Wasserver- und -entsorgung von Buenos Aires mit einer Laufzeit von 30 Jahren abgeschlossen. Der Konzessionär verpflichtete sich zum technischen und wirtschaftlichen Betrieb der Wassergesellschaft, der Instandhaltung sämtlicher Teile sowie zur Finanzierung und Durchführung der Investitionen, die zur Erreichung der vertraglich definierten Ziele erforderlich sind. Im Gegenzug wurde dem Konsortium u.a. das - für Argentinien weitgehende - Recht zugestanden, nichtzahlende Nutzer von der Versorgung auszuschließen. Dies war bis dahin aus politischer Rücksichtnahme nicht möglich.

Rechte und Pflichten des Konzessionärs

Die zeitweise Übertragung von öffentlichen Versorgungs- oder Transportaufgaben an Private kann im Zeitablauf abgestuft vorgenommen werden. So wurden im ÖPNV in Warschau Buslinien sukzessive an Konzessionäre übergeben.[3] In Schweden wurden Konzessionen für den schienengebundenen Verkehr in einer ersten Stufe nur auf regionale Strecken erteilt. In einer zweiten Stufe wurde den regionalen Körperschaften, die die Erbringung der Leistungen zu gewährleisten hatten, auch die Vergabe von Konzessionen auf überregionalen Strecken ermöglicht.[4]

Sukzessives Vorgehen

---

[1]   Vgl. Spelthahn, S.: Privatisierung natürlicher Monopole. Theorie und internationale Praxis am Beispiel Wasser und Abwasser, Wiesbaden 1994, S. 144.

[2]   Die Vergütung des Konzessionärs ist höher als die des Leasingnehmers, da die Finanzierung der Investitionen zusätzlich zu berüchsichtigen ist.

[3]   Vgl. Rzeczpospolita vom 1.8.1996.

[4]   Vgl. Hylen, B.: Konzessionierte Eisenbahnverkehre in Schweden, in: Public Transport International, 1997/1, S. 74-78.

```
┌─────────────────────────────────────────────────────────────┐
│              ┌──────────────────────────────────┐            │
│              │  Vor- und Nachteile von Konzessionen │        │
│              └──────────────────────────────────┘            │
│   ┌──────────────────────────┐  ┌──────────────────────────┐ │
│   │         Vorteile         │  │        Nachteile         │ │
│   │ • Private betreiben Unter-│  │ • Risiken über lange Ver-│ │
│   │   nehmen verantwortlich, │  │   tragslaufzeiten        │ │
│   │   öffentliche Hand behält │  │                          │ │
│   │   aber Kontrollfunktion  │  │ • Problematik der zutref-│ │
│   │                          │  │   fenden Prognose der    │ │
│   │ • Gewisse Verpflichtungen │  │   Kosten und Erlöse      │ │
│   │   für Kapitalinvestitionen│  │                          │ │
│   │   bei Privaten           │  │ • Komplexe Vertrags-     │ │
│   │                          │  │   strukturen             │ │
│   │ • Einsparungen bei Kapi- │  │                          │ │
│   │   talinvestitionen und   │  │                          │ │
│   │   Betriebskosten         │  │                          │ │
│   │                          │  │                          │ │
│   │ • Keine politischen Rück-│  │                          │ │
│   │   sichtnahmen gegenüber  │  │                          │ │
│   │   Nutzern erforderlich   │  │                          │ │
│   └──────────────────────────┘  └──────────────────────────┘ │
└─────────────────────────────────────────────────────────────┘
```

Abb. 5.33: Vor- und Nachteile von Konzessionen

Konzessionen bei Eisenbahn und Straßen

Um die dringend notwendige Restrukturierung der argentinischen Eisenbahn zu erreichen, entschied man sich im Jahre 1992 für die Vergabe von Konzessionen. Die Eisenbahngesellschaft wurde zunächst in sechs selbständige Unternehmen aufgeteilt und nach einer Ausschreibung an Konzessionäre vergeben. Durch eine Verbesserung des Marketings und der Mitarbeitermotivation gelang es den Konzessionären, die Wettbewerbsfähigkeit der Eisenbahn im Vergleich zum Straßentransport zu erhöhen. Ein anderes Beispiel für die Nutzung von Konzessionen in Argentinien stellen die Fernstraßen dar: Rund 40% der Fernstraßen werden von privaten Konzessionären betrieben, die von den Nutzern eine Gebühr erheben.[1]

Konzessionen in Deutschland

Anders als in Frankreich oder Spanien, sind Konzessionen im Transport- und Versorgungsbereich in Deutschland noch nicht sehr verbreitet. Ein Beispiel für eine - nach derzeitigem Erkenntnisstand gelungene - zeitweise Übertragung von öffentlichen Unternehmen über Konzessionsverträge ist die Trinkwasserversorgung in Rostock. Während die Stadt alleine für den notwendigen Ausbau der Wasserwerke in einer ersten Phase rund 250 Mio. DM einkalkuliert hatte, veranschlagte der private Betreiber Eurawasser nur rund 160 Mio. DM. Da die Tarife für Wasser und Abwasser zu rund 80% von den Investitionskosten bestimmt werden, kann der private Betreiber durch diese Einsparungen nicht nur mit Gewinn wirtschaften, sondern auch günstigere Wasserpreise für die Endverbraucher anbieten.[2] Dieses Beispiel wird im folgenden Exkurs ausführlicher beschrieben.

---

[1] Vgl. Kessides, C.: Institutional Options for the Provision of Infrastructure, World Bank Discussion Papers No. 212, World Bank, Washington D.C, 1993, S.33 ff.

[2] Dies zeigt sich beispielsweise auch in Frankreich: Hier liegen die Wasserpreise rund 25% unter denen von Deutschland. Vgl. FAZ, 18.03.97, Deutsche Wasserwerke sind begehrte Objekte privater Investoren, S. 15.

Trinkwasserversorgung in Rostock auf Konzessionsbasis

Rostock und das Umland werden seit Anfang 1993 von der neu gegründeten Eurawasser GmbH versorgt. Diese gehört zu je 50% von der Thyssen Handelsunion AG und der Lyonnaise des Eaux S.A.[1]

Die Eurawasser GmbH verpflichtete sich im Rahmen eines Konzessionsvertrages mit der Stadt Rostock und Nachbargemeinden, die ihr für 25 Jahre zur Nutzung übergebenen Anlagen verantwortlich zu betreiben sowie teilweise zu erweitern. Vereinbart wurde:

- *Übernahme des bestehenden Systems,*

- *Übernahme des gesamten Personals,*

- *kontinuierlicher Betrieb des Wasserver- und Entsorgungssystems (unter Einhaltung von Umweltstandards),*

- *Unterhaltung, Renovierung und Ausbau des bestehenden Systems,*

- *Durchführung aller erforderlichen Investitionen (insbesondere Bau- und Sanierungsmaßnahmen),*

- *Finanzierung aller durchgeführten Maßnahmen,*

- *Durchführung des Inkassos,*

- *Zahlung lokaler Steuern*

- *Konzessionsgebühr an die Kommunen unabhängig von den Unternehmensergebnissen.*

Die Eurawasser GmbH haftet für die Qualität und die Aufrechterhaltung der Kapazitäten der Ver- und Entsorgung. Hierbei geht sie Kostenrisiken ein, insbesondere bei der Investitionshöhe (ca. 900 Mio. DM über die gesamte Vertragslaufzeit), den Betriebskosten (Personal, Energie und Wartung), dem Umsatz (verkaufte Wassermenge, erlöswirksame Abwassermenge) und Finanzierungskosten.

Die Eurawasser GmbH garantierte im voraus festgelegte Preise (mit einer Preisgleitklausel für 25 Jahre). In der Folge lag der Preis in 1994 bei 2,11 DM pro m³ (ohne Umsatzsteuer), bei einem Durchschnitt von ca. 2,36 DM in den alten Bundesländern. Dieser Preis beinhaltet bereits eine Abgabe an die Kommunen sowie einen Betrag, der zur Liquidation des DDR-Vorgängers von Eurawasser und zur Finanzierung der Altschulden herangezogen wird.

Wesentliches Vertragselement ist die Gewährung der Kontroll- und Weisungsrechte der Kommunen. Alle Maßnahmen für Investitionen, Preise und ihre Anpassungen müssen von den Gemeinden genehmigt werden. Ein paritätisch besetzter Beirat der Vertragspartner kontrolliert die Einhaltung der Vertragspflichten. Hierdurch soll sichergestellt werden, daß Anlagen und Netze vernünftig gewartet werden und bei Vertragsablauf einen guten, betriebsfähigen Zustand aufweisen. Von besonderer Bedeutung ist in diesem Zusammenhang die präzise vertragliche Festlegung der erforderlichen Maßnahmen und Pflichten, u.a. zur Bildung langfristiger Rückstellungen.

Die vorhandenen Systeme bleiben im Eigentum der Kommunen, auch die neuen, von Eurawasser errichteten Anlagen gehen in ihr Eigentum über. Nach Ablauf der Vertragslaufzeit übergibt Eurawasser die Anlagen an die Kommunen zum verbleibenden Buchwert. Dieser Wert wird aufgrund vorher ausgehandelter Investitionserfordernisse und -zeiträume sowie Abschreibungsmethoden ermittelt.

---

[1] *Unternehmensinformationen sowie Das Rathaus, 11/95, S. 1971 ff., Privatisierung in Hamburg, Landesverband der CDU Hamburg, 1996.*

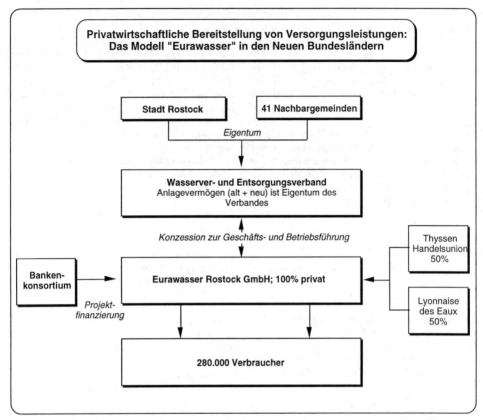

Abb. 5.34: Privatwirtschaftliche Bereitstellung von Versorgungsleistungen: Das Modell „Eurawasser" in den Neuen Bundesländern

5.4.5   BOT-Modelle

Definition

BOT-Modelle (Build-Operate-Transfer) sind ähnlich wie Konzessionen strukturiert, beziehen sich allerdings üblicherweise nur auf neu zu errichtende Versorgungs- und Transportunternehmen. Private planen, finanzieren, errichten und betreiben Unternehmen oder Infrastrukturobjekte, die traditionell dem öffentlichen Sektor zugerechnet werden. Nach Ablauf der Vertragsdauer, die zwischen 20 und 30 Jahren liegt, wird das Unternehmen dann an den Staat übertragen.

Eine Unterscheidung wird teilweise bezüglich des Eigentums an dem Versorgungs- oder Transportunternehmen gemacht: Während der private Investor im Falle eines BOT-Modelles das Unternehmen nur least bzw. eine

Konzession für den Betrieb erhält, verfügt er im Falle des BOOT-Modelles (Build-Operate-Own-Transfer) auch über befristete Eigentumsrechte.[1]

Grundlage dieser Modelle, die auch als Projektfinanzierung bezeichnet werden, ist die Gründung einer Projektgesellschaft, die die vereinbarten Maßnahmen durchführt und alleinig haftet. Eigenkapital macht im Regelfall einen Anteil von 10 bis 30% des gesamten Projektvolumens aus, der Rest wird über Fremdkapital finanziert. Wirtschaftlichkeit und Cash-Flow der Projekte sind von zentraler Bedeutung, da die Tilgung der Kredite aus den erwirtschafteten Erträgen erfolgt. Der Rückgriff auf Sicherheiten ist begrenzt auf die Projektgesellschaft und ihre Aktiva, einschließlich Grund und Boden, Ausrüstung etc. (non-recourse-financing). Da die von der Projektgesellschaft abgenommene Leistungsmenge im vorhinein nur schwer

Charakteristik

Vor- und Nachteile von BOT-Modellen

Vorteile	Nachteile
• Realisierung neuer Infrastruktur-projekte	• Beträchtliche Risiken aufgrund längerer Laufzeiten und hoher Investitionen
• Zügige Implementierung ohne politische Rücksichtnahme/ Einflußnahme möglich	• Besicherung problematisch
• Keine Belastung des öffentlichen Haushaltes	• Teilweise staatliche Garantien oder Beteiligungen erforderlich
• Höhere Wirtschaftlichkeit als bei staatlichen Trägern möglich	• Komplexe Strukturen mit hohem Koordinations- und Kommunikationsaufwand
	• Teilweise höhere Finanzierungslasten (Bonität Privater wird niedriger eingestuft als die der staatlichen Kreditnehmer)

Abb. 5.35: Vor- und Nachteile von BOT-Modellen

---

[1]   Zwischenzeitlich hat sich eine Variantenvielfalt entwickelt: BLT: Build-Lease-Transfer, BOOS: Build-Operate-Own-Sell. In diesem Fall ist der private Investor nicht nur zeitweilig Besitzer, sondern Eigentüber des Unternehmens. Neben diesen gebräuchlichen Modellen finden noch Mischformen wie BTO Anwendung (Build-Transfer-Operate), bei dem nur die Errichtung des Unternehmens von Privaten wahrgenommen wird, oder BOTM (Build-Operate-Transfer-Maintenance), bei dem der Private nach Übertragung des Unternehmens weiterhin die Instandhaltung wahrnimmt. Eine weitere Variante ist das BOTT (Build-Operate-Transfer-Train), das mit einer Trainingskomponente versehen ist. Vgl. hierzu etwa Midgley, Peter: Urban Transport in Asia, An operational agenda for the 1990's, World Bank Technical Paper No. 224, Washington D.C., 1994.
Das Hauptaugenmerk in diesem Kapitel liegt auf BOT und BOOT. Die dargestellten Punkte gelten prinzipiell auch für das BOO-Modell. Hier verbleibt das Unternehmen jedoch in der Hand der Privaten und geht nicht an den Staat über.

kalkulierbar ist, garantiert der Staat häufig die Abnahme einer bestimmten Mindestmenge über einen gewissen Zeitraum. Dies stellt eine wichtige Grundlage für die Abschätzung der Einnahmen der privaten Projektgesellschaft dar. Gelegentlich beteiligen sich staatliche Stellen auch an den Projektgesellschaften.

Vorgehen

Ausgangspunkt bei BOT-Projekten ist in der Regel der Wunsch politischer Entscheidungsträger nach Errichtung einer bestimmten Infrastrukturanlage. Zur Realisierung sollen private Partner gewonnen werden. Eine erste ökonomische und technische Evaluierung der Projektidee wird im Rahmen einer Pre-Feasibility-Studie durchgeführt, die bei positivem Ergebnis zu entsprechenden Absichtserklärungen der beteiligten Parteien führen sollte. Wichtig bei der Einrichtung von BOT-Modellen ist auch der möglichst frühe Einbezug von Finanzierungsinstitutionen, da die rechtliche und finanzielle Ausgestaltung dieser Modelle großen Aufwand erfordert. Wenn sich bei der anschließend durchzuführenden, umfassenden Feasibility-Studie die Wirtschaftlichkeit und Machbarkeit eines Projektes gezeigt hat, kann bereits mit der Einrichtung der eigentlichen Projektgesellschaft begonnen werden, die später den Bau und den Betrieb der Anlage realisiert.

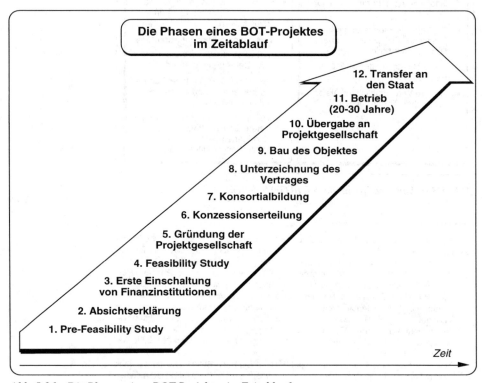

Abb. 5.36: Die Phasen eines BOT-Projektes im Zeitablauf

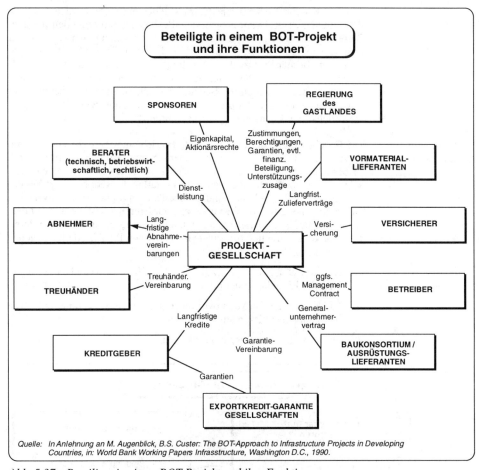

Abb. 5.37: Beteiligte in einem BOT-Projekt und ihre Funktionen

Typischerweise ist eine Vielzahl von Beteiligten an der Realisierung von   *Beteiligte Parteien*
BOT-Modellen beteiligt. Damit werden nicht nur die Aufgaben, sondern
auch die Risiken auf die Partner verteilt.

BOT- und BOOT-Projekte sind für sowohl den Staat als auch für die Betei-   *Risiken für Staat*
ligten aus der Privatwirtschaft (Betreiber und Finanzierer) aufgrund der in   *und Private*
der Regel hohen Investitionen und langen Vertragslaufzeiten mit beträchtlichen Risiken verbunden. Diesen Risiken kann nur durch eine umfassende
Klärung und Regelung aller rechtlichen, wirtschaftlichen und technischen
Fragestellungen vor Realisierung des Projektes begegnet werden. Dies erfordert erhebliche Ressourcen zur Planung wie zur Verhandlungsführung
bei staatlichen Stellen wie bei Betreibern und Investoren. Dabei müssen
von staatlicher Seite auch mögliche Sekundärinvestitionen, wie z.B. Zu-

fahrtsstraßen für Brückenprojekte, ins Kalkül einbezogen werden. Schließlich muß der Staat darauf achten, daß die Abhängigkeit von den privaten Betreibern nicht zu groß wird. Sofern die politischen und wirtschaftlichen Rahmenbedingungen im Land stabil sind, liegen die Risiken für private Investoren primär im Projekt selbst: Bauverzögerungen oder falsche Kalkulationen können zu Verlusten führen, ebenso Wechselkurs- und Zinsschwankungen. Von zentraler Bedeutung ist die richtige Einschätzung der erwarteten Nachfrage. Ist diese geringer als prognostiziert, ist die Wirtschaftlichkeit des ganzen Projektes gefährdet.

Einbezug des Staates

Die Errichtung und der anschließende Betrieb eines Unternehmens durch Private entläßt den Staat nicht aus seiner sektorpolitischen Verantwortung. Insbesondere in den Transformationsländern, in denen der heimische Privatsektor noch unzureichend entwickelt ist - mithin nur sehr begrenzt Verantwortung übernehmen kann - und in denen ausländische private Investoren aufgrund hoher Länderrisiken ebenfalls nur begrenzt Risiken übernehmen wollen, bedarf es staatlicher Unterstützung. Diese kann in Form von Beteiligungen oder Garantien für private Betreiber von BOT-Modellen gegeben werden, beispielsweise bezüglich

- der erwarteten Nachfrage (z.B. Verkehrsaufkommen) und daraus resultierender Einnahmen der privaten Betreiber,

- der Übernahme von Verantwortung durch den Staat bei höherer Gewalt und daraus resultierender Ausfall der Leistungen und

- der Preise für wichtiger Inputfaktoren.

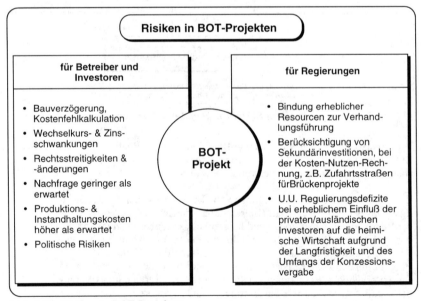

Abb. 5.38: Risiken in BOT-Projekten

BOT-Modelle haben den großen Vorteil, daß notwendige Infrastrukturmaßnahmen ohne Belastung des öffentlichen Haushaltes finanziert werden können. Dies ist gerade für die Transformationsländer in MOE und GUS aufgrund der finanziellen Situation der öffentlichen Haushalte von besonderem Interesse. Um das Risiko überschaubar zu halten, setzen private Investoren und Betreiber dabei auf erprobte Technologien mit gesicherten Einnahmen. Dies wäre im Bereich der Energiewirtschaft eher ein thermisches Kraftwerk im Grundlastbereich, während höhere Risiken - wie z.B. die geothermische Energieerzeugung, die Energieversorgung ländlicher Gebiete und große Wasserkraftwerke mit langer Kapitalbindung - für privatwirtschaftliche Engagements weniger geeignet erscheinen.[1] Aufgrund der Vielzahl der beteiligten Parteien sind die Vertragsverhandlungen wie -strukturen ausgesprochen komplex. Ohne solide rechtliche Grundlagen im jeweiligen Land ist dies nicht darstellbar.

Voraussetzungen für BOT-Modelle

Bei BOT-Modellen sind die Finanzierungskosten im allgemeinen höher als bei staatlicher Realisierung des Infrastrukturprojektes. Dies ist sowohl auf unterschiedliche Bonitätseinstufungen von staatlichen und privaten Gesellschaften an den Finanzierungsmärkten wie auf hohe Verhandlungs- und Kommunikationskosten zurückzuführen. Hohe Wechselkursrisiken entstehen zudem dadurch, daß in den Transformationsländern Einnahmen in lokaler Währung anfallen, die Ausgaben, insbesondere für technische Ausrüstungen, dagegen oftmals in konvertibler Währung zu tätigen sind.

Finanzierungskosten und Wechselkursrisiken

In Transformationsländern gibt es bislang relativ wenig völlig neu errichtete Unternehmen nach dem BOT-Modell. In anderen Ländern jedoch ist diese Praxis zunehmend verbreitet: In China beispielsweise wurde ausländischen Gesellschaften die Realisierung von BOT-Projekten in der Stromwirtschaft erlaubt. Hopewell Holdings Ltd. aus Hongkong betreibt zwei Kraftwerke in der Guangdong-Provinz sowie ein Kraftwerk auf den Philippinen.[2] Die Türkei entwickelt derzeit BOT-Projekte für Flughäfen und Fernstraßen. Fernstraßen sind typische BOT-/BOOT-Projekte. So haben in Frankreich Konzessionen in Verbindung mit der Erhebung von Straßennutzungsgebühren die Errichtung von insgesamt 5.500 km Autobahn (1990) erst ermöglicht.[3] Ähnliches ist in Polen geplant: Im April 1997 wurde der entsprechende Vertrag mit der Betreibergesellschaft ‚Autostrada Wielkopolska‘ als Grundlage für die Errichtung der 364 km langen Autobahn von Lodz über Poznan nach Deutschland unterzeichnet. Insgesamt sollen bis zu 2.500 km Autobahn mit Hilfe privater Investoren errichtet werden.[4] Aufgrund der gegebenen Rahmenbedingungen haben BOT-Modelle in MOE und GUS bislang jedoch nur in Einzelfällen Anwendung gefunden.

Verbreitung von BOT-/BOOT-Modellen

---

[1]   BMZ: Energie in der deutschen Entwicklungszusammenarbeit, Entwicklungspolitik Materialien Nr. 96, Bonn, 1997, S. 62ff.

[2]   Wiesegart, K.: Phillipinen - Dezentralisierung und Privatisierung des Energiesektors?, in: Energiewirtschaftliche Tagesfragen, 43.Jg. (1993), Heft 5, S. 336 - 341.

[3]   Kessides, C. (1993), Institutional Options for the Provision of Infrastructure, World Bank Discussion Papers No. 212, World Bank, Washington D.C, S.34.

[4]   Eastern Europe Monitor (1997), Vol. 4, No. 5, May 1995, S. 6.

BOT und
regionalpolitische
Erwägungen

Kaum Anwendung finden können BOT-Modelle, wenn die Nachfrage nach den zu erbringenden Leistungen keine Wirtschaftlichkeit des Investitionsprojektes erwarten läßt: So läßt sich im Falle der Via Baltica, einer Fernstraße von Tallinn über Riga und Kaunas bis nach Warschau, kein ausreichendes Verkehrsaufkommen erwarten, das private Investoren anlockt. Diese Fernstraßenverbindung wird jedoch insbesondere aus regionalpolitischen Erwägungen befürwortet. Sie wird daher ohne den Einbezug Privater nur mit staatlichen Mitteln und internationalen Krediten (EBRD) finanziert.[1]

---

[1] Vgl. Janusauskas, A., Lithuanian Road Administration (1997): Evaluating the Progress of a Major Infrastructure Project: Via Baltica Project, S. 3ff., in: Seminardokumentation - Infrastructure in the Baltic States, 28th-29th April 1997, Copenhagen.

BOT in Ungarn: Die M5-Fernstraße

In Ungarn wurde mit der Finanzierung der Fernstraße M5 Neuland betreten: Nach Aussagen der EBRD handelt sich hierbei um das erste BOT-Projekt in MOE und GUS.

Ziel dieses Projektes war die Errichtung des fehlenden Zwischenstückes (57 km) der Fernstraßenverbindung zwischen Wien und Budapest. Das Gesamtinvestitionsvolumen betrug 378 Mio. ECU, wovon die EBRD ungefähr ein Drittel (129 Mio. ECU) übernahm. Die Kosten des Projektes sollten durch Gebühren (tolls) der Straßennutzer finanziert werden.[1]

Probleme dieses Projektes ergaben sich insbesondere in folgenden Bereichen:[2]

* *Errichtung*

   Der Einbezug der privaten Konzesionsgesellschaft erhöhte die Errichtungskosten um ca. 25-33% im Vergleich zu einer rein staatlichen Lösung, insbesondere wegen der hohen Kommunikations- und Verhandlungskosten aufgrund der Vielzahl der Beteiligten. Darüber hinaus lagen die Finanzierungskosten für die private Konzessionsgesellschaft um erheblich über den Fremdkapitalkosten, die der Staat Ungarn für einen internationalen Kredit hätte zahlen müssen.

* *Betrieb*

   Ursprünglich wurde aufgrund der großen Bedeutung dieses Straßenabschnittes von einer hohen Nachfrage und von hohen Einnahmen ausgegangen. Allerdings erwiesen sich die erhobenen Nutzungsgebühren als abschreckend für viele Nutzer, die auf die Landstraßen auswichen. Hier kam es infolgedessen in einigen Dörfern zu hohen Verkehrsbelastungen. Anstatt durch verkehrsberuhigende Maßnahmen die Straßennutzer von den Landstraßen zu verdrängen, ist derzeit die Errichtung von Umgehungsstraßen im Gespräch. Dies würde jedoch zu einer weiteren Abwanderung von Autofahrern von der (teuren) Fernstraße auf die (unentgeltlich nutzbare) Landstraße führen und die Wirtschaftlichkeit des BOT-Projektes weiter gefährden.

---

[1] Vgl. Smith, G.: EBRD's experience with private financing of roads, S. 314 ff., in: Proceedings of the Highway Policy seminar for the Countries of the Former Soviet Union, Moscow, May 15-19, 1995.

[2] Vgl. Nordin, L.: Infrastructure programmes in the Baltic States: EBRD Financing of Transport Infrastructure, in: Seminardokumentation - Infrastructure in the Baltic States, 28th-29th April 1997, Copenhagen.

5.5　Materielle Privatisierung:
Dauerhafte Übertragung der Unternehmen an Private

5.5.1　Überblick und Charakteristika

Bei der materiellen Privatisierung ändern sich die Eigentumsverhältnisse: Das Unternehmen geht dauerhaft in privates Eigentum über, damit verbunden sind Nutzungs- und Ertragsrecht sowie Umgestaltungs- und Übertragungsrecht. Dabei geht es nicht nur um das Verkaufen von Unternehmen. Vielmehr ist entscheidend, daß sich zügig unternehmerisch aktive Eigentümer engagieren, die die Leistungs- und Wettbewerbsfähigkeit der Unternehmen wieder herstellen und somit Arbeitsplätze sichern und neue schaffen. Damit markt- und verkaufsfähige Einheiten enstehen, empfiehlt sich häufig im Vorfeld die Entflechtung bestehender Unternehmensstrukturen.[2]

Unternehmerisch aktive Eigentümer

In Zentral- und Osteuropa lassen sich sehr unterschiedliche Herangehensweisen bei der Auswahl der Privatisierungsmethoden beobachten. Während Länder wie Bulgarien, die ehemalige DDR, Estland, Lettland und Ungarn ihre Großunternehmen vor allem über öffentliche und geschlossene Ausschreibungen sowie direkte Verkäufe an strategische Investoren ver-

Privatisierungsmethoden in MOE und GUS

---

[1]　Vgl. hierzu etwa Schmidt, K.-D.: Strategien der Privatisierung, in: Treuhandanstalt. Das Unmögliche wagen, hrsg. von W. Fischer u.a., Berlin 1993, S. 212 f.

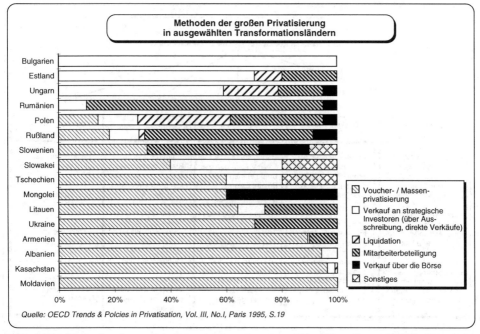

Abb. 5.39: Methoden der großen Privatisierung in ausgewählten Transformationsländern

kauften, wählten Länder wie Litauen, Moldova, Kasachstan sowie die Tschechische Republik vor allem die Voucherprivatisierung. Eine eindeutige Bewertung der einzelnen Strategien ist nicht möglich: Länder wie Tschechien und Estland haben große Fortschritte in der Privatisierung gemacht, obwohl sie unterschiedliche Methoden wählten. Der Erfolg einzelner Privatisierungsmethoden hängt nicht zuletzt von den makroökoniomischen Rahmenbedingungen und der Situation der betrachteten Sektoren und Unternehmen ab: Eine Voucherprivatisierung kann in einem kleinen Land wie Estland mit nur wenigen Großunternehmen höhere Kosten verursachen, so daß Ausschreibungsmodelle kosteneffizienter sein können. Auf der anderen Seite können große Länder versucht sein, die Kosten pro Privatisierung durch ein standardisiertes Massenprivatisierungsschema zu senken.

Methoden-überblick

Im folgenden werden die einzelnen Methoden der materiellen Privatisierung diskutiert, wobei die in Abbildung 5.40 dargestellte Gruppierung zu Grunde gelegt wird.

Privateigentum fördert die Effizienz

Durch die materielle Privatisierung werden dem neuen Eigentümer eindeutig Verantwortung, Kompetenz und Haftung zugeordnet. Für diesen ergibt sich so ein persönlicher Anreiz, rationell mit seinem neuen Eigentum umzugehen, da Kosten und Nutzen der Ressourcenverwendung bei ihm konzentriert sind. Darüber hinaus erfüllt das Privateigentum an Produktions-

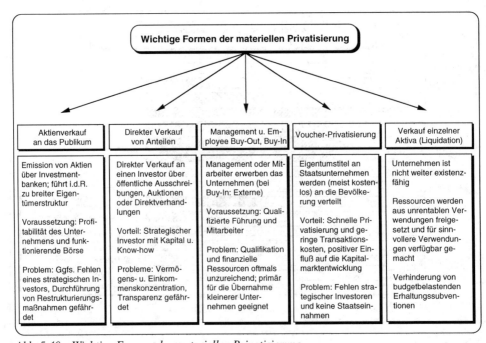

Abb. 5.40: Wichtige Formen der materiellen Privatisierung

mitteln noch eine wichtige Koordinations- und Allokationsfunktion: Da der Eigentümer die größten Gewinne realisieren kann, wenn er die am meisten nachgefragten Güter herstellt, kommt es in Wettbewerbsmärkten zu einer für die Nachfrager effizientesten Verwendung von Ressourcen. Schließlich schafft Privateigentum Anreize zur Innovation. Bei wirksamen Wettbewerb besteht ein ständiger Zwang zur Innovation, da jeder Wettbewerbsnachteil durch technologische Rückständigkeit zur Existenzvernichtung führen kann.[1]

Grundsätzlich bestehen mehrere Optionen für die zeitlich unbegrenzte Übertragung von Unternehmen an Private. Im folgenden werden zunächst die unterschiedlichen Methoden der materiellen Privatisierung, daran anschließend die begleitende Maßnahmen zur Abfederung möglicher negativer Wirkungen dargestellt.
    Mehrere Optionen

Grundsätzlich können sowohl Monopolbereiche wie auch wettbewerbliche Bereiche materiell privatisiert werden. Von besonderer Bedeutung ist es jedoch, den regulatorischen Rahmen für das zuküftig in Privateigentum befindliche Versorgungs- oder Transportunternehmen vor der Privatisierung zu klären und zu fixieren, um den Investoren klare ‚Spielregeln' für ihr Verhalten am Markt und Grundlagen für ihre Wirtschaftlichkeits- und Investitionsberechnungen zu geben.
    Privatisierung nach Klärung des regulatorischen Rahmens

Die materielle Privatisierung von Transport- und Versorgungsunternehmen kann durch eine Vielzahl von Faktoren be- oder sogar verhindert werden. Gerade in MOE und GUS möchte die öffentliche Hand oftmals weiterhin Kontrolle und direken Einfluß auf die Unternehmen ausüben. Das Interesse privater Investoren beschränkt sich meist auf die attraktivsten Objekte in den fortgeschrittenen Transformationsländern; für die große Mehrheit der weniger attraktiven Objekte finden sich nur selten Interessenten. Hinzu kommt, daß auf den jeweiligen Kapitalmärkten die erforderlichen Fremdmittel entweder nicht oder nur zu hohen Zinssätzen aufgenommen werden können. Auch sind oft die konkreten Bedingungen des Engagements privater Investoren nur schwer abschätzbar. In diesen Fällen kann daher als eine Übergangslösung bis zur vollständigen Privatisierung ein Public-Private Partnership sinnvoll sein.
    Vollständige Übertragung in einem Schritt möglich?

Häufig werden bei der Privatisierung Joint-Venture-Lösungen mit Kapitalbeteiligung des Staates angestrebt. So erwarben beispielsweise in 1992 ausländische Investoren 40% der tschechischen Fluggesellschaft CSA und verpflichteten sich zur Bereitstellung von bestimmten Ausrüstungen und technischem Know-how.[2] Ein anderes Beispiel ist der Verkauf von 25% der
    Beibehalten eines staatlichen Anteils

---

[1]   Vgl. Klenk, J.; Philipp, Ch.; Reineke, R.-D.; Schmitz, N.: Privatisierung in Transformations- und Entwicklungsländern. Strategien - Beratung - Erfahrungen. Wiesbaden 1994, S. 7 f.

[2]   Der Vertrag sah für beide Seiten den Zugang zu neuen Märkten und Routen vor. Vgl. Kessides, C.: Institutional Options for the Provision of Infrastructure, World Bank Discussion Papers No. 212, World Bank, Washington D.C, 1993, S.35.

Die Privatisierung des lettischen Energieversorgers Latvenergo

Latvenergo ist der vertikal integrierte nationale monopolistische Stromanbieter[1] in Lettland und zudem in der Fernwärmeversorgung tätig. Im folgenden sind die bisherig durchgeführten Maßnahmen sowie das geplante weitere Vorgehen der Privatisierung dargestellt.[2]

Mit ca. 8.000 Mitarbeitern und einem Umsatz von rd. 270 Mio. US$ ist Latvenergo eines der größten lettischen Unternehmen. Es produziert für den heimischen Markt Strom, zudem wird Elektrizität aus Litauen (14% der nachgefragten Menge), Rußland (14%) und Estland (8%) importiert. Aufgrund der veralteten Ausrüstung sind umfangreiche Investitionen erforderlich. Gleichzeitig liefen bei Latvenergo über 100 Mio. US$ Forderungen auf; Abrechnung und Inkasso funktionierten kaum.

Die Privatisierung von Latvenergo wird von der Lettischen Privatisierungsagentur (LPA) vorgenommen. Es ist vorgesehen, daß zunächst 25-35% des Unternehmens an strategische Investoren verkauft werden. Dabei geht man den Weg einer Kapitalerhöhung über die Ausgabe neuer Aktien. Dies hat den Vorteil, daß dem Unternehmen direkt Kapital für die dringend notwendigen Modernisierungsmaßnahmen zufließt. In einem zweiten Schritt sollen dann die verbliebenen Staatsanteile schrittweise an Private verkauft werden.

Nach Publikation entsprechender Einladungen bekundeten 12 Unternehmen ihr Interesse, die Aktien bei der Kapitalerhöhung zu übernehmen.

Viele Maßnahmen wurden vor dem Hintergrund bevorstehender Wahlen vorangetrieben. Da ein Regierungswechsel mit negativen Auswirkungen auf die Privatisierungspolitik befürchtet wurde, sollten vorher in möglichst großem Umfang Fakten geschaffen werden. Die eilige Bearbeitung führte zu Unklarheiten: So bestand keine Einigkeit darüber, ob das Unternehmen als Holding oder in Einzelteilen privatisiert werden sollte. Auch waren die Fragen nicht beantwortet, ob auf der Erzeugerebene - wie dies die Struktur nahelegen würde - Wettbewerb eingeführt werden sollte oder nicht und welche Regulierungsform und -intensität eingeführt werden sollte.

---

[1] *Daneben existieren 14 kleine, unabhängige Stromproduzenten mit einem Gesamtmarktanteil von 2%.*
[2] *Vgl. Agnar J., Latvian Privatisation Agency: Privatisation in Latvia and the Process for Latvenergo, in: Seminardokumentation - Infrastructure in the Baltic States, Copenhagen, 28th-29th April 1997.*

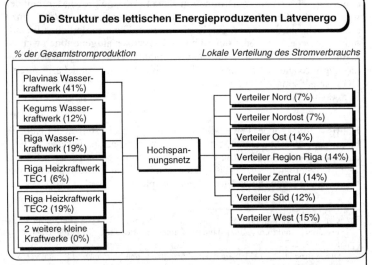

Die Struktur des lettischen Energieproduzenten Latvenergo

% der Gesamtstromproduktion   *Lokale Verteilung des Stromverbrauchs*

- Plavinas Wasserkraftwerk (41%)
- Kegums Wasserkraftwerk (12%)
- Riga Wasserkraftwerk (19%)
- Riga Heizkraftwerk TEC1 (6%)
- Riga Heizkraftwerk TEC2 (19%)
- 2 weitere kleine Kraftwerke (0%)

Hochspannungsnetz

- Verteiler Nord (7%)
- Verteiler Nordost (7%)
- Verteiler Ost (14%)
- Verteiler Region Riga (14%)
- Verteiler Zentral (14%)
- Verteiler Süd (12%)
- Verteiler West (15%)

Abb. 5.41: Die Struktur des lettischen Energieproduzenten Latvenergo

Städtischen Budapester Abwassergesellschaft an einen privaten Investor über eine öffentliche Ausschreibung.[1] Stadt und Investor sollen die Gesellschaft gemeinsam betreiben.

Von gemischten Anteilen können sowohl der Staat als Verkäufer als auch private Investoren als potentielle Käufer profitieren: Investoren können das Unternehmen sowie das Verhalten des Staates, insbesondere der staatlichen Regulierung, kennenlernen und ,ausprobieren'. Verläuft der Versuch positiv, sind sie leichter von der Sinnhaftigkeit eines größeren Investments in Versorgungs- oder Transportunternehmen zu überzeugen. Auf der anderen Seite lernen die staatlichen Stellen den privaten Investor mit seiner Management- und Kapitalkraft besser kennen.

Attraktive Übergangslösung

Die Übernahme von größeren Staatsunternehmen durch ausländische Investoren führt oft zu Mißtrauen seitens der Bevölkerung und Angst vor Überfremdung. Daher sollten bei den verschiedenen Optionen der materiellen Privatisierung auch Möglichkeiten der Einbindung der Bevölkerung erwogen werden. So können beispielsweise zumindest Teile von Staatsunternehmen an die Bevölkerung über den Weg der Voucher-Privatisierung verschenkt werden, die Mehrheitspakete sollten dagegen über Ausschreibungen an strategische Investoren veräußert werden.

Beteiligung der Bevölkerung an der Privatisierung

5.5.2   Aktienverkauf an das Publikum

Bei dieser Methode werden für das zu privatisierende Unternehmen - das von der Rechtsform her eine Aktiengesellschaft sein muß - Aktien emittiert und an die breite Öffentlichkeit verkauft.[2] Dabei existieren verschiedene Gestaltungsspielräume wie beispielsweise die nationale oder internationale Aktienemission sowie quantitative oder qualitative Bestimmungen (etwa Aktienmenge je Person oder Personenkreis der Aktienkäufer). In der Regel wird ein Emissionär (z.B. eine Investmentbank bzw. ein Konsortium) bei der Aktienausgabe eingeschaltet, der Aktien im eigenen Namen und auf eigene Rechnung verkauft, so daß das Risiko auf Seiten des Staates gleich Null ist.[3] Es handelt sich dabei meist um ein sogenanntes kombiniertes Übernahme- und Begebungskonsortium[4], bei dem die Banken dem Emittenten aufgrund eines Übernahmevertrages sofort den gesamten Gegenwert der Emission zur Verfügung stellen und anschließend die übernom-

Definition

---

[1]   Vgl. Financial Times, 27.01.1997, S. 6.

[2]   Unter Emission wird allgemein die Ausgabe neuer Wertpapiere (Aktien oder Anleihen) verstanden. Diese werden den kapitalanlagesuchenden Kreisen i.d.R. über Banken angeboten. Eine Emission dient der Kapitalbeschaffung und erfolgt meist durch öffentliche Ausschreibung zur Zeichnung der auszugebenden Wertpapiere.

[3]   Auch in Deutschland tragen die Konsortialbanken das Emissionsrisiko. Sie müssen, wenn die Unterbringung nicht erfolgreich ist, die übrig bleibenden Wertpapiere in den eigenen Bestand übernehmen.

[4]   Konsortien weisen im Regelfall die Form einer BGB-Gesellschaft auf.

menen Effekten im Publikum plazieren.[1] Die Aktien werden oft in mehreren Tranchen dem Markt angeboten.[2] Die Banken beraten den Emittenten hinsichtlich der Wahl des Emissionszeitpunktes sowie der -kon-ditionen. Wichtige Emissionsbedingungen sind: Zahl und Nennwert der Aktien, Bezugskurs, Bezugsverhältnis, Bezugsfrist, Einzahlungstermine und Gewinnberechtigung der Aktien. Wenn nur ein Teil des Staatsunternehmens in private Hände übergehen soll, kann auch eine Erhöhung des Grundkapitals vorgenommen werden, wobei die gesetzlichen Bezugsrechte der Altaktionäre zu berücksichtigen sind.

Erforderliche
Voraussetzungen

Es hat sich in der Vergangenheit gezeigt, daß die Privatisierung in Form des Aktienverkaufs an das Publikum nur funktioniert, wenn das betreffende Unternehmen profitabel ist oder zumindest einen gewissen Profit verspricht und somit ein bestimmtes Interesse am Besitz von Aktien besteht. Darüber hinaus müssen genügend große und entwickelte Kapitalmärkte zur Bereitstellung der finanziellen Mittel vorhanden sein. Beide Voraussetzungen sind im Hinblick auf die Transport- und Versorgungswirtschaft in MOE und GUS nur in seltenen Fällen erfüllt.[3]

Voraussetzungen
für erfolgreiche
Plazierung erfüllt

In Großbritannien wurden die Aktien von 10 Water Service Companies als ganzes Paket dem Publikum zum Kauf angeboten. Um den Übergang der sanierungsbedürftigen Einheiten in private Hände zu erleichtern, bewilligte die Regierung Zuschüsse für notwendige Investitionen und für die Tilgung von Altschulden in Höhe von insgesamt 5,5 Mrd. Pfd. Durchgeführt wurde auch eine Werbekampagne, die die Öffentlichkeit und die britischen Institutionen über den Verkauf der Aktien und speziell über Zeichnungsmöglichkeiten informierte. Angekündigt wurden Preisnachlässe und Gratisaktien für Arbeitnehmer und Pensionäre, aber auch für Kunden, die Aktien ihres Versorgers kauften. Die Emission war sehr erfolgreich, die Aktien wurden mehrfach überzeichnet. 47% wurden an private Anleger, knapp 40% an institutionelle Investoren verkauft. Rund 14% gingen an ausländische Investoren. Die Einnahmen der Regierung aus der Emission beliefen sich auf etwa 5,2 Mrd. Pfd und deckten damit die zuvor gewährten Zuschüsse zum Großteil ab.[4]

---

[1]   Der Emittent profitiert auch vom Image der eingeschalteten Konsortialbanken: Aus Sicht des Publikums trägt das „Standing" der Banken wesentlich zum Vertrauen in die Qualität der Effekten, ihrer ordnungsgemäßen Verwaltung und Kurspflege bei.

[2]   Der estnische Gasimporteur Eesti Gaas soll nicht in einem Stück, sondern in insgesamt drei Tranchen privatisiert werden. Ähnlich wurde im Verlauf der Privatisierung der British Telecom verfahren: 50% von BT wurden in 1984 über die Börse veräußert, die restlichen 50% wurden in zwei weiteren Tranchen 1991 und 1993 verkauft. Vgl. Eesti Gaas: Annual Report 1996. Vgl. Burns, H.: Privatisation of Utilities: The British Experience, in: Konferenzdokumentation: Privatisation and Investment Opportunities in Estonia, Tallinn, 1996, S.12.

[3]   Gut geeignet für Aktienemissionen in MOE und GUS sind die jeweiligen nationalen Telekommunikationsgesellschaften, die international meist als „Blue Chips" betrachtet werden und auf großes Interesse seitens der Investoren stoßen.

[4]   Vgl. Spelthahn, S.: Privatisierung natürlicher Monopole. Theorie und internationale Praxis am Beispiel Wasser und Abwasser, Wiesbaden 1994, S. 173 f.

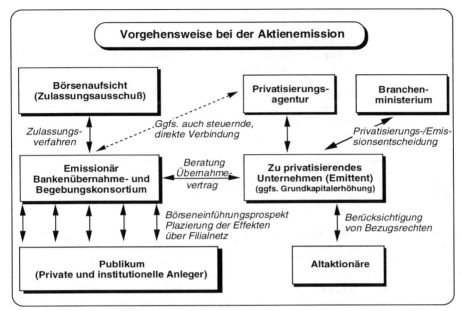

Abb. 5.42: Vorgehensweise bei der Aktienemission

Für einen Aktienverkauf an das Publikum spricht vor allem die Möglichkeit der Verhinderung von Anteilskonzentrationen durch eine weitläufige Eigentümerstruktur. Darüber hinaus können auch kleine Investoren auf diesem Wege an der Privatisierung partizipieren, was häufig unter dem Ziel „Volkskapitalismus" gestrebt wird. Schließlich sichert diese Verkaufsmethode ein hohes Maß an Transparenz im Privatisierungsprozeß zu. Allerdings ist in Anbetracht des erforderlichen Restrukturierungsbedarfs bei Transport- und Versorgungsunternehmen in den meisten Fällen die Notwendigkeit für das Einschalten eines strategischen Investors gegeben. Über den „Volkskapitalismus" sind kaum die erforderlichen Veränderungen zu realisieren.

Vorteile der Privatisierung über die Börse

Probleme liegen in dem relativ komplexen und zeitaufwendigen Verfahren, das darüber hinaus hohe Transaktionskosten verursacht, die unmittelbar im Zusammenhang mit der Privatisierung anfallen, wie etwa die Anmeldung an der Börse, Zusammenstellung eines Konsortiums, Erstellung von Börsenprospekten und die Vergütung für die beteiligten Banken.[1] Weitere Schwierigkeiten entstehen durch die sowohl in MOE und GUS teilweise noch schlecht entwickelten Kapitalmärkte. Ein besonderes Problem stellt die Plazierung von Anteilen osteuropäischer Unternehmen auf dem internationalen Kapitalmarkt dar.

Nachteile

---

[1]   Bei Aktienemissionen wird in Deutschland eine Provision in Höhe von üblicherweise 4% gewährt.

Keine ausreichende Kontrolle

Ein Nachteil der Privatisierung über Aktienverkauf an der Börse besteht in einer zu breiten Anteilsstreuung, verbunden mit der Gefahr einer unwirksamen Kontrolle der Manager durch die neuen Eigentümer. Die ineffektive staatliche Unternehmenskontrolle wird nicht durch eine effektive Aktionärskontrolle abgelöst. Der einzelne Aktionär - sofern er überhaupt stimmberechtigt, ausreichend informiert und teilnahmewillig ist - ist gegenüber den Vertretern großer Aktienpakete (z.B. Banken) und dem Management des Unternehmens de facto machtlos. Im Extremfall wird der Aktieninhaber noch nicht einmal ausreichend informiert.

Plazierung von Anteilen osteuropäischer Unternehmen auf dem internationalen Kapitalmarkt

Ein Sonderfall der Privatisierung über Aktienverkauf an der Börse ist die internationale Plazierung von Unternehmensanteilen. Osteuropäische Unternehmen - wie im übrigen auch eine Vielzahl von Unternehmen aus Industrieländern - erfüllen häufig nicht die teilweise sehr hohen Qualitätsanforderungen US-amerikanischer Aufsichtsbehörden. Dies gilt insbesondere für die Vorlage von gemäß internationalen Standards zertifizierten Bilanzen der letzten Jahre und die Publizitätspflicht. Aufgrund dessen ist es vielen institutionellen Investoren wie bspw. Versicherungsgesellschaften nicht erlaubt, solche als Hochrisiko-Aktien bezeichneten Papiere zu erwerben. Der Kreis der Erwerber von Aktien der osteuropäischen Emittenten ist somit sehr stark eingeschränkt.

Um dieses Problem zu umgehen, wird das Vehikel sogenannter American oder Global Depositary Receipts (ADR oder GDR) gewählt: Dieses System sieht vor, daß die Aktien in einer heimischen Bank hinterlegt werden (sog. Custodian Bank). Diese wiederum schließt einen Vertrag mit einer - zumeist in den USA angesiedelten - Bank, die auf Grundlage der eingelegten Aktien ein Depot eröffnet und daran Anteile begibt (Depositary Bank).

Diese Anteilsscheine (Depositary Receipts) werden dann auf dem internationalen Markt verkauft und gehandelt. Da als Emittent eine anerkannte westliche Bank fungiert, sind diese Papiere problemlos auch von institutionellen Investoren erwerbbar.[1]

Zum Jahresende 1997 haben ca. 1.400 Unternehmen weltweit Kapital über ADR's aufgenommen. Von den seit 1990 neu hinzugekommenen ADR-Programmen wurden alleine über 5% von polnischen und russischen Unternehmen aufgelegt.[2] Da die emittierenden Unternehmen in der Regel gewisse Mindestgröße aufweisen müssen, sind typische ADR-Emittenten Energieunternehmen wie Mosenergo oder LukOil aus Rußland oder Banken wie die kasachische Kazkom-mertsbank.

---

[1]   *Die hauptsächlichen Emittenten von ADR's und GDR's, die sich nur durch den - zumeist aus Vermarktungsgründen gewählten - Namen unterscheiden, sind die Bank of New York, die Citibank und Morgan Guaranty.*

[2]   *Schätzungen der BNY. Bank of New York: Depositary Receipts, A Guide for Russian Issuers, New York, 1997.*

Vollständige Privatisierung der Lufthansa über eine Börsenplazierung

Der verbliebene Lufthansa-Anteil des Bundes in Höhe von 35,68%, der seit Ende 1996 bei der KfW „geparkt" ist, soll an der Börse plaziert werden. Damit wird das ehemalige Staatsunternehmen vollständig in private Hände überführt. Bundesverkehrsministerium, Bundesfinanzministerium und KfW haben sich über diesen Schritt verständigt.[1]

Um das Plazierungsvolumen in Höhe von geschätzten fünf Mrd. DM erfolgreich unterzubringen, wurde vom Bundesverkehrsministerium ein Frankfurter Bankhaus beauftragt, ein erfolgversprechendes Vermarktungskonzept zu entwickeln, das die Erfahrungen aus den vorangegangenen Privatisierungen des Bundes nutzen sollte. Das Bankhaus hat rund 50 Finanzinstitute angeschrieben und in einem Ausschreibungsverfahren sieben Banken in die engere Wahl genommen. Erfahrungen mit der Telekom-Privatisierung ließen es angeraten erscheinen, die Führung der Aktienplazierung lediglich einer Zweiergruppe (national - international) zu übertragen.

Um den Erfolg der Aktienplazierung sicherzustellen, wurden im Vorfeld der Ausschreibung mit den Banken umfassende Gespräche über die geeignete Konsortialstruktur geführt, um der Größenordnung der Transaktion und der luftverkehrstechnischen Anforderungen gerecht zu werden. Die Zusammensetzung des Konsortiums soll sicherstellen, daß sich mindesten 50% der Aktien in deutschem Kontrollbesitz befinden, wie es zur Aufrechterhaltung der Luftverkehrsrechte und der Betriebsgenehmigung der Lufthansa erforderlich ist.

Als neu gelten die sehr weitgehenden Mitspracherechte der Ministerien, der KfW und der Lufthansa selbst bei der Vermarktung des Aktienpaketes. Diese Rechte erstrecken sich u.a. auf die Zuteilungskriterien und die Festlegung der Konsortialregeln, auf die Emittenten normalerweise nur wenig Einfluß haben. Diese weitgehende Mitspracheregelung wird mit der besonderen Situation der Lufthansa begründet.

Die Bundesregierung will mit dieser Plazierung ein wichtiges Ziel ihrer Privatisierungspolitik erreichen. Dabei solle durch eine besondere Berücksichtigung der deutschen Privatanleger der Finanzplatz Deutschland gestärkt und die Aktienkultur in Deutschland nach den positiven Erfahrungen mit der Telekom-Emission weiter entwickelt werden.

---
[1] Vgl. o.V.: *Der ehemalige Lufthansa-Anteil des Bundes soll börsenplaziert werden*, in: FAZ v. 2.8.1997, S. 13.

5.5.3   Direkter Verkauf von Anteilen

Bei dieser Privatisierungsmethode werden Anteile an einen bestimmten Investor übertragen. Die Auswahl dieses Investors kann durch öffentliche Ausschreibungen (konkurrierende, geheime Angebote), durch eine Auktion oder durch direkte Verhandlungen mit ausgewählten Interessenten vorgenommen werden. Dabei können die Entscheidungskriterien beliebig gewählt werden. Es kann dies beispielsweise das höchste Kaufpreisangebot, das höchste Arbeitsplatzversprechen, das am meisten überzeugende Unternehmenskonzept oder eine Kombination aus alledem sein.[1]

Beschreibung

---
[1] Vgl. Schmidt, K.-D.: Strategien der Privatisierung, in: Treuhandanstalt. Das Unmögliche wagen, hrsg. von W. Fischer u.a., Berlin 1993, S. 217.

Wichtige Option   Diese Methode empfiehlt sich für leistungsschwächere Unternehmen und für die Fälle, in denen ein spezielles technisches oder Management-Know-How sowie Kapital für Investitionen verlangt wird. Insbesondere bei Infrastrukturunternehmen ist dieser Weg von besonderer Bedeutung. In solchen Fällen müssen Auswahlkriterien für die Suche und Verhandlung mit potentiellen Käufern entwickelt werden (Reputation, finanzielle Stärke, Erfahrungen, etc.). Die späteren Eigentümer können so besser beurteilt werden und es kann flexibel über die zukünftige Geschäftspolitik verhandelt werden.

Privatisierung der Stauerei im Hafen Klaipeda

Die Regierung von Litauen hat die Privatisierung sog. „strategischer Objekte" u.a. im Transport-sektor beschlossen. Dabei sollen Investoren für die großen Objekte möglichst über einen direk-ten Verkauf der Anteile gewonnen werden. Ver-antwortlich für die Steuerung des Programms ist die Privatisierungsabteilung im Europaministerium, für die eigentliche Durchführung sollen jedoch über eine internationale Ausschreibung unabhängige Berater ausgewählt und verpflichtet werden. Diese sollen ein den Regierungszielen entsprechendes Privatisie-rungsprogramm ausarbeiten und den Verkauf vorbereiten. Die eigentliche Privatisierungs-aufgabe wird damit auf Private übertragen.

Zu den zu privatisierenden Unternehmen zählt auch Klasco, Klaipeda Stevedoring Company. 92,4% der Anteile von Klasco befinden sich in Staatsbesitz, 7,6% gehören privaten Anteils-eignern. Das Unternehmen beschäftigt rund 2.300 Mitarbeiter und erwirtschaftet seinen Umsatz primär im Stauereigeschäft. Rund 80% entfällt auf Transitfracht (vor allem Metalle von Rußland nach Westeuropa), der Rest wird von litauischen Unternehmen ex- oder importiert. Die Gewinne der Gesellschaft waren in den vergangenen Jahren stark rückläufig, die kurzfristig erforderlichen Investitionen liegen bei rund 40 Mio. US$.

Die Ziele der Regierung bei der Privatisierung von Klasco wurden wie folgt definiert:

• *Verbesserung von Management und Effizienz des Betriebs,*

• *Stärkung der Wettbewerbsposition und Förderung des Hafens von Klaipeda,*

• *Implementierung des nationalen Transportprogramms und Einhaltung internationaler Verpflichtungen Litauens,*

• *Maximierung des Verkaufserlöses.*

Um den Privatisierungsprozeß möglichst transparent und objektiv zu gestalten, wurden zunächst im Rahmen einer öffentlichen Präqualifikation Beratungsgesellschaften zur Abgabe ihres Qualifikationsnachweises für Klasco aufgefordert. 19 internationale Konsortien haben darauf reagiert, neun wurden ausgewählt und zur Angebotsabgabe aufgefordert. Die vom Europaministerium versandten Unterlagen enthielten eine Beschreibung des Unternehmens, eine klare Aufgabenbeschreibung sowie eine Information über das Bewertungsverfahren zur Auswahl des besten Angebots. Auch die sog. „Shortlist" wurde beigefügt. Den Unternehmen wurde eine Frist von fünf Wochen zur Angebotsabgabe eingeräumt. Gleichzeitig führte das Europaministerium eine offene Informationspolitik durch: Die Presse wurde detailliert über Verfahren und beteiligte Unternehmen informiert.[1] Damit wurde dem Entstehen einer „Gerüchteküche" vorgebeugt.

---

[1] *Vgl. etwa Leff, J.: Seaport enterprises are privatized, in: Baltic Times v. 24.7.1997.*

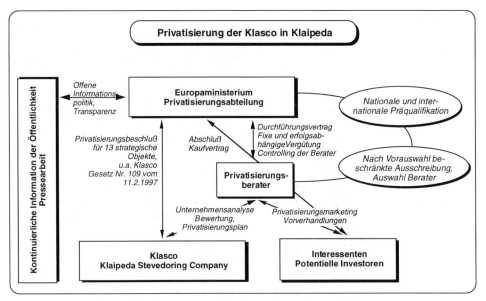

Abb. 5.43: Privatisierung der Klasco in Klaipeda

Allerdings besteht die Gefahr der Vermögens- und Einkommenskonzentration und somit der verstärkten Kontrolle durch einzelne Personen, Firmengruppen oder Institutionen. Außerdem existieren kaum Kontroll-möglichkeiten der Öffentlichkeit hinsichtlich der Auswahl der Investoren und des zu zahlenden Preises - die Gefahr von Korruption ist groß. Um eine größtmögliche Transparenz zu gewährleisten, sind daher klare Leitlinien und Ablaufregelungen zur Auswahl der Investoren notwendig. Wichtig sind ein hinreichend intensiver Bieterwettbewerb und ein relativ einfaches Ausschreibungsverfahren.

*Klare Auswahl-
kriterien*

5.5.4 Management-und Employee Buy-Outs und Buy-Ins

Im Rahmen von Management- und Employee Buy-Outs (MBO oder EBO) erwirbt entweder das Management oder die gesamte Belegschaft das zu privatisierende Unternehmen. Ein Sonderfall des Verkaufs von Anteilen ist das Management Buy-In (MBI), bei dem sich Manager in einen fremden Betrieb einkaufen und so Unternehmer werden. Von besonderem Vorteil ist dies, wenn das betreffende Unternehmen nicht nur Kapital, sondern auch solide Managementkenntnisse benötigt.

*Management-Buy-
Out / Buy-In*

Auch eine Kombination von Management-Buy-Out und Management-Buy-In ist möglich. Dabei wird das Unternehmen gemeinsam von internen und externen Führungskräften übernommen.

Kombination

Anwendung

Das MBO wird gerne angewandt, wenn das Staatsunternehmen zwar eine schlechte finanzwirtschaftliche Situation aufweist, aber über ein qualifiziertes Management verfügt, welches die Ursachen dieser Situation beheben kann oder wenn es berechtigte Hoffnungen gibt, daß das Unternehmen nach erfolgter Sanierung gute Marktchancen hat. In den neuen Bundesländern wurden über ein Fünftel aller privatisierten Unternehmen auf der Basis von Management- oder Mitarbeiterbeteiligungen veräußert. Dieses Instrument ist insbesondere für das Outsourcen und die Auslagerung von einzelnen, kleineren Bereichen relevant.[1] Auf derartige Auslagerungen dürften die Management- und Mitarbeiterbeteiligungsmodelle angesichts der Größe von Versorgungs- und Transportunternehmen in der Regel beschränkt bleiben.

*Beitrag zum
Strukturwandel*

Die zunehmende Verlagerung von Aufgaben aus den ehemals stark integrierten Transport-und Versorgungsunternehmen über E/MBO und E/MBI ist ein wichtiger Beitrag zum Strukturwandel und trägt erheblich zur Dynamisierung der Wirtschaft bei. So ist etwa in Tschechien die Anzahl von Kleinunternehmen von 20.000 in 1989 auf 640.000 in 1993 angestiegen.[2] Auch in der polnischen Versorgungs- und Transportwirtschaft sind vor allem im kommunalen Bereich zunehmend private Firmen aktiv geworden. Hierbei handelt es sich zu 75% um Unternehmen mit weniger als 20 Mitarbeitern.[3] In Ungarn wurden bereits 1991 etwa 18% der nationalen Güterverkehrsleistungen von privaten Lkw-Betreibern erbracht.[4] In vielen Fällen kamen dabei Management- und Mitarbeitermodelle zum Tragen.[5]

*Motivation und
Verantwortung*

Neben dem Argument der Arbeitsplatzsicherung und der Erhaltung von sonst unverkäuflichen Unternehmen sprechen insbesondere die erhöhte Motivation und Verantwortungsbereitschaft der Belegschaft und/oder des Managements für diese Methoden. Bei Employee Buy-Outs kann darüber hinaus das häufig vorhandene Mißtrauen gegenüber dem Management abgebaut werden. Und schließlich kann hiermit eine Beteiligung der lokalen Bevölkerung sichergestellt werden.

*Austausch
erforderlich*

Allerdings besteht die Gefahr, daß diese Lösung nicht zu dem gesellschafts- und verteilungspolitisch gewünschten Austausch der Eliten führt. Die Träger der bürokratischen Macht des alten Systems sind häufig identisch mit den Trägern der wirtschaftlichen Macht des neuen Systems, was kaum auf politische Akzeptanz in der Bevölkerung stößt. Darüber hinaus ist nicht

---

[1] In den neuen Bundesländern wurden über MBO meist kleinere Unternehmen mit bis zu 50 Mitarbeitern privatisiert.

[2] Vgl. Borish, M.; Noel, M.: Die Entwicklung des Privatsektors in den Visegradländern, in: Finanzierung und Entwicklung, Dezember 1996, S. 43-46.

[3] Vgl. Instytut Badan nad Gospodarka rynkowa, Nr. 40, 1995.

[4] Vgl. Kessides, C.: Institutional Options for the Provision of Infrastructure, World Bank Discussion Papers No. 212, World Bank, Washington D.C, 1993, S.35.

[5] Vgl. hierzu auch BMZ: Sektorkonzept Förderung von Klein- und Kleinstgewerbe in Entwicklungsländern, Bonn, Januar 1997, S. 6.

anzunehmen, daß das Leistungsprofil von Betriebsleitern im sozialistischen Wirtschaftssystem dem Anforderungsprofil an ein Management in Marktwirtschaften entspricht. Eine Übertragung von Eigentumsrechten an das bisherige Management würde daher den dringend notwendigen Aufbau von neuem, marktwirtschaftlich orientierten Humankapital behindern.

Viele Belegschaften verfügen darüber hinaus nicht über ausreichende finanzielle Mittel zum Kauf ihres Unternehmens. Dies gilt auch für die Manager, deren Vergütung häufig nicht so angelegt war, daß sie große finanzielle Guthaben anlegen konnten. Daher sind sie auf Fremdkapital von Kreditinstituten, dem Eigentümer der öffentlichen Unternehmen oder dem Staat angewiesen. Als Sicherheit dienen hierbei das Vermögen und gegebenenfalls die zukünftigen Einnahmen des privatisierten Unternehmens, wobei häufig zu große Erwartungen bezüglich der Unternehmensentwicklung bestehen.

Mangelnde finanzielle Ausstattung

5.5.5 Voucher-Privatisierung

Da Verkäufe als Mittel der Privatisierung speziell in MOE und GUS häufig nur begrenzt möglich sind, hat man in diesen Ländern verschiedene Formen der Schenkung entwickelt, um einen raschen Transfer der Eigentumsrechte mit einem gewissen Maß an sozialer Gerechtigkeit sicherzustellen. Gemeinsam ist den unterschiedlich ausgestalteten Vouchersystemen, daß jeder erwachsene Inländer kostenlos oder zu sehr geringen Preisen eine gleiche Anzahl von Gutscheinen bekommt, die er später gegen Eigentumstitel an Staatsbetrieben seiner Wahl eintauschen kann.

Beschreibung

Die Vorteile dieser Privatisierungsmethode liegen zum einen in der schnellen Privatisierung zu geringen Transaktionskosten. Da die gesamte Bevölkerung an der Privatisierung beteiligt wird, ist eine höhere politische Akzeptanz zu erwarten. Dies liegt unter anderem darin begründet, daß es sehr öffentlichkeitswirksam und populär ist, den Bürgern direkt Staatseigentum zu schenken, als ihnen die Vorteile der Privatisierung indirekt etwa durch langfristig höhere Einkommen oder durch Steuervergünstigungen zukommen zu lassen. Zum anderen wird so der Mangel an inländischem Geldvermögen ausgeglichen. Erste Erfahrungen zeigen bereits, daß Massenprivatisierungen sogar einen positiven Beitrag zur Entwicklung von Kapitalmärkten leisten. Die jeweils eingesetzte Anzahl der Gutscheine pro Unternehmen zeigt darüber hinaus, welchen Wert die Bürger dem einzelnen Betrieb beimessen, was einen Anhaltspunkt bietet für den Preis der vorläufig vom Staat zurückgehaltenen Anteilsscheine bei späterem Verkauf über in- und ausländische Kapitalmärkte.

Vorteile

Es gibt jedoch auch negative Aspekte dieser Privatisierungsmethode, wie etwa die Tatsache, daß auf diese Weise weder dem Staat hohe Einnahmen aus Verkäufen noch den Unternehmen finanzielle Mittel für dringend notwendige Sanierungsmaßnahmen zufließen. Darüber hinaus kommt es zu-

Nachteile

mindest in der Anfangsphase zu einer relativ breiten Streuung der Eigentumsrechte, was eine wirksame Kontrolle der Unternehmen durch die Anteilseigner nahezu unmöglich macht. Da die neuen Kleinaktionäre keinerlei Erfahrungen mit der Bewertung von unternehmerischen Leistungen, der Interpretation von Bilanzen sowie dem Ablauf von Hauptversammlungen verfügen, dürfte es der bisherigen Betriebsleitung relativ leicht fallen, eigene Interessen durchzusetzen. Dies kann dazu führen, daß die durch die Privatisierung erwarteten Effizienzgewinne ausbleiben. Viele Unternehmen in der Tschechischen Republik vertrauten auf diese Zusammenhänge und plädierten deshalb dafür, möglichst viele Anteile über Vouchersysteme zu privatisieren. In der Folge konnten sie aufgrund der häufig ineffektiven Kontrolle durch die Kleinaktionäre Spielräume zur Realisierung eigener Interessen nutzen. Restrukturierungsmaßnahmen blieben aus und wertvolle Zeit wurde vertan. Die Tschechische Republik verlor ihre Rolle als Vorreiter und „Musterknabe" im Transformationsprozeß, auf dem Gipfel der Krise im Frühjahr 1997 wurde die Krone deutlich abgewertet.

Investmentfonds

Auch die Deponierung der Aktien bei Investmentfonds, die dann den Großteil der Zertifikate verwalten, führt nicht zu effizienteren Kontrollstrukturen, da diese Fonds selbst in entwickelten Marktwirtschaften selten eine aktive Rolle beim Management der in ihrem Portefeuille befindlichen Unternehmen spielen. Aufgrund dieser Nachteile sollte die Voucher-Privatisierung nicht das Herzstück eines Privatisierungskonzeptes für den sensiblen Bereich der Transport- und Versorgungswirtschaft sein.[1]

Kombiniertes Verfahren

Allerdings kann eine Kombination der Voucher-Privatisierung mit anderen Methoden durchaus sinnvoll sein, wie das Beispiel Bolivien zeigt.[2] Dort wurden Unternehmensanteile an die Bevölkerung zum Aufbau eines Altersversorgungssystems verschenkt. 50% der Aktien der staatlichen Fluggesellschaft, der wichtigsten Kraftwerke sowie der Fernmeldedienste wurden an private Investoren veräußert. Weitere 50% der Anteile verblieben zunächst beim Staat, wurden aber später in einen Treuhandfond eingebracht und sind nun Eigentum der 3,8 Millionen volljährigen Bolivianer. Mit Abschluß der Privatisierung wurden diese persönlichen Aktienpakete jedes einzelnen Bürgers im Wert von ca. 600 US$ in einen frei wählbaren Pensionsfond als Grundlage für die individuelle Altersvorsorge eingebracht. Das Sparkonto wird über den Zeitablauf durch Beiträge des Versicherten und Kapitalgewinne und Dividenden des Aktienbesitzes bis zum Erreichen des Pensionsalters weiter gespeist.

---

[1] Die Voucher-Privatisierung ist besser geeignet für Wohnungen, Grundstücke, kleine Geschäfte, Handwerksbetriebe und Dienstleistungsunternehmen. Die Mehrzahl der Bürger kann den Wert dieser Vermögensgegenstände besser einschätzen und zudem besteht hier nicht die Gefahr einer zu breiten Eigentumsstreuung.

[2] Vgl. Neue Züricher Zeitung vom 08.11.95: Neuartiges Privatisierungsmodell in Bolivien - kapitalisieren statt privatisieren.

5.5.6 Verkauf einzelner Aktiva (Liquidation)

Im Rahmen des Transformationsprozesses in MOE und GUS kommt es durchweg zu einem starken Nachfragerückgang nach Transport- und Versorgungsdienstleistungen. So nahm bspw. die Nachfrage nach Wasser in den neuen Bundesländern von 300-400 Liter pro Einwohner und Tag als Folge subventionierter Preise zu DDR-Zeiten auf knapp über 100 Liter in 1994 ab.[1] Auch die Nachfrage nach Strom sinkt typischerweise im Verlauf des Transformationsprozeß. Der Grund hierfür ist weniger in der Anhebung der Preise zu sehen, als vielmehr im Rückgang des Energieverbrauchs durch Schließung staatlicher, energieintensiver Produktionsunternehmen, Rückgang der Produktion und der zunehmenden Verwendung energiesparender Maschinen und Anlagen. So nahm bspw. die Nachfrage nach Strom von 1989 bis 1995 in den baltischen Republiken um ca. 30% ab (bei einem BSP-Einbruch von fast 50%).[2]

Sinkende Nachfrage im Transformationsprozeß

Dieser Nachfrageeinbruch kann zur Folge haben, daß einige Unternehmen - angesichts ihrer Auslegung auf erheblich größere Nachfragemengen - nunmehr überdimensioniert sind. In der Regel ist zu vermuten, daß es zur Stillegung von Produktions- oder Dienstleistungskapazitäten kommt oder kommen sollte. Eine solche Stillegung von öffentlichen Versorgungs- oder Transportunternehmen ist jedoch nur realisierbar, wenn weiterhin die Erbringung der erforderlichen Leistungen sichergestellt ist. Dies läßt sich insbesondere dann erreichen, wenn sich mehrere Unternehmen nah beieinander befinden und für einen wegfallenden Dienstleister einspringen können, wenn bspw. bereits ein funktionsfähiger Wettbewerb zwischen Anbietern hergestellt wurde.[3] Alternativ hierzu läßt sich u.U. auch durch das Zusammenlegen von Versorgungs- oder Transportunternehmen eine optimale Betriebsgröße erreichen. In Deutschland beispielsweise existieren fast 160 Zweckverbände in der Wasserwirtschaft. Sie sind insbesondere in ländlichen Gebieten verbreitet. In der Regel sind sie als Fernwasserversorger tätig, liefern das Wasser mithin nicht an die Endverbraucher, sondern stellen es zum Weiterverkauf zur Verfügung. Mitte 1996 gab es 65 gemischt öffentlich-private Gesellschaften und 15 rein private Unternehmen.[4]

Vorbedingungen für Liquidationen von Unternehmen: Wettbewerb und Zweckverbände

Auch aus ökologischen oder wirtschaftlichen Gründen (Ineffizienz) kann eine Stillegung empfehlenswert sein. So hat Polen im Rahmen seines Anfang 1997 verabschiedeten neuen Energiewirtschaftsgesetz den Energiewirtschaftsunternehmen den Status aberkannt, im öffentlichen Interesse tätig

Weitere Gründe für Liquidationen von Unternehmen

---

[1]   Waldmann, D.: Große regionale Differenzen beim Trinkwasserpreis, in: Handelsblatt, 03.06.96, S. 12.

[2]   Vgl. EBRD: Transition Report 1996, S. 39.

[3]   In weit vom nächsten Infrastrukturpunkt entfernten Gebieten wie bspw. in industriellen Zentren Rußlands, die durch monopolistische Anbieter gekennzeichnet sind, ist eine Liquidierung somit keine gangbare Option. Ein Schließen des (einzigen) Anbieters würde zu einem Wegfall der Leistung führen.

[4]   Handelsblatt vom 17./18.05.1996, S. 30. Zum Thema Verbünde und Zweckverbände siehe auch Kap. 3.3.3.4.

zu sein. Dies hat konkret zur Folge, daß Unternehmen bei ungenügender Wirtschaftlichkeit in Konkurs gehen können.[1]

Freisetzung aus unrentablen Verwendungen

In der Liquidation von Unternehmen kommt der zerstörerische Aspekt des Strukturwandels zum Vorschein. Dies muß nicht immer destruktiven Charakter haben: Liquidation bedeutet auch, daß Ressourcen aus unrentablen Verwendungen freigesetzt und damit für andere Zwecke verfügbar werden. Nicht selten gelingt es, Betriebsteile aus dem Unternehmen herauszulösen und als Einheit zu verkaufen, auch können Grundstücke und Gebäude anderen gewerblichen Zwecken zugeführt werden. Arbeitsplätze können so - zumindest teilweise - erhalten bleiben.

Behutsame Vorgehensweise

Kennzeichnend für die Liquidation ist die planmäßige Veräußerung vorhandener Vermögenswerte einer Unternehmung, um aus dem erzielten Erlös die Schulden zu tilgen und einen gegebenenfalls verbleibenden Erlösrest an die Gesellschafter zu verteilen. Ein Liquidationsverfahren sollte erst dann eingeleitet werden, wenn vorangegangene Privatisierungs- und Sanierungsbemühungen nicht zum Erfolg geführt haben. Bei der Liquidation sollte behutsam vogegangen werden: Interessen der Beschäftigten, des Arbeitsmarktes und der jeweiligen Region sollten im vertretbaren Umfang berücksichtigt werden.[2]

Verkauf einzelner oder zusammenhängender Vermögensgegenstände

Beim Verkauf von Vermögensgegenständen kann es sich entweder um einzelne, unzusammenhängende oder um zusammenhängende (im Falle funktionsfähiger Betriebe) Aktiva eines Unternehmens handeln. Der Verkauf einzelner Vermögensgegenstände wird in der Regel im Zuge der Liquidation vorgenommen, also wenn eine materielle Privatisierung von zusammenhängenden bzw. funktionsfähigen Betrieben nicht mehr realisierbar ist, weil finanzielle und wirtschaftliche Gesichtspunkte dagegen sprechen. In selteneren Fällen werden nur einzelne Teile verkauft, während der Unternehmenskern bestehen bleibt. Der Verkauf kann über Ausschreibungen, Auktionen oder direkte Verhandlung mit privaten Interessenten erfolgen.

Kosten der Liquidation

Eine Liquidation kann in einzelnen Fällen jedoch teurer sein als die Restrukturierung des Unternehmens, da hier mit einem Schlag alle Verbindlichkeiten fällig werden und darüber hinaus zusätzliche Kosten anfallen, wie etwa Abfindungen für Arbeitnehmer. Eine Entscheidung zur Liquidation sollte aufgrund der Tragweite daher die erwarteten Kosten und Erlöse verschiedener Optionen gegenüberstellen. Durch Krisenmanagement und externe Unterstützung kann in bestimmten Fällen das endgültige „Aus" verhindert werden, wie im folgenden Praxisbeispiel beschrieben.

---

[1] Wirtschaftsmarkt Polen, No. 2/97, S. 9, Gorzow, 1997.
[2] Zum Konzept der „Abwicklung" bei der Treuhandanstalt vgl. Wandel, E.: Abwicklung nicht sanierungsfähiger Unternehmen durch die Treuhandanstalt, in: Treuhandanstalt. Das Unmögliche wagen, hrsg. v. W. Fischer u.a., Berlin 1993, S. 283 ff.

Verhinderung der Liquidation durch Gründung einer Auffanggesellschaft

Die Privatisierung der beiden lettischen Fluggesellschaften ‚Latavio' und ‚Baltic International' wurde von großen Schwierigkeiten überlagert. Für ‚Latavio' konnte trotz intensiver Suche kein ausländischer Partner gefunden werden. Zudem wurden hohe Kredite für diese Gesellschaft fällig. Eine Einigung mit der Bank war nicht mehr möglich. Um dieser Situation kurzfristig gerecht zu werden, wurden beide Unternehmen in einer nationalen Fluggesellschaft ‚Air Baltic' zusammengefaßt um sie anschließend zu privatisieren.[1]

Die lettische Privatisierungsagentur LPA, die formaler Eigner beider Unternehmen war, betrieb daher als Mittel der Konkursvermeidung und Liquidation die Neugründung einer nationalen Fluggesellschaft als Auffanggesellschaft. Hierbei handelte es sich um ein sehr untypisches Verfahren, da vom Scheitern der Privatisierungsversuche bis zur Gründung der Air Baltic nur drei Monate Zeit blieb und bereits einen Monat später der Flugbetrieb aufgenommen werden sollte. Das Projekt war politisch stark umstritten, wurde aber von der Regierung unterstützt.

Voraussetzung für die Abwendung der Liquidation durch Gründung der Auffanggesell-

schaft war der Abschluß von fast 30 Verträgen und Vereinbarungen. Da es angesichts des hohen Zeitdrucks nicht möglich war, alle Vorbedingungen für das Projekt zu schaffen, wurde die neue Fluggesellschaft zunächst im Rahmen eines Memorandum of Understanding betrieben. Die hierin enthaltenen Bedingungen wurden periodisch auf Erreichung überprüft. Nach insgesamt vier Monaten wurde die Erfüllung der Bedingungen attestiert: An einem Tag stellten ‚Latavio' und ‚Baltic International' den Betrieb ein und ‚Air Baltic' nahm den Betrieb am nächsten Tag auf und konnte alle Passagiere ohne größere Probleme an ihr Ziel bringen.

Aufgrund des großen Zeit- und politischen Drucks arbeitete das LPA-Team unter Beteiligung der ausländischen Berater außerordentlich eng zusammen. Aufgaben wurden teilweise ad hoc verteilt und die Berater voll in die Arbeit integriert. Grundsätzlich ist diese Arbeitsweise nicht empfehlenswert, läßt sich jedoch durch die besondere Situation rechtfertigen.

---

[1] *Quelle: GTZ-Programmbüro Privatisierung, Peter Stendal.*

Bei der Liquidationswertermittlung wird gefragt, welcher Betrag aus einer Unternehmensauflösung zu erlangen wäre. Charakteristisch für den Liquidationswert ist nicht der Wiederbeschaffungswert, sondern der Veräußerungspreis aller erfaßten einzelnen Objekte. Der Liquidationswert ist daher bei der Privatisierung von Staatsunternehmen als Preisuntergrenze für die verkaufende Agentur oder Anstalt zu betrachten: Bei einem Verkauf zu einem Preis unter dem Liquidationswert würden wirtschaftliche Nachteile für den Staat entstehen (es sei denn, der Investor verpflichtet sich zu Arbeitsplatzgarantien, Investitionen in bestimmter Größenordnung etc.). Der Liquidationswert spielt hier die Rolle eines Grenzwertes: Eine Liquidation des Unternehmens ist dann wirtschaftlich sinnvoll, wenn keine Kaufofferten über dem Liquidationswert vorliegen.

Liquidationswert als Bemessungsgrundlag

Anhang A1:   Checklisten zur Unternehmensanalyse

Grad der Unternehmensautonomie

Bereich	Kriterium	Wert	Ziel-wert	Beurteilung				Bedeutung	Bemerkungen
				gut/ja	<<<	normal/teilweise >>>	schlecht/nein	groß	
Qualitativ	Werden die Unternehmensziele vollständig von der Unternehmensleitung festgelegt ?								
	Sichern die Unternehmensziele die langfristige finanzielle Stabilität und Sicherheit der Leistung?								
	Ist das Management autonom genug, um das Unternehmen nach den Zielen zu führen?								
	Ist das Tagesgeschäft isoliert von externem politischem Einfluß ?								
	Inwieweit hat der Staat Einfluß auf Stellenbesetzungen ?								
	Darf das Management Arbeitsverträge eigenständig aushandeln ?								
	Inwieweit sind Lohn-/Gehaltsanpassungen an die aktuelle Unternehmenslage und Marktsituation möglich ?								
	Hat das Unternehmen rechtzeitigen Zugriff auf ausreichende Devisenbeträge ?								
	Ist das Unternehmen in seiner Preissetzung unabhängig ?								
Quantitativ	Wenn nicht: Existieren Preissetzungsspielräume, die kostendeckende Erträge ermöglichen?								
	Falls ja: Höhe der Preissetzungsspielräume ?								

Strategie und Unternehmensplanung

Bereich	Kriterium	Wert	Ziel-wert	Beurteilung			Bedeutung			Bemerkungen
				gut/ja <<<	normal/teilweise >>>	schlecht/nein	groß	mittel	klein	
Unternehmens-planung	Existiert ein Unternehmensleitbild?									
	Wird es von den Mitarbeitern akzeptiert und gelebt?									
	Stellung als Führungsaufgabe									
	Abteilung für Unternehmensplanung vorhanden									
	Zielvorgaben ausreichend, geeignet und konsistent									
	Koordination von Budgetpolitik/-vergabe und Planung									
	Güte der Informationsbasis									
	Abstraktionsgrad*									
	Detaillierungsgrad der Vorgaben									
	Koordination der Teilpläne zum Gesamtplan									
	Möglichkeiten flexibler Plananpassung									
	Integration von Plankontrolle und Abweichungsanalyse in den Planungsprozeß									
	Einsatz von Alternativplänen (Wenn-Dann-Pläne)									
Quantitativ	kürzester Planungshorizont (operativ)	1 Monat								
	längster Planungshorizont (strategisch)	15 - 20 Jahre								
	Anzahl der mit Planung beschäftigten Mitarbeiter									
	Dauer der einzelnen Planungsstufen pro Planungsart									
Strategien	Art der Strategieentwicklung									
	Detaillierungsgrad der Strategien									
	Eignung zur Zielerreichung									
	Abstimmung der Einzelstrategien									
	Findet ein strategische Controlling statt?									

*Abstraktionsgrad: Vernachlässigung von als weniger bedeutsam erachteten oder nicht erkannten Parametern

Organisation und Informationstechnik

Bereich	Kriterium	Wert	Zielwert	Beurteilung			Bedeutung			Bemerkungen
				gut/ja <<<	normal/teilweise >>>	schlecht/nein	groß	mittel	klein	
Organisation	Zentralisationsgrad der Entscheidungen									
	klare Definition der Kompetenzen									
	klare Kompetenzverteilung									
	klare Definition der Schnittstellen									
	Ablaufkoordination zw. Abteilungen eines Ressorts									
	Informationsfluß zwischen den Ebenen (vertikal)									
	Informationsfluß zwischen den Ressorts (horizontal)									
	schriftliche Fixierung der Geschäftsprozesse und Verfahrensregeln (Organisationshandbuch)									
	Teamarbeit									
	Organisationsplan									
	Organisationsflexibilität									
	Grad der Bürokratisierung									
	Outsourcing (Leistungsbezug v. Fremdunternehmen)									
Quantitativ	Anzahl der Hierarchieebenen im Unternehmen									
	Anzahl der Unterabteilungen pro Ressort									
	Anteil Mitarbeiter mit ausschl. verwaltender Tätigkeit									
	Anteil Mitarbeiter mit verrichtender Arbeit									
Informations-technik	EDV-Einsatz in den Ressorts									
	Standard der EDV-Anlagen									
	Notwendigkeit der EDV-Um-/Neu-ausrüstung									
	Notwendigkeit der EDV-Schulung									
	lokales Netzwerk vorhanden									
	unterschiedliche EDV-Systeme vorhanden									
	Wenn ja: Kompatibilität gewährleistet									
Quantitativ	Anzahl der DV-unterstützten Arbeitsplätze									
	Durchschnittsalter der EDV-Anlagen									

Marketing und Vertrieb, Teil 1

Bereich	Kriterium	Wert	Zielwert	Beurteilung gut/ja <<<	normal/teilweise >>>	schlecht/nein	Bedeutung groß	mittel	klein	Bemerkungen
Markt und Marktanteil	Grad der gesetzlichen Marktreglementierung									
	Ausbaufähigkeit des Marktes (Marktpotential)									
	Stellung im Vergleich zur Konkurrenz									
	Aussichten zur Steigerung des Marktanteils									
Quantitativ	Marktanteil des Unternehmens									
	Marktanteil des stärksten Konkurrenten									
	Steigerung (+)/Verlust (-) von Marktanteilen									
	Steigerung (+)/Verlust (-) von Marktanteilen des stärksten Konkurrenten									
Leistungen	Image der Leistungen bei der Bevölkerung/Kunden									
	durchschnittl. Bearbeitungszeit von Reklamationen									
	durchschnittl. Bearbeitungszeit von Neu-Aufträgen									
	Schadstoffgehalt des Trinkwassers									
	Zustand der Transportmittel									
	Zuverlässigkeit der Versorgung									
Quantitativ	Ausfallstunden pro Jahr (Energiewirtschaft)		<7 Std./Jahr*							
	Ausfallstunden pro Jahr des stärksten Konkurrenten		<7 Std./Jahr							
	Höhe der unentgeltlichen Abgaben pro Monat									
Preispolitik	Bewertung Preis-Leistungs-Verhältnis durch Kunden									
	Sozialverträglichkeit der Preise									
	Konstanz der Preispolitik/-setzung									
Quantitativ	Detaillierte Preisangaben:									
	Detaillierte Preisangaben der Konkurrenten									

Marketing und Vertrieb, Teil 2

Bereich	Kriterium	Wert	Zielwert	Beurteilung			Bedeutung			Bemerkungen
				gut/a <<<	normal/teilweise >>>	schlecht/nein	groß	mittel	klein	
Werbung / PR	Wirkungsvolle Öffentlichkeitsarbeit									
	Bekanntheitsgrad									
	Umweltbewußtes Unternehmensbild									
Quantitativ	Ausgaben für Werbung und PR in der letzten Periode		ca. 4% vom Umsatz							
Vertrieb	Ist der direkte Kontakt zu Kunden gegeben?									
	Werden Vertriebspartner eingesetzt?									
	Stehen Vertriebspartner weiterhin zur Verfügung?									
	Störanfälligkeit									
	Besteht eine eigene Service-Einheit?									
Absatz / Kunden struktur	Abgesetzte Mengen in der letzten Periode									
Quantitativ	Entwicklung des Absatzes in den letzten fünf Jahren									
	Anteil am Gesamtabsatz: private Haushalte									
	Anteil am Gesamtabsatz: private Unternehmen									
	Anteil am Gesamtabsatz: Staat/staatl. Unternehmen									
	Marktanteil: private Haushalte									
	Marktanteil: private Unternehmen									
	Marktanteil: Staat/staatl. Unternehmen									
	abgesetzte Mengen des stärksten Konkurrenten									
	Haupt-/Großkunden mit Anteil am Gesamtumsatz									
	Anzahl der registrierten Abnehmer									
Marktanalysen	Durchführung aussagefähiger Marktstudien									
Quantitativ	Ausgaben für Marktforschung der letzten Periode									

* Zielwerte der Weltbank für Entwicklungsländer

Finanzen, Rechnungswesen und Controlling, Teil 1

Bereich	Kriterium	Wert	Zielwert	Beurteilung gut/ja <<<	normal/teilweise >>>	schlecht/nein	Bedeutung groß	mittel	klein	Bemerkungen
Kennzahlen	Einsatz geeigneter Kennzahlen									
	Wahrscheinlichkeit stabiler, hoher Cash flows									
	Verfügbarkeit von Devisen									
	Konkursbedrohung									
	Abweichung der Plan- von den Istwerten									
	Eigenkapital-Quote									
	Höhe des Eigenkapitals (EK)									
	Gewinnrücklagen									
	kurzfristige Verbindlichkeiten									
	Wert des UV									
	Wert des AV									
	Kassen- und Bankbestände									
	Verbindlichkeiten/Eigenkapital		< 2,5*							
	Schuldendeckung durch Netto-Erträge		> 1,5*							
	Betriebsergebnis									
	Gewinn v. St.									
	Gewinn nach Steuern									
	Abschreibungen									
	Cash flow									
	Return on Investment									
	Anteil der Personalkosten an den Gesamtkosten									
	Anteil der Materialkosten an den Gesamtkosten									
	Ausgaben für F&E									
	besondere Investitionen									

Finanzen, Rechnungswesen und Controlling, Teil 2

Bereich	Kriterium	Wert	Zielwert	Beurteilung gut/ja <<<	normal/teilweise <<<	schlecht/nein >>>	Bedeutung groß	mittel	klein	Bemerkungen
Rechn.wesen	Stellung als Führungsunterstützung									
	Aussagegehalt der Daten									
	Datenerfassung nach dem Verursachungsprinzip									
	Datendetaillierung/Tiefe der Datenerfassung									
	Prozeßorientierung									
	EDV-Einsatz									
	rechtzeitige Informationslieferung									
	Qualifikation der Mitarbeiter									
	Häufigkeit der Berichterstattung									
Quantitativ										
Planung und Controlling	Findet eine sytematische Investitionsplanung statt?									
	Gibt es systematisches Investitionscontrolling?									
	Findet systematische Personalplanung statt?									
	Findet systematisches Personalcontrolling statt?									
	Findet systematische Materialplanung statt?									
	Findet systematisches Materialcontrolling statt?									
Gebührenab-rechnung	Zahlungsmoral der Abnehmer									
	Aufschläge auf überfällige Rechnungen									
	Versorgungseinstellung wegen Nicht-Bezahlung									
	Skonto-Gewährung									
	EDV-Einsatz									
Quantitativ	ausstehende Rechnungen (in Monaten der Fakturierung) von Privatkunden, Staat, staatl. Einrichtungen		< 3 Monate < 2 Monate							
	Anteil der ausstehenden Rechnungen, älter als 3 Monate, an allen ausstehenden Rechnungen		< 20%							
	Anteil der uneinbringlichen Forderungen an allen ausstehenden Rechnungen		< 10%							
	Zeitraum zw. Leistungsgewährung und Rechnungsstellung (billing lag)		< 30 Tage							

* Zielwerte der Weltbank für Entwicklungsländer

Leistungserstellung

Bereich	Kriterium	Wert	Zielwert	Beurteilung			Bedeutung			Bemerkungen
				gut/ja <<<	normal/teilweise >>>	schlecht/nein	groß	mittel	klein	
Anlagen	Allgemeiner Zustand des Maschinenparks									
	Genügen die Maschinen modernen Standards?									
	Zuverlässigkeit									
	Flächenbedarf der Produktionsanlagen									
	Einhaltung gesetzlicher Auflagen (z.B. Umweltschutz)									
	Automatisierungsgrad									
	Materialfluß									
	Produktionslayout									
	Produktionsplanung									
	Durchschnittsalter der Produktionsanlagen/Netze									
	Geschätzte Höhe der Sanierungskosten der Netze									
	Verlustquoten*									
	Verlustquoten* des stärksten Konkurrenten									
	Häufigkeit der Reparatureinsätze (Außendienst)									
	Ausgaben für Instandhaltung und Wartung									
	Zahl der Produktionsstufen									
Prod.tiefe	Werden nachfragerseitige Investitionen geprüft?									
	Anteil bezogener Fremdleistungen									
	Auslastung des Produktionspotentials (in %)									
Prod.kosten	fixe Produktionskosten									
	variable Produktionskosten									
	Produktionsgemeinkosten									
	Produktionseinzelkosten									
Prod.standort	Zugang zu Abnehmern									
	Zugang zu Lieferanten									
	Einfluß etwaiger Altlasten									
	Entsorgungsmöglichkeiten									
Qual.kontrolle	Einsatz geeigneter Kontrollinstrumente									
	regelm. Überprüfung der Betriebs- und Hilfsmittel									
	Kontrollen nach ausgearbeiteten Plänen									
	Anzahl der Qualitätskontrolleure in der Produktion									
	Ausgaben für Qualitätskontrolle in der Produktion									
	Häufigkeit der Kontrollen									

* i.d. Wasserwirtschaft: (hergestellte Gesamtmenge - verkaufte Gesamtmenge)/km Rohr/Tag; Zielwert: <10-12%
  i.d. Energiewirtschaft: Netzsystemverluste, Zielwert: <20%; i.d. Transportwirtschaft: Schwarzfahrer

Materialwirtschaft und Logistik

Bereich	Kriterium	Wert	Zielwert	Beurteilung gut/ja <<<	normal/teilweise >>>	schlecht/nein	Bedeutung groß	mittel	klein	Bemerkungen
Mat.wirtschaft	Existieren Vorrats-/Beschaffungskontrollen?									
	Inventurdifferenzen									
	Lagerverwaltung									
	EDV-Einsatz in der Lagerhaltung									
	Lagerausstattung (Einrichtung, Transportmittel, etc.)									
	durchschnittlicher Lagerbestand*									
	durchschnittlicher Lagerumschlag**									
	durchschnittliche Lagerdauer***									
	Anteil an Ausschuß-Vorräten									
	Anteil an gestohlenen Vorräten									
Beschaffungs-programm	ABC-Analyse zur Ermittlung der durchschnittlichen Kapitalbindung									
	Einsatz von "make or buy"-Analysen									
	Notwendigkeit einer Programmbereinigung									
	Notwendigkeit einer Programmergänzung									
Beschaffungs-volumen	Volumenermittlung zur Kostenreduzierung									
	Ermittlung der Vorratspositionen nach ABC-Analyse									
	Bestellmenge pro Monat pro Produktgruppe									
	Mindestbestellmenge pro Monat									
Lieferanten	Zuverlässigkeit der Lieferanten									
	Beschaffungszeit									
	Abstimmung Lieferungen / Produktionsprozeß									
	Qualität der gelieferten Teile/Leistung									
	Zeitraum zw. Auftragsvergabe und Materialeingang									
	Anzahl der Lieferanten pro Produktgruppe									
	Entw. der Personalkosten im Lager-bereich in Relation zum Beschaffungsvolumen									
Beschaffungs-preis	Preis/Leistungsverhältnis									
	erzielte Preise									
	Vergleichspreise der Wettbewerber									

Management und Personalwesen

Bereich	Kriterium	Wert	Zielwert	Beurteilung gut/ja <<<	normal/teilweise >>>	schlecht/nein	Bedeutung groß	mittel	klein	Bemerkungen
Management-qualität	Implementierung des Verantwortungsprinzips im Topmanagement									
	Umsetzung der Zielvorgaben									
	Mitarbeiterführung									
	Management in Krisensituationen									
	Management-Informations- und Kontrollsystem									
	Kommunikation zwischen Managementebenen									
Personal-bestand	Anzahl der Mitarbeiter in den Ressorts und Abteilungen									
Personalbe-urteilung	Motivation der Mitarbeiter									
	kundenorientiertes Handeln									
	leistungsförderndes Anreizsystem vorhanden									
	Anteil ungelernter Kräfte									
	Anteil von Arbeitnehmern mit Hochschulbildung									
	Abwesenheitsrate/Krankenstand									
	durchschnittliche Arbeitszeit in den Ressorts									
	Höhe der geleisteten Überstunden in den Ressorts									
Lohn und Gehalt	Vergütung im Vergleich zu anderen Unternehmen									
	Neben-/Zusatzleistungen									
	durchschnittlicher Lohn pro Mitarbeiter									
	durchschnittliche Löhne/Gehälter in den Ressorts									
	Höhe der Vergleichslöhne/-gehälter									
Personal-entwicklung	Weiterbildungsprogramme									
	Ressourcenaufwendung für die Weiterbildung									
	Weiterbildungsdauer und -intensität									
	Strukturierung der Weiterbildung									
	Einsatz qualifizierter und motivierter Trainer									
	Anreize zur Teilnahme an den Weiterbildungen									
	Betriebliches Vorschlagswesen									
	Rekrutierungspolitik (insbes. Führungsnachwuchs)									
	Durchschnittsalter der Belegschaft									
	Ausgaben für Weiterbildung pro Angestellter									

Anhang A2: Verwendete und weiterführende Literatur

Aberle, G., Brenner, A., Bahnstrukturreform in Deutschland, Ziele und Umsetzungsprobleme, in: Beiträge zur Wirtschafts- und Sozialpolitik der deutschen Wirtschaft Köln, No. 230, 5, 1996.

Albus, Michael: Management Information Systems in Technical Co-operation, Deutsche Gesellschaft für Technische Zusammenarbeit (GTZ) GmbH, Division 423, Eschborn 1996.

Altehoefer, Klaus-Peter et al.: EG-weite öffentliche Auftragsvergabe durch kommunale Versorgungsunternehmen, in: Der Städtetag, S. 634-639, 1996.

Anderson, Phil: Understanding the costs of commercial railways, in: Infrastructure Notes of the World Bank Transportation, Water and Urban Development Dept., No. RW-10, Washington D.C., February 1995.

Attig, D. (1994), Kommunale Kraft-Wärme-Kupplung ist unschlagbar billig, in: Der Städtetag 6/ 1994, S. 444 - 448.

Augenblick, Mark; Custer, B.Scott: The Built-Operate and Transfer („BOT"") Approach to Infrastructure Projects in Developing Countries, World Bank Working Papers Infrastructure, Washington 1990.

Balzereit, Bernd: Neuorientierung des Führungsprofils in EVU, in: Energiewirtschaftliche Tagesfragen, 46. Jg. (1996), H. 3, S. 134-143.

Bank of New York, Depositary Receipts, A Guide for Russian Issuers, New York, 1997.

Barry J. Simpson: Urban Public Transport Today, E & FN Spon, London, 1994

Berens, Wolfgang; Hoffjan, Andreas; Strack, Martin: Ökologiebezogenes Controlling - Umweltorientierte Koordination in kommunalen Versorgungsunternehmen, ZögU, Band 18, Heft 2, 1995.

Bertil Hylen: Konzessionierte Eisenbahnverkehre in Schweden, in: Public Transport International 1997/1, S.74-78.

Biethan, Jörg; Huch, Burkhard (Hrsg.): Informationssysteme für das Controlling, Berlin - Heidelberg, 1994.

Blanke, Thomas; Sterzel, Dieter: Probleme der Personalüberleitung im Falle einer Privatisierung der Bundesverwaltung (Flugsicherung, Bahn und Post), in: Arbeit und Recht, September 1993, Jg. XLI, S. 265-275.

BMWi: Starthilfe - Der erfolgreiche Weg in die Selbständigkeit, Bonn, 1995.

BMWi: Wirtschaftliche Förderung in den alten Bundesländern, Bonn, 1995.

BMZ: Energie in der deutschen Entwicklungszusammenarbeit, Entwicklungspolitik Materialien Nr. 96, Bonn, 1997, S. 35ff.

BMZ: Sektorkonzept Förderung von Klein- und Kleinstgewerbe in Entwicklungsländern, Bonn, Januar 1997, S. 6.

BMZ: Sektorübergreifendes Konzept: Einsatz lokaler Fachkräfte in der Entwicklungs-zusammenarbeit, Bonn, 1995.

BMZ: Sektorübergreifendes Zielgruppenkonzept: Die beteiligten Menschen der Entwicklungszu-sammenarbeit, BMZ Aktuell 056, Bonn, April 1995.

BMZ, Sektor- und Sektorübergreifende Konzepte II, Entwicklungspolitik Materialien Nr. 81, Bonn, 1993.

BMZ: Sektor- und Sektorübergreifende Konzepte II, Entwicklungspolitik Materialien Nr. 85, Bonn, 1993.

Bogner, Wolfgang; Plotheger, Michael: Qualitätsbewußtsein der Kunden wächst, in: FAZ, Sonder-beilage Öffentlicher Personennahverkehr, 2.6.1997, S. B5.

Bond, James: Risk and Private Power - A Role for the World Bank, FPD-Note No. 1, März 1994, Washington D.C.

Borish, Michael; Noel, Michel: Die Entwicklung des Privatsektors in den Visegradländern, in: Finanzierung und Entwicklung, Dezember 1996, S. 43-46.

Brand, Michael: Least-Cost-Planning und Energiedienstleistungsunternehmen, in: Den Wettbe-werb im Energiesektor planen, P. Hennicke (Hrsg.), Berlin u.a., 1991.

Burns, Hugh: Privatisation of Utilities: The British Experience, in: Konferenzdokumentation: Privatisation and Investment Opportunities in Estonia, Tallinn, 1996.

Carrol, James (1996): Sale of Infrastructure moves ahead, in: The Baltic Times vom 18.07.97.

Cobbett, D.: Restructuring of Bulgarian Railways, in: 21st Summer Annual Meeting, Proceedings of Seminar G of the PTRC on European Transport, Highways and Planning, University of Manchester Institute of Science and Technology, 1993.

Cox, Wendell; Love, Jean: International Experience in Competitive Tendering, Second Internatio-nal Conference on Privatization and Deregulation in Passenger Transportation, Tampere, Finland, June 1991.

Cramer, Hans-Jürgen (1995): BEWAG 2000, Die tiefgreifende Umstrukturierung eines Energie-versorgungsunternemens, in: Konferenzdokumentation: Lean Management in der Versorgungswirtschaft, Bonn, Juni 1995.

Cyna, Michele: The Privatisation of the road construction industry in Hungary: 1989 - 1992, in: TWU Dept. of the World Bank, Transport No. RD-16, Washington D.C., 1994.

Das Rathaus, 11/95, S. 1971 ff., Privatisierung in Hamburg, Landesverband der CDU Hamburg, 1996.

Das Rathaus: Privatisierung in Hamburg, Landesverband der CDU Hamburg, 1996, 11/95, S. 1971 ff.

Daubertshäuser, Klaus: Wettbewerb in Partnerschaft, in: Handelsblatt, Beilage „Regionalisierung im Nahverkehr", 13.12.1995, S. B 2.

Deutsche Bahn AG: Personal- und Sozialbericht 1995, Berlin, 1996.

Development Administration Group, University of Birmingham, The Role of Government in Adjusting Economies, Paper 7, Urban Water Supply Sector Review, Birmingham, 1996.

Die Öffentliche Verwaltung - September 1996, Heft 18, S. 764-770.

Die Welt, 17.12.96.

Dill, Günter; Kanitz, Horst: Wirtschaft & Arbeit, Heft 6 in Grundlagen praktischer Kommunalpolitik, Hrsg.: Konrad Adenauer-Stiftung e.V., St. Augustin, 1994.

Dörel, Thomas; Goßler, Christian, Runkel, Martin: Aufgaben und Organisation des Hamburger Verkehrsverbundes, in: ZögU, Band 16, Heft 1, 1993, S. 105 - 107.

DVZ vom 03.12.96: Ukrainische Flughäfen modernisieren nur langsam, S. 14.

Eastern Europe Monitor, Vol. 4, No. 5, May 1997.

Ebenberger, Adrian: Kurswende vom Energieversorger zum Energiedienstleister, Ansätze für eine kunden- und serviceorientierte Informatik-Strategie, in: Verwaltung, Organisation und Personal 4-1995, Linz-Vettelschoß.

EBRD: Kazakhstan, Country Profile, prepared on behalf of the Kazakhstan Govt. for presentation at the time of the 1996 EBRD Annual Meeting in Sofia, Bulgaria.

EBRD: Transition Report 1996, London.

Eesti Gaas: Annual Report 1996.

Engels, Gerd; Müller, Christopher; Mauß, Yvonne: Ausgewähltte arbeitsrechtliche Probleme der Privatisierung-aufgezeigt am Beispiel der Bahnstrukturreform, in: Arbeits-/Sozialrecht, Heft 9 vom 4.3.1994, S. 473-479.

Evers, Heinz; v.Hören, Martin (1996): Bonussysteme als Umsetzungshebel zielorientierter Unternehmensführung, in: Personal, Heft 9/1996.

FAZ, 14.06.1997: Amerikaner wollen britischen Elektrizitätsversorger kaufen.

FAZ, 18.03.97, Deutsche Wasserwerke sind begehrte Objekte privater Investoren, S. 15.

FAZ: 14.04.97: Amerikas Energiewirtschaft ist Deutschland Jahre voraus. S. 19.

Financial Times, 27.01.1997, S. 6.

Fox, William F: Strategic Options for Urban Infrastructure Management, The World Bank, Washington, D.C., 1994.

Galenson, Alice; Thompson, Lous S.: Forms of Private Sector Participation in Railways, Infrastructure Notes of the Transportation, Water and Urban Development Dept. of the Worldbank, No. RW-5, June 1993.

Gesetz über kommunale Gemeinschaftsarbeit GkG vom 01.10.1979.

Girnau, Günther, Verband deutscher Verkehrsunternehmen Köln: Notwendige Entwicklungen im ÖPNV vor dem Hintergrund der neuen Gesetzeslage. Vortag in Berlin, 06./07.03.1997.

Gruber, Rolf: Lean Management am Beispiel der Gas-, Elektrizitäts- und Wasserwerke (GEW) Köln AG, in: Seminarunterlagen zum IIR Kongreß ‚Lean Management in der Versorgungswirtschaft', Juni 1995.

Gruber, Rolf: Lean Management am Beispiel der Gas-, Elektrizitäts- und Wasserwerke (GEW) Köln AG, in: Seminarunterlagen zum IIR Kongreß ‚Lean Management in der Versorgungswirtschaft', Juni 1995.

GTZ: Liberalization in the Transport Industry and Commercialization of Public Transport Companies in Developing Countries, November 1991.

GTZ: Management-Informationssysteme, Ergebnisse einer Umfrage der Fachabteilungen Wasser (OE 414) und Energie und Transport (OE 415), Eschborn 1997.

Gutman, Jeffrey: Workshop 3, City Transport in Asia, Financing Public Transport - Constraints and Options for Developing Countries, October 1988.

Hammer, Michael; Champy, James: Reengineering the Corporation, New York 1993.

Handelsblatt vom 17./18.05.1996, S. 30.

Hinterhuber, Hans H.; Winter, Lothar G.: Unternehmenskultur und Corporate Identity, in: Organisationskultur, hrsg. v. E. Dülfer, 2. Aufl., Stuttgart, 1991.

Holt, Jane: Transport Strategies for the Russian Federation, Paper Number 9, The World Bank Washington, D.C., 1993.

Hylen, Bertil: Konzessionierte Eisenbahnverkehre in Schweden, in: Public Transport International 1997, H. 1, S.74-78.

Institut der deutschen Wirtschaftsprüfer: Grundsätze zur Durchführung von Unternehmensbewertungen, HFA 2/1983, in: Die Wirtschaftsprüfung, 1983.

Instytut Badan nad Gospodarka rynkowa, Nr. 40, Gdansk, 1995.

Jacobi, K.-O., Wenzel, D.: Querverbund Kommunalwirtschaft, in: Der Städtetag 10/93.

Jäger, Gerhard: Organisationsentwicklung in der Versorgungswirtschaft am Beispiel der RWE Energie AG, in: Seminarunterlagen Theorie und Praxis des Lean Managements in der Versorgungswirtschaft. Bonn, Juni 1995.

Janusauskas, Algimintas, Lithuanian Road Administration: Evaluating the Progress of a Major Infrastructure Project: Via Baltica Project, S. 3ff., in: Seminardokumentation - Infrastructure in the Baltic States, 28th-29th April 1997, Copenhagen.

Joerüüt, Priit: Tallinn Airport: Planning a profitable airport infrastructure development in estonia, S. 3ff., in: Seminardokumentation - Infrastructure in the Baltic States, 28th-29th April 1997, Copenhagen.

Johnson, Agnar, Latvian Privatisation Agency: Privatisation in Latvia and the Process for Latvenergo, in: Seminardokumentation - Infrastructure in the Baltic States, 28th-29th April 1997, Copenhagen.

Kessides, Christine: Institutional Options for the Provision of Infrastructure, World Bank Discussion Papers No. 212, World Bank, Washington D.C., 1993.

Klanberg, Frank; Prinz, Aloys: Arbeitsmarktpolitik in den neuen Bundesländern: Mehr Irrwege als Auswege, in: Wirtschaftsdienst 1991/VIII, S. 397-404.

Klenk, Jürgen; Philipp, Christine; Reineke, Rolf-Dieter; Schmitz, Norbert: Privatisierung in Transformations- und Entwicklungsländern. Strategien - Beratung - Erfahrungen. Wiesbaden 1994, S. 27.

Klimmer, L., Stammer, J.-H. (1995), Die Energieversorgung der sächsischen Landeshauptstadt Dresden, in: Elektrizitätswirtschaft, Heft 143, S. 722-728.

Knechtel, Karl: Die Privatisierung der argentinischen Eisenbahnen, in: Internationales Verkehrswesen 1993, 45 - 9, S. 483-492.

Konstantin, Panos; Laubach, Johannes: Energiekonzept für die Stadt Twer, in: Energiewirtschaftliche Tagesfragen, 46. Jg., 1996, Heft 1/2, S. 66-73.

Körber, Joachim: Intelligente Konzepte für die Zukunft der Schiene, in: Handelsblatt, Sonderbeilage „Regionalisierung im Nahverkehr, 13.12.1995, S. B 4.

Kretzschmar, Karl: Gestaltung der Aufbauorganisation von Unternehmen beim Übergang von der Zentralverwaltungsgesellschaft in die Marktwirtschaft, in: Zeitschrift für Organisation 1/1992, S. 15-18.

Krietemeyer, Hartmut: Lieber Infos als billige Tickets!, in FAZ, Sonderbeilage Öffentlicher Nahverkehr, 2.6.1997.

Küpper, Hans-Ulrich: Vertragsgestaltung und Vertrgsmanagement der Treuhandanstalt; in: Fischer, Wolfram; hax, Herbert; Schneider, Hans Karl (hrsg.): Treuhandanstalt - Das Unmögliche wagen, Berlin, 1993, S. 315-354.

Laaser, C.-F.: Die Bahnstrukturreform, Richtige Weichenstellung oder Fahrt aufs Abstellgleis?, in: Kieler Diskussionsbeiträge No. 239, Oktober 1994.

Leff, Jonathan: Seaport enterprises are privatized, in: Baltic Times v. 24.7.1997.

Legzdins, Vigo, Ministry of Transport Latvia: Ventspils Port Modernisation Programme: Consolidating the Position of Ventspils as a hub of the Transport and distribution network, S. 4ff, in: Seminardokumentation - Infrastructure in the Baltic States, Copenhagen, 28th-29th April 1997.

Lethbridge, John R.: The use of outside contractors for port maintenance. Infrastructure Notes ot the Transportation, Water and Urban Development Dept. of The Worldbank, No. PS-2, Washington D.C., November 1990.

Levy, Hernán; Menéndez, Aurelio: Privatization in Transport, Contracting out the Provision of Passenger Railway Services in Thailand, Economic Development Institute of the World Bank, 1990.

Lovins, A.B.: Making Markets in Resource Efficiency. Beitrag für eine Festschrift zum 50. Geburtstag von E.U. v.Weizsäcker, 25.06.89.

Lücking, Gero: Demand Side Management in der Fernwärmeversorgung, Fernwärme international - FWI, Jg. 24 (1995) Heft 6.

McPhail, A.A.: The five per cent rule for improved water service: can households afford more? World Development Vol.21, No. 6, Washington D.C., 1993, S. 963-973.

Midgley, Peter: Urban Transport in Asia, An operational agenda for the 1990's, World Bank Technical Paper No. 224, Washington D.C., 1994.

Mitchell, Brigitta; Budin, Karim-Jacques: The Abidjan-Ouagadougou Railway Concession, Infrastructure Notes, Transportation, Water and Urban Development Department The World Bank, Transport No. RW-14, January 1997.

Mitric, Slobodan; Shaw, Nicola: From Monopoly Towards Market: Recent Changes in Polish Urban Mass Transport, Transportation, Water and Urban Development Department The World Bank, Transport No. UT-5 April 1996.

Moehlen, Joseph (1994): Privatisierung von Abwasserreingung oder städtischer Betrieb, in: Kommunalwirtschaft 09/94, S. 350-358.

National Transportation Agency of Canada: Transportation Trands and Issues, 1994 Annual Review.

Nayak, Sujeer: An Environmental Checklist for Railway Rehabilitation Projects, Infrastructure Notes, Transportation, Water and Urban Development Department The World Bank, Transport No. RW-4, March 1993.

Neue Züricher Zeitung vom 08.11.95: Neuartiges Privatisierungsmodell in Bolivien - kapitalisieren statt privatisieren.

Nickson, Andrew: The role of government in adjusting economies, Paper 7, Urban Water Supplyy Sector Review, funded by the Overseas Development Administration, Birmingham, January 1996.

Nordin, Lars: Infrastructure programmes in the Baltic States: EBRD Financing of Transport Infrastructure, in: Seminardokumentation - Infrastructure in the Baltic States, 28th-29th April 1997, Copenhagen.

o.V.: Der ehemalige Lufthansa-Anteil des Bundes soll börsenplaziert werden, in: FAZ v. 2.8.1997, S. 13.

o.V.: Statt Privatisierung werden Nebenbahnen stillgelegt, in: Nahverkehrs-Nachrichten, 1997, H. 6.

OECD: Promoting Private Enterprise in Developing Countries, Paris, 1990.

Öko-Institut e.V.: Least-Cost-Planning in der Wasserwirtschaft, im Auftrag des Umweltministeriums Baden-Würtemberg, Freiburg, August 1995.

Öko-Institut: Umsetzungsstrategien für Einsparungen in der Energieversorgung durch die Anwendung des Least-Cost-Planning-Prinzips bei den Stadtwerken in Frankfurt (Oder), Freiburg, 1996.

Oll, Lya: Government to sell its shares in gas company, in: The Baltic Times, October 31-November 6, 1996, S. 14.

Peters, Hans J.: Private Sector Involvement in East and Southeast Asian Ports, An Overview of Contractual Arrangements, in: Infrastructure Notes of the Transportation, Water and Urban Development Dept., World Bank, Washington, 1995, Transport PS-10.

Pluge, W., Struktur und Markt der deutschen Versorgungswirtschaft, in: Der Kaufmann in der Energie- und Wasserversorgung, 3. Auflage, Bonn, 1992.

Preussen Elektra: Geschäftsbericht 1996.

Privatisierungskomitee Kasachstan: Über die Arbeit der unter Management-Verträgen betriebenen Unternehmen, Almaty, 1996.

Queiroz, Cesar; Bousqut, Franck: Introduction of competitive bidding for road works in the Former Soviet Union, in: TWU-Dept. of the World Bank, Transport No. RD-19, Washington D.C., 1995.

Reineke, Rolf-Dieter; Sülzer, Rolf (1995): Transformation Management - Desiging Organizational Development Processes, Eschborn, October 1995.

Richard, B. und Triche, T.: Reducing regulatory barriers to private-sector participation in Latin America's water and sanitation sector, Washington D.C.: World bank, Policy Research Working Paper No. 1322, 1994.

Roithmeier, Alfred: Organisation und Information, in: Der Kaufmann in der Energie- und Wasserversorgung, 1992, S. 301-343.

Rondinelli, Dennis A.: Decentralizing water supply services in developing countries: factors affecting the success of community management, 1991 by John Wiley & Sons, Ltd.

Ronellenfitsch, Michael: Privatisierung und Regulierung des Eisenbahnwesens, in: Die Öffentliche Verwaltung, Dezember 1996, Heft 24, S. 1028-1037.

Ronellenfitsch, Michael: Privatisierung und Regulierung des Eisenbahnwesens, in: Die Öffentliche Verwaltung, Dezember 1996, Heft 24, S. 1028-1037.

Runge, M., Wasserversorgung und Abwasserentsorgung in den neuen Bundesländern, in: ZögU, Bd. 17, Heft 4, 1994, S. 430-456.

Rzeczpospolita vom 01.08.1996.

Rzeczposzpolita, 05.03.1996.

Scheele, Dr. Ulrich: Privatisierungsmodelle in der Wasserwirtschaft, Beitrag zur Jahrestagung der Vereinigung für ökologische Wirtschaftsforschung, Berlin, 17.-19.06.1994.

Scherrer, Günter; Kons, Wilhelm: Der Nahverkehrsplan, Köln, Februar 1996.

Schierenbeck, Henner: Grundzüge der Betriebswirtschaftslehre, München, 1986.

Schmidt, Klaus-Dieter: Strategien der Privatisierung, in: Treuhandanstalt. Das Unmögliche wagen, hrsg. von W. Fischer u.a., Berlin 1993.

Schmitz, Karl W: Kraft-Wärme-Kopplung, VDI-Verlag, Düsseldorf, 1994.

Schoch, Friedrich (1994): Privatisierung von Verwaltungsaufgaben, in: DVBl vom 1. September 1994, S. 962-977.

Scholl, Rainer: Reform der Elektrizitätsindustrie in Australien, das Beispiel der State Electricity Commission of Victoria, in: Energiewirtschaftliche Tagesfragen 45 Jg., 1995, Heft. 6, S. 386-392.

Schöneich, Michael: Die Kommunalisierung von öffentlichen Aufgaben in den neuen Bundesländern nach der Praxis der Treuhandanstalt, in: Verwaltungsarchiv, 84 (1993) Heft 3, S. 383-393.

Schuppert, Gunnar Folke: Rückzug des Staates?, in: Die Öffentliche Verwaltung - September 1995, Heft 18, S. 761-770.

Shaikh, Hafeez; Minovi, Maziar: Management Contracts, A Review of International Experience, The World Bank, Cofinancing and Financial Advisory Services (Privatization Group), May 1995.

Shaw, L. Nicola; Gwilliam, Kenneth M.; Thompson, Louis S.: Concessions in Transport. The World Bank Transport Division, Discussion Paper, Washington D.C., 1996, S. 9 f.

Shibata, Kyohei: Privatisation of British Airways: Its Management and Politics 1982-1987, EIU Working Paper EPU No. 93/9, Florence 1993.

Sieben, Günter: Zur Wertfindung bei der Privatisierung von Unternehmen in den Neuen Bundesländern durch die Treuhandanstalt, in: Der Betrieb, 45. Jg., 1992.

Smith, Graham: Commonwealth of Independent States, Russia, BELARUS, Ukraine and Kazakhstan, A Strategy for Transport, London January 1993.

Smith, Graham: EBRD's experience with private financing of roads, in: Proceedings of the Highway Policy seminar for the Countries of the Former Soviet Union, Moscow, May 15-19, 1995.

Solcova, I., Ministry of Transport of the Czech Republic: An assessment of training needs in the Czech transport sector, in: 21st Summer Annual Meeting, Proceedings of Seminar G of the PTRC on European Transport, Highways and Planning, University of Manchester Institute of Science and Technology, 1993.

Spelthahn, Sabine: Privatisierung natürlicher Monopole. Theorie und internationale Praxis am Beispiel Wasser und Abwasser, Wiesbaden 1994.

Steger, Ulrich, Hüttl, Adolf: Strom oder Askese? Campus Verlag, Frankfurt/New York, 1994.

Styles, Geoff: Assessing the Feasibility of Modernising existing Infrastructure, Networks to justify further investments, S. 4ff., in: Seminardokumentation - Infrastructure in the Baltic States, 28th-29th April 1997, Copenhagen.

Sülzer, Rolf: The role of local governments in managing communal infrastructure. A new public management perspective, Eschborn, erster Entwurf 1996.

Sülzer, Rolf; Zimmermann, Arthur: Organisieren und Organisationen verstehen, Opladen, 1996.

Tettinger, Peter: Die rechtliche Ausgestaltung von Public-Private Partnership, in: Die Öffentliche Verwaltung - September 1996, Heft 18, S. 764-770.

Thoenes, Sander, in: Financial Times, 04.07.96.

Thomas, Stefan: Evaluierung des KesS-Programms der RWE Energie AG, Energiewirtschaftliche Tagesfragen, 45. Jg. (1995) Heft 6.

Treuhandanstalt-Dokumentation 1990 - 1994, Handbuch Privatisierung, Index B.

Treuhandanstalt: Treuhand-Dokumentation 1990-1994, Band 3, Energiewirtschaft.

United Nations Industrial Development Organisation: Guidelines for Infrastructure Development through Built-Operate-Transfer (BOT) Projects, Wien, 1996.

United Nations: The Impacts of Subsidies, Regulation, and different Forms of Ownership on the Service Quality and Operational Efficiency of Urban Bus Systems in Latin America, August 1992.

Waldmann, Delia: Große regionale Differenzen beim Trinkwasserpreis, in: Handelsblatt, 03.06.96.

Wandel, Eckhard: Abwicklung nicht sanierungsfähiger Unternehmen durch die Treuhandanstalt, in: Treuhandanstalt. Das Unmögliche wagen, hrsg. v. W. Fischer u.a., Berlin 1993.

Wellenstein, Andreas: Privatisierungspolitik in der Bundesrepublik Deutschland, Verlag Peter Lang GmbH, Frankfurt am Main, 1992.

Weltbank: Core Report of the Electric Power Utility Efficiency Improvement Study (EPUES), World Bank Energy Series Paper No. 46, September 1991.

Weltbank: Weltentwicklungsbericht 1994.

Werner, Patrik: Ist der Nahverkehr seinen Preis wert? In: Sonderbeilage Nahverkehr FAZ vom 03.06.97.

Wiesegart, Kurt: Phillipinen - Dezentralisierung und Privatisierung des Energiesektors?, in: Energiewirtschaftliche Tagesfragen, 43.Jg. (1993), Heft 5, S. 336 - 341.

Wiesegart, Kurt: Privatisierung der Stromwirtschaft in Entwicklungsländern, in: Energiewirtschaftliche Tagesfragen 44.Jg (1994), Heft 9, S. 582-587.

Wirl, Franz : Wirtschaftlichkeit nachfrageseitiger Energiesparmaßnahmen, ZögU, Band 18, Heft 1, 1995.

Wirtschaftsmarkt Polen, No. 2/97, S. 9, Gorzow, 1997.

Wolf, Hartmut: Privatisierung der Flughäfen? - Zu den Rahmenbedingungen für eine effiziente Flughafenpolitik nach der Liberalisierung des EU-Luftverkehrs, in: Die Weltwirtschaft, Heft 2, , Kiel, 1996, S. 190-217.

World Bank, Energy, Environment, Transportation and Telecommunications Division: Poland Urban Transport Review, Report No. 12962-POL, Washington D.C., 1995.

World Bank: Power and Energy Efficiency Status Report o the Bank's Policy and IFC's Activities, 1994.

Yepes, Guillermo: Management and operational practices of municipal and regional water and sewerage companies in Latin America and the Carribean. Infrastructure and Urban Infrastructure Development Dept. Report No. INU 61, World Bank, Washington D.C., 1990.